西方传统 经典与解释
Classici et commentarii

HERMES

HERMES

在古希腊神话中，赫耳墨斯是宙斯和迈亚的儿子，奥林波斯神们的信使，道路与边界之神，睡眠与梦想之神，亡灵的引导者，演说者、商人、小偷、旅者和牧人的保护神……

西方传统 经典与解释

Classici et commentarii

HERMES

施特劳斯讲学录

刘小枫◎主编

斯宾诺莎的政治哲学
——《神学—政治论》与《政治论》讲疏

The Political Philosophy of Spinoza
Seminar on Spinoza (1959)

[美] 施特劳斯（Leo Strauss）◎ 讲疏

[美] 沃伦伯格（David Wollenberg）◎ 整理

贺晴川 ◎ 译

华夏出版社

古典教育基金·蒲衣子资助项目

"施特劳斯讲学录" 出版说明

1949年，已到知天命之年的施特劳斯执教芝加哥大学政治学系。自1956年起至去世（1973），施特劳斯授课大多有录音。

施特劳斯去世后，部分录音记录稿一直在施特劳斯的学生们手中私下流传，并经学生之手进一步流传，其实际影响断难估量。本世纪初，部分记录稿的影印件也流传到我国年轻学子当中。这些打印的录音记录稿文字多有舛误，还有不少明显脱漏，有些地方则油墨模糊字迹难辨。

2008年，施特劳斯遗产继承人和管理人——施特劳斯的养女珍妮教授（Professor Jenny Strauss）和芝加哥大学"施特劳斯遗产中心"（The Estate of Leo Strauss）主任塔科夫教授（Professor Nathan Tarcov）决定整理施特劳斯的全部讲课记录稿，并在"施特劳斯遗产中心"的网站上陆续刊布，共享于天下学人。

2013年，本工作坊计划将陆续刊布的整理成果译成中文，珍妮教授和塔科夫教授得知此计划后，全权委托本工作坊主持这些整理稿的中译工作，并负责管理中译版权。

本工作坊按"施特劳斯中心"陆续刊布的整理本组织迻译（页码用方括号标出），翻译进度取决于整理计划的进度。原整理稿均以课程名称为题，为了使用方便，我们为每部中译稿另拟简要书名，并以副标题的形式标明课程名称。

刘小枫

2016年元月

古典文明研究工作坊

目　录

施特劳斯讲学录整理规划

首席编者　塔科夫（Nathan Tarcov）
执行编者　麦基恩（Gayle McKeen）
李向利　译

施特劳斯不仅是著名思想家和作家，还是有着巨大影响的老师。在他的这些课程讲学录中，我们能看到施特劳斯对众多文本的疏解（其中很多文本他写作时很少或根本没提到过），以及对学生提问和异议的大段回应。在数量上，这些讲学录是施特劳斯已出版著作的两倍还多。对研究和修习施特劳斯著作的学者和学生们而言，它们将极大地增添可供参阅的材料。

1950年代早期，由学生记录的施特劳斯课程笔记的油印打字稿，就已经在施特劳斯的学生们中间传阅。1954年冬，与施特劳斯关于自然权利（Natural Right）的课程相关的首份录音资料，被转录成文字稿分发给学生们。斯多灵（Herbert J. Storing）教授从瑞尔姆基金会（Relm Foundation）找到资助，以支持录音和文字稿转录，从1956年冬施特劳斯开设的历史主义与现代相对主义（Historicism and Modern Relativism）课程开始，该资助成为固定的资金基础。自1958年起至1968年离开芝加哥大学，施特劳斯在这里开设了39个课程，被录音并转录成文字稿的有34个。从芝大退休后，1968年春季、1969年秋季和接下来的春季学期，施特劳斯在克莱蒙特男子学院（Claremont Men's College）授课，课程亦有录音（尽管最后两次课的磁带已佚）。他在圣约翰学院（St. John's College）四年的课程也有录音，直至他于1973年10月去世。

现存原始录音的质量和完整性差别很大。施特劳斯讲课离开麦克风时，声音会弱得听不到；麦克风有时也难以捕捉到学生们提问的声音，却常常录下门窗开关声、翻书声，街道上过往的车辆声。更换磁带时录音中断，记录稿就留下众多空白。施特劳斯讲课超过两个小时（这种情况经常发生），磁带就用完了。录音磁带转录成文字稿后，磁带有时被再次利用，导致声音记录非常不完整。时间久了，磁带音质还会受损。1990年代后期，首先是格里高利（Stephen Gregory）先生，然后是芝大的奥林中心（John M. Olin Center，由 John M. Olin Foundation设立，负责研究民主制的理论与实践）管理人，发起重新录制工作，即对原始磁带数码化，由 Craig Harding of September Media 承制，以确保录音的保存，提高声音清晰度，使之最终能够公布。重新录制工作由奥林中心提供资金支持，并先后由克罗波西（Joseph Cropsey）和施特劳斯遗稿执行人负责监管。格里高利先生是芝大美国建国原则研究中心（Center for the Study of the Principles of the American Founding）管理人，他在米勒中心（Jack Miller Center）的资助下继续推进这项规划，并在美国国家人文基金会保存和访问处（Division of Preservation and Access of the National Endowment for the Humanities）的拨款帮助下，于2011年完成了这项规划，此时他是芝大施特劳斯中心（Leo Strauss Center）管理人。这些音频文件可从施特劳斯中心的网站上获得：http://leostrausscenter.uchicago.edu/courses。

施特劳斯允许进一步整理录音和转录成文字稿，不过，他没有审核这些讲学录，也没有参与这项规划。因此，施特劳斯亲密的朋友和同事克罗波西最初把讲学稿版权置于自己名下。不过，在2008年，他把版权转为施特劳斯的遗产。从1958年起，每份讲学录都加了这样的题头说明（headnote）：

> 这份转录的文字稿是对最初的口头材料的书面记录，大部分内容是在课堂上自发形成的，没有任何部分有意准备出版。

只有感兴趣的少数人得到这份转录的文字稿，这意味着不要利用它，利用就与这份材料私下的、部分地非正式的来源相抵触。郑重恳请收到它的人，不要试图传播这份转录的文字稿。这份转录的文字稿未经讲学人核实、审阅或过目。

2008年，施特劳斯遗产继承人——他的女儿珍妮——请塔科夫接替克罗波西承担施特劳斯遗稿执行人的工作。此时，塔科夫是芝大奥林中心以及后来的芝大美国建国原则研究中心的主任，而克罗波西直到去世，已经作为施特劳斯遗稿执行人忠诚服务了35年。珍妮和塔科夫一致认为，鉴于旧的、常常不准确且不完整的讲学录已经大范围流传，以及人们对施特劳斯思想和教诲的兴趣持续不减，公开这些讲学录对感兴趣的学者和学生们来说会是一种帮助。他们也受到这样一个事实的鼓励：施特劳斯本人曾与班塔曼出版社（Bantam Books）签订过一份合同，准备出版这些讲学录中的四种，尽管最终一个都没出版。

成立于2008年的芝大施特劳斯中心发起了一项规划：以已经重新录制的录音材料为基础订正旧的文字记录稿；转录尚未转录成文字稿的录音材料；基于可读性的考虑，注释并编辑所有的记录稿，包括那些没有留存录音材料的记录稿。这项规划由施特劳斯中心主任塔科夫任主席，由格里高利负责管理，得到来自维尼亚尔斯基家族基金会（Winiarski Family Foundation）、希夫林夫妇（Mr. Richard S. Shiffrin and Mrs. Barbara Z. Schiffrin）、埃尔哈特基金会（Earhart Foundation）和赫特格基金会（Hertog Foundation）拨款的支持，以及大量其他捐赠者的捐助。筹措资金期间，施特劳斯中心得到芝大社会科学部主任办公室（Office of the Dean of the Division of the Social Sciences）职员伯廷赫布斯特（Nina Botting-Herbst）和麦卡斯克（Patrick McCusker）的大力协助。基于重新录制的磁带修订的这些记录稿，远比原有的记录稿精确和完整——例如，新的霍布斯讲学录，篇幅是旧记录稿的两倍。熟悉施特劳斯著作及其所教文本的资深学者们被委任为编者，基础工作则大多由作为编辑助理的学生们完成。

编辑这些讲学录的目标，在于尽可能保存施特劳斯的原话，同时使讲学录更易于阅读。施特劳斯身为老师的影响（及魅力），有时会显露在其话语的非正式特点中。我们保留了在学术性文章（prose）中可能不恰当的句子片段；拆分了一些冗长、含糊的句子；删除了一些重复的从句或词语。破坏语法或思路的从句，会被移到句子或段落的其他部分。极个别情况下，可能会重新排列某个段落中的一些句子。对于没有录音资料流传的记录稿，我们会努力订正可能的错误转录。所有这些类型的改动都会被注明。（不过，根据重新录制的录音资料对旧记录稿做的改动，没有注明。）我们在尾注中注明改动和删除的内容（不同的拼写、斜体字、标点符号、大写和分段），尾注号附在变动或删除内容前的词语或标点符号上。文本中的括号显示的是插入的内容。缺乏录音资料的记录稿中的省略号仍然保留，因为很难确定它们指示的是删除了施特劳斯说的某些话，还是他的声音减弱听不清，抑或起破折号作用。录音资料中有听不见的话语时，我们在记录稿中加入省略号。相关的课堂管理细节，例如有关论文或研讨班的话题安排或上课的教室、时间安排等，一律删除且不加注，不过我们保留了施特劳斯布置阅读任务的内容。所有段落中的引文都得到补充，读者能够方便地结合这些文本阅读讲学录。至于施特劳斯提及的人物、文本和事件，则通过脚注进行了确认。

读者应该谅解这些讲学录的口语特点。文中有很多随口说出的短语、口误、重复，以及可能错误的转录。无论这些讲学录多么具有启发性，我们都不能认为它们可以与施特劳斯本人为出版而写的那些著作等同。

2014年8月

编译说明

　　本稿为1959年秋施特劳斯在芝加哥大学开设的斯宾诺莎政治哲学研讨课记录，共十六讲。同年，施特劳斯出版《什么是政治哲学》论文集，发表演讲"什么是自由教育"，还开设了尼采《查拉图斯特拉如是说》、柏拉图《会饮》和《法义》以及西塞罗的相关课程。原稿版权归克罗波西（Joseph Cropsey）所有（1975年），经沃伦伯格重新编订后，2018年刊于芝加哥大学"施特劳斯中心"网站，尚未正式出版。

编订者前言

一　课程的重要性

[i] 施特劳斯这门课讲授了斯宾诺莎的政治著作，尤其是《神学—政治论》。我们知道，施特劳斯已经出版了一部斯宾诺莎专著，更不用说他早年和晚年还发表了很多短篇著述。① 既然如此，为什么还要花时间研习这部课堂讲稿呢？简单来说，与写作那些早期文稿的时候相比，施特劳斯在讲授这门课程的时候已是一位非常不同的思想家。

在1959年这门课程结束的短短几年后，施特劳斯就在1962年《斯宾诺莎的宗教批判》英译本的自传性"前言"里极简略地说道，从二十世纪二三十年代一直到上这门课的时候，他的斯宾诺莎解释一直在演变：

> 我现在阅读《神学—政治论》的读法，已经不同于我年轻时的读法了。我对斯宾诺莎的理解太过字面，这是因为我对他

_____

① 《斯宾诺莎的宗教批判》（*Spinoza's Critique of Religion*, Chicago: University of Chicago Press, 1997），内含1962年英译本前言，下称"1962年前言"；《如何研习斯宾诺莎的〈神学—政治论〉》，载于《迫害与写作技艺》（*Persecution and the Art of Writing*, Chicago: University of Chicago Press, 1988）。

的阅读还不够字面。①

　　从出版第一本书到开设这门课的三十年间，施特劳斯大幅修正了阅读古典文本的方式，他"更加注意过去异端思想家们写书的方式"。②虽然早在开课十年前的《如何研习斯宾诺莎〈神学—政治论〉》一文里，这些新见识已经崭露头角，但我们最好将那篇论文的内容概括成其标题里的"如何研习"，而非"《神学—政治论》"，因为它主要致力于诠释学的方法论，而不是解释式注经。1959年课程相当于施特劳斯留下的一部长篇著作，唯有它揭示出，面对一位自己曾在思想丰产期间反复探讨的思想家，业已成熟的施特劳斯又会如何阅读他。除了反映施特劳斯阅读伟大哲学文本的方法经历了什么发展以外，这门课呈现的解释也融汇了他三十年的沉思，既包括哲学史（主要是今人与古人的决裂），也包括犹太思想。③

　　[ⅱ]二十世纪二十年代到六十年代是施特劳斯的丰产期，斯宾诺莎一直是这段时期的显要角色，而在施特劳斯的众多研究对象中，斯宾诺莎也占据了无人可比的时间跨度。这一点绝非偶然：作为思想家、作家和先行者，斯宾诺莎为施特劳斯提供了经久不息的灵感，因为他是一位致力于保存或恢复古典遗产的核心要素的"现代人"，一位对"耶路撒冷"报以大量关注的"雅典"代表，一位对犹太人问题保持鲜活意识的世俗主义者，一位因尊重社会义务而以某种保守方式写作的激进思想家。尽管如此，如这门课所示，施特劳斯完全熟悉斯宾诺莎思想的所有方面，包括形而上学、知识论、政治学、

---

　　①　"1962年前言"，页31。

　　②　同上。

　　③　略举一例：在《斯宾诺莎的宗教批判》中（页193-200）讨论奇迹批判时，施特劳斯联想到加尔文宗将奇迹般事件等同于自然的做法（因而抹杀了奇迹的独特性），而他没有明言这也是一种犹太信仰。但在课程中，施特劳斯有了相反立场，他提醒学生们注意："既然旧约和希伯来文中没有任何词语表示'自然'，那就不可能有严格意义上的奇迹。"（参见本书第五讲）

宗教批判以及宗教在社会中的角色、诠释学。以下几个主题，凸显为施特劳斯持久的兴趣点。

1 （所谓）驳倒正统

二十年代中期，施特劳斯还是一位"深陷于神学—政治困境的年轻犹太人"。那时，施特劳斯翻开斯宾诺莎，目的是考察现代的启示批判的粗俗性质，因为当时人觉得这个问题已经解决。[①] 这就是《斯宾诺莎的宗教批判》背后的首要动机，原因在于，如施特劳斯在1962年前言中所说，正是由于他看到现代理性主义的崩溃，"所以带着一个问题来检省《神学—政治论》也就变得有必要了：斯宾诺莎究竟是否驳倒了正统"（同上，页27-28）。毕竟，唯有"斯宾诺莎在每一个方面都错了"，人们才有可能完全回归（犹太）正统（同上，页15）。

《斯宾诺莎的宗教批判》出版二十年后，尽管施特劳斯的思想兴趣已经极大拓展，他仍然觉得，"至于说一种对于斯宾诺莎《神学—政治论》的重新考察已然准备就绪，其理由显而易见"；这理由就是，该书一直是"'理性主义者'或'世俗主义者'攻击启示信仰的真正（the）经典文献"。为了考察"最基础的问题"，亦即"哲学与启示相互冲突的各种诉求"，我们必须"重新打开《神学—政治论》"。[②]

2 现代理性主义的登基

尝试驳倒正统的做法的另一面，就是现代理性主义的登基。由此，无需一位神圣造物主或一种目的论式的自然来为人类生活提供意图（或"目的"），宇宙就能得到解释，人的困境也能得到纾解。施特劳斯相信，当代思想已经陷入混乱，不仅无法看到现代性的这

---

① "1962年前言"，页1。
② 《如何研习斯宾诺莎的〈神学—政治论〉》，页142-143。

种起源，也由于某种充足的纾解方式而逐渐变得漠不关心，结果便是理性与启示相互兼容。人们不再认为，理性与传统宗教有着一种与生俱来的对立关系。施特劳斯暗示：恰恰相反，当时的主流观点认为，现代性被视为圣经世界观的完满，而非对它的拒斥。甚至在他出版的著作中，施特劳斯也明显流露出对当时人的不悦，因为（如他所见）这些人缺乏理论的清晰性：

> ［iii］不久前，我讲过关于洛克的这个观点，而我注意到有一种非常暴烈的回应，因为人们不想提出这种关系到现代思想的复杂起源的问题。只要结果令人满意，原因也就一定令人满意。这不是什么好的推断，因为结果令人满意或许只是出于偶然，而非本质。在这种情况下，我想一个人必须做的首先是承认严肃讨论的必然性，而从定义来看，严肃的讨论就不是暴烈的讨论。我们必须真正坐下来，好好读书。如果事实证明我错了，我必须接受，但我想这也适用于那些持相反意见的人。

在考察这个主题时，斯宾诺莎尤其密切相关，因为只有同时满足两个条件，理性主义才能实现完满：一是彻底驳倒正统，如上所述，斯宾诺莎的《神学—政治论》为此提供了"经典文献"（locus classicus）；二是对整全有一种终极解释，也就是"证明世界和人类生活在没有一位神秘上帝的前提下也能得到完满理解，而这又至少要求哲学体系的成功：人必须从理论上和实践上证明，人才是宇宙的主人和自己生活的主人……"①至少在早期现代的思想家中，斯宾诺莎似乎也提供了这样一套哲学体系的经典文献——《伦理学》。

当然，如施特劳斯许多著述明示的那样，他并不相信斯宾诺莎或其他现代思想家最终取得了成功，无论是驳倒正统，还是建立一套关于整全的无所不包的终极解释。相反，施特劳斯感到，斯宾诺莎和其他人一道播下的种子生出了当前西方思想的危机，而归根结

---

① "1962年前言"，页29。

底，像斯宾诺莎那样的体系其实"与正统解释……在认识上的地位
相当"（同上，页29-31）。正是正统对现代理性主义取得的这种胜
利，更不用说青年施特劳斯的"其他观察和经验"，最终使他觉得迫
切需要探究一条回归前现代的理性主义的道路。

3　古典思想与现代思想的综合

以上所述可能营造了一种印象，即成熟期的施特劳斯最终回到
斯宾诺莎主要是出于反面理由：如果必须回归古典的理性主义，那
么，一位现代思想家，除非与早期现代哲人们所践行的这类思想划
清界限，否则便无法充分理解前现代的思想。因此，研究斯宾诺莎
及其他人的首要动机，便是为了更好理解柏拉图和亚里士多德之类
的更早人物。

可是，情况没这么简单。虽然现代哲学的危机也许促成了一场
回归古代思想家们的运动，但斯宾诺莎并不只是一位单纯意义上的
"现代人"；毋宁说，他是"第一位试图在前现代（古典—中世纪）
与现代哲学之间达成某种综合的伟大思想家"（同上，页15-16）。再
者，虽然施特劳斯更著名的贡献是提出了古今之间尖锐的区分而非
综合，但实际上正是斯宾诺莎的这种努力，至少部分促成了1959年
这门课程：

> ［iv］古典立场的标志性观念认为，思辨或理论（theoria），
> 亦即沉思，才是最高的善。斯宾诺莎将沉思至上的观念移植到
> 了马基雅维利—霍布斯的基础上，这里就能清楚看出差异：马
> 基雅维利几乎没有任何地方暗示过沉思，霍布斯甚至公然拒绝
> 了沉思的理想，他说科学是为了力量/权力（power），而非为了
> 它自身的缘故。斯宾诺莎恢复了古典遗产的一个重要部分，但
> 又将它建立在现代的基础上。这就是我本人现在对斯宾诺莎感
> 兴趣的原因。（第一讲）

施特劳斯的兴趣在于，是否有可能在现代科学基础上恢复古典思想的要素。这种兴趣可以理解，毕竟，施特劳斯在《自然正当与历史》中写道：

> 古典形式的自然正当与一种目的论宇宙观相联系……现代自然科学似乎已经摧毁了后者……我们所处的根本困境乃是现代自然科学的胜利所致。[1]

解决这个困境的办法，似乎要么是在现代宇宙观的基础上重新奠立一种古典思想，要么是当着现代科学的面恢复一种古典宇宙观，后者似乎更有挑战性。斯宾诺莎是采取前一种办法的少数伟大思想家之一，他试图在"伽利略—笛卡尔的新科学的基础"上恢复古典思想的核心要素，尤其是沉思的首要性。[2]

因此，回到斯宾诺莎就有一个积极理由：这样做有可能开启现代性的另一条道路，这种可能性即便不在斯宾诺莎哲学的具体内容中，至少也在他方法的各种特征中。施特劳斯在课程中反复提及，斯宾诺莎同时体现了古典要素和现代要素。在导论提供的历史背景中，施特劳斯指出：

> 我们首先必须理解：这种对古典思想、对前现代思想的背弃究竟是什么？这种背弃在斯宾诺莎那里的影响有多深远？[3]

斯宾诺莎将古今对立的简单局面变得更复杂了，而且他至少

---

[1] 《自然正当与历史》（*Natural Right and History*, Chicago: University of Chicago Press, 1953），页7-8。

[2] 见本书第十一讲。在第一讲里，施特劳斯也将莱布尼茨和沙夫茨伯里视为两位回归古典的思想家，尽管他们首先提供的是"现代"哲学。要知道，自然权利（natural right）并非斯宾诺莎思想从古人那里借用的一个要素，它根本上是一个现代的、非目的论式的主题。

[3] 见本书第一讲，强调为编订者所加。

成了一位既拥抱现代科学的精神又没有"降低哲学眼界"的先行者——在施特劳斯看来，"降低哲学的眼界"正是现代思想的特征。①

与斯宾诺莎很像的是，施特劳斯通常也不愿意祖露自己的观点，尤其在公开出版的著述中。这门斯宾诺莎课程与施特劳斯的其他课程一样，既有事先准备的说法，也有即兴评论，从而为我们看到施特劳斯本人的信念提供了更大的视野。这些披露不只是例证了施特劳斯在学术场合之外的私下议论，实际上还具有方法论的性质。[ⅴ]施特劳斯这样形容自己著述的诠释学方法（此处提到了斯宾诺莎，但也适用于施特劳斯研究过的其他思想家）：

> 我们要尽一切努力，照着他的本意来理解他说的话……要想理解别人的语词或思想，同时可以论证这种理解为真，那就必须基于对他的明示说法的确切解释……有一种最强烈的诱因促使我们尝试照着斯宾诺莎本人的理解来理解他的教诲，那就是我们猜想：斯宾诺莎的教诲就是唯一的（the）真教诲。没有这种诱因，任何有理智的人都不会费尽心力去理解斯宾诺莎；没有这种费尽心力，斯宾诺莎的书也永远不会揭示出它们的全部意义。②

这样一种方法假定了"如是写作的必然性"（logographic necessity），在这种必然性中，读者假定作者的一切说法都有其完整性和意向性，并假定读者也有可能获得作者思想的真相。

相反，施特劳斯这门课并未使用这种方法。他更愿意谈论某位

---

① 例如，参见《现代性的三次浪潮》（"The Three Waves of Modernity"），载于《政治哲学导论》（*Introduction to Political Philosophy*, ed. HilailGildin, Detroit: Wayne State University Press, 1979），页86；参见《什么是政治哲学》（*What is Political Philosophy? and Other Studies*, New York: The Free Press, 1959），页41；参见《自然正当与历史》，页178。

② 《如何研习斯宾诺莎的〈神学—政治论〉》，页143，页151-152。

作者是对是错，更不用提他愿意谈论自己觉得谁才是最深刻的思想家。例如，许多读者认为霍布斯和洛克是施特劳斯心目中关于现代性的最深刻思想家，因为他们在《自然正当与历史》和《现代性的三次浪潮》中都占据了突出位置；但读者也许会惊讶地发现，施特劳斯在这门课里评价他们"粗俗""简单"，比不得一些"智识更细密"的思想家，例如斯宾诺莎、孟德斯鸠、卢梭和康德（第十三讲）。不过，除了称赞之外，施特劳斯对斯宾诺莎也有相当的批判：他毫不犹豫地给斯宾诺莎贴了"神学上总是很粗俗"的标签（第三讲），更不用提他的一些主张本来就是错的。这就截然不同于那条方法论性质的工作假定：作者说的，也许就是真的。

顺便一提，施特劳斯也毫不犹豫地拆穿了他眼中当时智识和文化领域的陈词滥调。例如，他攻击了"自由主义神话"，即政治自由是人类心智实现最高发展的必要条件。他评论道：

> 政治自由是一个巨大的善，但它不是至善（summum bonum），亦即一切事物都要依赖的那个至善。（第十三讲）

鉴于上述种种，这门课的重要性就很明显了。在施特劳斯一生中，很少有思想家——尤其是现代思想家——像斯宾诺莎那样，成为他不断回归并赋予其以智识重要性的对象。施特劳斯甚至将他早年智识的发展和成熟与他阅读斯宾诺莎的经历联系起来。但是，最深入记载了他的斯宾诺莎解释的文本，要么写于施特劳斯事业的早期（甚至可谓是"前施特劳斯主义时期"），要么更侧重于解读的诠释学实践和方法论实践，而非如此解读的结果。

因此，这门1959年课程最详尽地呈现了施特劳斯对于斯宾诺莎的政治、宗教和哲学思想的成熟看法，[vi]呈现了他认为它们在多大程度上可信且有说服力；更宽泛地说，它还呈现了另一个版本的现代性的轮廓，其主线是马基雅维利—斯宾诺莎，而非我们更熟悉的霍布斯—洛克。

二 课程内容

正如施特劳斯讲课的典型特征，这门课的结构也是对一手文本进行细致解读，没有参读二手文献（虽然施特劳斯有时会提到一些）。①像往常一样，施特劳斯觉得有必要证明为什么这门课的主题契合一门关于当代政治科学的课程，契合程度可能甚于通常的看法，因为斯宾诺莎的大量文本直接用在了圣经解释上：

> 当我多年后重读《神学—政治论》，又看到那么多希伯来文甚至于希腊文的圣经引文时，我不禁想到，要是让政治科学的学生们读这么一本书，那会是什么样的负担！但我很快就释怀了，因为一瞬间我又想到，这是自由主义的核心著作之一。我们所谓的自由主义刚出现时，就是与正统为敌，与宗教正统为敌。要是不懂问题在哪，不懂什么是神学问题，不懂什么是神学—政治问题，我们就不可能理解现代自由主义，因为现代自由主义正是通过它们才得以形成的。（第二讲）

这门课的重点在于斯宾诺莎的政治著作。第一讲是导论，介绍这些作品的历史背景，尤其是让斯宾诺莎与马基雅维利和霍布斯形成对比。接下来十二讲串联起《神学—政治论》全书，尤其讨论了该书论述政治宗教、自然权利以及言论自由对共和国的重要性的最后几章。最后三讲讨论了斯宾诺莎的未完成著作——《政治论》。

---

① 无论讲课还是公开出版物，施特劳斯极少利用二手文献已是常态，而他在这门课中尤其如此，因为他觉得英语世界缺乏很好的文献。博科夫斯基（Dunin Borkowski）的四卷本斯宾诺莎传记是他印象较深且偶尔引用的作品，他在第三讲里称其"完整得令人惊异"。有趣的是，施特劳斯从未直接引用柯亨（Hermann Cohen）的解释，虽然他在"1962年前言"里花了大量时间讨论柯亨的解读以及柯亨对他本人的影响。施特劳斯也没有直接引用哈利·沃尔夫森（Harry Wolfson），虽然他在《如何研习斯宾诺莎的〈神学—政治论〉》一文中称沃尔夫森是"斯宾诺莎在当代最有学问的研究者之一"。

施特劳斯有时会提到《伦理学》，这本书一般被视为斯宾诺莎的代表作。事实证明，施特劳斯确实细致阅读和思考过这本书。根据导论那一讲，施特劳斯似乎还有意将这门课的一部分用来解释《伦理学》：

> 《伦理学》很难读，因为它的建构真的就像欧几里得那样。要是不像读欧几里得那样仔细研习每一条证明，我们就不可能理解《伦理学》。这很难。这不是一本你们可以像读霍布斯的《利维坦》那样去读的书，也不像你们读马基雅维利的书那样。但随着课程继续，有一个具体问题应该搞清楚，我们在学期结束前可能会通过《伦理学》来研究它。（第一讲）

不幸的是，这门课没有余下足够时间展开《伦理学》，我们也无从聆听施特劳斯的解释。不只如此，他再也没有澄清这里所说的"具体问题"。这个问题最可能是这样：在斯宾诺莎看来，人类生活的至善就是所谓对神的理智之爱（intellectual love of God），那么，对于实现这种至善而言，政治究竟有着怎样的角色和重要性呢？某种意义上，这是对于斯宾诺莎作为一位政治思想家所产生的巨大好奇心。对马基雅维利和霍布斯而言，政治代表了人类生活的眼界，但与他们不同，斯宾诺莎将一种稳定、安宁的治理视为某种"次于理性"（借用施特劳斯的术语）的目的：治理不是非理性的，因为就连最有理性、最哲学的头脑也寻求这一目的，但治理也不是人类生活最本质性的目的。

斯宾诺莎列举了人的三种善：

> 我们体面地渴望的一切，主要与这三样事物有关，分别是：根据事物的始因来理解事物，控制诸激情或者养成德性的习惯，以及过上安全的生活且身体健康。①

---

① 《神学—政治论》，第三章。

头两种善与至善相关，也就是"对神的理智之爱"（amor deiinte-llectualis），而且它们可以视为同一枚硬币的两面：获得这种知识等同于消除诸激情，因为诸激情就是获取这种知识的障碍。然而，施特劳斯强调"在这三种目的中……严格意义上的政治只与第三种目的相关"（第三讲），这门课根本上关注的也是第三种"次于理性"的目的，仅仅简要、偶尔地讨论了前两种目的，因而产生了一个解释性的问题，或许也就是施特劳斯的"那个具体问题"：斯宾诺莎的实践政治与理论哲学究竟有什么关系？如斯宾诺莎所言，人在任何国家都能得到自由，[①] 而这里的自由指的是在"对神的理智之爱"中免受诸激情奴役的心智自由，因而政治不属于这种至善的本质性部分。

像马基雅维利一样，斯宾诺莎政治著作的意图在于行为而非愿景，也就是坚实奠立于人类本性，看待人要按照人的实际样子而非自己希望人成为的样子。但与马基雅维利不同，斯宾诺莎在《伦理学》里对人类本性提出了一套理论性的专题论述。因此，解读《伦理学》及其关于人类本性的评注，似乎是完整理解斯宾诺莎政治著作的必要条件，而理解他的理论哲学反倒未必需要那些政治著作。事实上，在施特劳斯看来，两者至少在一定程度上互有本质性联系，虽然孤立地解读它们也能得出丰硕的成果：

> 你们瞧，《神学—政治论》最终仍然依赖于《伦理学》，只要涉及它有关理性的主张。尽管如此，斯宾诺莎仍认为《神学—政治论》相当程度上是自足的，否则它就不可能写成。（第三讲）

［viii］这就留下了一个问题：为什么施特劳斯决定舍弃《伦理学》的优先性，以至于这门课从未研习这个文本。最浅显的答案认为，这是一门政治科学而非哲学的课程；但这个答案未免有些差强人意。毕竟，就在一年前的康德课程里，施特劳斯解读了康德更具

---

① 《神学—政治论》，第十六章，补注33。

理论性的作品——例如《道德形而上学奠基》和《判断力批判》，以
此补充了他对于康德更加名副其实的政治著作的解读。施特劳斯在
《如何研习斯宾诺莎的〈神学—政治论〉》里作了如下评论，其中也
许暗示了某种更加正面的答案：

> 阅读《神学—政治论》，不仅应该以《伦理学》为背景，也
> 应该根据它自身来读。恰恰是更加显白的作品，也许能揭露斯
> 宾诺莎思想的某些特征，而这些特征在《伦理学》里无法以体
> 面的方式被揭露出来。

换言之，虽然《神学—政治论》在某些方面更加显白，因而也
适应那个时代的种种偏见，但正是因为这个理由，它也更能揭示斯
宾诺莎的真实感受，不像那部更具理论性的作品为了经受住时间检
验而采用了那种极简的几何学方法。在进入《伦理学》的时候，我
们顷刻迷上了形而上学和思想的各种深奥命题，以至于很难从作为
该书方法的欧几里得式的重重证明中解锁出斯宾诺莎其人。施特劳
斯似乎不只对斯宾诺莎思想的内容感兴趣，也对斯宾诺莎作为人和
思想家、对他写作的种种动因感兴趣。在这门课中，施特劳斯对
《伦理学》的偶尔评论表明：他发现斯宾诺莎哲学的诸要素中存在一
些巨大困难，尤其是他所谓实体的"同质性"，以及实体的无限性与
斯宾诺莎所谓"诸样态"（例如人）的有限本性之间的关系。[1]或许，
施特劳斯真正考察的最终主题并非斯宾诺莎的哲学，而是斯宾诺莎
其人。

无论如何，表面上我们看到，这门课解读的两本著作主要还是
政治著作。虽然这些著作本性杂糅，涵盖许多主题，但以下几个主
题非常突出，因为它们要么贯穿了课程始终，要么具有施特劳斯关
注的独特性。

---

[1]　至于施特劳斯最多论及《伦理学》的形而上学之处，见第十一讲。

1 斯宾诺莎的写作方式

突出这个主题没什么好奇怪的，因为施特劳斯为此写过长文《如何研读斯宾诺莎的〈神学—政治论〉》。施特劳斯又在别处说过，斯宾诺莎的著作"放肆得令人吃惊"（"1962年前言"），所以他反复回到这些诠释学问题，就是为了厘清《神学—政治论》的诸多线索。

首先也是最重要的一点，

> 斯宾诺莎在两种层次上论证，否则他就无法得到他想要的效果。他既在圣经的基础上论证，又质疑圣经的权威。两件事同时进行，这就是《神学—政治论》的困难所在，但人们几乎不费什么严肃的努力就能分清楚这两种论证。（第二讲）

通过在圣经基础上论证，亦即一切宗教诉求都必须奠基于某种圣经来源，斯宾诺莎试图削弱神学家和教士的权威，后者颠覆了圣经的首要性。在这个层次上，他能通过虔敬的掩饰来让自己的非正统性变得正当。然而，通过削弱关于预言、启示和奇迹的观念，斯宾诺莎也攻击了作为圣经叙事核心的各种事件的可能性，甚至攻击了圣经本身的神圣性。[ix] 当然，施特劳斯认为前一种圣经教诲"纯属修辞性、表面性"（第三讲），后者才反映了斯宾诺莎的真实信念。

如果解释斯宾诺莎的工作简单得就像把他那些听起来虔敬的主张一概斥为显白，读者的工作就没那么难了。但真正令问题变得复杂的是，斯宾诺莎经常为自己的哲学原则裹上一层宗教装束，因而迫使读者去辨识他在什么语言风格下有哪些特定用语。"宗教"一词的用法，就是一个耐人寻味的例子：有时，这个词只有习传含义，指称基督教和犹太教的传统实践（这部17世纪文献并不关心其他宗教），但有时，斯宾诺莎是指他自己那套有七个基本信条的政治宗教，这七个信条作为诸信仰的一种普遍化核心，足以支撑起一个被安排得合乎理性的社会（但这里未必是指哲学意义上的理性）。还有的时候，斯宾诺莎实际又将宗教当成了自己的哲学的同义词；其中，

"自然"被赋予"神"的名字，而理智沉思是对神之爱，与传统遵守教规的实践相反，后者在这些语境里被贴上了"迷信"的标签。

如施特劳斯所见，正是斯宾诺莎这种口蜜腹剑的言传方式，导致柯亨（以及其他人）混淆了斯宾诺莎的真实信念。[①]为什么斯宾诺莎觉得有必要这样写作？在"1962年前言"里，施特劳斯认为这是"受迫害的结果"（第十四讲）。在这门课里，施特劳斯增加了一条多少更加正面的理由：为了方便让各种传统观念转变成他自己的哲学（第十四讲）。施特劳斯相信，斯宾诺莎本来宁愿完全不用神学术语，而这样做仅仅是受他那个时代所迫。

人们必须区分两个方面：一边是宗教术语在斯宾诺莎自己著作中的使用（use），另一边则是宗教信仰架构在斯宾诺莎设想的政治国家中的效用（utilization）。和平的社会需要服从，而这反过来也给了人迷信的习性，并需要有各种信仰和行动；这些信仰和行动，无论在自身中还是关于自身都不合理性，虽然在实践中遵从它们也许合乎理性。例如，博爱（charity）是促进社会运转的重要部分，但它并非仅仅是被理性当作一种善来命令的。施特劳斯甚至说：

> 在这方面，斯宾诺莎的神学教义拥有与柏拉图的"高贵谎言"几乎一样的性质。他承认圣经享有最大权威这一事实，因而试图在这个既定前提的基础上达成他认为最有可能，也最合乎理性的解决办法。在此前提下最合乎理性的解决办法，当然未必是纯粹最合乎理性的解决办法。（第八讲）

针对更细心的读者，斯宾诺莎提出了神学与哲学的截然区分，以此证明了他言辞的两面性：神学注重服从，哲学注重真理。因此，神学与哲学可以共存，互不干涉，因而神学也没必要畏惧哲学。[x]为此，施特劳斯谴责了斯宾诺莎：宗教毕竟也主张自己为真，如果

---

① 这个主题在《如何研习斯宾诺莎的〈神学—政治论〉》和"1962年前言"里都有讨论。

它只是服务于改善生活，那就不是真的，而是"美国式广告"了（第九讲）。虽然人们可以将斯宾诺莎的和平共存之道斥为单纯的显白说辞，但施特劳斯显然认为这在政治上难以为继。毕竟，如果人们像斯宾诺莎那样推动哲学和言论自由的发展，且在自己著作中削弱宗教的核心信条，那么哲学更有可能播下不安的种子，远远超出斯宾诺莎预料或表达的那样。

2 霍布斯与斯宾诺莎的关系

尽管斯宾诺莎更加尊敬"最富有天才"、"有学问"的马基雅维利而非霍布斯，且施特劳斯有时甚至暗示斯宾诺莎思想的核心更接近前者而非后者，但他花了更多时间来对比斯宾诺莎与霍布斯。这样做不仅有传记上的理由，也有文本上的理由。斯宾诺莎与霍布斯是同时代人，读过彼此的著作。奥布里（Aubrey）援引过霍布斯的一句名言：

> 他胜我一筹，我可不敢如此肆意著述。（he has outthrown me a bar's length; I durst not write so boldly）①

有时，斯宾诺莎也会将自己的哲学与霍布斯哲学直接作一些实质性对比，而他从未对马基雅维利这样做过。另外，霍布斯与斯宾诺莎都使用了类似的术语，例如"自然状态"和"自然权利"，而且也专题论述了同样的概念，方便我们进行比较。出于这些理由，斯宾诺莎与霍布斯经常在文献中成对出现。虽然施特劳斯也不忘点明这些关键的相似性，但他指出的差异更令人感兴趣。简言之，有以下几个关键例子：

（1）霍布斯很像洛克和卢梭，他们都将政治式的哲学活动

---

① 有的引文将 outthrown 改作 cut through，见当代文献的相关讨论。[译注] 原文指一种比赛力气的扔棒游戏，扔得较远者获胜。

（political philosophizing）视为建立最佳社会秩序的首要行动。相反，斯宾诺莎更近似一位行为社会科学家，他更注重理解现实中政治行为本来的样子。政治的基础不是行为应该如何，而是行为实际如何。换言之，霍布斯的优先考虑是国家的理性建构，而斯宾诺莎则是尝试理解各种现实国家的合理性（第十四讲和第十五讲）。

（2）类似地，霍布斯经常关注能证明主权行为之正当性的法律机器（legal mechanisms），尤其限制像死刑之类的行为。斯宾诺莎则更关心权力本身的活动，而非权力的正当性理由（第十讲）。

（3）霍布斯的理论活动导致他偏爱君主制，斯宾诺莎则偏爱共和式民主（republican democracy）（第十六讲）。

（4）对霍布斯而言，国家是一个凭借人类意向而被创造出来的人造体（artificial entity）。对斯宾诺莎而言，"国家只是一种自然事物"（第十五讲）。

（5）[xi]对霍布斯而言，自由是指外部障碍的缺失，主要是物理方面。对斯宾诺莎而言，自由则是一种理性心智的成就（第十讲）。

（6）霍布斯否认奇迹有被证实的可能性，但从未公然否认奇迹本身的可能性。斯宾诺莎不仅否认奇迹的可能性，还将他的政治学完全奠基于一种激进的自然观，自然中不可能有任何奇迹发生（第五讲）。

3 斯宾诺莎的圣经批判与其政治哲学之间的关系

上述最后一点已经暗示出，斯宾诺莎在《神学—政治论》里就像霍布斯在《利维坦》里一样，花了大量精力来批判圣经和更一般意义上的传统神学教义：启示、预言、奇迹以及某种道德（或目的论）的世界秩序。①在当代读者看来，这些都不算是严格意义上的政治科学通常思考的主题。但是，施特劳斯很快指出，在斯宾诺莎的政治筹划中，这些批判具有基础性。

斯宾诺莎的政治理论活动始于他的自然权利概念。但不像霍布斯或自由主义传统中其他利用自然权利的思想家，斯宾诺莎的自然权利学说不是一种关于对错的规范性观念，不是在尝试描述正当统治权力所受的限制，也不是个体凭借某种与生俱来的尊严而配享的诉求。斯宾诺莎的自然权利观念就是一种直截了当的力量关系：

> 所谓自然的权利和设计，我指的仅仅是每一个体的自然诸准则，据此，我们构想每一事物都是出于自然而被决定了以特定方式来实存和运作。例如，鱼出于自然就被决定了游泳，大鱼也被决定了吃小鱼。因此，正是出于至高的自然权利，鱼是水的主人，而且大鱼吃小鱼。因为可以确定，自然——就其被绝对地思考而言——拥有至高权利做其能做的一切事情；换言之，自然的权利有多大，取决于自然的力量就有多大。因为自然的力量就是神本身的力量，而神对万物拥有至高权利……由此可以推出，每一个体拥有某种至高权利做它能做的一切事情，或者说，每一事物的权利有多大取决于它那决定性的力量有多大。②

在霍布斯的叙述中，主权权威的建立，首要依赖于臣民的意向性的、准自愿性的决定。但斯宾诺莎开启了一个并非拟人论式的观念，即权利与力量的绝对等同。这种观念的理论支撑，就是机械式自然与神的等同，从而根除了一切在力量的现实表现之外还有规范存在的可

---

① 霍布斯的道德世界秩序比斯宾诺莎更单调一些，因为霍布斯坚持一种规定了行为准则的自然法观念，无论《利维坦》还是《论公民》都是如此。

② 《神学—政治论》，第十六章。这里我引用了雅飞（Martin Yaffe）的译本（*Spinoza's Theologico-Political Treatise*, Newburyport, MA: Focus Publishing, 2004），该译本比这门课使用的埃尔维斯（Elwes）译本准确得多。

能性；力量的潜在表现是不可设想的，因为斯宾诺莎有一个前提，即自然总是且到处都是完全实现了的、完满的。［xii］换言之，针对关于神的传统看法的批判，直接导致了政治的绝对化。如施特劳斯所言：

> 神平等地照看所有人，但这仍然是一个客气的表述：神其实不关心任何人，这才是神平等照看所有人的意思。义人和恶人遭遇同样的命运，由此得出了严肃的实际结论……若是你对正义还有任何兴趣，一切事情都要绝对取决于属人的统治。政治的重要性变得无限高于神学……斯宾诺莎赋予政治行动的重要意义绝对依赖于他驳倒了奇迹，因为它们又依赖于他驳倒了神意：没有神意，就没有奇迹。这就是关联。（第五讲）

虽然圣经在塑造社会的伦理实践方面仍可能有用，但它既不能为恰当的政治实践提供理论指导，也完全不能拥有任何法律权威。

4　私人的诸恶，公共的利益

人们对斯宾诺莎的经典读法并不是读他的经济学观点，施特劳斯也没有花太多时间讨论他仔细读过的这位思想家的经济学主题。因此，看到施特劳斯在讨论《政治学》时从斯宾诺莎理论中拈出了"不可见的手"的要素，这自然令人很感兴趣。通常认为，曼德维尔（Mandeville）的《蜜蜂寓言，或私人的恶、公共的利益》最早表述了个体"私利"行动如何令社会整体受益，而这种理论在一个世纪后斯密（Adam Smith）的《国富论》（1776年）那里得到了著名表述，但斯宾诺莎早在曼德维尔的一代人以前就已经论及于此。不过，如施特劳斯所见，斯宾诺莎的思想一部分属于这种传统，而这种传统构成了现代商业国家的理论基石。

有趣的是，斯宾诺莎理论的动因首要不在于经济关切，而是政治关切。如上述讨论所示，斯宾诺莎根除了由自然来作规范性引导的可能性。那么，怎样才能以一种繁荣、和平的公共秩序为导向来塑造公民呢？有一种传统的解决办法，就是将道德教育与反奢侈法律相结合，前者催生了有益的财产处置方式，后者阻止了有害的行为。但斯宾诺莎认为这是乌托邦，因为个体总是天生倾向于自利，只要相信有利可图就甘愿侵犯道德规范和法律。另一种解决办法则是鼓励对荣誉的爱。但斯宾诺莎对这一方案也不屑一顾，施特劳斯认为其理由近似于孟德斯鸠的理由（第十六讲）。

贪婪（avarice），在《政治论》中被斯宾诺莎毫不犹豫地贴上了恶的标签，甚至在《伦理学》中被称为"疯狂的一种"（《伦理学》，命题44附释）。贪婪的出现成了一种手段，它将公民引向了安宁，以及各种最终有利于共和国的行为。

> ［xiii］他用了"贪婪"这个词。就我所知，我相信这是对于这种有趣原则的最强劲表达。贪婪是一种普遍而恒常的激情，换言之，它是有实效的、可以信任的，也是道德教育的替代品。这是一个有趣的想法，在现代也有非常强大的政治意义……我想，这是一个强得令人吃惊的说法。我不记得更早时候还有什么说法像斯宾诺莎这样强。（第十六讲）

贪婪的这种工具性质，也是斯宾诺莎总体上反乌托邦主义的一个部分。面对势均力敌的自利，道德教育和法律约束在推动可持续的行为改造上最终没有实效。相反，国家因鼓励这些恶而使其国民过得更好，它们服务于公共利益，即便其道德品质令人反感。如施特劳斯所言，国家更适合的是鼓励某些恶，而非以造就德性为导向。这并不否认一位追求对神的理智之爱的个体也会避开这些恶，但这类个体终究是极少数。

值得注意的是，施特劳斯本人并没有显得支持这套框架，正如他在一处隐晦却不乏影射的评论中所示，

> 这是一种现实主义的解决办法——现实主义，也就是说，从粗糙的常识视角来看；但它遗忘了更深的问题。（第十六讲）

5 言论自由

作为显白交流的伟大榜样，斯宾诺莎极力捍卫言论自由，但他
这样做的理由并不明显。如上所述，斯宾诺莎知道有些言论确实能
侵蚀社会的风尚，所以就连理性的思想家也负有一种社会义务，应
在必要的时候修正自己的交流方式。不止如此，《神学—政治论》的
结论是要让这本书取得主权者的批准，其内容也要服从"祖国的法
律、虔敬和良好的道德"。斯宾诺莎的著作还有一点很明显：他认
为，顺从审查、向审查开放本来就是正确做法，而不只是为了适应
特殊的一时一地而已。尽管如此，言论自由的呼声却充当了《神
学—政治论》的拱顶石，因而难怪施特劳斯整堂课都要反复回到这
个主题。

在斯宾诺莎看来，言论自由的理由并不在于保护每个人的尊严
和自我表达，而是在于言论自由为维持国家所提供的价值。虽然主
权者或许有权利尝试让臣民沉默，而且有时主权者也可能在不容许
这类基本自由的情况下存续很久，就像斯宾诺莎列举的土耳其这一
历史事例那样——但是，斯宾诺莎要证明这种自由所带来的功效。
因此，关键问题就变成了：这种自由应该具有什么样的界限。

施特劳斯表明，斯宾诺莎在应该如何划界的问题上摇摆不定：
一方面，有些段落暗示，斯宾诺莎的论证禁止煽动性言辞以及削弱
某些社会信条的言辞；另一方面，还有一些势均力敌的说法则暗示，
压制煽动性言辞的做法甚至可能比这些言辞本身更加危险。[xiv]
有时，后者暗示了斯宾诺莎追求的是彻底的言论自由，"每个人都应
该愿意什么就想什么，想什么就说什么"。①在讨论过程中，对于言论
自由（包括说谎的权利）的界限与更一般意义上的心智自由，施特
劳斯提供了一些既有帮助也很有趣的对比性评论：既有西方哲学传
统内部的经典思想家，例如洛克和康德，也有当时更具实践意义的

---

① 《神学—政治论》，第二十章。虽然施特劳斯在这门课里多次讨论过言
论自由，但专题讨论在第十三讲。

例子，美国和苏联。

6 少数人与多数人

无疑，斯宾诺莎对于"民众"（multitude）只有有限的称赞，正如他用这个词来称呼人类的绝大多数一样。在他的生活中，斯宾诺莎有过阿姆斯特丹犹太社区将他开除教籍的经历，也见证过暴民如何杀害他的朋友，也就是杰出的德·维特兄弟（de Witt）。他在著作里称多数人"可悲地摇摆于希望与恐惧之间……心理极易轻信随便什么东西"（《神学—政治论》，序言）。

解释性问题在于：斯宾诺莎究竟是相信这种两分法是人类处境的一种本质的、无可挽回的事实，还是相信这是一段迷信的过往的偶然状况，只要有足够的公共启蒙就多少能实质性地改善民众的地位？施特劳斯强烈支持前一种答案，他说"人类被分成了……两个阵营，理性的和非理性的"，还说"少数人与多数人之间有一道永恒的鸿沟，正如斯宾诺莎不止一次提示的那样"（第十四讲和第十二讲）。照此，无论政治统治还是哲学观点的交流，都不得不主动适应这个原生事实。这种二分法在这些政治著作中更加明显，超过了《伦理学》。我们希望这堂课曾有机会开讲《伦理学》，这样就能理解施特劳斯究竟有什么理论根据来证明这种截然区分乃是永恒的。

无论如何，这部讲学录的读者无疑属于搞哲学的少数人。我希望，与施特劳斯一道细读斯宾诺莎的经历，将引领你们更接近 amor deiintellectualis［对神的理智之爱］所应许的至福。

编者说明

[xvii] 这门课的讲授形式是研讨班。每堂课一开始,施特劳斯先讲几句一般性的评论;然后,学生一部分一部分地朗读文本;接着施特劳斯再作点评,并且回应学生们的问题和评论。课堂指定文本是《斯宾诺莎主要作品集》里的《神学—政治论》和《政治论》(*The Chief Works: A Theologico-Political Treatise and A Political Treatise*, trans. R. H. M. Elwes, London: George Bell and Sons, 1891)。学生朗读文本时,记录稿按照《作品集》的字句一一誊录,保留了原始的拼写,文内注明出处。

本次课程没有留下录音。这份记录稿依据的是原始记录稿,记录者不明,但原稿在芝加哥大学图书馆的施特劳斯特藏中心(Leo Strauss Archive)可以找到。记录者有时留下了脱漏、空白之处,可能是因为这里磁带听不清。在另一些地方,记录者写了"飞机轰鸣声"或"学生提问听不清"。我们保留了记录者的脱漏,并且以脚注形式保留了他的评论。有些地方,编订者增补了一些他认为缺失的字句,这些插入部分将以方括号和脚注的形式标明。

纸样、研讨主题、会议室或时间之类的事务性细节,统统予以删除。这些删除在每一讲结尾的尾注里都有注明。脚注标明了施特劳斯课上提到的人物、文本和事件。

这份记录稿由沃伦伯格编订。

第一讲　导论

（日期不详）

[1][进行中] 施特劳斯：……理解这种所谓德意志观念论的伟大现象，只能一方面归因于康德思想的影响，另一方面归因于斯宾诺莎。像黑格尔之类的思想家有很多斯宾诺莎的成分。但当然，早在十七世纪末到十八世纪初，斯宾诺莎就已经对当时人产生了巨大影响。

不过，现在回到那个更相关的问题：斯宾诺莎与传统的关系。为什么这个问题重要？不要忘记，我们是政治科学家，我们对斯宾诺莎感兴趣不是出于历史理由，而是因为我们关心民主理论。我们有某种理由相信——稍后说明是什么理由——斯宾诺莎是主张自由民主制的第一哲人；这个问题暂且不谈。为什么我们要关心他与传统的关系？为什么研习斯宾诺莎？为什么斯宾诺莎与传统的关系问题很重要？重要性就在于理解自由民主制，理解我们生活的这个社会；要知道，这是一种相对晚近的现象，一种典型属于现代的现象。因此，我们所知的自由民主制有一个先决条件：某时某地，古老的思想方式发生过一场变革，而所有相对重要的变革都在某种程度上离弃了古老的思想方式。因此，通过考察斯宾诺莎与传统政治哲学的关系，我们开始理解这场离弃的意义。

现在翻到第二卷,388页,第2段。^①这是斯宾诺莎的一封信,第60封信。^②这是斯宾诺莎就自己与伟大传统之间的关系所作的最简洁的陈述。

学生[读文本]:

> 柏拉图、亚里士多德和苏格拉底的权威,对我而言没多少分量。要是你提到伊壁鸠鲁、德谟克利特、卢克莱修或者任何一位原子论者,或者为不可见的微粒作辩护的人,那倒会震住我。难怪有些人发明了"隐秘的质"、"意向性的种"、"实体的形式"和其他成百上千的废话,还编造出幽灵和鬼魂,听信老太婆的故事,目的就是要减损德谟克利特的名声。他们如此忌妒德谟克利特,以至于烧毁了他原本发表时受尽称赞的所有著作。(书信56)

---

① 斯宾诺莎,《主要著作集:〈神学—政治论〉与〈政治论〉》(*The Chief Works: A Theologico-Political Treatise and A Political Treatise*, trans. R. H. M. Elwes, London: George Bell and Sons, 1891)。

[译按]埃尔维斯(Elwes)译本不可靠。施特劳斯经常在学生念完后随口修正译文,足证他的讲授基于拉丁原文。以下全部斯宾诺莎译文,依据柯利(Edwin Curley)编译的《斯宾诺莎著作集》(*The Collected Works of Spinoza, volume I-II*, Princeton and Oxford: Princeton University Press, 1985/2016),参考格布哈特(Gebhardt)编订的《斯宾诺莎全集》(*Baruch de Spinoza Opera*, Heidelberg: Carl Winters, 1925)。施特劳斯与柯利一样恪守字义,竟至于二人的翻译往往惊人地一致。

中译者用"课本"代指课堂使用的埃尔维斯译本。至于施特劳斯口译与柯利或拉丁原文有所出入的极少数情况,中译者作注说明。译文保留柯利版的章节编号,方便读者查阅。凡译者认为重要、语义深刻或值得辨析的译法,均在引文里注明拉丁原文。

② [译按]施特劳斯引用的书信编号,来自1677年斯宾诺莎去世后由其朋友们张罗出版的《遗著集》(*Opera Posthuma*)。由于后来相继发现新的书信,1882年海牙出版的《斯宾诺莎著作集》使用了一种新的编号方式,后来沿用成为"标准版"编号。为了方便查阅,引用后随文注明标准版的书信编号。

施特劳斯：停，这里是指一个传统说法：柏拉图买下了德谟克利特的所有著作，付之一炬。现在我们盯住一个要点：苏格拉底、柏拉图和亚里士多德对我而言没多少分量，反倒是德谟克利特、伊壁鸠鲁和卢克莱修有分量。这是什么意思？

这些人都是原子论者。现代的开端发生了一场离弃，最早是离弃亚里士多德，然后是离弃柏拉图。与此同时，[2]人们回到了那些反柏拉图、反亚里士多德、反苏格拉底的思想家，尤其是原子论者。在现代科学里，这种情况不仅整个十七世纪都有，迄今也仍然有效。斯宾诺莎的全部哲学与现代科学的兴起有关，而他的说法也是现代科学兴起的一个迹象。

这就造成了相当大的困难。德谟克利特、伊壁鸠鲁和卢克莱修的原子论或唯物论哲学与政治完全无关。他们对政治事务的性质固然有一些意见，也提出了这些意见，但他们都不是名副其实的政治思想家。伊壁鸠鲁的名言是"默默生活"（lathe biosas）：幽居生活，不操心政治事务。相反，斯宾诺莎却充满了政治激情，这不仅能在他的书里看到，从他的生平也可知晓：他在一个笔记本里画了一副自画像，装扮得像十七世纪的一位革命者马萨尼耶罗（Masaniello），以此暗示自己同情那场革命运动。①

斯宾诺莎充满了政治激情。现在，这一点比较重要：某种唯物论哲学与某种政治学说相结合，再加上政治热情或政治理想主义，结果就成了一种现代现象。前现代的、传统的政治哲学反对唯物论。在前现代时期，一个人要么是任何意义上的唯心论者（spiritualist），要么就是唯物论者。若是前者，他当然可以成为政治哲人；若是后者，单凭这个事实他就已经不是政治哲人了。这一点很重要。

这是我能提出的第一个说法：斯宾诺莎似乎实现了唯物论学说（某种根本上属于唯物论的学说）与某种政治灵感的一次综合。在严肃的人那里，单靠折中主义绝对无法掀起这样一场巨变；所谓折中，

_____

① 托马索·马萨尼耶罗（1620—1647）在1647年领导过一场反抗西班牙哈布斯堡王朝的叛乱。

就是既从唯物论哲人那里取一点，又从柏拉图或亚里士多德那里拿一些。因此，这需要出现一种新的思想境界，一个曾经不存在的境界。对于斯宾诺莎以及其他人确立的这种新境界，我们又能如何界定呢？我们先翻到《政治论》第五章结尾处，315页第2段。

学生［读文本］：

> 极尽机敏的马基雅维利已经详细说明了，如果成为主人就是一位君主的全部渴求，那他应该使用什么手段来建立和维持其统治。但或许还不清楚的是，马基雅维利为什么要这样讲。如果他的意图是好的，正如我们必定相信一位智慧之人那样，那么这似乎一直是想说明：如果不能铲除使君主变成僭主的原因，很多人试图从他们当中铲除僭主的做法就是多么不明智。相反，他们给了君主越多感到恐惧的理由，君主变成僭主的理由也就越多。如果一帮民众惩处自己的君主，因弑君而感到光荣，就像这事儿干得好一样，那他们就给了新君主这样的理由。
>
> 或许，马基雅维利也是想说明，自由的民众应该如何谨防将自己的幸福绝对信托给一个人。除非君主自负到自以为能取悦所有人的程度，否则他必然终日恐惧遭到背叛。因此，他被迫要照看自己，暗算民众，而不是照看民众的利益。我更倾向于相信，这才是这位非常明智的人的想法，因为很显然马基雅维利拥护自由，并且为如何保护自由提供了很好的建议。（《政治论》，V.7）

施特劳斯：［3］光凭这一段当然无法证明我想说的话，但如果你们去读斯宾诺莎，你们就会明白我是对的。斯宾诺莎从未像称赞马基雅维利一样，称赞过曾经的任何政治思想家。他用了这些词——"最明智""智慧""最精明"或者"最机敏"，原因就在于，斯宾诺莎相信马基雅维利是一位共和主义者，这一点明显有关系。而且他相信，马基雅维利写《君主论》只是为了警醒人们防范诸如绝对君主制（absolute monarchy）之类的东西。

顺便说一句，马基雅维利没有更加深入这个问题，他那里的情况是怎样呢？对于这个事关民众统治的大问题，马基雅维利又是什么立场呢？你们知道，马基雅维利有两部著作。一本看似支持君主派，《君主论》；另一本看似支持共和派，《论李维》。斯宾诺莎认为，《论李维》才是马基雅维利的主要著作。无论如何，必须提到一点：马基雅维利作品只有一章攻击过所有古代作家——所有的，那是在《论李维》第一卷第58章。那一章的主题是什么？马基雅维利说，所有古代作家都因为民众的严重缺陷而谴责他们，说他们反复无常、感情用事等等。马基雅维利捍卫民众，回击贬低民众的人。换言之，这里展现了某种对民主的偏爱；相比于柏拉图和亚里士多德，马基雅维利肯定有这种偏爱。所以，马基雅维利那里已经有某种东西为斯宾诺莎的思想做好了准备，它后来会以其他方式出现。顺带一提，我们读的这本《政治论》并非斯宾诺莎生前出版，而是他死后出版的。

这里我要提一个问题，但我不知道答案：在斯宾诺莎之前，有谁曾经这样赞美过马基雅维利？我不知道……你们知道吗？如果我没记错，霍布斯从未提过马基雅维利，一次也没有。没错，但这是关键：你们现在绝不能忘记，在过去的时代，名字极端重要。怎么说呢，谁要是赞美这样一位"危险作家"的名字，那就无异于将自己与那些糟糕的人事物画了等号，所以不可能这样做。我没弄错的话，霍布斯一次都没有提过马基雅维利。培根（Bacon）倒是提到过他，有些许赞美，例如《论学问的进步》（*Advancement of Learning*），但他的赞美也与热爱自由没什么关系，而是与别的有关。我还想到，阿尔杰农·西德尼（Algernon Sidney）①与斯宾诺莎大约是同时代人，他也以赞美的口吻提到过马基雅维利，但不像斯宾诺莎那样热烈，如果我没记错的话。这些只是顺便说说。

无论如何，对那个时代而言，这种谈论马基雅维利的方式展示了一种非同寻常的大胆。另一位名叫霍布斯的大胆作家也说过，斯

---

①　阿尔杰农·西德尼（1623—1683），英格兰共和派政治理论家，《论政府》（*Discourses Concerning Government*）是其最著名的作品。这本书反对君权神授理论，尤其是罗伯特·菲尔默（Robert Filmer）提出的那种。

宾诺莎胆子大得非同寻常。1670年，霍布斯读了《神学—政治论》，然后告诉奥布里（Aubrey）——这位作家写出了最迷人的霍布斯生平传记（他还写过很多人的"生平"）①——[4]《神学—政治论》胜他一筹，他可不敢如此肆意著述。你们知道，霍布斯因离经叛道的大胆而出名，但他竟然说自己不如斯宾诺莎大胆。霍布斯肯定觉得他与斯宾诺莎有着某种根本的一致性，这很奇怪，因为人人都知道霍布斯既不是自由派，也不是民主派。不过，斯宾诺莎确实与霍布斯大有关系。我们应该想想斯宾诺莎关于霍布斯的两个说法，先翻到276页，第三段的正文和补注。

学生［读文本］：

［正文］"只要愿意，每个人都能自由。"

［补注］人无论在什么国家里都能自由，因为只要他受了理性的引导，他就肯定是自由的。不过，（与霍布斯的看法相反）②理性在一切情况下都敦促和平。不只如此，除非国家的共通法律得到了维持而未遭侵犯，否则和平便无法实现。因此，人越是受理性引导——亦即他越自由——他就越是坚定不移地维持国家的法律，执行他所服从的最高权力的命令。（《神学—政治论》，XVI.33，补注33）③

---

① John Aubrey, *'Brief Lives', chiefly of Contemporaries, set down by John Aubrey, between the Years 1669 & 1696*, 2 vols. (Oxford: Clarendon, 1898).

② ［译按］施特劳斯罕见地认为，原文中"与霍布斯的看法相反"一句，是后人将斯宾诺莎在页边手写的补注误植于此，不合作者原意。他认为这句话应是针对上一句的，指斯宾诺莎在"人受理性引导就能自由"这一点上与霍布斯看法相反。具体论述，参见课程第十五讲。

③ ［译按］引文出自《神学—政治论》出版后斯宾诺莎相继添加的补注。讲稿的引文注明是"补注27号"，但现有通行译本注明此处是第33号补注，因为此书共有五个抄本传世，而补注数目皆不相同。译者推定，课本的编号应来自1802年冯·穆尔（Von Murr）抄本。中译均按通行本改回"补注33号"，不再赘述。

施特劳斯：现在，你们能理解这种说法吗？这是斯宾诺莎有关他与霍布斯之间差异的唯一说法，也是关键说法……这些就是他仅有的说法。①

他说了什么？霍布斯做了什么，而斯宾诺莎又做了什么来反对他？换句话说，我们看到斯宾诺莎比霍布斯更热爱自由，但理论上如何表达这两者的差异？

学生：斯宾诺莎用了自然权利概念，但我记得，霍布斯也用了一种自然权利概念，虽然有所修正。

施特劳斯：非常好，但有什么差异呢？例如，"我总是保持自然权利完整"，这句话暗示霍布斯并没有总是保持自然权利完整。这本身就是一种神秘莫测的说法，你们能弄懂它的意思吗？霍布斯对自然权利做了什么，以至于没有保持其完整？那又是什么意思？

在霍布斯与斯宾诺莎看来，每个人都有一种自我保存的自然权利，而在霍布斯看来，首先如果政府不存在，这种自我保存的自然权利就引出了一切人对一切事物的权利。这种一切人对一切事物的权利，又必须被转让给共同权力。霍布斯没有保持自然权利完整。斯宾诺莎用某种方式做到了，但这里暂时不谈。我只想给你们一个外在证据，稍后我们再试图理解它。

[5]我说，斯宾诺莎只谈过自己与霍布斯的不一致，这么说有点误导人。只要读读《神学—政治论》第十六章和《政治论》的对应章节，你们就会发现他在很多地方赞同霍布斯。我只讲几个术语，它们在这两位作家笔下都很关键，而且在这个意义上都来源于霍布斯。"自然状态"是霍布斯的核心术语，斯宾诺莎沿用之。"自然权利"——就斯宾诺莎使用的那个含义而言——也是来自霍布斯，而且是霍布斯首创。

---

① 这里磁带似乎中断过，或者记录稿有问题。施特劳斯上一段还说，斯宾诺莎关于霍布斯有两个说法，这句话用的复数似乎表明他全都讨论完了。另外，施特劳斯在下一段里还引用了另一处著名的说法"我总是保持自然权利完整"（源于书信50，致耶勒斯的信），俨然已经朗读过这段话。在后面课程里，施特劳斯还会更加详细地讨论关于霍布斯的这两段引文。

我必须简单解释一下，虽然我在别的地方谈过，但我觉得最好把每堂课当成一个独立单元。霍布斯有一个标志性的主题：自我保存的权利作为一种自然权利，就是最根本的道德事实或政治事实。关键在于，这是最根本的道德事实，它不是衍生自任何先在的道德事实。根据传统观点，一个人能拥有的所有权利都是衍生自某种客观秩序，或者更实际地讲，义务而非权利才是根本性的事实。霍布斯颠倒了这一秩序。人首先只有一种不带任何限制的权利，接着，这种权利才产生了各种义务。受霍布斯的影响，道德导向发生了根本转变，而斯宾诺莎也承认这场转变。正是在这种联系下，霍布斯提出了"自然状态"，并且被斯宾诺莎沿用。

在通常的教科书里，"自然状态"被归入各式各样的人名下，但其实那些人做梦都没想过有这样一种自然状态存在。很多人谈到，古希腊罗马作家从未在这个意义上使用过这个词。这些作家谈论"自然的状态"，但他们的意思只是指一种没有政府存在的状态。在霍布斯之前，当然很多人承认有这样一种人类境况存在，但他们不说这是一种"自然状态"，没有赋予这个词某种重要性。

我还要简短解释一下。霍布斯使用的"自然状态"一词，并非起源于哲学传统，而是来自基督教神学传统。基督教神学传统有一种自然状态与恩典状态的区分，自然状态又被划分成纯洁自然的状态与败坏自然的状态；纯洁自然的状态在人的堕落之先。我们必须以此为背景，看看斯宾诺莎如何看待自然状态，因为当霍布斯谈论自然状态的时候，它的对等物是什么？什么是自然状态的对应物？什么东西与它对应？

学生：[听不清]①

施特劳斯：没错，但什么样的状态，什么样的情况呢？那是一种政治社会的状态。你们只要对比这些讲法，就多少能发现霍布斯的秘密：他根本没有进一步划分纯洁自然与败坏自然、纯洁自然的

---

① 记录本没有记下一位学生的评论，但施特劳斯在此以下明显是在回应一个评论。同样的情况不再赘述。

状态与败坏自然的状态。根本没有败坏，所以人无需恩典。自然状态是不完美的，或者如后来的洛克所说，自然状态有诸多不便（inconveniences）。因此，人还需要别的东西，不是恩典，而是人的政府。我不能深究这个问题了。

但我想强调一个事实：在传统文献里，自然状态是指非基督徒和非犹太人所处的一种状态。犹太人的状态是律法状态，基督徒的状态是恩典状态。自然状态只是美洲土著在被西班牙人发现之前所处的一种状态，他们生活在自然状态里，不是因为他们没有政府。[6]他们当然有自己的政府——至少墨西哥和秘鲁有——但他们既没有律法（即神法），也没有恩典。他们的生活只靠自身的自然能力。这个词的意思就是如此。霍布斯从根本上改变了它的含义，斯宾诺莎随后跟上。

我已经提到了斯宾诺莎之前的两位思想家，马基雅维利和霍布斯，他们为了他的思想作了决定性的准备。我还没解释他们的影响是什么，稍后会讲。但我只想提到每个人都有的一般印象，即便你们从未读过马基雅维利或霍布斯。这两人都以硬派著称，甚至可以说是邪恶。这种印象虽然未必全对，但也没什么误导性。这几个人之间确实有一种重要的差异：一边是斯宾诺莎，另一边是马基雅维利和霍布斯。我们必须暂时界定这种差异：无论马基雅维利还是霍布斯都没有拥护自由民主制。不妨将这种差异讲得更明确一些：不只如此，德性的地位——主要是道德德性的地位——在斯宾诺莎那里比在马基雅维利或霍布斯那里高得多。可以说，斯宾诺莎将某种更高意义上的道德移植到了马基雅维利或霍布斯那里。斯宾诺莎大量接受（并非全部接受）的这种道德教诲，就是廊下派的教诲，就是廊下派有关自主的智慧者的观念。斯宾诺莎将一种有着廊下派起源的教诲，移植到了马基雅维利—霍布斯的枝干上。

我要重申这一点，不是为了作更确切的说明，而在于它引出了另一个要点。古典立场的标志性观念认为，思辨或理论（theoria），亦即沉思，才是最高的……［听不清］……斯宾诺莎将沉思至上的观念移植到了马基雅维利—霍布斯的基础上，这里就能清楚看出差异：马基雅维利几乎没有任何地方暗示过沉思，霍布斯甚至公然拒绝了沉思的理想，他说科学是为了力量，而非为了它自身的缘故。斯宾诺莎恢复了古典遗产的一个重要部分，但又将它建立在现代的基础上。这就是我本人现在对斯宾诺莎感兴趣的原因。

这就是现代发生的事情：在现代思想的第一个阶段，发生了一场对古典思想，尤其是对古典道德的明显背弃。接着，在这个阶段耗尽自身之后，人们又觉得失去了什么至为重要的东西，于是试图恢复它。这方面的伟大人物也许包括了斯宾诺莎、莱布尼茨（Leibniz）和沙夫茨伯里（Shaftsbury），他们都回归了古典，因为他们意识到了这种巨大的损失。现代思想的历史之所以复杂，就是因为有这些恢复或重生，它们发生了不止一次。然而，发生背弃之后的第一次这类伟大的重生事件——文艺复兴，固然不是背弃，却也只是对古典思想的一次重申而已。这场伟大的背弃从马基雅维利开始一直延续下来，尤其以十七世纪现代科学的兴起为甚；但这场背弃也促使人们尝试恢复一部分失落了的重要遗产。在这方面，斯宾诺莎具有特殊的重要性。

因此，我们首先必须理解：这种对古典思想、对前现代思想的背弃究竟是什么？它在斯宾诺莎那里的影响有多深远？为此，我们最好再读斯宾诺莎的两段话。首先是《伦理学》，第三部分前言。

[7] 学生［读文本］：

> 大部分描写诸情感和人们生活方式的人，似乎不是在讨论遵循自然之共同法则的自然事物，而是在讨论自然以外的事物。他们似乎是把自然中的人构想成了一个国中之国。因为他们相信：人扰乱而非遵循自然秩序，人有绝对力量来控制自己的行为，人仅仅受到自己的决定。于是，他们把人类无力的原因不是归于自然的共同力量，而是归于人性的某种恶，进而对这种恶表示悲哀、嘲笑、蔑视或者（通常是）诅咒。而且，谁懂得如何更雄辩、更机智地指责人类心智的软弱，谁便被尊为神圣。
>
> 诚然，有一些非常杰出的人物（对于他们的劳作和勤勉我们甚为感激），曾经写了许多优秀的东西来讨论正当的生活方式，并且给了人们充满明智的建议。但就我所知，从未有人确

定诸情感的本性和种种力量，也没有人确定心智如何能节制它们。我也知道，那位鼎鼎大名的笛卡尔，虽然他也相信心智有绝对力量来控制自己的行为，但他试图根据人的诸情感的始因去解释人的诸情感，同时又要证明心智以什么方式才能赢得对诸情感的绝对主宰。但在我看来，他只不过展示了他机智的理解力，我将在适当的地方加以说明。

现在我希望回过来论述那些宁愿嘲笑或诅咒，而非理解人们各种情感和行为的人。在这些人看来肯定很奇怪的是，我要用几何学的方式来研究人们的种种恶和荒谬，而且我想用某种推理来证明那些有悖于理性的事物，以及被他们宣称为虚幻、荒谬、可怕的事物。

但我的理由是这样：自然中发生的任何事情，都不可能被归结于自然中的任何缺陷，因为自然始终同一。自然之活动的德性和力量总是和到处都是同一的；这也正是自然的法则和规律，藉此万物得以发生，并且从一种形式变成另一种形式。因此，理解任何事物之本性的方法也必须同一，这就是说，必须通过自然的普遍法则和规律。

因此，只要在其自身中思考憎恨、愤怒、忌妒等情感，它们就像其他个别事物一样，皆出于自然的同一种必然性和力量。所以它们承认一定的原因，通过这些原因来理解它们；它们也有一定的特性，就像其他任何事物的特性一样值得我们认识，仅仅是沉思它们就使我们感到快乐。因此，我将采取前面两个部分中考察神和心智的同样方法，以此考察诸情感的本性和力量，以及心智控制诸情感的力量。而且，我还要思考人类的各种行为和欲望，就像这是一个线、面和体积的问题那样。(《伦理学》，III. Praef)①

---

① 斯宾诺莎，《主要著作集》，Elwes译，卷二，第三部分，前言，页128-129。
[译按] 如上所述，《伦理学》引文皆译自柯利版全集。为了方便查阅，随文注明缩写编码，其模式为：卷（I-V.）前言（Praef）命题（P）证明（de）附释（S）公理（A）定义（D）。

施特劳斯：这段话非常著名，这就是《伦理学》的计划。这里出现了什么？首先，有一种完美的理论方式来考察诸激情，就像考察数学对象一样。[8]这是一种完美的理论方式。传统考察激情的方式又是什么呢？最简单的例子就是亚里士多德的《伦理学》，一种实践的方式。激情必须受到控制，因而就不同的激情而言，所有不受控制的激情在不同程度上都是坏的。激情有必要受到控制，首要问题就是控制这些激情，这是一个实践问题。

在斯宾诺莎看来，诸激情首要是一个理论对象，虽然控制激情的问题显然在任何情况下都很重要。但首要的是，研究激情就像研究天体或人体一样，具有理论性。这告诉我们非常重要的一件事情。你们瞧，他这里说：憎恨、愤怒、忌妒等等，只要在其自身中思考它们，它们就像所有个别事物一样，源于自然的同一种必然性和德性。换言之，我们必须控制这些激情，否则就会不幸福，但它们就其自身而言也可能是伟大的现象，令人赞叹的现象。

在现代小说，尤其是十九世纪以降的小说里，作家们经常做这样的事情：伟大作家展示一些有时真的很像魔鬼一样的激情，同时极力赞叹其中展现的自然力量，展现自然的杰作。在我看来，巴尔扎克的《贝姨》（1846年）就是最显著的例子，不知道你们听说过没，他在那里面讲了难以置信的力量和邪恶。很明显，这位小说家展示这些东西，而且很享受展示伟大的自然力量，尽管这力量完全指向恶。斯宾诺莎的《伦理学》后面就出现了这一类赞叹，但我们一开始提出的主要论点是这样：人没有形成一个国中之国，人事就像其他所有事物一样自然。

你们知道，这在今天已经变得完全微不足道了。所谓的"自然主义"在现代思想中有巨大力量，而这就是斯宾诺莎所想的东西。但在他的思想里，这种自然主义的意思也未必像今天这样，那就是决定论（determinism）。人就像一块坠落的石头那样，没有意志的自由。在斯宾诺莎之前已经有人提出这一点，尤其是霍布斯，它涉及我们必须谈到的另一个要点。现在，为了离我们的主题更近一点，我们要看看《政治论》第一章，开头部分，翻到第287页。

学生［读文本］：

哲人们总是把折磨我们的诸激情构想为人因自身缺陷而成的诸恶。这就是为什么他们总是嘲笑它们、惋惜它们、谴责它们，或者如果他们想看起来无比虔敬，那就诅咒它们的原因——

施特劳斯：要知道，只有这一段是比先前《伦理学》那段话更强的说法：根据好和坏来评判激情不是一种正当做法，至少不是首要的做法。你们都知道价值判断，这就是这里的法则之一。斯宾诺莎不会死守这一点，但开篇的说法其实就是这个意思。继续。［9］

学生［读文本］：

一旦学会如何用许多方式来赞扬某种到处都不存在的人性，学会如何诋毁人们实际的样子，他们就相信自己是在做一件神圣的行为，达到了智慧的顶峰。他们构想人，并非按照人们实际的样子，而是按照他们自己希望的样子。这就是为什么他们写出来的大多数都是讽刺作品，而非伦理学；这也是为什么他们从未构想出一种能应用于任何实践的政治学，而是只有一种被当作幻想的东西，只在乌托邦或诗人们笔下的黄金时代才有可能实现，但那些地方又绝对不需要这种东西。人们相信，在一切拥有某种实践应用的科学中，理论与实践之间都缺乏和谐，但这一点在政治学中尤其为真。人们认为，最不适合指导公共事务的人莫过于理论家，或者说哲人。（《政治论》，I.1）

相反，人们认为，政治的实干家们更倾向于暗算人们，而非照看他们的利益。人们断定，他们更多的是狡猾，而非智慧。诚然，经验教导了他们：只要有人，就会有恶。所以，他们设法预见人们的邪恶，运用经验和长期实践教给他们的各种技艺；通常人们践行这些技艺更多是出于恐惧，而非受到理性的引导。就这样，这些人似乎遭到了宗教的敌对，尤其遭到了神学家们的敌对，因为神学家相信：至高权力在处理公共事务时依照的准则，应该等同于约束私人的那种虔敬的准则。但是，政治的实干家们有关政治事务的著述无疑比哲人们成功得多，因为他们有经验作教师，所以他们的教诲没有一个远离实践。(《政治论》, I.2）

施特劳斯："远离实践。"①现在你们知道，他说的实质上就是《伦理学》说过的东西，只是说法更加凝练，但对我们来说这段话也许更容易理解一些。《政治论》开篇这段话说了什么？你们听出了什么暗示，就像今日政治科学也有的那样？你们知道，这并不新奇。那么，有什么通俗的说法可以形容今日政治科学的这些主张呢？

学生：现实主义。

施特劳斯：现实主义，而不要论断（judgment）；你们知道，就是那种一厢情愿的思维方式。哲人给我们的东西完全没用。任何这一类著名的理论家——拉斯韦尔（Laswell）等等——就会这样讲，而且已经这样讲了。本特利（Bentley）的《政府的过程》（*Process of Government*）也是这类著作的一部经典。②但是，我们跟谁才能学到一点如今"真正科学的"政治科学呢？这也许就有所不同了。

学生：政客们。

施特劳斯：政客（politicians）。没错，政治家（statesmen），但我觉得，如果我们说政治家而非政客，这个问题就会焕发活力。这些技艺精熟的同胞们，他们必须解决政府的麻烦事，他们也真的懂一些事情。任何政界大佬对政治事务的了解，当然比任何最智慧的哲人更多。但从历史上看，这段引言性质的话，有没有令你们想起

---

① ［译按］学生朗读的最后一句话译作 inconsistent（不合），施特劳斯随口改作 remote（远离），与柯利译本用词一样。此为施特劳斯修正译文的一例，类似情况不再赘述，除非涉及重要概念的理解差异。

② 哈罗德·拉斯韦尔（1902—1978）是二十世纪政治科学和传播理论的一位领袖人物，也是芝加哥社会学派的成员。亚瑟·本特利（1870—1957）也是一位美国政治科学家，兼攻知识论和语言学。他的《政府的过程》（1908年）影响了芝加哥学派。

一种关于政治原理的更早说法呢？

学生：[10]《君主论》第十五章。

施特劳斯：没错。这就是马基雅维利最著名的一章，《君主论》第十五章，在那里他为现代性立了法。这里，斯宾诺莎表述了如下原则：迄今为止，政治思想家们描述的是人们应该怎么做，所以他们徒劳无功，而我将从人们是怎样、从人们实际的行为开始，这将导向真正的政治教诲。我相信，这很可能是对马基雅维利的第一次摹仿，摹仿得就像他本人的说法一样明确、清晰。一边是实际的人性，另一边是根本不存在的人性——后者就是马基雅维利所谓想象的君主国与想象的共和国。

根据这种现代哲学、现代政治哲学的主张，传统来源只是幻想或者幻想式的假定。它们之所以是幻想式的假定，乃是因为斯宾诺莎和马基雅维利只给了一副夸张的滑稽画。我们必须透过这幅滑稽画，看到他们真正心中所想。那么，他们究竟认为古代的政治哲人们有着什么样的观点？这在斯宾诺莎那里并不像在马基雅维利那一章中那样明显。你们还记得吗？

学生：[此处听不清]

施特劳斯：对，但我们不能更简单地说，他们多少相信人性本善吗？然后他们就会说：不，人一点也不好。人是非常铁石心肠的，满腹诡诈，邪恶多于善良，所以那些人都太幼稚了。严格说来，说柏拉图和亚里士多德曾经认为人是好的，当然纯属胡扯。但是，他们究竟教导了什么，以至于冒犯了马基雅维利、斯宾诺莎、霍布斯一直到如今的不少人呢？

人出于自然（nature）就被要求向善。人出于自然就努力使他的本性（nature）得以完满。这是传统政治哲学的说法，但遭到了现代人的否定。人不是出于自然就被要求趋向德性，趋向完满。为什么？斯宾诺莎和霍布斯给的理由比马基雅维利更简单：没有哪一个存在者出于自然就被要求趋向什么东西。举一个简单的例子：石头下坠，亚里士多德说石头坠落是因为它出于自然就被要求趋向地心，尽可能靠近地心。现代思想认为，石头下坠根本就不是受到什么要求，这只是重力的结果；没有需要，没有意图，没有目的论。而且，适用于石头的道理，据说一样适用于所有活着的存在者。动物是机器，纯粹的机器。笛卡尔，还有像霍布斯和斯宾诺莎之类比他走得更远的人，都说人也没有被要求趋向任何目的。只有必然性：推过来，拉回去，没有方向性的趋向（toward）。

再换一种说法。马基雅维利说，古人相信所有人或者大多数人都是好人，由此几乎把传统观点描绘成了一副滑稽画。我们可以这样陈述传统观点：人是自由的，人有自由意志，人犯罪并非受到任何强迫；人犯了罪、做了错事，就得负责；即便犯错有原谅的理由，那也是另一回事，他终究还是要负责。马基雅维利以及霍布斯和斯宾诺莎的意思却是，人犯错乃是被迫。人被迫犯罪，因为自然对人漠不关心，以至于人不得不陷入一种必然犯罪的状态。这就是霍布斯提出的自然状态学说的一个实践含义：人起初置身于一个他不得不犯罪的状态中，如果说还有一种使人不必伤害同胞的状态存在，[11] 这就是已经由人和人的政府创造出来的状态了。这种状态绝非出于自然就已存在。

因此，在我们粗略称为现实主义的这一点上，存在着上述所有伟大的现代思想家们的共通特征，马基雅维利、霍布斯和斯宾诺莎。它在马基雅维利和斯宾诺莎身上体现得最显著，而在霍布斯那里只体现为某种分析的基础，虽然霍布斯至少有一处相关说法，其早期作品《法的原理》的献词也清晰提出了这一点。[1]我们必须从这一事实开始：人没有什么传统所谓的向善的自然倾向。那么，善的地位又是什么？人不由自主地对自身处境感到不满，因而想到了另一种选项，来替代这种自己出于自然就身陷其中的糟糕处境。人发明了某种东西；这才是善，人自由地发明了善，以便过上幸福生活。

"自由"一词在霍布斯这里不够恰当，因为他否认严格意义上的自由，所以不妨说：善是一种理念，人凭借其理性发明了它。无论如何，善都不是一种出于自然便实际存在的东西。只要意识到了这

---

① *The Elements of Law, Natural and Politic*（1640）.

一点，人就必定且能够迫使自己往这个方向前进。根本没有什么原初的、自然的、固有的向善倾向。我们可以说，不是自然而是理性提供了这种指引。根据古老观念，自然提供了这种原初的指引，后起的理性固然重要，但重要性屈居次等。

我们必须记住一个问题：我最开始说过，斯宾诺莎是一种理论层次上的自由民主制的创始人。自由民主制的最初版本与这类思想有什么联系吗？必须考察这个问题。我得讲很重要的一点，刚才我们读的《伦理学》第三部分前言也提到了：斯宾诺莎讨论人的诸激情，就像讨论线、面、体一样，就像讨论数学对象一样。斯宾诺莎的主要著作冠名为"伦理学，按几何学方式作证明"。[①]道德科学和政治科学必须具备一种演绎式体系（deductive system）的性质。在这方面，斯宾诺莎与霍布斯完全一致，倒不像马基雅维利。马基雅维利仍然属于平易近人的经验阵营。在霍布斯那里体现得最明显的，不是《利维坦》这本非常通俗的著作，而是《论公民》（*De Cive*），在其中你们可以清楚看到这种源于基础公理的严格演绎。在斯宾诺莎那里更明显，尤其是《伦理学》，完全就是有意摹仿欧几里得写成。如我所言，在斯宾诺莎那里，全部的政治—道德学说都是演绎式的。

斯宾诺莎与霍布斯还有一个最重要的区别。霍布斯断言，作为道德—政治教诲之起点的公理是每个人根据经验就能明白的。要想理解霍布斯的道德和政治哲学，人们根本不需要超出他的道德和政治哲学之外。这些公理的第一条是说，每个人出于自然便尽可能夺取更多的东西，而且是以尽可能容易的方式夺取。霍布斯说：看看你们周围。另一条公理是说，每个人都对暴死怀有恐惧；这倒包含几分真理。不过，这也不是从他的其他原理中演绎出来的。[12]霍布斯只是说：看看你们周围。霍布斯主张，他关于道德和政治的全

---

① 原名为《伦理学，按几何学次序证明》（*Ethica ordine geometrico demonstrata*），其中 ordine 宜作"次序"（order）；区别于斯宾诺莎早期著作《笛卡尔哲学原理，按几何学方式证明》（*Renati Descartes principia philosophiae, more geometricodemonstrata*），后者的 more 宜作 manner [方式]。

部教诲就是从这些公理中推出来的。但如我所言，这些公理很容易为人接受，只要想想它们产生的影响就知道了。

但这不是斯宾诺莎的主张。斯宾诺莎的公理往回走得远多了，所以人们要跟上斯宾诺莎也困难得多。在他的两部政治著作里，斯宾诺莎都给这些公理提供了一种非常概略的形式，但即便概略形式也很有他的特色。斯宾诺莎既不像霍布斯那样，也不像过去任何写过政治学著作的人那样，从任何人类现象开始。斯宾诺莎的起点是一种普遍的形而上学原理——甚至可谓是神学原理，他以此演绎出了他的政治教诲。这就是两人的巨大区别。《政治论》提出的公理是这样：神的理智（intellect）等同于神的意志（will）。根本上等同。没有奥秘，也没有复杂情况。

这就引发了非常严重的后果。如果神的智识等同于神的意志，那就可以推出：一切如是存在的事物，皆出于神的意志而如是存在（everything which is, is willed by God as it is）。根本不可能有任何东西自在即恶（evil in itself）。后面讲到相关章节时，我们还会花更多篇幅讨论。这就意味着，在斯宾诺莎的讲法中，一切事物、一切存在者的活动都蒙受了某种完满的神圣祝福；任何存在者的力量及其对力量的使用都具有完满的正当性；正当即强力（right equal to might）。这就是斯宾诺莎在其政治著作中演绎出来的结论，它的前提就是：神的理智及其对象——所有存在者——皆等同于神的意志。任何存在者，既是神的理智的对象，也是出于神的意志。

你们可以说——也有人这样说过——这正是马基雅维利和霍布斯强调的同一种邪恶教诲。教科书和通俗读物里经常有这种说法，也不完全错。真正矛盾的是，斯宾诺莎试图基于这种毫无希望的前提——正当即强力——建立起一套自由社会的学说。我是说，马基雅维利关心自由，但他也心怀疑虑，因为他还写了《君主论》，这可谓是僭政的参考书。但斯宾诺莎相信，正当即强力的等式就是一个自由社会唯一牢靠的基础。如果从一开始就将正当与强力区分开来，那就成了一种自相矛盾的主张，永远无法成为一个自由社会的真正基石。你们能理解这种断言吗？

换言之，斯宾诺莎就是致力于这样一种自由民主制的硬派理论，尤其在我们这个世纪，这套理论被人讲过不知多少次。不要诉诸那些慷慨的人类情感，不要诉诸各种天生高贵的渴望，而要建立在最牢靠的基础上：正当本身没有效用，只有正当等于强力，才能有一个强大的自由社会。这就是斯宾诺莎的主张，但你们也看到，这种说法与马基雅维利和霍布斯都有联系，他们是斯宾诺莎政治学说的前辈。真正诡异的是，在这种从自由与德性的视角看来毫无希望的土壤上，有人——或许是凭借人内在的某种东西——真有可能成功发展出一种自由民主制的学说。

在此基础上，我们首先要研究这两部政治著作，但学期结束前可能还有一点时间读读《伦理学》的选段，届时我们会对它感兴趣的。《伦理学》很难读，因为它的建构真的就像欧几里得那样。要是不像读欧几里得那样仔细研习每一条证明，我们就不可能理解《伦理学》。这很难。这不是一本你们可以像读霍布斯的《利维坦》那样去读的书，也不像马基雅维利的书那样。但随着课程继续，有一个具体问题应该搞清楚，我们在学期结束前可能会在《伦理学》里研究它。[13]下次见面时，我们将阅读《神学—政治论》的序言部分和第一章。

第二讲 《神学—政治论》序言和第一章

（日期不详）

施特劳斯：[15]……[进行中]①你看得很清楚，这本书的开篇——也就是序言——对迷信作了一番分析。它还有更宽广的影响，因为斯宾诺莎的用意就是让这种分析适用于很多打着启示宗教名义的事情。你看到了这一点，我觉得这看法完全正确，后面我们还会看得更清楚。

另一方面，有一点你说得不太对，有点琐碎，但我们得提一下：你说，圣经在众先知与预言家或占卜者等等之间作了一种区分。但是，旧约确实也用"先知"一词来称呼那些假先知，例如巴力（Baal）的先知们。②这是一个很琐碎的细节。

现在，第21封信有这样一段话——

学生［读文本］：

> 如我所言，由于这种智慧藉着耶稣基督而最多地彰显出来，

---

① 课程开始时是一位学生朗读自己的课堂报告，记录阙失。以下不再赘述。

② ［译按］巴力是旧约记载最多的异教神，泛指与耶和华信仰为敌的多神教信仰。进入迦南地后，以色列人开始时常背弃耶和华之道，崇拜巴力（《士师记》2：11）。即便到了以色列人先知涌现的时代，先知以利亚也面临严重的巴力崇拜问题："耶和华的先知只剩下一个，巴力的先知却有四百五十个。"（《列王纪上》18：22）

既然基督也把这种智慧启示给了他的门徒，他的门徒便传布这种智慧，并且表现得比别人更能以这种基督的灵为荣耀。至于某些教会附加上去的那种教义——

施特劳斯：他是在说三位一体教义。

学生［读文本］：

即神取得了某种人类本性。我曾明白说过，我不知道他们是什么意思——

施特劳斯：这里具体是指《神学—政治论》第一章。我们来听听他的确认。

学生［读文本］：

坦白说，在我看来，他们就好比说一个圆取得了方的本性一样荒谬。（书信73）

施特劳斯：你们看，公开出版的《神学—政治论》里的说法是：他无法理解。其实他是在说，这些教义都很荒谬。斯宾诺莎没有说出每一个思想，或者说，他没有很清楚地提出每一个思想。阅读《神学—政治论》时的不少困难仅仅源于如下事实：他不想充分展现自己的思想。不过，你们在阅读的时候有自己的正确眼光，但我们必须将这一点建立在某种更加宽广的基础上。

你刚才的总体评论当然正确：自由的一种崭新含义。这将成为我们眼下研究的主题。当我多年后重读《神学—政治论》，又看到那么多希伯来文乃至希腊文的圣经引文时，我不禁想到，要是让政治科学的学生们读这么一本书，那会是什么样的负担！但我很快就释怀了，因为一瞬间我又想到，[16]这是自由主义的核心著作之一。我们所谓的自由主义刚出现时，就是与正统为敌，与宗教正统为敌。要是不懂问题在哪，不懂什么是神学问题，不懂什么是神学—政治问题，我们就不可能理解现代自由主义，因为现代自由主义正是通过它们才得以形成。换句话说，如果我们采取一种宽广的历史视角，而非严格的理论视角，我们就可以说：现代自由主义首先是宗教的自由主义，宗教自由主义与宗教正统为敌。这就为自由主义赋予了它迄今具有的品质，尽管这种品质已经不像十七世纪时那样明显。

我再简短解释一下。你非常中肯地评论了一个事实：在更古老的时代，这种自由并非实际存在，甚至也没人要求。宗教自由的权利，部分是启示宗教的结果，部分则是对启示宗教的反动。粗略地讲，宗教自由在古典时代究竟有怎样的地位？你谈过这个问题。

学生：那时人们没有不虔敬的自由。古希腊人的自由观念认为，必须始终服从某种道德秩序，抑制情感。

施特劳斯：这么说不够充分，理由如下。现代自由主义是一种非常强大的力量，影响了所有人，甚至影响了并非自由派的人。现代自由主义有着各式各样的隐匿情感，它有自己的神话，意思是它对自身的起源有一套自己的看法。而且我认为，直到最近这种神话还有一部分存在，它认为对宗教自由的压迫——亦即宗教迫害——是旧约的糟糕发明，而那些幸福的古代异教徒却是宽容的。我们必须思考这个方面。顺便一提，斯宾诺莎也在这里发挥了一定作用，因为你们会看到他引用过一些拉丁作家——例如柯提乌斯·儒弗斯（Curtius Rufus）[1]——而这些引文都与如下信念有着莫大关系：自由、宽容的古典时代对抗启示宗教的迫害年代（尤其是中世纪）。

让我们换个角度看：古典时代真的有一种自由，容许表达与公认观点不同的宗教看法吗？这个问题很复杂。实际上，曾经有一种相当程度的自由实践，但它没有理论基础。这种自由实践可能随

---

① 柯提乌斯·儒弗斯（卒于公元53年），公元一世纪罗马史家，著有《马其顿大帝亚历山大纪事存稿》（*Historiarum Alexandri Magni Macedonis Libri Qui Supersunt*）

着时代不同而变化，但原则是：人必须敬拜，因而也必须尊重城邦的诸神。柏拉图笔下有大量证据表明，苏格拉底被处死就是因为他不信诸神。要说起另一个伟大的古典榜样，罗马帝国，那里曾经有一种如下意义的巨大宽容：每一个被征服的部族都可以继续敬拜自己的神，但同时也必须敬拜罗马帝国的神，也就是皇帝。当时只有一个民族表示拒绝，那就是犹太人。导致耶路撒冷和圣殿被毁的全部原因，就是基于如下事实：犹太人拒绝敬拜一种并非真神的存在者。

因此，宗教宽容没有任何法律基础。曾经有宗教宽容的实践，那也只是很简单的实践。例如，如果希腊人对一位来到雅典的蛮族商人表示宽容，容许他敬拜自己的诸神——那好，但这人不能否认宙斯也是一位神，不能否认希腊别的神也是神。这不矛盾。这一点与古典宗教的多神教品质有关，它承认有数目不定的不同神灵存在，[17] 而且他们彼此之间没有冲突。但另一方面，质疑城邦敬拜的诸神就是死罪，苏格拉底即为先例，还不是唯一的先例。

我刚才说的还隐含了一个典型特点，那就是古代没有条条框框的教义（dogma）。换言之，没有权威严格制定过这条或那条教义，然后说这些就是神学真理，只要违背即为犯罪。但古代也有迹象清楚表明秘仪（cult）或敬拜（worship）的存在。我的意思是，如果有人完全按照习俗的规则来祭拜宙斯，接着却说"这个宙斯当然是想象的虚构"，那就是一件很严重的事情，非常严重。

人们之所以在这一点上犯错，有一个原因：在《理想国》第二卷里，柏拉图展示了有些人所谓的针对异教、针对多神教的某种攻击。这不是事实，因为柏拉图分明是在攻击诗人们讲述的那些不可能发生的故事。自然，诗人是没有任何权威的人；他们只有一定的道德权威，但绝无政治或法律上的权威。另一篇柏拉图对话探讨了本质上相同的问题，短篇对话《游叙弗伦》，主题是虔敬。那里也谈论了基本一样的诸神故事，但这一次，故事不是由荷马或赫西俄德之类的诗人所讲，而是被绣在了女神雅典娜的大袍上，那是雅典人官方宗教的一部分。①这时，苏格拉底谈论这类主题就极其谨慎，但他谈论那些诗人及其诸神故事的时候可没这么谨慎。所以，雅典和其他地方无疑也有受到保护的意见，而这些意见就是教义的一种形式，当然也是一种基本形式。

圣经呢？自由主义传统，尤其是形式更加极端的自由主义传统（例如伏尔泰），将宗教迫害的做法追溯到了圣经。当然，有一点很清楚：圣经远远比古典作品更加强调严苛和法律强制，而在古典作品那里大多数事情只是习俗。那么，有哪些证据呢？旧约里广泛而丰富的证据都是什么呢？

学生：［听不清］

施特劳斯：有一道明确的命令，要求杀尽七族、杀尽这些拜偶像者。②这道命令很明确，必须将他们赶尽杀绝。还有一些像这样引人注目的事情。这些民族也曾愿意表示承认，例如他们中的一位先知说过（我记得是《士师记》前面部分）：我们摩押人与你们相邻，我们的神是基抹（Chemosh），而你们希伯来人的神是耶和华，这样就好，我们两家完全可以共存，各有各的神！但从希伯来人的领袖尤其众先知的宗教来看，根本没有可能共存。③真正的圣像只有一尊，其他全是假的，也许还有不同程度的假。我猜，众先知有一种相对不同的观念——这是一种对神的

---

① ［译按］参见《游叙弗伦》，6c。

② ［译按］新约复述了以色列人的这段历史："灭了迦南地的七族之后，就把那地分给他们为业。"（《使徒行传》13：19）在攻占迦南地之前，耶和华藉约书亚之口下了一道谕令："看哪，全地之主的约柜必在你们前面过约旦河，你们这样就知道永活的神与你们同在，祂必把迦南人、赫人、希未人、比利洗人、革迦撒人、亚摩利人、耶布斯人，从你们面前驱逐出去。"（《约书亚记》3：11）

③ 施特劳斯似指《士师记》11：24，但在那段话里，实际上是以色列人在向摩押人提出共存的可能性，而不像施特劳斯描述的那样。

［译按］那段圣经经文：以色列士师耶弗他派使者对亚扪人说："你不是应占有你的神基抹要你占有的地吗？我们不是应占有耶和华我们的神，从我们面前赶走的人的一切地吗？"

温和敬拜，而不像那种淫邪的生育崇拜一样，带有公开淫祀之类的东西。

这些事情都是自然出现的，但就我所知，伊斯兰教不一样。伊斯兰教的教规是这样：穆罕默德据说被派往红种人和黑种人当中，意即被派往全人类，无关肤色。穆罕默德用圣战来强制他们皈信，但有一类人不能被强制皈信，他将这类人称为圣书之民（the people of the Book），他们就是犹太人和基督徒。他们虽然是二等公民，权利地位较低，[18] 但不能被强制皈信。① 不过，基督教关于指控（prosecution）有什么原则？我是说中世纪基督教，你能说说吗？

学生：被指控的人都是异端。他们……

施特劳斯：异端的定义是什么？

学生：一个人已经是教会的成员，却打算提出自己的原则，否认自己所属教会的权威。

施特劳斯：或者是否认任何教义。

学生：对。

施特劳斯：我懂了。所以在这一点上，刑事管辖权没有问题。非基督徒呢？

学生：没有针对非基督徒的指控。

施特劳斯：没错，但是宽容又如何呢？这些事情相互转化，但宽容与不指控还不完全一样。

学生：这就比较复杂了。某种程度上，有些神学家说：对于犹太人和异教徒之类，不指控才是基督教会的正确做法，例如，圣奥古斯丁甚至在驳斥加拉太人和摩尼教徒的时候，也拒绝指控他们，除了……

———————

① ［译按］圣书之民，在伊斯兰教里被称为"有经人"（Ahl al-Kitāb），即在伊斯兰教之前"有穆萨（摩西）的经典"（《古兰经》46：12）的犹太人和基督徒。在伊斯兰国家里，这些同样拥有天启经书的一神教信徒被称为"顺民"（Dhimmi，原义为"受保护的"），享有仅次于穆斯林的宗教和政治权利。

施特劳斯：我记得更清楚的是托马斯在《神学大全》里的说法：关于宽容犹太人和不信者的问题，取决于权宜（expediency）。这完全取决于怎么做合乎权宜。阿奎那的推理如下：宗教多元性确实会导致一种危险，一种败坏信徒们信仰的危险，所以有一种开除的权利，但没有开除的义务，那要取决于各种环境。[①] 尽管如此，这里却明显没有什么宗教多元性的权利。

我还要提到另一个非常重要的年代，因为你们有时会读到，这种宗教多元性的权利不是因为宗教改革本身而兴起（路德和加尔文就像天主教会一样几乎不支持宗教多元性），而是宗教改革的一个后果：形势复杂，宗教和教派各式各样，局面整体失控，宗教迫害也成了一桩毫无前景的事务。出于这种经验，宽容的实践及其理论兴起了。无论宽容多么重要，光凭这一点理由，它在理论上就不充分了。宗教改革始于1517年。就在前一年，著名的托马斯·莫尔爵士（Sir Thomas More）出版了《乌托邦》，他非常清楚地声援实践中的普遍宽容。因此，要想从理论上分析我们的问题，那就必须始于托马斯·莫尔爵士及其可能的先驱者，而不是后来的历史，无论从别的视角来看可能多么有趣。

上次我说过——而且我们必须回到这一点——斯宾诺莎背弃了哲学传统，[19] 而他的前辈马基雅维利和霍布斯等人已经背弃了古典传统。但我们还必须思考他对神学传统的背弃，文本也迫使我们这样思考。柏拉图和亚里士多德显然不是神学家，不是基督教神学家。这种背弃必须根据自身来理解。我现在要指出几个要点，以免你们有谁不记得一些众所周知的事情。斯宾诺莎攻击的那种立场，可以简单陈述如下：有一种神学真理、被启示的真理，它比哲学真理享有更高的尊荣，只有神学真理是得救的必不可少之物。要想得救，你们不必做一名哲学学生，但必须知道神学真理。神学真理的

---

① ［译按］如施特劳斯所言，以阿奎那为首的中世纪基督教，对待不信者（包括犹太人和异教徒）与异端的态度确有不同。参考阿奎那，《神学大全》第二集第二部，第十题"总论不信"和第十一题"论异端"。

终极来源是神，但在实践中乃是圣经和传统，乃是教会。这曾是古老的天主教观念，但宗教改革造成了一场根本变革。出于实践考虑，宗教改革者的启示宗教究竟有什么来源呢？

学生：不是国教，而是圣经。

施特劳斯：既有一种理论限定，也有一种实践限定的圣经。

学生：〔听不清〕

施特劳斯：圣经的自足性，就是宗教改革者们的教诲。圣经对于得救而言已然足够，没错，但这里是指得到正确解读的圣经。那么，什么叫作正确解读圣经？魔鬼也能引用圣经，所以魔鬼也能解读圣经，但它读圣经当然没用。①解读圣经必须虔敬，但这就界定得更精确了。唯有凭靠圣灵的内在见证，圣经的真理才会出现。圣灵不仅孕育了圣经，当它在读者心中生效时，它也会使个人与文本相遇。这非常重要，因为它引出了各式各样关于解读的事情。圣经中并非所有字句都是毫不含糊的，而且它们出现的背景非常不同。

第二点，也是实践中很关键的一点：宗教改革者们相信早期教会没有败坏。这在实践中意味着，最初四次大公会议的决议就是正统——我没记错的话，最后一次是尼西亚大公会议。②它们宣称圣经包含了一些教义，例如三位一体，这个例子最典型。所以，从一种纯粹外部的、历史的视角来看，这些教义显然不是清楚写在新约里面的，但路德和加尔文也从新约里读出了它们，他们的解读依赖于一个前设：圣灵在他们心中生效了。几乎可以说，这四次大公会议就是受到了神启，就是正统。

---

① 〔译按〕例如，魔鬼引诱耶稣从圣殿顶上跳下来，对他说："因为经上记着：'神为了你，会吩咐自己的使者用手托住你，免得你的脚碰到石头。'"耶稣答道："经上又记着：'不可试探主你的神。'"（《马太福音》4：5-7）

② 〔译按〕施特劳斯记忆有误：最初四次大公会议的时间地点分别是尼西亚（325年）、君士坦丁堡（381年）、以弗所（431年）、卡尔西顿（451年），尼西亚是第一次。著名神学家哈纳克（Harnack）在七卷本《教义史》中认为，这四次大公会议代表了基督教正统教义的完成。

接着，从各式各样、鱼龙混杂的宗派里又出来了一些人。我只提对斯宾诺莎这样的人尤其重要的一类人：索齐尼派（Socinians）。[1] 我不知道现在世界上是否还有人自称索齐尼派；神体一位论（Unitarianism）就是这么来的，神体一位论派就是索齐尼派的继承人。[2] 索齐尼派的创始人是十六世纪的两位意大利人，显然，他们非常恪守宗教改革的原则：圣经，唯独圣经具有权威。换言之，[20] 没有什么圣灵的见证、圣灵的干预之类的特殊限定，只有你读出来的东西，也就是一位理性的读者解读圣经时会发现的东西。唯有圣经教导的，尤其是新约明示教导的，才是真理。而且，新约来自神圣启示这一事实也能得到合乎理性的证明，凭靠奇迹（miracles）而得到证明，所以，这是一种超理性的教诲。新约教导的内容不能得到合乎理性的证明，但新约的超理性本身可以得到证明，所以，你们始终完全处在理性的领域里。

索齐尼派当然遭到了迫害。他们被称为波兰兄弟会（Polish Brethren），因为他们在意大利和德意志遭到了迫害，移居波兰，在那里强烈影响了好几代人。后来他们又在波兰惹了麻烦，最终移居荷兰，而荷兰是十六到十七世纪世界上最宽容的国家。索齐尼派就在那儿，而且斯宾诺莎与他们有私交。

下一步是解读。圣经是纯然合乎理性的，这是什么意思？读圣经就像读任何一本书，就像读塔西佗（Tacitus）、修昔底德（Thucydides）或随便什么人的书一样，所以你不仅会看到困难，还会看到矛盾。不止如此，谁是作者这个大问题也出现了：开篇是摩西五经，但其中还写到了摩西本人的安葬。这难道是历史吗？所以，

---

① 索齐尼派是一个反三位一体教义的宗派，其名来自莱利奥·索齐尼（Sienese Lelio Sozzini, 1525—1562）及其侄子福斯托·索齐尼（Fausto Sozzini, 1539—1604）。索齐尼派在欧洲影响广泛，他们建立学院、主持宗教会议，还通过自己的出版社印制了大量书刊。

② ［译按］神体一位论派主张神只有一个位格，否定圣子和圣灵的神性，因而反对正统的三位一体教义。

他们运用了——但这已经是有点靠后的发展——历史批判（historical criticism）的日常原则，他们说：如果一本书据称是某人所写，但其中又讲了这位作者的去世和安葬，那就不能说这人是这本书的作者。这曾经是一个古老的难题，但现在他们毫不犹豫地亮出了结论。不过，其他一些篇章也有像摩西五经那样的性质，我们后面会在斯宾诺莎那里遇到，它们也令人怀疑作者是不是摩西。

现在，我们仅限于这个例子：摩西五经在某种意义上是最根本的书，因为它在旧约中位居最先也最重要的部分，由一位未知作者所写。那它的权威可能是什么呢？这些难题构成了高级批判（higher criticism）的基础，而高级批判后来扩展到了圣经新约，在十九世纪大获全胜，如今当然也成了公认的东西。这种发展进程的自然结果就是，你在圣经中找不到任何一种权威性的教导。你能发现一些非常深刻的段落有某种证据，但你发现所有这类东西——例如一神教，它看起来至少高于多神教，但他们会说：瞧瞧希伯来文的“神”这个词，那是复数。一个复数名词与动词单数连用，但有时又与动词复数连用，所以有些地方提到了一些被称为神的儿子们的存在者，诸如此类。你要如何才能区分清楚呢？结论就是：旧约至少是一部从各种遗物中整合出来的作品——这些文字遗物来自许多不同的世纪——从各种早已失落的来源拼合而成，而且是由未必比你我更有权威的人尽力拼合而成。但这本书依然极其难懂。

这就是斯宾诺莎在我们这个时代第一次明示阐发的圣经观念，所以，他也在如今的旧约高级批判史中非常著名。这一点必须牢记，结论就是：任何基督宗派都没有充分的圣经根据来宣称自己最优越。斯宾诺莎没有明示这一点，这是一个通常结论，[21]但它当然无法得到任何正统犹太人或基督徒的认可，无论是天主教还是新教的基督徒。圣经没有教导说，罗马主教——教宗——就是权威。他们质疑使徒彼得建制的意义，这就意味着，圣经同样没有证明主教制（Episcopacy）或者与之相反的长老会（Presbyterian Church）的正当性，甚至没有证明任何宗派的正当性。①

任何基督宗派都没有充分的圣经根据以宣称主权。基于"圣经是包括新约和旧约在内的整体"这一信念，实际结论就是：所有基督宗派，只要承认新旧两约，就必须获得宽容。但这也被扩展成了对非基督徒的宽容，例如犹太人。那么，这如何可能呢？因为我们这里尚且还有的不可或缺的基础，就是承认新旧两约，而且这一基础在我们读过的内容中已经留下了痕迹。基于斯宾诺莎明示阐发的论证，我们如何从宽容所有基督徒变成了一种实际上普遍的宽容呢？他讲了什么？

学生：他否定了圣经的权威。

施特劳斯：不，这是个难题。你瞧，斯宾诺莎在两种层次上论证，否则他就无法得到他想要的效果。他既在圣经的基础上论证，又质疑圣经的权威。两件事同时进行，这就是《神学—政治论》的困难所在，但人们几乎不费什么严肃的努力就能分清楚这两种论证。

那么，这种论证如何在一种圣经主义的基础上运行？重复一遍，这是我们眼下拥有的一部分论证。以圣经为基础，任何基督宗派都不能自称比别的宗派更真确。严格说来，浸礼宗（Baptist）、再洗礼派（Anabaptist）、三一论派（Trinitarian）、神体一位论派都不能真正

---

① ［译按］耶稣呼召西门："我告诉你，你是彼得，我要在这磐石上建立我的教会。"（《马太福音》16：18）耶稣升天后，位居十二使徒之首的西门彼得（《马太福音》10：2）建立了最早的教会雏形，被保罗尊为教会的三大"柱石"之一（《加拉太书》2：9）。

主教制源于希腊语 Episkopos（监督），是公元二世纪以来早期教会的管理方式：以主教为中心，建立一套由上而下的严格教阶秩序。主教制成熟于中世纪。但到了新教改革的时代，加尔文宗重新提出一种由下而上、信徒共治的民主模式：会众集体选举"长老"（源于希腊语 Presbyteros），长老选拔牧师，共同治理教会。这种"长老会"的理念，在苏格兰宗教改革运动中一度成功，后来传播到了英国和北美地区。

证明它们的主义，①所以唯一公道的做法就是宽容一切基督宗派，只要圣经还是权威。可是，如何将宽容一切基督徒扩展成普遍的宽容呢？说通俗点，机关究竟在哪儿？根据这种自由主义的观念，新约的标志性教诲是什么？

学生：爱你的邻人。

施特劳斯：博爱（Charity）。纵使圣经中一切模糊，有一点仍然很清楚：博爱这条诫命。如果是博爱，那就没有迫害。现代这股强大思想的粗糙轮廓由此成形了，但强大的思想未必因此也是深刻的思想：我们始终要牢记这一点。

现在，一句话概括斯宾诺莎对这件事的特有立场：斯宾诺莎不是基督徒。绝不能忘记，他是犹太人，却又是一个被开除教籍的犹太人。他匿名写书，但很快就泄露了作者身份，所有论敌作家全都知道作者是谁了。我不知道怎么走漏了风声，但他确实是匿名写的。不过，这本书的标题下附了一句新约引文：

> 藉此我们知道，我们一直在神里面，神也一直在我们里面，因为神将祂的灵赐予我们——《约翰一书》4：13。

后来，本书第十四章也讨论了这句经文。换言之，不明内情的读者会认为，这本书是一位基督徒所著。但只要翻开这本书，他就会对如下事实感到吃惊：该书的重心完全是旧约材料，全篇讨论旧

---

① ［译按］浸礼宗是新教影响最广的宗派之一，反对婴儿受洗，主张只有理解受洗意义的成年人方能受洗。它源于十七世纪英国清教徒的分离运动，后来盛行于北美，分化出南北两大支派（浸信会和浸礼会）以及众多支派。再洗礼派关于洗礼的主张相似，但时间更早，十六世纪宗教改革时兴起于德意志、瑞士、荷兰等地。由于成员多为下层百姓，追求激进的经济平等和社会平等，结果遭到天主教和新教（包括路德和加尔文）的一致谴责，"再洗礼派"也沦为污名，十七世纪英国的浸礼宗就经常被斥为再洗礼派。

三一论派是公元三世纪兴起的早期基督宗派，信奉三位一体，后于325年尼西亚会议上被立为正统。

约的章节比新约多得多。有一个最简单的解释：斯宾诺莎曾经受过犹太教而非基督教的训练，[22] 他懂旧约远远胜于懂新约。这种说法不够充分，但也有一定可信度。

我这里只提一点：牢记斯宾诺莎的犹太传统背景对于我们理解这本书非常重要。你们瞧，这本书前六章也许是明显带有神学色彩的章节，它们讨论了三个主题：第一到三章，先知预言（prophecy）；①第四到五章，律法（law），神法；第六章，诸奇迹，而奇迹属于神意（providence）的语境，所以也可以说是神意。这个次序——先知预言、律法、神意——是中世纪犹太思想家们使用过的一种次序，而它最终回溯到一种伊斯兰传统。这不是基督教的主题次序。这种次序背后有一种观念作支撑：神意意味着惩罚与奖赏，因而预设有一种律法。这种律法，亦即神法，又预设有一种启示行为，而这种启示行为就被称为先知预言。

这更多是一种犹太和伊斯兰的传统，而非基督教传统。例如，如果一个犹太人或基督徒说"那位先知说了"，他是什么意思？如果是《古兰经》说"那位先知说了"呢？你几乎能确定，他们是指圣经里最开始的那些先知，他们为后来的小先知作了准备。犹太人会说——我想基督徒也会说——"那位先知说了"是指摩西。不过，虽然摩西是一位先知，但"先知"一词通常是指摩西之外的众先知。但如果一位穆斯林说"那位先知说了"，那是指谁呢？无疑是指穆罕默德。所以在伊斯兰教里，创教者、奠立者被称为先知；正是受到伊斯兰教的影响，"先知预言"一词侧重的这一层含义也进入了犹太传统。这只是顺便说说，不太重要。

现在，我们要回到这本书。首先看看标题："神学—政治论"

---

① ［译按］prophecy 原意为"预言"，即神藉人之口所说的话，但旧约中说预言的人统称为先知（prophet），《神学—政治论》前三章除了分析预言外，第二章标题也是"论众先知"，更何况，施特劳斯下一段话以先知为例说明犹太—伊斯兰传统中的预言问题。因此，这里暂时将 prophecy 译作"先知预言"，以下仍按原意分别翻译"先知"和"预言"。

（Theologico-Political Treatise），这种形式的标题经常出现于十六到十七世纪的人文主义时代，但这个复合词，神学—政治，我只见过一本书这样用，而且它还不完全是为了哲学的缘故所著。这本书大概是一个荷兰人写的，我没有花力气去查他……他写过一份关于博丹（Bodin）《国家六书》的拉丁文提要。①那份提要有一篇附录，我不知道是他本人还是别人写的，题名为"神学—政治附释"（Theologico-Political Corollary），讨论了基督徒教育的问题。谁要是能读拉丁文，并且喜欢这种古物，完全可以去研究它。

我只讲我自己想到的一点：博丹是十六世纪法国的政治哲人，某种程度上他是主权学说的创始人，所有教科书讲到的情况就是这样。当时，博丹在法国的宗教战争里扮演了一个重要角色。他隶属于一个被称为政治家（Les Politiques）的小团体，这个词还不是如今美国用的那个意思。所谓政治家，是指一种从纯粹的政治视角来看待宗教冲突的人，而这里的政治视角就是指和平与秩序。换言之，他们对宗教改革冷脸相待。同样是这位博丹，后来又写了一本直到他死后数百年才出版的书：《七人对话录》（Heptaplomeres）。它不仅标题复杂，而且是一本七重之书（Seven-Fold），分为七个部分，内容是包括基督教、犹太教、异教、伊斯兰教在内的各式各样的宗教信徒之间的一场对话。众所周知，它也是一本对于任何宗教立场的真理性都抱有强烈怀疑的书。我在想，"神学—政治"这种表述与从纯粹政治视角来看待神学问题的这种倾向之间是否不无联系。这类事情太多了。

现在，回到序言和第一章。我们必须关注最重要的东西，很多细节无法深入。正如课前那篇报告所示，[23] 斯宾诺莎一开始谈的主题就是迷信的诸原因。但是，这里面有很重要的潜台词，因为斯宾诺莎会宣称圣经的很多教诲都是迷信。所以他为此奠定了一个基础，然后转到了迷信的政治用途这一主题。现在，让我们假设确实有像迷信这样的事物存在：人们出于恐惧、出于一种普遍的不安全

① 让·博丹（1530—1596）是近代最早的一位主权理论大家。

感，想象出了各式各样的存在者，而且人心的这种自然倾向发挥了政治用途。这是第一个主张。在这个语境下，斯宾诺莎评论道：这种迷信源于人的想象式、情感式的生活，而非——斯宾诺莎暗示的另一种生活是什么？你们还记得吗？

学生：人的理性部分。

施特劳斯：源于人的理性部分，没错，但斯宾诺莎明确拒绝了这一点，他对这种思想有一个特别的说法。第四页底下，你能读读吗？

学生［读文本］：

> 有人说，迷信之所以产生，是因为一切有死者都拥有某种混乱的关于神的观念（numinis ideam）。关于迷信的原因，我的解释显然可以推论出：首先，每个人出于自然就臣服于迷信。（《神学—政治论》，序言第7节）

施特劳斯：翻译不行，正确翻译是"关于神的观念"（idea of God）［译按：课本作notion of God］。换言之，另一种基于斯宾诺莎视角的解释就是：所有人生而具备一种关于神的天赋观念，然后这种观念发生了混乱，于是就产生了迷信。斯宾诺莎驳斥了这种关于神的观念。现在，我们必须思考一下。谁提出了这种表述，"关于神的观念"？它有一个已知的来源。

学生：笛卡尔。

施特劳斯：对。笛卡尔说过，人有一种关于神的天赋观念，而霍布斯很早就驳斥过他，斯宾诺莎、洛克、莱布尼茨也驳斥了，所以其实只有笛卡尔本人信奉它。莱布尼茨有一段话，《人类理智新论》（New Essays）第四卷第十章第7段。这是题外话。

因此，迷信只是源于人的情感式、想象式的生活，而非源于理性部分。因此，迷信反复无常，造成了很大的社会难题。如果人们总是在改变自己关于敬拜、关于诸神和精灵的想法，那就会造成很大的难题，所以有必要将人们的想法冻结，将它建制化。在斯宾诺莎看来，全世界都这样做，但最突出的例子是土耳其人。土耳其人做得最成功，那里禁止一切关于这些想象的虚构、激情以及所有这类东西的思考。为了后面的讨论，我们必须牢记一点：土耳其的例子说明（当然还有别的例子），人的自由——思想和探究的自由——有可能成功受到压制。我们后面会看到，斯宾诺莎似乎否认这种做法的可能性。我们必须牢记这一点，而且你们也许记得最近的讨论。即便今天，你们有时也会听到说人不可能一直压制探究的精神。例如，有许多人预测，由于俄罗斯人宽容了物理学，所以他们也不得不宽容人类心智的其他一些活动。当然，这种假想也不过是迷信。

[24] 但是，我们必须更精确一些。在人当中，迷信是一种非常强有力的东西，所以为了人们共同生活的缘故，迷信必须被体制化。但这里必须作一种区分：只有在你想要一种君主制的情况下，才能将迷信体制化。如果你想要一个自由国家，自由共和国（libera respublica），那就别这样做。迷信是君主制的强力帮手，这里是指绝对君主制。自由共和国必须留给每个人判断的自由：在一个自由社会里，引起叛乱之类事情的不是这种判断自由——尤其在宗教事务上的判断自由——而是对这种自由的各种限制（limitations）。

顺便一提，我们必须牢记一个事实：这种人人享有的判断自由，从未存在于古典时代任何一个自由国家当中，斯宾诺莎也深知这一点。他读过那些史家，古典史家。这就引起了一个早已得到暗示的问题：斯宾诺莎所想的自由国家是一种新型的自由国家，我们必须查清它有什么样的特征。根据斯宾诺莎接下来的主张，这种判断的自由，这种随自己风格（fashion）来敬拜上帝的自由——借用普鲁士弗里德里希大王（Frederick the Great）的说法——已经在荷兰确立了，所以斯宾诺莎写这本书丝毫不违法。对于一个共和国（而非君主国），这种判断和敬拜的自由不可或缺，对于虔敬也不可或缺。但如果它是虔敬所不可或缺之物，那么，绝对君主制似乎就不可能有虔敬。我们必须看看，斯宾诺莎有没有继续坚持这个非同寻常的论点。在这方面，有一处评论很有代表性，值得我们思考。翻到第6页，这一章的中间那段。

学生［读文本］：

　　这就是我在这部著作里决心证明的主要事情。为此，首先有必要指出我们对宗教的各种主要偏见，也就是我们遭受过的古老奴役的痕迹，接着也要描述我们对诸至高权力之权利的各种偏见。有许多人凭借着最无耻的放任，迫切要侵吞这一权利的更大部分，并且打着宗教的幌子，使那些任由异教迷信摆布的民众的心背离诸至高权力，结果让一切事物再度陷于奴役。（《神学—政治论》，序言第13节）

施特劳斯：停，这里也需要作一点评论。斯宾诺莎想要的结果，就是对圣经宗教进行一种祛异教化（depaganization），因为仍然有一些异教的残迹污损了真宗教。这让我们想起了什么？我是说，毕竟我们必须——至少刚开始时必须——回到斯宾诺莎写作时所在的那种氛围，否则我们就会在没有困难的地方发现困难，同时却忽略了真正的困难。

　　斯宾诺莎说，圣经宗教（尤其基督教）被各种异教事物所掩盖，直到不久前——其实只是最近——才被祛除干净，这么说是什么意思？没错，这其实是宗教改革的常见主题。斯宾诺莎在最宽泛的意义上援引了这条新教原则：中世纪教会在建立的同时引入了一些异教要素，而宗教改革已经开始摧毁它们，那些更加激进的宗派比路德和加尔文走得还要远。斯宾诺莎迈出了最后一步：他要复原纯粹的圣经教诲，尤其是新约的教诲。

　　接着，他谈到自己写作《神学—政治论》的理由。基督教是爱的宗教，所以与迫害不相容。那么，为什么基督教从一种爱的宗教变成了一种迫害的宗教呢？他作了简要解释，要点是基督教建立了一套等级制——教会等级制——而这就与人人皆为判断者的原则相对立。［25］这就是问题所在。从某种基督教的视角出发，斯宾诺莎认为一切基督徒都是平等的判断者。但从等级制的视角来看，并非每个人都是平等的判断者。你们有没有看到，这里有一种超出神学问题之外的重要性？

学　生：［听不清］

施特劳斯：民主制。所有人享有判断的平等是在某种民主制中，而不是在有所限制的共和国里。懂了吧？这就是现代自由主义传统的一个部分。绝对君主制与一种教会等级制结盟：这就是旧政体（ancien regime）。另一种选项则是废除一切宗教等级制，实现民主制。这种情况至今还是一样。

不久前，我卷入了一场关于相对主义的论争，当时我主张必须有一些标准，这就意味着有一些事情合法，也有一些人比其他人更好、更高明。有一个反对者直接就说：你这是要让宗教裁判所（Inquisition）死灰复燃。[①] 你们瞧，一提到任何秩序，意思立刻就变成了火刑架——我想这不是理所当然的结论，但这也反映了这种自由主义传统的权力。不过，让我用传统政治哲学——不管其源头是什么——的说法再说一遍：古典传统不是民主式的。古典传统对某类有恰当限制的民主制抱有一定同情，但它根本上仍然不是民主式的，因为古典传统绝对否认所有人拥有平等的判断能力；哪怕作为一种法律推定（legal presumption），古典传统也不承认。

这里，你们看到有一种强有力的要素在这个方向上推进。在神学论争和教会论争中，有一种民主倾向发展起来了，后来它又影响了哲学思想。这方面有一位中世纪的前辈，帕多瓦的马西利乌斯（Marsilius of Padua）。他是唯一公开攻击教会等级制，批判其不符合新约的中世纪作家。[②] 马西利乌斯服膺亚里士多德，正如他一直说的

---

① ［译按］论争详情不明。施特劳斯关于相对主义的论述，可参考1961年（本课程两年后）发表的论文《相对主义》，原载于 Helmut Schoeck、J. W. Wiggins 编，《相对主义与对人的研究》（*Relativism and the Study of Man*, Princeton: Van Nostrand, 1961）。中译收入施特劳斯著，潘戈编，《古典政治理性主义的重生》，北京：华夏出版社，2011。

② 帕多瓦的马西利乌斯（1275—1343）是意大利一位政治人物和作家，因著作《和平的保卫者》（*Defensor Pacis*, 1324）闻名。在这部书里，他试图说明教宗不是政府权力的来源。

那样，但他比亚里士多德民主太多了。马西利乌斯引用了亚里士多德一些还算有利于民主制的评论，但又为这些话添上了它们在亚里士多德笔下从未有过的分量。为什么他要这样做？因为在他的基督教立场上，马西利乌斯必须建立起信徒们在信仰和各种仪式的所有事情上的平等，否则就是教会等级制。而且，这也要求政治领域采取同样的做法，所以他不得不以一种就历史而言不可能的方式将亚里士多德民主化。

当然，你们从通史中学到，有大量文献讨论了"清教主义"（Puritanism）这一主题，而它恰恰也是论述这一点：宗教自由是政治自由的自然盟友。关于这个主题，盎格鲁－撒克逊国家有大量专著。我们也在斯宾诺莎这里发现了它，但后面我们讨论他的政治教诲时，还得更仔细地察看。

不管怎样，斯宾诺莎遇到了一对矛盾：一边是基督教的爱的教诲，另一边是基督教的迫害实践。基督教有什么地方跑偏了，基督教已经败坏了——这就是宗教改革者们的总体教诲。但是，斯宾诺莎从中得出了最终结论，也是一个激进的结论：我们必须激进地回归原始基督教，意思就是回归新约。而且，我们必须采取正确的方式去回归，也就是说，我们必须不带任何偏见地研究新约，读它就像读别的任何书一样。但是，这里非常明显暴露了他的用意的模糊性。读第八页顶上一段。[26]

学生［读文本］：

他们越是夸张地表达对圣经奥秘的惊异，就越是表明，自己与其说是信仰圣经，不如说只是嘴上说得漂亮罢了。这从如下事实来看也很清楚：他们中多数人预设了圣经通篇都是真实而神圣的，以此作为一项理解圣经并且发掘圣经真义的基础。因此，对于我们应该通过理解圣经和严格考察圣经之后才能确立的东西，对于最好是圣经本身教导我们而无需人为发明的东西，他们却从一开始就主张说，这正是解释圣经的准则。（《神学—政治论》，序言第19节）

施特劳斯：嗯。你们瞧，他来了个反转：我们必须回到圣经，圣经是记载着启示真理的文献，所以忘了神学家们自诩知道的一切吧。至此，他暗示道：只有一种权威，那就是圣经中传达的神言。接着他又来了个反转：我们甚至必须检查圣经的权威。他的通信更清楚地表明，圣经本身的真实性和神圣性不能光凭假定，而是必须被发现。圣经有可能既不真实也不神圣，也有可能一半真实、一半神圣。

因此，这本书的论点从头到尾都很模糊。有一种圣经主义的论点乃是以圣经的公认权威作为基础，但只有作为神言的圣经才是权威，而另一种论点恰恰质疑了这个前提。斯宾诺莎的真正教诲不是圣经主义的论点，而是另一种论点。接着，他陈述了自己考察的结论。我们不必深入，因为后面会展开长篇论述。目前我们只需思考一点，也就是他关于哲学部分所说的话。他首先谈的是神学部分。翻到第十页第4段。能读一下吗？

学生［读文本］：

为了证明这些结论，我首先（第十六章）讨论每个人的自然权利——

施特劳斯：这里的自然权利不是复数，是单数。
学生［读文本］：

个人的自然权利能扩展到多远，取决于他的欲望和力量能扩展到多远。出于自然权利，谁也没有义务依照他人的心意（ingenium）①来生活，相反，每个人都是其自由的保卫者。（《神学—政治论》，序言第29节）

————————

①［译按］课本译作 as another pleases，但柯利对 ingenium 一词的译法有大量有益的讨论：首先，ingenium 在拉丁文里有非常宽泛的含义，包括"性情、情绪、能力、品性、心理"等等。斯宾诺莎用法也很灵活，但这里具体指受到别人的想法、好恶和意愿等等的支配，所以柯利最终译为 mentality，中译作"心意"。

施特劳斯：顺便一提，我们会在第十六章看到，斯宾诺莎断言：每个人出于自然就对他欲求的任何事物拥有权利，前提是他有力量。继续读吧。

学生［读文本］：

不止如此，我要指出：这种权利——

施特劳斯：这一段的"权利"都是单数。［27］

学生［读文本］：

不止如此，我要指出：任何人都不可能真的放弃这种权利，除非他将自己保卫自己的权力转让给了别人。这样一来，如果每个人都将保卫自己的权力与按照自己心意生活的权利一道转让给某个人，这个人必然就会绝对地拥有这种自然权利。

据此，我要说明：那些拥有主权的人有权利做一切他们能做到的事，唯独他们才是权利和自由的保卫者，而且任何人做任何事都必须唯独遵从他们的命令。但是，谁都不可能将保卫自己的权力剥夺到令自己不再为人的地步。据此（第十七章），我推论道：谁都不能被绝对地剥夺自己的自然权利，相反，臣民们出于某种自然权利也还保留着某些东西，它们不能被夺走，否则将对国家造成严重的危害。如果这些东西不是与那些拥有主权的人达成了公开的一致，那臣民们就是被默许拥有了这些东西。（《神学—政治论》，序言第30-31节）

施特劳斯：［录音有中断］……言论自由对于和平（也就是公共秩序）不可或缺，而且如他所言，言论自由对于虔敬也不可或缺。但是，论证的出发点不是言论自由，而是像霍布斯那样的自我保存。为了保存自己，我们必须进入社会，因而我们必须服从权威，抛弃我们之前拥有的一些权利。但是，有一些权利必须保留，有一些事物"可以说出于自然权利"就必须保留。斯宾诺莎这里说的权利并非不加限定，其中就包含了言论自由的权利。言论自由权对于自我保存不可或缺，因为一旦没有政府，自我保存就不再可能，而一旦没有言论自由，政府就无法正确履行其职能。

你们也许已经发觉，这里还有一个困难。按斯宾诺莎所说，政府——也就是政府的世俗权力——是宗教敬拜之事的判断者。我们必须看看上述言论自由与此如何契合。我想把困难摆在这里，以待进一步讨论。

我只讲这篇序言的最后一个要点：斯宾诺莎将这本书呈递给诸权威（authorities）来判断。如今的作家做梦都不会想到这样做，虽然到了一定程度也可能有司法干预——你们知道，色情文学之类的东西。但是，斯宾诺莎就像霍布斯以及当时其他作家一样，对世俗政府的审查权明确表示尊重。他们想澄清的是，他们不承认教会的审查权，只承认世俗审查权。因此，我们拥有完美的言论自由，但同时也要让个人的探究服从世俗权威。这是一个非常明显的困难，斯宾诺莎原则上如何解决这个困难呢？他会说，世俗政府（一种严格意义上的世俗政府）从来不会干预神学问题，不会干预涉及神学事务的问题，因而不会有任何冲突。斯宾诺莎反对等级制，反对教士阶层（clergy）。人人皆为判断者。这位先生请讲？

学生：他本人面向的是哲学读者，而非所有人。

施特劳斯：换言之，斯宾诺莎一方面看似有一种民主倾向，说人人皆为判断者，另一方面又保存了传统区分，即哲人与俗众、能干的人与不能干的人。问题在于：一边是哲人的特权，另一边是他同样主张的所有公民的平等，这两者怎样调和？

关于第一章，我想说的话不多。如果你们有人读过第一章——我不知道这个译本该怎么读——但如果有人读过原文，有一点就会非常清楚：斯宾诺莎一边口头上同意有一种神圣启示存在的观念，[28] 另一边却几乎同时予以否认。他提出了一个清楚的论点，你课前报告里不止一次地正确引用过：预言或启示是神启示给人的特殊知识。这是一个完全符合正统的定义，但紧接着——我们读一下这段，"从上述定义来看"开始。第13页，你能读读吗？

学生［读文本］：

从上述定义推出，自然知识也可以被称作预言——

施特劳斯：你读的译文不对。我译作："从上述定义推出，自然知识可以被称作预言。"

学生：译文是"从上述定义可以明显看出，预言确实包括了日常知识"。

施特劳斯：把"自然知识"译成了"日常知识"，这是犯罪，这么明显的"自然"（natural）怎么会搞成了不清不楚的"日常"（ordinary）呢!

自然知识可以被称作预言，这是第一步。瞧，首先我们有了正统观点，超自然知识与自然知识。他现在又说：仔细想想这一点，自然知识也可以被称作预言。结果就变成了：唯有自然知识可以被真正称作预言。不过，我们先看看斯宾诺莎的下一步，看看他说了什么。

学生［读文本］：

因为我们凭借自然之光所知道的东西，只是取决于我们对神及其永恒命令的知识。但是，由于这种自然知识对所有人都是共通的，正如它所依赖的基础对所有人也都是共通的，所以常人对自然知识评价不高，因为常人总是渴求稀少的、对他们本性而言陌异的事物，总是鄙弃自己的自然禀赋。当他们谈到预言知识（cognitio prophetica）时，他们的意思就是要排除自然知识。（《神学—政治论》，I.2）

施特劳斯：看看这第二步：自然知识也可以被称作预言。为什么？因为自然知识——当然也包括我们如今所谓的科学知识——将一切事物都回溯到了基本原理。这些基本原理最终必定是一（one），即斯宾诺莎所谓的神；但你们后来会看到，斯宾诺莎的神与圣经的神几乎没什么关系。因此，自然知识就是关于神的知识，它将一切事物——每一次石头下坠或每一颗星辰的轨迹——统统理解成某种神圣命令的结果，而神圣命令就是某种自然法则（natural law）。①

他说的自然法则是什么意思？就是预言。首先，要根据神来理解万物。接着他就说：如果这也可以被称作预言，为什么人们还会觉得启示知识更高？然后他又说：启示知识要浮夸得多，所以，日常政治中的人们更爱浮夸之物而非坚实之物，觉得前者更高级。我想让你们看看他是如何论证的，但我们要思考这一点。[29]

学生［读文本］：

然而，凭借与其他任何事情一样的权利，自然知识也可以被称为神圣，因为是神的本性（就我们分有了它而言）和神的命令将它传达给了我们。它与每个人所谓的神圣认识只有两方面的区别：人们所谓的神圣认识超逾了自然知识的界限，而人类本性的诸法则——就其自身来考虑——不可能是人们所谓的神圣知识的原因。不过，就其包含的确实性而言，或者就其被推出的来源（亦即神）而言，自然知识——

施特劳斯：自然知识［译按：课本译作"日常知识"］。

学生［读文本］：

自然知识丝毫不逊于预言知识——

施特劳斯：这句话很关键。无论就确实性还是来源而言，自然

---

① ［译按］斯宾诺莎表面上沿用了从格劳秀斯到霍布斯一脉的现代"自然法"传统的术语，但其用意和含义几乎没有通常法学的规范性意味，而是更贴近科学式、因果实证式的自然主义精神，甚至还从这种无条件的自然逻辑出发得到了最彻底的政治现实主义认识。因此，本文将斯宾诺莎使用的natural law译作"自然法则"，与"自然法"相区别。

知识丝毫不逊于预言知识。信奉正统的人也可能说这种话，但我们再看看他接下来怎么说。

学生［读文本］：

> 除非谁要是愿意这样理解（不如说幻想）：先知虽有人的身体，却没有人的心智，所以他们的感觉与意识有着和我们完全不同的本性。（《神学—政治论》，I.3）

施特劳斯：这段话暗示，斯宾诺莎拒绝了启示的可能性。看到了吧？一切人类活动——认知性活动——必须根据人的自然能力才是可以理解的。这就意味着拒斥了启示知识。为什么？因为有一种心智（mind）与身体（body）的根本平行关系存在，所以，一种能作出超自然活动的心智也拥有一种能作出超自然活动的身体，这样才完整；但这两种情况都不可能。斯宾诺莎后来会讲到。

现在，我想请你们注意最耐人寻味的一段话，就在这一章他谈到神的心智那一部分。［《诗篇》33：6］我按字面来翻译：

> 我们说过，神的灵也指神的气息。这被我们错误地认为是圣经中的神所具有的东西。（《神学—政治论》，I.37）

说法完全没错。神没有什么呼吸系统，也没有心智、性情和身体；我们只是错误地认为神也有心智。这段否定式说法足以澄清，斯宾诺莎理解的神究竟是什么；我的意思，不是肯定式的澄清，而是否定式的澄清。

现在，如果你们看看斯宾诺莎《伦理学》的第一部分和第二部分，你们就会找到这种说法。第一部分：论神。第二部分：论心智的本性和起源——不是指人的心智，而是心智本身。①心智不是什么

---

① 在《伦理学》第三部分序言结尾处，斯宾诺莎说自己将探讨人的诸激情，就像先前探讨神和心智一样。

与神有关系而出现的东西，我们必须牢记这一点。众所周知，斯宾诺莎的神学常被称为"泛神论"（pantheism），泛神论的神当然不是一种人格（person）；这一点不重要。但是，更确切的说法或许是说——就像斯宾诺莎这里说的那样——要是认为神有"心智"，那就必定错了。如果现在回看他谈论基督的那段话，谈论基督的心智与神的心智交互感通，你们就会知道：这终究不是斯宾诺莎本人的意见。总而言之，[30]在这本比《伦理学》更加通俗的书里，斯宾诺莎指出了一些事情——他相当直白地说了一些《伦理学》没有说得同样明确的东西。

第三讲 《神学—政治论》第一到三章

（日期不详）

[32] *施特劳斯*：……［进行中］你看到了这里的要点，但它的基础……这个主题本身很清楚。圣经中不可能偶然找到任何一类理论知识，但另一方面，圣经的道德教义还是真正的道德教义；这就是斯宾诺莎的正式主题。

接着，我们必须理解下面一点如何可能：从斯宾诺莎的视角来看，人们——旧约里的众先知——应该在没有真正理论知识的情况下，拥有真正的道德知识。只要读读他的主要著作《伦理学》，你们就会发现：从他的视角来看，这绝不可能。假如有一种像良知（conscience）之类的东西来教导我们如何行动，且这种良知独立于一定程度的理论知识和完满的理论知识，那还有可能。这样一来，人们就有可能既受到道德启蒙，同时没有受到理论启蒙。但这在斯宾诺莎那里是不可能的，所以我们必须看看他如何解决这个矛盾。不过，我只是提示一下这个难题。

我想，刚才你不止一次提到如下说法：神按照各人的能力，将祂自己启示给了希伯来人或众先知。这句话是什么意思呢？

学生：唔，他们只有一定程度的理论知识。他们的自然科学不那么先进。先知根据自己所理解的神是什么，才有了异象。

施特劳斯：一边说先知以某种方式来想象神，另一边却说神按照先知的能力来将自己启示给他，这难道不是两种不同的断言吗？前者与先知有关，后者则是与神有关。

学生：我觉得这两者可以互换，因为神要是想将自己启示给先知，就会用先知能够理解的方式来启示自己。

施特劳斯：我觉得你的讲法没错，但这两者究竟如何在实践中可以互换呢？毕竟，它们的讲法仍然明显不同。无论如何，结果怎么就成了它们在实践中可以互换呢？神启示了某种事情，这么说究竟是什么意思，或者隐含了什么？按传统来看，神究竟启示了什么？

学生：神启示了祂自己。

施特劳斯：呃，简单地说，按照传统，神启示了真理，也就是唯一重要的真理。至于这种真理是否与几何学有关系，那是另一回事。不过，如果有人说神按照各人的能力而将自己启示给人们，这种真理就受到了一种限定，即接受者自身的能力。因此，它就不再是纯粹真理了；进而，如果接受者的能力太弱，那他接受的信息也就只有很弱的真理性。

因此，这就等于说：按斯宾诺莎的理解，神按照各人的能力来启示自身，仅仅意味着神从不启示真理之为真理本身。这两种说法是等价的。为了理解斯宾诺莎这里究竟在做什么，我们必须尽可能扼要地对比如下两者：一边是传统的圣经观念，[33]另一边是如今严格意义上的世俗社会科学的主流圣经观念。这样，我们才能给斯宾诺莎一个简单的定位。现在，传统观念……请说？

学生：按照传统的圣经观念，是不是神的启示真理过一段时间后通过众先知及其指定的人来传给人们？

施特劳斯：没错，真理。但这是何种真理？换言之，圣经就是真的。

学生：嗯，传统的圣经观念认为圣经就是全部真理。

施特劳斯：没错。但数学呢？他举的所罗门这个例子呢？[1]

---

① ［译按］斯宾诺莎分析了所罗门得到的如何建造圣殿的启示，指出其中只有事实性的历史叙述，没有包含甚至违背了建筑学依据的一般数学真理。见《神学—政治论》，II.29。

学生：按我理解，这就成了一个有争议的问题，但最初圣经中一切都是真的。如果圣经讲了数学，那么数学也是真理，终极真理。

施特劳斯：对，方向没错。以《创世记》第一章为例，这也是最著名的例子：创世六日。人们反复尝试，要在我们知道的受造世界中找到一些东西来对应创世六日。好，圣经就是记载着启示的文献，没别的了。东方诸宗教——例如儒教或印度教的典籍——都不是启示教义。我们只对圣经感兴趣，别的没用。如今又是什么观念呢？

学生：如今，人们用的是斯宾诺莎开始使用的一种表述：这些都是历史著作，尤其旧约只是记载犹太人历史的一份文献。

施特劳斯：嗯，有一种表述——我不知道人们今天是不是还在用这种表述，但它表达了一种希伯来人的民族思维（national mind），还有各式各样的发展阶段，涵盖了有高有低的层次，但也仅止于此。还有其他一些民族思维存在，它们的尊严全都一样，绝不能认为其中一方主张比别的主张享有更高价值，尽管像伟大宗教之类的古老观念仍然存活着。各种典籍有时出现，虽然可以假设某个北美印第安部落的宗教没有记载，但儒教、佛教、犹太教、基督教和伊斯兰教还有记载，它们当然存留了下来。

我们可以说，斯宾诺莎实际上持有这种现代意见，但他没有清楚讲出来，至少在《神学—政治论》开篇是这样。斯宾诺莎在头两章迈出的第一大步，在第三章得到了扩展，这一步就是：他既否认圣经有任何的理论真理，却又仍然主张圣经包含道德真理。不过，既然这种道德真理以同样方式存在于所有异教当中，那么在任何重要的方面，圣经就完全没有了优越性。讲这么多就清楚了。

不过，我想首先回到我们上次基于序言和第一章所讨论的内容。开篇是一段十七世纪非常典型的讨论：斯宾诺莎反对教会的等级制，首要是反天主教，但也反对宗教改革者们的官方教诲，尽管他与某些新教宗派也有一定共识。所有人必须保留关于宗教真理的判断自由，以及按自己觉得合适的方式来敬拜神的自由。这种自由对于共和国的和平不可或缺，尽管对于那些君主国不是如此。宗教权威是诸君主国的帮手，而这种宗教自由对于虔敬不可或缺；[34]这似乎暗示了君主国里不可能有虔敬，而我们必须看看能否真正坚持这种主张。

所有人都是宗教真理的平等的判断者。与这种民主立场形成强烈对比的，是哲人与俗众的对立、少数哲人与多数俗常心智的对立，而且斯宾诺莎也在本书序言提到了这种对立。俗众无法判断。那么，哲人的这种自然优越性如何能契合斯宾诺莎看似主张的每个人的判断自由呢？这是斯宾诺莎难题的一种讲法（formulation）。哲人们拥有巨大的政治作用或社会作用，唯有他们是真正有能力的人，但这里是指像斯宾诺莎和马基雅维利那样的正确类型的哲人，而不是柏拉图和亚里士多德。但另一方面，政治体又必须民主，每个人必须享有判断自由。怎么办？我们还得看看。

现在，每个人都是宗教真理的判断者；这种主张似乎有着宗教来源，也就是新教或新教宗派的来源。但是，这里也有一种误解的危险，因为"每个人都是平等的判断者"其实是在斯宾诺莎之前霍布斯的核心主张，而他丝毫没有提到宗教真理。我要解释一下。

霍布斯以如下原则作为起点：自我保存的权利就是最根本的道德现象。接着，他作了如下论证：如果基本权利是自我保存的权利，那么，我出于自然就有权利使用一切有利于自我保存的手段，例如我对于苹果、鹿之类能使我得以保存的一切东西都享有权利，或者，我对于我能用来击退侵犯者以自保的石头也享有权利。

但这里出现了困难：谁来判断某一手段是不是适用于自我保存的手段呢？传统看法认为，所有人并非平等地是一位好的判断者。具备实践智慧的人比傻瓜拥有更好的判断，而且这两者之间还有各式各样的中间状态。霍布斯的论证如下：既然每个人都对自己的自我保存怀有最大兴趣，那么每个人必须被制成（be made）判断者，傻瓜对自己的自我保存有很大兴趣，智慧者就是能更好地判断自己该做什么才能实现自我保存的人，但智慧者不像傻瓜——作为个体的傻瓜——那样关心傻瓜的自我保存，所以，明智的做法就是让傻瓜自行保留判断。

你们瞧，这里有趣的是：在一个自诩数学式推理的论证中，这样一种纯粹明智式的实践考虑怎么就成了关键！你们可以说，霍布斯的建议是一种似乎可信的经验法则（rule of thumb），是不是可信也未必，但仅此而已。但是，霍布斯必须宣称它具有绝对的确实性，否则就无法得到他必须拥有的数学式政治科学。

你们可以看到，在上述论证中，霍布斯丝毫没有提到宗教或任何宗教准则。同样，我们可以合理假定：斯宾诺莎更接近霍布斯那种类型的根本性民主，而非源于新教宗派的那种民主。不过，这只是提出了我在这门课一开始就提过的那个问题：斯宾诺莎如何能在霍布斯的基础上引进他对德性和哲学的崇高要求，更何况在这些要求上他与霍布斯看法相反？霍布斯的政治学说丝毫不关心这些崇高的东西。

《神学—政治论》的意图是摧毁宗教正统，这毫无疑问。但我再重复一遍，这是在两种层次上完成的。第一，斯宾诺莎将圣经本身的字面意思当作权威，传统的一切主张或教义都必须按圣经的字面意思来衡量，没有它的支持就没有根基。但第二点，也是他在序言里暗示的一点，[35]斯宾诺莎质疑圣经本身的权威，所以他的教诲变成了一种纯属理性的教诲。斯宾诺莎教诲的圣经性质或圣经主义性质，仅仅具有修辞性和表面性。他讨论的第一个主题是预言，但正如我上次强调的那样——从第一章首句来看也很清楚——预言就是指启示。

学生：只是就背景而言，我有点迷惑。斯宾诺莎写书的时候，教会的主流立场是什么？除了宗教改革之外，当时阿奎那的立场还是主流吗？或者说，哪位哲人或神学家可以代表斯宾诺莎的背景？

施特劳斯：很难讲。首先，斯宾诺莎生活在荷兰，一个以新教为主流的国家。当然也有一些天主教的邦（states），但它们是少数派，位于南部。①其次，加尔文宗是当时新教的主流派别。别去想韦

---

① ［译按］"荷兰"是十六世纪欧洲西北部一些低地国家推翻西班牙殖民统治、建立自主的联邦共和国之后的统称，正式称呼为"尼德兰联省共和国"，只因荷兰一地势力独大，故又称"荷兰共和国"。诸低地国家原本是西班牙奴役的殖民省，加入共和国后成为联邦制下的"自治省"，权力相当于小邦国。因此，本文将尼德兰政治语境下的state译作"邦"，province译作"省"或"自治省"。

伯（Max Weber），而是想想加尔文和他著名的预定论教义。有一个事实或许更加重要：加尔文宗在十六世纪有了一种清晰得多的政治面貌，因为在加尔文本人看来，新约已经赐予了关于教会统治的神圣诫命。相反，路德认为新约没有教导任何关于教会统治的东西，他将教会统治留给了各种世俗安排，仅仅出于便利。因此，路德完全愿意接受主教制体系，并不是因为他认为此乃神定，而是他认为这很有用。加尔文拒绝主教制体系，因为它不符合新约，所以加尔文宗的教会秩序是长老会（presbyterian order）。

但现在才是关键。当时荷兰发生了一场激烈斗争：一边以支持君主制的奥伦治王族为首，盟友包括加尔文宗牧师以及反抗各城市上层贵族的民众；另一边通常被称为阿米尼乌斯派，这是一个非常温和、理性的基督教派别，例如格劳秀斯（Hugo Grotius）就出身于这个城市贵族阶层，德·维特（Johan de Witt）也是斯宾诺莎那个时候这一派在阿姆斯特丹的领袖。① 当时正值荷兰与法国交战之际，德·维特在一场民众暴乱中遇刺。斯宾诺莎是德·维特的盟友，我们可以说，他也是城市商业贵族阶层的盟友（某种程度上这些所谓的经济"范畴"也有一定意义）；正如有些人会说的那样，他们都是最"进步"的要素。斯宾诺莎得到了政治支持，一定程度上还从德·维特这些人那里得到了私人性的经济资助。诚然，谁也不能公开挑战圣经的权威，但当时已有各式各样的宗派，这方面也有很大的自由度。荷兰作为第一个真正宽容的国家闻名于世，它成了英国的榜样。当威廉·配第

---

① 雨果·格劳秀斯（1583—1645），荷兰法学思想家，公认为现代国际法的先驱。约翰·德·维特（1625—1672），十七世纪中期常任荷兰大议长一职，以商人阶层作为权力基础。他遭到了奥伦治君主派的极力反对。据一份早期传记所言，1672年德·维特惨遭一群暴民杀害，这件事极大刺激了斯宾诺莎，以至于别人不得不阻止他打出一块写着"野蛮至极"（ultimi barbarorum）的标牌。至于是否像施特劳斯所言，斯宾诺莎实际接受了德·维特的私人经济资助，这一点尚有争议。

（William Petty）[1]这样的人来到荷兰，看到宽容与经济繁荣在这里的情况都很好的时候，[36] 他们会说：嗯……[录音缺失]

你们知道，荷兰在当时扮演一个非常重要的角色，它是头号强国之一。阿姆斯特丹的商品交易多多少少体现了十七到十八世纪发生的事情，虽然我现在没法说明。我们必须研究孟德斯鸠才能懂得这是什么意思。第一次，有一种超政治的力量改变了一切：这是一种就连君主也不得不向其弯腰的力量，但它没有真正的政治地位，不过是金钱、信贷而已。我们后面会讲到这个问题。斯宾诺莎有一些地方暗示了这个问题：宽容与财富之间的联系。他的论证可以按神学方式表述如下：神法的本意是使人得益，如果宽容有益于财富，财富又是有益的，那么神就想要宽容。然后，你们终究能找到圣经里的一些话来佐证。

学生：我还是有一个问题，在斯宾诺莎攻击宗教权威的第一个层次上，他显然是攻击了神学领域。

施特劳斯：没错。

学生：哪一种神学？

施特劳斯：考虑到当时的环境，我会说是加尔文宗，但自然也包括天主教徒。你瞧，但关键是这一点：既然严苛的加尔文宗的首要斗争对象是天主教徒，那就可能为反天主教著作留下余地，哪怕不是受到加尔文宗启发的著作。除了斯宾诺莎之外，我们还能找到许多这一类有趣的文献，但可以说斯宾诺莎攻击的是正统基督徒立场，还有正统犹太教立场，虽然后者在实践中没什么重要性。

另外，他还对一个宗派产生了吸引力，而且他与这个宗派保持着私人关系，这就是门诺派（Mennonites）。[2]他与门诺派一起生活，

---

① 威廉·配第爵士（1623—1687）是一位杰出的科学家、经济学家和政治家，经历过克伦威尔统治和王政复辟时期。

② ［译按］门诺派，基督新教再洗礼派的分支，由尼德兰弗里斯兰省人门诺·西芒斯（Menno Simons, 1492—1559）创始，与再洗礼派一样主张信徒成年后受洗，但坚持和平主义的策略，拒绝激进运动以及基督徒参政。

这些人当时都非常极端，强调博爱，而且对教义毫不关心。所以，斯宾诺莎可以与这些类型的宗派达成某种合作协议，但也只是合作协议罢了。他们的理论基础完全不同，普通读者容易上当。例如，这些宗派中有相当多纯洁的人完全满意如下主张：圣经要求博爱甚于一切，那些所谓教义的东西没有丝毫重要性。他们觉得这种主张有道理，而这也是斯宾诺莎采取的一个极端立场。

再说一遍，霍布斯亲口说过，他可不敢如此肆意写作。但是，这种言论在当时的荷兰也不是那么极端，只要没印刷出版就行。当时发生了各种各样的事。我想这类书籍在荷兰的某些邦里遭到了焚毁，我忘了相关细节。遭到了迫害是肯定的，而且有一部大厚书——我依稀记得大概有八十篇——花了五年时间写成，就是为了驳斥这种言论。斯宾诺莎自然被当成了魔鬼，一个有德·维特这个魔鬼作盟友的变节犹太人。这就是当时用的语汇，而且它扮演了重要角色。说这么多就够了吧？好的。

让我们回想第一章。第一章讨论了预言，但预言的意思是指启示，而且斯宾诺莎多少有所保留地指出：启示与想象不可分离。他几乎没有超出这一点，只是到第一章末尾时，他使用了"仅仅通过想象"这样的表述——你们知道，他这里就排除了理智的要素。接着，斯宾诺莎在第二章公然透露：[37] 理智的要素在众先知那里微不足道，众先知几乎完全只有想象的要素。由此可以推出——这一点你在课前报告里讲得很好——想象的强大力量与理智的强大力量水火不容，因此，谁要是特别富有想象性，谁就是特别差的理论思想家。所以，斯宾诺莎接着说：圣经并不包含任何理论真理。好，我们先来读读文本，英译本27页第二段。

学生［读文本］：

> 因此，那些急着到先知书里寻找智慧与关于自然事物和属灵事物的知识的人，完完全全走偏了。出于这个时代、哲学以及主题本身的需要，我决定在此充分证明这一点——

施特劳斯：课本在"哲学"之前是说的什么？出于什么的需要？

学生：课本译作"哲学，时代和问题本身"。

施特劳斯：为什么改变了次序？应该是"出于这个时代、哲学以及最后是主题本身的需要"。继续。

学生［读文本］：

> 我毫不在意迷信之人发出的咆哮，他们憎恨的无非是那些培育真知识和真生活的人。可悲啊，事情竟到了如此地步：那些公然承认自己没有关于神的观念，只是凭借受造物来认识神却又不知道受造物的原因的人，竟然毫不脸红地指责哲人是无神论者！（《神学—政治论》，II.2）

施特劳斯：停一下。你们看到他说了什么。圣经——至少是众先知的著作（但这既是确指旧约也是暗示新约）——没有包含任何关于自然事物和属灵事物的知识。可以想象，我们会说圣经写下来不是为了教我们气象学或矿物学，但属灵事物呢？圣经也没有传达任何关于属灵事物的知识。这就是要害，根本谈不上什么圣经神学（biblical theology），斯宾诺莎接着说他会证明这一点。

按俗常观点来看，这种主张就是极度的不虔敬，而俗常观点也是斯宾诺莎这里答复的对象：不，你们才是不虔敬者。你们不仅说自己内在不具有任何关于神的观念，还说人只有通过诸受造物——通过从诸受造物上升到其原因——才能认识神，而且你们神学家根本没有任何关于这些原因的知识，所以你们对神根本一无所知。你们谴责我们哲人是无神论者，但唯有我们才具备关于神的真知识。在座诸位，你们能从上述主张中察觉什么历史现象，或者什么历史背景吗？

学生：苏格拉底。

施特劳斯：很明显，这是一般性的问题。但这里有一个具体的讲法：笛卡尔笔下"关于神的观念"。笛卡尔是一位反对经院传统的伟大革新者，而这场革新的原理就是"关于神的观念"（the idea of God）这一概念。"关于神的观念"是什么意思？它有什么与经院主义相反的实践意义呢？

[38] 在经院传统里，关于神之实存（existence of God）的证明是从可见的诸事物开始，一直上升到诸原因，其中最著名的一个论证就是亚里士多德关于最初的不动之动者（the first unmoved mover）的论证：从我们看到的运动开始，一直上升到某种最初的不动之动者。但笛卡尔扭转了方向：我们知道自己拥有一种关于神的直接知识，因为我们拥有一种关于神的天赋观念，而我们只要看到这种观念就能证明神的实存。这就是笛卡尔所谓的本体论证明（ontological proof），曾经也有人做过这类证明，但人们通常拒绝承认这是一种正当的证明。

所以，斯宾诺莎说：我们是笛卡尔的学生，我们才是真正虔敬的人。我们拥有关于神的真知识。我们不需要任何外在权威，因为我们拥有关于神的天赋观念，所以我们无需外在权威就能证明神的实存。笛卡尔的潜台词是说：按他的构想，自然本身不能导向一种关于神之实存的证明。自然是一套自足的体系，它不能导向某位神。换言之，中世纪的观念里有一种目的论式的自然科学，它最终导向了神。现在，人们有了一种机械论科学，无论如何都不能导向神。因此，如果你想有一种目的论，你就必须有一种完全不同的基础。这就是笛卡尔关于神的观念。

帕斯卡（Pascal）是笛卡尔之后的一代人，他说：自然隐匿了神，这意味着我们从自然开始便无法抵达任何关于神的知识。后来，休谟（Hume）和康德认为，绝无任何可能作出一种关于神之实存的证明；这在某种意义上已经隐含在笛卡尔革命当中，但也只是隐含而已。

接着，斯宾诺莎说预言完全是想象式的，而想象既不牢靠，也不确实。因此，为了确定自己想象的东西有什么真理性，人们需要某种外在于被想象事物的东西——某种迹象（sign）或奇迹（miracle）——所以预言知识低于自然知识，正如他现在公开说的那样。自然知识无需外在的迹象，它自身即是明见的（evident）。预言知识不是自足的，换言之，众先知并不具备数学式的确实性——也就是理论确实性（theoretical certainty）——而是只有道德确实性。

这是一个古老的说法，可以追溯到亚里士多德。道德确实性（moral certainty）主要是一种基于说话者的品性而有的确实性。例如，假设有人说他没有犯罪，我可能除了他的说法之外找不到别的证据，但是，如果我很了解这人，他为人的品性也就给了我一种确实性。这就是道德确实性的首要含义，一种涉及品性（character）的确实性。可是，这个词后来被赋予一种多少更加宽泛的意义，就像斯宾诺莎口中的意思那样：唯有具备一种关于众先知各自品性的看法，即认为他们都是诚实的人，我们才能确定他们所说的是真理。但是，诚实不能证实理论真理，而是只能证实他们关于人的举止或行为所讲的话乃是肺腑之言。

这就是斯宾诺莎讲的东西。他这里运用了神学语言，在这种神学语言里，预言取决于众先知的虔敬，取决于他们的道德德性（moral virtue），而非他们的理智德性（intellectual virtue）。但这造成了很大的难题，我已经指出了，而且后面还会看到。现在，我们读读第30页第三段。

学生［读文本］：

最后，预言随着先知意见的不同而变。在相信星相学这种无用之物的三贤看来，基督降生就是通过一颗东方升起的星而被启示给他们的（见《马太福音》第二章）。在尼布甲尼撒的占卜师看来，耶路撒冷被毁则是通过动物内脏而被启示给他们的（见《以西结书》21：26），而国王也根据神谕以及他向天空射出的箭的飞行方向理解了这一点。另外，在相信人的行动取决于自由选择和人自身力量的众先知看来，［39］神就是以漠然中立且不知晓人的未来行动的样子而被启示给他们的。我们要从圣经本身出发，对上述这些东西分别予以证明。

第一点可由以利沙的故事来证明（见《列王纪下》3：15）。

他要了一样工具来对约兰说预言：在音乐让他着魔之后，他才能理解神的想法。接着，他最终对约兰及其同行者预言了一些高兴的事情。这在先前是不可能发生的，因为以利沙一度对这位国王非常愤怒：如果一个人对别人感到愤怒，他就会想象他们遭遇各种恶，而不是善。

有人说，神不会被启示给那些愤怒或悲伤的人。这些人一定是在做梦，因为在摩西对法老愤怒的时候，神就向摩西启示了一场针对头生子的可怕屠杀，而且没有借助任何音乐工具就启示给了他（见《出埃及记》11：8）。另外，在该隐陷入狂怒的时候，神也被启示给了他，而且在以西结感到愤怒和躁动的时候，犹太人的悲惨和顽固也被启示给了他（见《以西结书》3：14）。耶利米在对生活感到哀痛和厌倦时，预言了犹太人的浩劫。这就是为什么约西亚不想向他请教，而是询问了当时的一位妇人：根据女人的心意，约西亚指望这位妇人更愿意向他启示神的仁慈（见《历代志》第二章［22-28节］）。

同样，米该雅从不向亚哈预言什么好事，尽管别的真先知预言过，这在《列王纪上》第二十章很清楚。但是，他终其一生都是预言各种坏事（见《列王纪上》22：8，更清楚的是《历代志下》18：7）。因此，众先知按照各自身体性情（corporis temperamentum）的不同，更容易接受某一种启示而非别的启示。（《神学—政治论》，II.15-18）

施特劳斯：我们可以略过细节。要点在于，无论众先知在他们的异象中看见什么和听到什么，那都不过是他们符合自身性情而想象出来的东西。有一种关于预言的完整的心理学解释，这就是最大的潜台词。

接着，斯宾诺莎又提到了众先知的风格差异。神言，亦即圣经，也是以不同风格写成的。这些风格对应于不同说话者的生活背景。总之，有可能提出一种基于纯粹属人术语的圣经解释，有可能将圣经理解成一种纯粹人为的产物。这就已经解决了问题，因为"圣经没有权威"这一点引发了无穷无尽的后果。翻到33页最上，我们就能看到这个关键点。

学生［读文本］：

> 我现在将更小心也更详细地证明——因为我认为这一点非常重要——预言或表象也会随着先知拥护的意见不同而变，以及众先知也有着各式各样相互矛盾的意见以及偏见。（我在这里只谈纯属思辨的事情，因为我们在思考正直［probitas］和各种道德时必须用十分不同的思考方式。）从这些命题出发，我将得出结论：预言绝不会使众先知变得更有学识，而是留给他们各种先入为主的意见。因此，我们完全没必要在纯属思辨的事情上也相信他们。（《神学—政治论》，II.24）

施特劳斯：换言之，众先知表达的全部意见，仅仅是他们早先以某种自然方式习得的各种意见的残迹，其中根本没有神圣启示。继续。

学生［读文本］：

> ［40］每个人都以令人震惊的鲁莽态度说服自己相信，众先知已经知道人类理智可以企及的所有事物。虽然圣经的某些段落向我们尽可能清晰地表明，众先知对某些事也一无所知，但人们更愿意称自己没有理解圣经的这些段落，而非承认众先知对任何事都一无所知。不然，他们就试图曲解圣经的话，让它说的话明显不是它原本的意思。当然，如果这两种方式能被容许，那圣经就全毁了。如果容许把那些最清晰的段落归入那些晦涩难解的段落，或者任凭个人喜好来解释它们，那我们努力从圣经中揭示什么将只是徒劳。
>
> 例如，圣经再清楚不过地表明，约书亚——也可能是写下约书亚故事的那位作者——认为太阳绕着地球运动，地球是静止的，而太阳有一段时期也是静止的。尽管如此，还是有很多

人不想承认诸天有可能发生任何变化，因而将这段经文解释得似乎它不是这个意思。其他一些学过如何更正确地搞哲学的人，由于他们理解了地球运动，太阳静止或太阳并非绕着地球运动，他们就倾尽全力从圣经中编织出同样的真理，尽管圣经公开抗议自己遭到的对待。这些人真让我吃惊！（《神学—政治论》，II.25-26）

施特劳斯：停一下。这是大问题，所谓圣经与科学的关系问题，从任何视角来看都不是一个简单问题。你们瞧，中世纪的情况很简单，因为当时有一套相当稳定的科学学说——亚里士多德主义的学说——还有圣经：只要能以某种读法证明圣经中能找到亚里士多德主义的宇宙论，那就立为定论。

在现代人的生活里，这么做困难得多，因为科学的性质已经变了。斯宾诺莎已经预示了这场变化，我们在他后面公开谈论圣经解释的时候就会看到。理论上，这就意味着：随着自然科学中的每一次巨大变化，以核物理学的兴起为例，人们就不得不在圣经中找出对核物理学的暗示。但我想这一事实已经对这些尝试造成了致命打击，尽管我也知道，有些非常老派的人还在试图从圣经中找出最近的科学发现。这种做法整体上已经消失，再也不被视为一个严肃问题。这种解决办法虽然原始，但也有某种重要意义。如今天主教会对这个问题有什么看法？

学生：如你所说，在圣经中寻找核物理学的做法已经被证明是一种愚蠢的事业。

施特劳斯：这肯定，但是——举个例子，在哥白尼那个时代，仍然有人用这样的说法来反对哥白尼：从圣经的观点来看，地球是静止的。即便在那以后，这种做法也发挥了一定作用。但对斯宾诺莎的论证而言，这些论点具有至高的重要性。

第二章只有很少几段话需要我们思考。第38页第四段。

学生［读文本］：

[41] 尽管神被启示给了以色列人，他们仍几乎对神一无所知。这一点在他们身上体现得淋漓尽致：过了几天，他们就将本属于神的荣耀和敬拜给了一头金牛犊，而且相信这头牛犊就是曾将他们带出埃及的诸神。确实，没受过教育的人已经习惯了埃及人的各种迷信，疲于最悲惨的奴役；要是说他们能理解任何关于神的合乎情理的东西，或者摩西能教会他们另一种生活方式——这里的摩西不是作为哲人，能让他们最终依据心智的自由而活得好，而是作为立法者，能让他们在法律的命令下受到约束而活得好——那这种说法完全不足为信。

因此，活得好的原则——或者说真生活（vera vita）的原则——与对神的敬拜和爱，对他们而言更多是奴役，而非真正的自由以及神的恩典与赠予。原因在于，摩西命令他们爱神，守神的律法，这样他们或许就会承认自己从神那里接受的诸善，例如他们摆脱埃及的奴役而得到了自由。其次，要是他们逾越那些诫命，摩西就用威胁来令他们恐惧；要是他们尊重那些诫命，摩西就应许给他们诸多的善。因此，摩西对他们的教导就像父母通常对缺乏理性的孩子所做的那样。因此，可以肯定他们并不知道德性的卓越与真正的蒙福。（《神学—政治论》，II.45-47）

施特劳斯：停。这里已经表明：在断言圣经完全缺乏理论真理却具有完满的道德真理时，斯宾诺莎遇到了怎样的困难。他这里说的只是犹太民族，而非众先知。但这也造成了困难：这样一个民族的精英——即众先知——怎么可能拥有关于人之完满与德性的真观念呢？唔，我想他完全背弃圣经宗教这一点是很明显的，而且正如他澄清的那样，这里面暗示了旧约只有道德这一较低层次。

在这一章里，斯宾诺莎主要限于讨论旧约。当时也有一些基督教宗派试图摆脱旧约，只保留新约。我想，索齐尼派就是当时这样做的最著名的宗派。斯宾诺莎部分跟随了这条线索，但他在第二章结尾处澄清了接下来的道路：众使徒和福音书作者同样是让自己顺应当时人的偏见，因此，新约也没有提供纯粹的真理。例如，如果新约有一处提到了魔鬼，为什么会提到呢？那是因为当时的犹太人和异教徒都相信有魔鬼存在，但这并不意味着新约也同意关于魔鬼以及其他东西的信念。因此，新约实际上也没什么权威。

现在，我们翻到第三章，首先来读一读标题。

学生［读文本］：

> 论希伯来人的受召，以及是否唯独希伯来人具有预言的禀赋。

施特劳斯：为什么他接着要谈这个主题？在上一章末尾，他明确说了这严格上不属于本书的意图，但他为什么接着又要谈了？上一章他讨论了众先知和预言，而这一章的主题在于：是否唯独希伯来人具有预言的禀赋。

他在头两章里实际认为，预言是一种自然现象而非超自然现象。［42］如果它真是一种自然现象，它就应该是一种普遍现象，理应在所有民族中都能找到。根据传统看法，先知只存在于犹太人中，或者几乎只在犹太人中。因此，斯宾诺莎必须从这一点开始，为此他讨论了以色列人的被拣选（election）：讨论这件事不是为了它本身，而是为了说明预言是一种普遍现象。预言及其看似具有的特殊性，就是他的首要问题。那么，他的结论是什么呢？

学生：唔，先知是一种国际现象。

施特劳斯：普遍的。

学生：普遍的现象。基于一种人皆适用的自然的道德法，而非严格仅限于犹太人。

施特劳斯：可是，"先知"（prophet）一词不就是从希伯来语翻译过来的吗？在其他民族那里，你上哪儿才能找到像以赛亚（Isaiah）或耶利米（Jeremiah）这样的人物呢？斯宾诺莎怎么说？

学生：呃，那些民族称他们为……

施特劳斯：占卜者（Soothsayers）。换言之，异教徒的占卜者和

神谕者与众先知完全一样。从任何视角来看，这都是一个很困难的
主张。

学生：他用来佐证这一点的办法是说，正如众先知自己也是好
人一样……

施特劳斯：但是，即便我们同意斯宾诺莎讲的几乎所有内容，
从一种纯粹历史的视角来看，这也会造成一个难题。例如，如果你
读过西塞罗或其他地方出现的占卜者，拿他们与旧约里的众先知来
比较，这两者在层次上就有某种差异。斯宾诺莎从未真正解决这个
问题。

为了回答是否唯独犹太人拥有预言、是否某一民族拥有预言，
斯宾诺莎提出了一个普遍问题：究竟有什么东西是一民族能够独有
的呢？但在转向这个问题之前，他又提出了另一个问题：一民族对
于被拣选（election, chosenness）的信仰。斯宾诺莎回答道，关于被
拣选的信仰乃是基于一种想要更优越的欲望——我想这根本上就是
如今汤因比（Toynbee）所说的东西。①犹太人相信自己被拣选，因为
他们想要更优越，仅此而已。

这导致了一个难题，因为斯宾诺莎也相信哲人比俗众更加优越，
难道这也能追溯到这种骄傲吗？斯宾诺莎也许会说：啊，这是事实，
哲人就是更优越。但从圣经的视角来看，被拣选当然同样是一桩事
实，甚至是一桩人不应得的事实。斯宾诺莎在神学上总是很粗鲁，
在这个具体例子上也是。那么，有什么是希伯来人所独有的呢？这
是问题所在。斯宾诺莎在第44页第四段那里回到了这个问题，他概
述了一下自己的神学，但只是以暂时的方式概述。我们读读开头吧。

学生［读文本］：

> ［43］但在我开始之前，我想简单解释一下，接下来我将如
> 何理解神的指引、神的帮助（无论外在还是内在的帮助）和神

---

① 阿诺特·汤因比（1889—1975）是一位杰出的英国历史学家，著有名
作《历史研究》，其中有一种臭名昭著的看法：犹太教是一种僵化顽固的宗教。

的拣选，最后是机运。

"神的指引"，我理解为固定不变的自然秩序，或者诸自然事物的联系。如上所述，并且我在别处也证明过，万物依照各种普遍的自然法则产生，并且被它们所决定，而这些自然法则不过就是神的永恒命令，始终具有永恒真理和必然性。因此，无论我们是说万物依照自然法则产生，还是说万物按照神的命令和指引而被决定，我们其实都是说同一回事。

其次，由于所有自然事物的力量不过就是神的力量本身，万物仅仅通过它而发生和被决定，由此推出：人也是自然的一部分，无论人用什么作为维持自身存在的助力，抑或无论自然向他提供了什么而无需他自己做任何事情，这仅仅是神的力量向他提供了这些东西，因为神的力量要么是通过人的本性，要么是通过人的本性之外的诸事物而活动的。

因此，单从其自身的力量出发，无论人的本性用什么来维持自身存在，我们都可以正确称之为"神的内在帮助"；除此之外，从诸外因的力量出发，无论什么到头来对人有利，我们都可以正确称之为"神的外在帮助"。（《神学—政治论》，III.7-9）

施特劳斯：到此为止。换言之，斯宾诺莎确实重新定义了各种神学概念，以至于获得了一种全新的含义。如其所述，这只是一句断言而已，但他这里稍微提了一句："我在别处也证明过。"这里不是证明，而只是一句断言。他所谓的别处是指哪里？

学生：《伦理学》。

施特劳斯：没错，《伦理学》当时还没有出版。它写于1670年左右，在斯宾诺莎死后的1677年出版。[①]所以，这里还只是一些断言。你们瞧，《神学—政治论》最终仍然依赖于《伦理学》，只要涉及它有关理性的主张。尽管如此，斯宾诺莎却认为《神学—政治论》

---

① 斯宾诺莎的《伦理学》写作时断时续，从1650年代一直持续到1677年离世之前。

相当程度上是自足的，否则它就不可能写成。

学生：他说众先知确实提供了道德确实性，或者说众先知的教诲都是道德上正确的教诲，那么，这就是证明他说法有道理的理由吗？因为，如果他通过否认圣经的权威来否认了这种理由，那就只剩下另一种哲学式的理由来作证明了。

施特劳斯：这意味着什么呢？

学生：这就意味着，证明的理由就在《伦理学》里。

施特劳斯：[44]换言之，《伦理学》也许能够说明：不依赖完满的思辨知识或理论知识，完满的道德知识也是可能的。你是这个意思吧？

学生：没错。他说，众先知提供了正确的道德教诲，他们的言辞至少偶合了一些关于正确生活方式是什么的观念。他还说，这就揭示了一条通向蒙福（blessedness）的道路，但这种蒙福之路也是理智的成就，而他否认众先知能取得这种成就。我想问，哪里有相关的理由可作证明，或者说，他如何解释众先知的正确的道德教诲？

施特劳斯：嗯，我愿意为你的问题提供一个答案，但不是以我们迄今读过的内容为基础。斯宾诺莎并不相信众先知拥有真正的道德教诲。这是个十足的矛盾，而它会渐渐消失。只要举一个简单但关键的例子即可：真正的道德教诲导向一种义务，即无条件地服从世俗权力。然而，众先知反复要求人们抵抗那些邪恶的、不虔敬的君主。这就说明，他们是教导反叛的教师，他们不道德。相关证据还有很多，这只是一个临时的答案。

你们瞧，斯宾诺莎建立起了一种居间性的立场，一种尚且能为公众容忍的立场：圣经是一本很棒的书，但只是就道德教化而言，不涉及理论教育。最终，在一种更深的层次上，圣经甚至对于道德教化而言也不好。用一种粗鲁的方式来说，圣经宣扬反对谋杀和偷盗当然很好，但如果你还想提出任何关于政府的问题，告诉政府要放弃一些行动以满足保存共同体的需要，那么，在斯宾诺莎看来，马基雅维利当然是一位比先知以赛亚更好的向导。最后就是这样。

我觉得，你其实是想问这个问题：既然斯宾诺莎的理论性原理无论如何都没有在这本书里建立起来，而是多多少少写进了另一本公众肯定读不到的书，那么，斯宾诺莎靠《神学—政治论》这样一本书又能有多大说服力呢？我想，他可能会说自己的论证揭露了圣经中自相矛盾之处，揭露了粗鄙的关于神的拟人化观念；这些足以摧毁圣经的理论权威。另外，斯宾诺莎只勾勒出了一种背景，而且他承认这不能靠这本书里的内容来证实。

我们后面会看到，他也通过诉诸某些讲法而部分做到了这一点，它们有一种神学式的可信度。例如，当他说——我们会在第六章读到——神的理智等于神的意志时，只要加以正确解释，一位正统的神学家也能接受这种说法；注意，必须是正确解释。但是，斯宾诺莎以完全字面的方式来对待这种说法，接着从中推出了各种不符合任何正统神学的惊人结论。他仿佛是在为《伦理学》准备好公众——我是说那部分可以被说服的公众。你想说什么？

学生：有没有可能，《伦理学》，《伦理学》的一部分或一些观念，已经在这部分公众当中流传开了？

施特劳斯：没错。当然，只可能是极少数人。很明显，有些人读过手稿。例如，莱布尼茨拜访过斯宾诺莎，斯宾诺莎也向他展示了手稿，完整的手稿，不是吗？我觉得莱布尼茨读了一些。①

学生：[45][听不清]

施特劳斯：无论如何，斯宾诺莎身边有一个小圈子，但这只是极少数的公众，不能等同于《神学—政治论》针对的读者群。

换言之，斯宾诺莎这里是说：在指引（guidance）的意义上确实有拣选存在，这是神意的一部分——而斯宾诺莎这里说，神意等同于自然秩序。因此，我们必须将任何可能的拣选统统理解为一种自然现象，它可以被称作拣选，但本身没有得到确切理解。换言之，只要一民族特别幸运，我们就能说这是一个被拣选的民族；只要一民族特别不幸，我们就能说这是一个遭摈弃的民族。从斯宾诺莎的视角来看，这就是这个词所能具有的全部意思。

---

① 当前研究表明，斯宾诺莎只向莱布尼茨展示了《伦理学》的一部分。

现在，下一个论点多少更接近狭义的政治了。第45页第三段。

学生［读文本］：

> 我们能体面欲求的任何事物，首先都与以下三者相关：
>
> （1）通过事物的始因（prima causa）来理解它们；
>
> （2）驯化各种激情，或者养成德性的习惯；
>
> （3）最后，安全、健康地活着。（《神学—政治论》，III.12）

施特劳斯：停一下。正如他后面依序澄清的那样，在这三个目的中，严格意义上的政治仅仅涉及第三个目的，生活得安全，有一个健康的身体：自我保存（self-preservation）。这三个目的——理论完满、道德完满、身体完满（相当于政治完满）——有没有什么地方值得注意呢？

学生：看起来大部分像亚里士多德的讲法。

施特劳斯：某种意义上吧。这一点很好，但如果看看亚里士多德，我们恰恰会发现微妙的不同。在亚里士多德看来，德性习惯等同于驯化激情吗？

学生：不。

施特劳斯：为什么不？

学生：我觉得亚里士多德不止如此。

施特劳斯：没错，但亚里士多德那里还有什么关键的例外情况？你可以说，斯宾诺莎谈了所有德性，唯有一种例外，它主要不是与诸激情相关，而是与操作或行动相关。

学生：［听不清］

施特劳斯：［46］不对，是正义。正义不是与诸激情或控制激情相关，而是关乎做正义之事。如果你回头去看亚里士多德，斯宾诺莎这里其实暗示了正义不是一种主要德性，正如他在别处说过的：正义根本上取决于实定法，在自然状态里不可能有什么正义。我们很快就会读到。这是一个重要的偏离，但它看起来不是很直接。我们必须仔细想想。

还有一点也值得注意：政治的任务等同于生命与健康，而不是德性或培育德性。这也是一个明显的偏离，不仅偏离了亚里士多德，也偏离了整个古典传统。

学生：［听不清］

施特劳斯：这句话在译本的哪里？

学生：第45页。"因此，单从其自身的力量出发，无论人的本性用什么来维持自身存在，我们都可以正确称之为'神的内在帮助'；除此之外，从诸外因的力量出发，无论什么最终证明对人有利，我们都可以正确称之为'神的外在帮助'"。

施特劳斯：这里有某种含混，后面我们也会讲到，斯宾诺莎一边从霍布斯的讲法——自我保存——开始，一边又赋予它完全不同的含义。因此，自我保存的真正含义，即自我保存与时间的联系遭到了斯宾诺莎的否认，但在霍布斯那里，自我保存当然与时间有某种联系。对霍布斯而言，人想尽可能活得久，但斯宾诺莎的自我保存更多是指对于一个人的内在自由的自我保存，时间的分量——即单纯维持生存——变得无关紧要。

这一点具有欺骗性，但这恰恰是斯宾诺莎的困难所在：他如何能从自我保存这一前设开始，最终抵达了他那更高尚的道德呢？我现在只能提出问题，我们必须看看后面他怎么说。现在他提出了关键点，接着又在46页下面——从"民族"那里开始。

学生［读文本］：

> 因此，唯一能将此民族与彼民族相区分的事物，就是他们各自生活其下和受其引导的社会秩序与诸法律。（《神学—政治论》，III.16）

施特劳斯：要点就是，诸民族的区别不在于严格意义上的智识完满或道德完满，因为这些属于人，属于每一位个体的自然禀赋，因而在任何地方原则上都可以平等地获得。各个社会的真正区分，或如斯宾诺莎所言，各民族的真正区分，仅仅在于其法律、政治组织及其产生的结果。

当然，我们有各种理由说这是一个费解且奇怪的断言。例如，不同民族的自然禀赋为什么就不能有差异？我是说，你们不能单纯否定这个问题，从而丢掉这个问题。又或者，难道法律不能被引导向人的理论完满和道德完满吗？斯宾诺莎在这里没有给出任何理由，就一概否定了这些东西。他也许会这样评论：我现在丝毫不关心这些普遍问题，我只关心一个问题，即希伯来人是不是在智识或道德上更加优越，比希腊人或其他文明民族更优越，而在这个问题上我什么都没找到。因此，"被拣选"这个词唯一可能具有的含义，[47]就是某种社会或政治上的优越性。当然，斯宾诺莎最后也否认了这一点，例如，你们往后面一点就会读到［读文本］：

> 就理智而言，很明显（就像我们在前一章所证明的那样）他们对于神和自然只有相当寻常的想法。神在其他民族之前拣选他们，并不是由于他们的理智。但是，他们被拣选也不是由于他们的德性和真生活，因为在这方面他们与其他民族也是平等的，而且也只有极少数人得到了拣选。（《神学—政治论》，III.18）

换言之，这里又出现了一点：一个民族乃是由多数俗众和极少数精英构成，民族本身不可能在智识和道德上优越。这种优越性必然保留在少数人那里。斯宾诺莎这里似乎否认了一个问题，即法律可以被引导向理论完满和道德完满——例如在柏拉图那里，有一套清晰的法律，一套社会秩序，它就是被引导向一种理论完满和道德完满。在亚里士多德那里，确实也有一种情况是法律或社会秩序被引导向道德完满。

到了斯宾诺莎的时代，通常做法是这样：政治秩序或社会秩序可以被引导向道德完满，例如至善。斯宾诺莎试图分离政治与道德，以便为政治指派一种低得多的目的，从这个视角来使政治变得自足。麻烦大家翻到56页底下四到五行，这里似乎比较重要。

学生［读文本］：

> 最后，要是谁想出于这个或那个原因坚持神拣选了犹太人直到永恒，我不会反驳他，只要他坚持这种拣选无论是暂时的还是永恒的，即便它是犹太人所特有的，那也仅仅与他们的国家相关，与他们身体的各种利益相关。这是一民族与另一民族相互区别的唯一事物。在智识和真德性上，所有民族彼此间都没什么区别，因而在这些事情上，神并没有拣选一民族而非另一民族。（《神学—政治论》，III.57）

施特劳斯：只有这里清楚重复了这一点：诸民族的区别只可能在于政治或经济上的差异，而非道德差异或智识差异。更深一层的理由——我想，斯宾诺莎的意思是：在任何民族中，道德和智识上的优越都是一种罕见现象，所以从这个视角来看，任何民族（包括俗众和有教养者）皆不可能比别的民族更加优越。这是对形势的一种非常狭隘的看法。

第47页最后他谈到了社会的目的，"社会的一般目的——政府的目的——就是生活得安全、舒适"。安全和舒适，这就够了，与德性的关系不属于他的意图。这也是霍布斯和洛克的看法，但如我所说，斯宾诺莎试图在这个基础上移植一种更加高尚的社会观念，而我们必须看看他是怎样做的。再看看几段话吧，第49页底下，也是布吕德辑本的第31节。

学生［读文本］：

> ［48］既然神以平等的仁慈、怜悯等等对待所有民族，并且先知的作用不是教导人们各自祖国特有的法律，而是教导人们真德性以及为此劝谏人们，那么毫无疑问，一切民族都有先知，而预言的禀赋也不是犹太人所特有的。事实上，无论神圣历史还是世俗历史都见证了这一点。尽管旧约的神圣历史既没有表明其他民族像希伯来人那样拥有那么多先知，也没有表明

神确实派了什么外邦先知到那些民族当中，但这都不要紧。因为希伯来人关心的只是记载自己的事情，而非其他民族的事情。（《神学—政治论》，III.31）

施特劳斯：接着，他援引了旧约里一些先知不是犹太人的例子，尤其巴兰（Balaam）扮演了一个很重要的角色。[①]你们看，另一处提到了众先知的道德功能：道德完满，而非智识完满。但这里的道德又是一种普遍道德，所以并非犹太人所独有。第53页中间部分更是有所发展。

学生［读文本］：

此外，保罗在［《罗马书》］3：9和4：15又说：所有人，也就是犹太人和所有民族，一样在罪之下，但要是没有一部诫命和一部律法，罪也就不存在。由此，我们能以最大的清晰性确定：律法毫无例外地被启示给了每个人（正如上面《约伯记》28：28所表明的那样），所有人都生活在律法之下，也就是一种仅仅关心真德性的律法，而非仅仅按照某一特殊国家的本性和体制来确立的律法，仅仅符合某一民族的智识而已。

最后，保罗得出结论：由于神是所有民族的神，换言之，由于神以平等的善意对待所有民族，并且所有民族一样处在律法和罪之下，所以神向所有民族派了祂的基督，基督会把所有人从律法的束缚中解放出来，以便使他们的行善再也不是出于律法的诫命，而是出于心智的一种恒久决定。（《神学—政治论》，III.44-45）

施特劳斯：你们瞧，这里他提到了一种与政治性的法律（political law）截然不同的法律，也就是教导真德性的法律。但这是

---

① ［译按］巴兰是异族先知，被摩押王巴勒请去诅咒以色列人，结果他顺从耶和华之言，作歌祝福以色列人。其事迹见《圣经·民数记》22-24章。

下一章的主题，下一章讨论神法。但这里已经有一种限定：在他看来，按照保罗教义的意思，既然恩典使人从律法的奴役中得自由，那么律法不也必定要被超越吗？我们后面会谈到。

最终，斯宾诺莎为犹太民族的存活提出了一种自然解释。按照传统看法——无论是犹太教还是基督教的看法——犹太民族的存活归功于特殊的神意。这样一个在没有国家的情况下还能存活的民族，似乎有悖于一切自然解释。现在，斯宾诺莎必须提出一种自然解释，而他在本章余下部分确实提出了解释，有一处评论具有更加普遍的重要性。他解释说：犹太人的礼仪（rites）使得犹太人与外邦人相区别，正是这一点确保了他们的存活；他还举了中国人的辫子为例。①

所以，这只是一种自然现象：犹太民族以一种纯粹自然的方式建立国家，丢了国家，又在国家沦亡之后存活下来。用斯宾诺莎的话来说，这里只有一个难题，当然也是一个纯粹自然的难题：他们宗教的柔弱气——他还用了什么更精确的表述来着？啊，[49]他们宗教的基础使他们的心智变得柔弱，要是克服不了这种柔弱，他们就无法重建犹太国家。他说心智的柔弱归因于犹太宗教的诸原则，这是什么意思？你们有没有想起斯宾诺莎之前有人讲过的一个主题？

学生：马基雅维利。

施特劳斯：只有马基雅维利首先谈的是基督教。换言之，宗教——圣经宗教而非异教——导致了柔弱。这又是什么意思？毕竟，殉教徒的勇气和忍耐绝不逊于任何异教徒。你说？

学生：我想他是说政治事务，帝国、统治和财富等等。

施特劳斯：难道没有基督教帝国吗？

学生：但基督教的议题一般不都是导向彼世吗？

施特劳斯：没错。但这能解释彼世性和蔑视此世的态度所遭到的谴责，却没有解释柔弱。

---

① ［译按］见《神学—政治论》III.56。

学生：博爱导致柔弱，诸如此类。

施特劳斯：唔，新约的教诲反对那种抵抗恶的做法。我想，斯宾诺莎心里想的很可能是犹太教废除死刑的实践，在斯宾诺莎看来，犹太宗教的这种做法当然表明了一颗柔弱的心——你们知道，人不愿意杀戮。

这些就是前三章提出的要点。到了前三章最后，很明显斯宾诺莎否定了圣经的一切权威，但我们必须区分：那些缺乏神学水平的普通读者会发现什么？我们作这种区分，甚至对斯宾诺莎而言，很明显他也否定圣经包含任何思辨性的真理。人们不可能从圣经中学到什么关于神的真正本性的知识，但圣经教导了正确的道德。然而我们必须马上补充：所有异教作家也做到了这一点。我是说，如果一位罗马的占卜师或预言家与圣经里的众先知享有根本上一样的道德，那么西塞罗——他也是一位占卜师——肯定就将它传到自己的道德著作里了。

因此，除了是一部面向大众的道德教育的便利手册以外，圣经没有提出任何特别的思考。你们知道，这引发了无穷无尽的后果：人们怎么能指望任何一个基于圣经的组织——无论教会还是什么——享有任何政治诉求呢？这里已经暗示了国家的自主，虽然我们尚未知晓国家是什么，也不知道国家的功能。他说我们已然知晓，但还没有经过证明；只有一个断言，即政治社会的作用在于确保一种安全且舒适的生活得以可能，而且它本质上无关乎人的道德完满，更不用说智识完满。我相信，这些从一开始就很清楚了。

但是，斯宾诺莎不得不接手一个问题：道德的地位，以及道德与社会的关系。首先是道德的地位问题，传统是这样说的：有没有一种自然法（natural law），一种使人以他的完满为取向的法，一种奠基于人本性当中的法？斯宾诺莎 [50] 在下一章接手这个问题，该章名为"神法"（divine law）。尽管传统认为神法不同于自然法，但它们多少还被认为有亲缘性，而我们必须看看为什么斯宾诺莎选取了"神法"这个标题。这样做很可能是因为这部分内容的主体是犹太传统，但它们其实都是一样的。

要想更好地理解这一章的开篇，也就是法的定义，你们不妨看看胡克（Hooker）的《论教会政治体的法》（*Laws of Ecclesiastical Polity*），看看那里对法所下的一般定义。①如你们所见，斯宾诺莎开篇就对法下了一般定义，但我们瞧瞧他如何偏离了传统的定义。

学生：您之前提供了一些历史背景。我希望，您也推荐一些材料来说明那个时代和斯宾诺莎本人的历史背景。

施特劳斯：好。有一部斯宾诺莎传记，深度传记，是一位德意志的耶稣会士（但他其实是波兰人）所写，整整四大卷。②还有一本早得多的传记，也是德意志人所写，弗洛伊登塔尔（Freudenthal），写得很好。③我想它是在1903或1904年面世，当时非常好，但同时期也开始发现了大量别的证据，也不是很重要。

但你们瞧，1785年斯宾诺莎在德意志被人发现之后，他就被当成了某种圣徒。我不清楚你们是否知道这一点。这件事对西方的社会史和文化史具有一种非常重要的意义，因为可以说出现了一类新的教会：受过教育的、有文化的教会，它有完全独立的头脑，不服从任何灵性权威。斯宾诺莎多少就是这样一类教会的父亲。因此，你们会读到有些人的说法，其中最伟大的一位还是黑格尔：醉心于神的哲人（god-intoxicated philosopher），这就是有人对斯宾诺莎的称呼。④这意味着，斯宾诺莎比那些教会更高、更高尚、更虔敬。斯宾诺莎本人既非基督徒也非犹太人，这一事实似乎暗示了一种新的自由主义社会：在那里，所有人真正得到了解放，真正得到了教化。

如今，这种故事有一部分是美化了斯宾诺莎的品性，美化得完全变了样。他再也不是一个人，一个正派得合乎理性的人；他远远

---

① 理查德·胡克（1554—1600年）是英国一位富有影响力的神学家。

② 施特劳斯似指1933—1936年写成的四卷本《斯宾诺莎》（*Spinoza*），作者是杜宁–博尔科夫斯基（Stanislaus von Dunin-Borkowski）。

③ 弗洛伊登塔尔，《斯宾诺莎：生平与学说》（*Spinoza, sein Leben und sein Lehre*, 1904）。

④ 最初使用这个说法的人，通常被认为是德意志诗人诺瓦利斯（Novalis）。

不止如此。斯宾诺莎非常贫困这一事实发挥了重要作用，贫困似乎值得称赞。唔，还有一些外在事实也令人印象深刻，但并没有压倒性力量。

比如，虽然他不是基督徒，一位德意志选帝侯却为他提供了一份海德堡的教职。身为一位合乎理性的人，斯宾诺莎婉言谢绝了，因为他深知自己会与那帮神学家们直接产生无穷无尽的麻烦，但他的这种做法被人解释成了一种非同寻常的克己和谦卑。这些事实很少被揭露出来。

又比如，他很穷，靠磨透镜过日子，但同时我们也知道，他有一份年金——数额不大，不是财大气粗的洛克菲勒企业那种，但也足够一个需求不多的未婚男人开销了；[51]这份年金来自德·维特。①还有，他年轻时似乎和某个亲戚在阿姆斯特丹做过一些买卖。

我想这些事情都已众所周知，但任何喜欢这类奇事的人都会对最近的著作感兴趣，其中提到了许多这类事情。不过我想弗洛伊登塔尔的一卷本著作大体够用了。还有更晚近的传记：我还没读过的一本通俗传记，作者是美国一个叫富耶（Feuer）的人。②我还没读，但可能是本好书；我也说不上是好是坏，还是平平无奇。但你们更关心的是当时的智识背景，那些宗派和其他一些运动。在这方面，我想那部四卷本的巨厚传记是最完整的。

学生：有没有什么英文著作？

施特劳斯：我不知道。我真不知道有没有人能说出一部斯宾诺莎的英文传记，但肯定没有什么比得上杜宁—博尔科夫斯基的书。③它被不止一个人引用过，包括墨索里尼。他在意大利参议院里与教

---

① 这种说法据称来自一位同情斯宾诺莎的早期传记作者卢卡（Lucas），但当代学者对此有异议。例如参见纳德勒（Steven Nadler）的传记《斯宾诺莎传》（*Spinoza: A Life*, Cambridge: Cambridge University Press, 2001），页259。

② 富耶（Lewis Samuel Feuer），《斯宾诺莎与自由主义的兴起》（*Spinoza and the Rise of Liberalism*, Boston: Beacon Press, 1958）。

③ 杜宁—博尔科夫斯基，《斯宾诺莎时代》（*Aus den TagenSpinozas*, 3 bd., Münster: Aschendorff, 1933）。

会缔结协定，遭到了自由派一方的反对，当时墨索里尼就说：你们又在打一场17世纪就打过的仗了，现在天主教会早就彻底变了。那本书是一位耶稣会士所写，所以你们瞧，它也进入了政治争论。

我想，和传记一样，也有很多关于斯宾诺莎的研究。现在我忘了，但它们主要是研究他的形而上学。杜夫（Duff）有一本书讨论斯宾诺莎的政治哲学，我想是1903年出版的，记不清了。[1]还有一本荷兰文的书，可能译成了英文，大概是这一类的开创者，就是荷兰人迈因斯玛（Meinsma）的《斯宾诺莎与他的圈子》；我想是叫这名字，书中讨论了当时各种各样的宗派，说明了相关背景。[2]我不知道还有什么英语著作了；我怀疑斯宾诺莎在英国有没有像在欧陆那样大的影响力。我知道，有一个都柏林人托马斯·阿诺特（Thomas Arnot）写过一篇文章讨论斯宾诺莎，标题是"德意志观念论运动的精神"（"The Spirit of the German Idealistic Movement"）。[3]我记得读过这篇，但不知道还有别的什么传记了。

我有可能犯错，我几十年前熟悉这些，但现在断了联系。我想如果有什么非常惊艳的东西出来，我还是会听说的，也还是会读的，但我想还没出现吧。如我所说，这种一半具有宗教性的著作——你们知道斯宾诺莎是"现代性"这座新教会的奠基者——还会继续推陈出新，有时我会跟进，但我觉得没什么新鲜信息了。我想，如果

---

① 杜夫，《斯宾诺莎的政治哲学和伦理哲学》（*Spinoza's Political and Ethical Philosophy*, 1903）。

② 迈因斯玛，《斯宾诺莎与他的圈子》（*Spinoza enzijnkring*, 1896）。没有英译本，现有法文修订版《斯宾诺莎与他的圈子》（*Spinoza et son cercle*, 1983）。

③ 编者无法确定出处。施特劳斯说的可能是马修·阿诺特（Matthew Arnold），他写过一篇斯宾诺莎论文。

［译按］截至1900年前英语世界论述斯宾诺莎的文章，可以参见 Wayne I. Boucher编的六卷本《斯宾诺莎：十八和十九世纪的相关讨论》（*Spinoza: Eighteenth and Nineteenth Century Discussions, volume 1-6*, Bristol: Thoemmes Press, 1999），其中收录了马修·阿诺特论斯宾诺莎的两篇文章，但标题与施特劳斯所讲不同。编者所言未必正确，因为文学家马修·阿诺特的父亲就是教育家托马斯·阿诺特，只是文章无从查考。

你们拿起一部当时荷兰教会的通史——我不确定它会怎么写——它要是有所帮助就好了。这位先生？

学生：[52] 有一本书是保罗·哈扎德（Paul Hazard）写的，《欧洲道德良知的危机》。①

施特劳斯：嗯，这本书盛名在外。我还没读，但即便不是非常感兴趣的人，谈起这本书也怀有尊敬；人们说这本书很有趣，我不知道。有一类书专门讲这种泛泛的精神，有时我不太信这类东西，这就我不读它的严肃理由，但有机会我还是会读读。曾经有人指责我，说就算我不读这种著作，至少我也应该引用一下。我想这确实很重要，要是……[录音似乎有中断]……在好的良知方面我无法给年轻人提供建议。不过，要是得在阅读经典与关于经典的文献这两者间作出抉择的话，我个人还是更愿意阅读经典。人总是会遗漏什么，但换种做法，人遗漏的东西可能少些。我知道，人在年轻的时候无权这样做，但人要是接近圣经之年（biblical age），②那就经不起这样做了。当然，阅读文献与引用文献是完全不同的两个问题。如果只是从印刷费用太贵的角度来考虑，你们就会明白，你们读过的不少东西都没讲过这些内容，但一旦印出来就会把篇幅搞得很长。

很抱歉我不了解哈扎德。从我读过的东西来看，我想这是一本严肃著作。就我看来，理解任何严肃著作的唯一办法就是好好读它，可能的话要读原文，因为大多数译本都难以置信地缺乏责任感。他

---

① 哈扎德，《欧洲道德良知的危机》（*La Crise de la conscience européenne*，1935），英文版是《欧洲心智：危机年代（1680—1715）》（*The European Mind: The Critical Years, 1680-1715*，1953）

② [译按]文义不明。据语境猜测，施特劳斯可能是说自己到一定年岁，不适合读那种畅销书了。授课时施特劳斯刚好60岁，而圣经有些地方也将六十岁当作一个重要的年龄分界线，例如旧约《利未记》规定人向神立誓时缴纳的金钱按年龄不同来区分，六十岁就是估价不同的一个重要标准（《利未记》27：3-7）；新约中保罗写信告诫提摩太善待年老妇女尤其寡妇时，提到寡妇登记造册的标准也是年满六十岁（《提摩太前书》5：9）。译者将biblical age模糊译作"圣经之年"，猜测它代指六十岁的意思，望方家指正。

们想用流畅的英语意译他们所理解的东西，但有时这样的意译并不会比字面翻译更流畅。我们已经看过一些例子，可能还会看到更多。所以这就是我能讲的全部了。

关于斯宾诺莎，有如下一些广泛的事实，如我所说，党派结盟是非常明显的：一方是加尔文宗的统治者与民众，一方是宗教开明人士、阿米尼乌斯派、贵族、商业上层。斯宾诺莎通常是为后面一派上层人物代言，当时他们的最大政治代表是德·维特，而且作为斯宾诺莎之前的一代人，格劳秀斯也归属于这一类人——格劳秀斯就是国际法的奠基者。

第四讲 《神学—政治论》第五章

（日期不详）

施特劳斯：……①[54] 在第五章里，我们第一次真正概览到他的政治学说或社会学说，就在第 73 页第三段。我们不会读完，而是只思考最重要的一些段落。他在那里提出了如下论点，总结如下：人出于自然就需要社会，为了他的生活和美好生活的缘故；劳动分工，这是老生常谈了，只要将不同工作分配给天赋不同的人，事情就会做得更好。

但是，人需要法律和政府的程度，并不像人需要社会的程度一样。如果人们都合乎理性，他们就不需要法律和政府了，但他们不是都合乎理性。法律和政府是对人的非理性所作的一种让步。

学生［读文本］：

> 这就是为什么任何社会要想继续生存，就不能没有权威、强力以至于法律；它们让人们不适度的欲望和未经省察的冲动变得适度，并且加以约束。

> 尽管如此，人的本性并不容许自己在任何事情上受到强迫。正如悲剧诗人塞涅卡所说，谁也不曾将暴虐的统治维持长久。原因在于，只要人们的行事只是出于恐惧，他们的行事就是非

---

① 课程第一部分显然没有记录。［译按］应指施特劳斯对《神学—政治论》第四章的解读。

自愿的，并且没有认识到他们这样行事的利益乃至必然性。他们只关心保住自己的脖子，免受惩罚。他们只能在自己的统治者偶然遭到什么恶或伤害的时候感到高兴，也不管这可能对他们造成多么大的恶。他们禁不住想要统治者遇到各式各样的坏事，只要能做到，他们也会去促成这些坏事。此外，对他们而言，最难以忍受的事就是臣服于与自己平等的人，以及受他们的统治。最后，最大的困难莫过于让他们得到自由，再将他们的自由夺走。(《神学—政治论》，V.22)

施特劳斯：接下来，斯宾诺莎会用这里的三个前提来为仪式法（ceremonial law）提出一种严格意义上的属人解释。这些要点是什么？多数人——不是说所有人——都不合理性，所以他们的行为必须受到外在强制。

但有三件事情：首先，人们厌恶遭到强制；其次，人们尤其厌恶遭到与他们平等之人的强制，潜台词就是人们自视为平等者，所以他们不喜欢被别的雅虎（yahoo）[①]指手画脚；第三，他们如果已经习惯了自由，那就更难接受强制了。斯宾诺莎由此得出了一套理论性的一般结论，接着将其应用于旧约。继续。

学生［读文本］：

> 从这些东西推出：第一，要么整个社会应该作为统一体来掌握主权（如果可能的话），这样每个人就必须服从自己，而且任何人都不必服从与自己平等的别人；要么少数人掌握主权；要么唯独一人掌握主权，而他在某些方面应该高于通常的人性，如果这人并非超出通常的人性，他至少必须用尽一切权力来说服常人相信这一点。(《神学—政治论》，V.23)

---

① ［译按］"雅虎"是斯威夫特《格列佛游记》里贪婪、凶恶的野蛮族类，据说其相互间的仇恨甚至超过了对外族的仇恨。"雅虎"的反面是理性、和平的"慧骃"（Houyhnhnms）。

施特劳斯："或者应该尽力说服常人"〔译按：课本作"令自己被人接受"〕。

学生〔读文本〕：

［55］第二，在每个国家，法律必须这样设立，以使人们所受的监管不是出于恐惧，而是出于他们对自己非常欲求的某种善的希望。只有这样，每个人才会迫切履行自己的义务。

第三，既然服从就是一个人执行命令仅仅出于命令者的权威，由此推出：在一个由所有人掌握主权、法律的制定也是根据普遍同意的社会秩序里，服从没有位置。在这样的社会秩序里，无论增添或是删减法律，民众始终平等地保持自由，因为这不是源于某人的权威，而是出于它本身的同意。但是，在唯独一人绝对掌握了主权的地方，情况就反过来了，因为每个人执行国家的命令仅仅是由于一人的权威。结果就是，除非他们从一开始就被教育得完全听统治者的话，否则他就很难在必要的时候建立新的法律，也很难在民众得到自由的时候又将他们的自由夺走。（《神学—政治论》，V.24-25）

施特劳斯：停一下。这就是统治的难题：假设多数人都是非理性的，统治（亦即强制）就成为必需，但与此同时，人们又反抗这种强制。这似乎是一个不可解决的难题：人必须受到强迫，却又无法被强迫。如何解决？这段话提示了两种解决办法。

学生：同意（consent）。

施特劳斯：什么是同意？

学生：民众同意接受强制，或者民众有一定话语权。

施特劳斯：斯宾诺莎讲得更细致。第一个解决办法是这样的：民众不想服从，而他们应该服从，解决办法之一就是废除服从。他这样说道：

既然服从就是一个人执行命令仅仅出于命令者的权威，由

此推出：在一个由所有人拥有统治、法律的制定也是根据普遍同意的社会秩序里，服从没有位置。[施特劳斯口译]

民主制下没有服从，因为在那里，所有人拥有统治。没有服从，这是什么意思？

学生：他的意思是说，每个人的生活都受到自身而非某种外在权威的掌控，所以不存在做事情受他人强迫的问题。

施特劳斯：没错，但所有生活在民主制下的人都知道，这不就是一个荒谬的主张吗？在民主制下，谁没有服从呢？

学生：那些自由地、自愿地服从法律的人。

施特劳斯：但在斯宾诺莎看来，他们人数太少了，我们可以忽略不计。那么，在民主制下还有谁没有服从呢？

学生：那些统治者本身。

施特劳斯：谁是统治者们？

学生：[56] 民众集体，那些投票者。

施特劳斯：不尽然。投票者同时也是臣民。主权民众，民众作为主权者。个体保持服从，每个人都一样。这是一件非常复杂的事情，我们后面会看到它实际上意味着什么。如上所述，这是不可能的。但斯宾诺莎的说法是这样：在一种民主制下，民众不服从，因为他们是主权者；在一种贵族制和君主制下，民众服从。因此，民主制就是解决这个问题的答案。在民主制下，民众本身不必服从。既然斯宾诺莎不傻，我们就必须尽力把这个论点再推进一些。

民众不想让与他们平等的人来发号施令。根据民主制的原则，每个人的分量都一样，而且民主制下的每个人都像老板一样发号施令。懂了吧？在这个层面上，民主制并不存在这样的困难。这就是斯宾诺莎展开民主制论证的起点，但我们不要忘了前提：民众认为他们相互平等。斯宾诺莎是否教导了民众是平等的？没有。换言之，这是一种对于权威的非理性的厌恶，它才是基础，而我们后面必须看看，斯宾诺莎能否找到一些更有价值的论据。

换言之，情况有可能是这样：民主制有某种站得住脚的根本理由，但它与某些非理性的激情相关。情况有可能这样。在斯宾诺莎看来，这样就太好了，因为一般人要是没有某些非理性激情的支撑便无法生活。民主制的替代选项又是什么呢？我是说，不用回答君主制或贵族制这样的答案，那不用说。但是，民主制的替代选项有什么原则呢？

学生：神权政体。你得让民众相信。

施特劳斯：用通俗英语怎么说？就是骗人（fraud）。要么民主，要么骗人。民主有一定的非理性基础，即对于平等的非理性信仰，但它并非必然包含骗人，而民主的替代选项却是如此。

顺便一提，当斯宾诺莎这里谈到废除服从时，他想到了"自我统治"（self-government）。一谈到自我统治，它当然暗示了人不服从别人。这一点现在确实适用于民众，但这就出现了一个大问题：斯宾诺莎怎样才能澄清个体服从与民众意志、与民众的主权意志之间的关系？

卢梭后来也遇到了同样的问题，为此他奠定了一个经典的讲法。统治的难题在于如下处境：人出于自然就是自由的，但随着他们进入社会，人变得不自由了。社会或政治社会的唯一正当形式，就是人在其中能像从前一样保持自由的社会。如果生活在一个社会里的人们，既服从法律和统治，同时仍然保持自由——意思是他们只服从自己的意志——那就谈不上还有什么权威存在了。这当然会导致无政府主义，无政府主义的学说大多数来源于此。

但这也会引出另一种复杂精细的现代学说，即斯宾诺莎准备好的学说：只要我服从我的理性，那我就是真正自由的。因此，如果我的社会是一个理性社会，其法律也是理性的法律，那我就不是在服从。我是一个自由人，我的行事凭靠理性给我的指示。所有这些学说，其实都是试图回避权威难题。但这些学说一直具有很强的历史力量，我们在斯宾诺莎这里就能发现许多相关的潜在影响。

[57]为了正确理解这一点，我们必须拿它直接对比古典观点。以柏拉图的解决办法为例，它的要点很清楚，每个人都知道。柏拉图的解决办法是什么？

学生：智慧者的统治。

施特劳斯：智慧者的统治。那些出于自然即优越的人进行统治，所以不存在什么权威难题。出于自然即低劣的人必须服从出于自然即优越的人，这既符合他们自身的利益，也有利于他们实现自身的完满。大体而言，这是非常优雅的解决办法，但也产生了一些困难。你说？

学生：这种观念考虑的不是自由，而是正义。自由成了现代观念，而在我看来，如果把自由观念整体应用于柏拉图的体系，那就没有自由了，至少不在顶层的人不会有自由。不是最好的人，就不会得到自由。

施特劳斯：没错，如果自由意味着许可（license）的话。但如果自由意味着合乎理性地行动的自由，那就是一个大问题了：不存在那种愿意什么就做什么、而不论它是否合乎理性的自由。这是一个大难题，你们在如今各种讨论中也能经常看到这种观点。我们迄今有一种很好的盎格鲁-撒克逊传统，洛克、密尔等等，它在这个国家自然很有力量。这是一种自由的传统。然后，你们还有另一种陌异的、更加古老的观念——不仅在古典作家那里，也在某些现代欧陆思想家那里，例如卢梭和德意志观念论者——这种观念中并没有真正与这种自由相对应的理解。

经验上看，盎格鲁-萨克逊的解决办法确实能满足某些实践意图，但如果思考更深一些，我们就会看到：那种解决办法在实践中非常合情合理，但理论上却是一个非常难以理解的事情，因为在那里，自由并非意味着正确行事的自由。它的潜台词是：自由同样意味着错误行事的自由。

举一个非常简单的例子，言论自由。康德非常贴近西方人的观念——无论如何相对贴近吧——他是非常伟大的思想家，因而也是一个非常诚实的人。康德说，言论自由也包含说谎的权利。同样是这位康德，他在其道德教导中又说，说谎在一切情况下都有罪，就算有一个潜在杀人犯问你"我要杀的某人在哪里"，你也不能欺骗他。① 你不能说他跑到纽约或者随便什么地方去了——这是说谎——因为这个家伙可能真坐火车去纽约，而潜在受害者碰巧也在纽约，诸如此类。这就是为什么康德对待说谎的态度非常严厉，比其他教师严厉得多，但他又说，自由的自然权利隐含着说谎的权利。从这种抽象的讲法中，你们有没有辨认出某种最有说服力的经验性事实呢？

学生：美国宪法第一修正案。

施特劳斯：怎么说？有一种受宪法保护的说谎权利吗？

学生：这个问题还有争议。

施特劳斯：我想说，如果宪法不承认说谎的权利，那就一定有非常严格的审查法律。② 你们会在其他许多领域里发现：有很多事情，我们不仅认为由于人类法律的缺陷（以及诸如此类的东西）而无法避免，[58] 我们也同样懂得，法律不可能像真正的道德那样严格。这是出于一个实践理由：我们为某些权利赋予了它们从未有过的道德尊严，这就是现代自由主义的自由观念的潜台词。

这是一个非常严重的理论难题，如今我们很容易抛弃这个问题，因为我们会问：好吧，那你是想要共产主义或法西斯主义啰？任何通情达理的人都不会想要那样。既然实践中没有替代选项，人们当然就会说：我们还是接受这种秩序，由它来保护色情作品和白痴一样的电视广告吧，因为在实践中，这些劳什子与那些真正有价值的自由似乎无法分离。人们必须抵抗的，只是那种主张保护色情作品

---

① ［译按］关于康德无条件反对说谎的论点，参见康德，《论出自人类之爱而说谎的所谓法权》，载于《康德著作全集》（第八卷），李秋零译，北京：中国人民大学出版社，2010。

② ［译按］美国宪法第一修正案规定："国会不得制定关于下列事项的法律：确立国教或禁止信教自由；剥夺言论自由或出版自由；或剥夺人民和平集会并向政府请愿申冤的权利。"但是，纸面上的言论自由条款并非无条件的。1919年，最高法院裁决申克（Schenk）诉合众国一案，首次从宪法实践层面奠定了言论自由的法权边界。大法官霍姆斯（Holmes）"明显且即刻的危险"原则，遂成为美国政府审查和管制言论自由的最初司法依据。

本身是一项大善的说法。它是一桩大恶，我想，这就是一个实践难题。因此，我相信我们还是可以做得更多，既不危及那些好的自由，同时也反对这些恶的自由。明白吗？在斯宾诺莎那里，我们就是用这种方式来看这个难题。我们还要看看，他赖以出发的基础还是不是同样的基础。"人们自视为彼此平等"乃是一个非理性的事实，但这事实也是一种支持民主制的重要考虑。

在讲了这些要点之后，斯宾诺莎将其应用于摩西治下的希伯来人，而他试图证明：摩西看到了这个难题，也解决了难题。简单讲，摩西的解决办法是什么呢？

学生：本质上，摩西的解决办法没有隐含在上述两种当中；他的办法就是骗人。摩西用宗教和仪式法来树立绝对服从，以至于使人们觉得是神在统治，觉得有一种超越于人之上的东西在统治。

施特劳斯：换言之，人们并不憎恶这种伴随着伟大应许的神圣强制，但要求是人们没有彼此间平等的感觉。所以就有应许（Promises）：动机不是恐惧，而是希望。这就是斯宾诺莎的大略说法。

还有一点，在少数事例当中，他有一处提到了他那个时代的事情。他转向了基督教的仪式法，认为它们与基督教的核心教诲毫无关系。接着，除了解释新约以外，他还提出了一段奇怪的证明。76页第四段。

学生［读文本］：

> 我们在日本能找到这样一个例子：日本禁止基督宗教，于是生活在那里的荷兰人受到东印度公司一项命令的约束，放弃了所有外在的敬拜。（《神学—政治论》，V.34）

施特劳斯：你们知道，那些忌妒荷兰对日贸易成功的人到处讲这些天方夜谭。例如，据说他们必须朝十字架吐唾沫以求得到从事贸易的许可；我没记错的话，斯宾诺莎在某一封信里提过这事儿。在相互冲突的世俗幸福与永恒幸福之间，这些人选了离自己最近的。

但无论如何，斯宾诺莎竟然选取一个当时道听途说的事情来证明基督教的真正教诲，这挺滑稽。

还有一个要点，翻到77页第3段。我必须谈谈这里的语境。在第五章最后一部分，斯宾诺莎问道：[59]人的得救——亦即人的蒙福——究竟多大程度上需要关于圣经历史的知识，也就是一种对于圣经中所述事件的历史真实性的信仰？斯宾诺莎回答：根本不需要。如果在自然这个意义上界定神法，自然法对于引导人们臻至完满已是自足，那就不需要诸如此类的历史知识了。人们阅读圣经可以像读任何别的书一样，相不相信或知不知道圣经历史都无关紧要。可是，既然人们极少合乎理性，人们合乎道德地行事也就不会基于恰当的理由，所以人们合乎道德地行事都是基于不充分的理由，基于理论上不恰当的理由，也就是说：纯粹基于榜样，纯粹基于历史。这就是圣经的用处：在一定限度内，圣经可以用来教育俗众。这就是斯宾诺莎的意思。读这一段。

学生［读文本］：

> 既然整部圣经被启示出来，首先是为了整个民族的使用，最终是为了全人类的使用，那它包含的东西一定首先顺应了常人的理解力，并且唯独受到经验的证明——

施特劳斯：这是一种永远不可能充分的证明。这就是他的潜台词。

学生［读文本］：

> 让我们更清楚地解释这回事。就严格意义上的思辨之事而言，圣经希望教导的首先是如下内容：
>
> 有一个神或存在者创造了万物，用最高的智慧来引导和维持万物，并且对那些生活得虔敬而有名誉的人给予最大的照料。至于其他人，祂降下许多惩罚，使他们与善相隔绝。
>
> 圣经唯独根据经验，也就是根据它讲的故事来证明这些教

诲。它并没有对这些事物下任何定义，而是让其语词和论证顺应常人的理解力。另外，虽然经验无法给出任何关于这些事物的清楚知识，也无法教导神是什么、神如何维持和引导万物以及照料人类，但它对人的教导和启蒙也足够将服从和献身刻进他们的心里。

我想，这就足够清楚地确证了，谁需要信仰圣经里包含的历史故事，以及为什么。由我们刚刚证明的东西出发，最清楚地推出：熟知这些故事，信仰这些故事，对于常人最为必要，他们的心智没有能力清楚、分明地把握事物。

其次，由此推出：如果谁因为不信神的存在（deumesse）或者神供养了万物与人就否认了这些故事，这人就不虔敬。另一方面，如果谁不熟悉这些故事，却凭借自然之光而认识了神的存在（deumesse）以及以上提到的其他事情，并且拥有了一种真正的生活方式，这人就是完全蒙福的（beatus）。事实上，他比常人更加蒙福，因为除了真实的意见之外，他还拥有一种清楚、分明的观念。（《神学—政治论》，V.38–40）

施特劳斯：停在这里。顺便一提，这里翻译得不好，应该是："如果谁不知道这些历史，却凭借自然之光而认识了神的存在/所是（God is），以及我们讲过的那些东西。"换言之，不仅认识了神的所是，而且认识到祂施展神意。①

［60］还有一处错误，课本译成了"群众"（masses），但早期语言里没有这个词，斯宾诺莎说的是民众/平民（plebs），亦即"常人"（common people）。

————————

① ［译按］施特劳斯与诸通行译本有一处不同。拉丁原文为deumesse，施特劳斯用being［存在/是］翻译esse，但包括课本在内，Curley英译本、Moreau法译本和Gawlick德译本均译为exist/exister/Dasein（实存）。至于此处应取"神之是态"还是"神之实存"的义项，仍可结合《神学—政治论》的论说语境以及《伦理学》第一部分"论神"的哲学推理，再作商榷。

"群众"这个词有一段非常有趣的往事，就我所知，它的意思从未得到过澄清。它成为一个非常富有政治力量的概念，仅仅是在法国大革命中，当时的著名口号是武装群众（levée en masse），也就是征召人民群众保卫法兰西。[1]就是这个词。如果说"群"（mass/masses）的用法与现代物理学毫无关系，我也不觉得奇怪，因为后者对质量（mass）这个概念的使用非常严格。但这个词在宗教里古老得多。在通俗加尔文主义里，遭毁弃的一群（mass of perdition）就我所知可以追溯到奥古斯丁，但我也不认为它与现代逐渐形成的"群众"意思一样。[2]我们经常不假思索地使用涵义丰富的术语，这只是一例。群/团（masses），你们还会想到那些受到某种引力法则引导的星团，而这幅图景曾经对社会科学的理解产生了很大影响——必须研究群众的各种运动，研究群众如何相互作用。早先人们并不会用这些术语来思考社会事务。你们要是有空探索一下这个词的历史，那会很有启发。

但这不是我们要读这段话的原因。根据前面读过的内容，尤其是第二章，这段话有没有什么地方让你们感到震惊呢？这里，斯宾诺莎列举了圣经神学的主要信条。他最开始是怎么说圣经神学的？圣经的教导无关乎思辨。但这里他又说，圣经教导了某种非常重要的东西。这是本书的众多矛盾之一，如何解决这个矛盾？

---

① ［译按］1793年路易十六被处死后，欧洲组成第一次反法同盟绞杀法国大革命。同年8月，雅各宾党主导的国民公会发布"全民征兵令"（levée en masse），征召法国全体民众保卫法国和革命政权。

② ［译按］在加尔文看来，神预先将人类定为两群：受拣选而蒙救恩的人，被弃绝而遭毁灭的人。"被毁弃的一群"被加尔文赋予了极端预定论的色彩，即便这群人看似得到了神的容忍或怜悯，他们遭毁灭的命定也不可改变。参考加尔文在《罗马书释义》中对如下圣经经文的评注："陶匠难道没有权能用同一团泥，既做贵重的、又做卑贱的器皿吗？如果神有意要彰显祂的愤怒，彰显祂的大能，就多多容忍那可怒的、预备遭毁弃的器皿，又要将祂丰盛的荣耀彰显在那蒙怜悯、早预备得荣耀的器皿上，这又有什么不可呢？"（《罗马书》9：21-23）

学生：圣经其实没有教导它，因为它本来就在那里。人必须拥有知识，才能将它从圣经中提取出来。

施特劳斯：至于圣经没有证明它，那是另一回事。但是，不要忘了我们刚才读的那段话的最后部分。这些东西是真实的意见（true opinions）：它们只不过是真实的"意见"而已，因为它们没有经过证明，但它们终究是"真实"的意见。单独看这段话，你们会发现：在斯宾诺莎看来，圣经已经教导了最重要的思辨真理，只是以未经证明的意见的形式，而这与他之前说的明显矛盾。我们无法细讲所有这类事情，但这种情况贯穿全书，很容易把粗心的读者搞晕。

斯宾诺莎至少在两种不同的层次上论证：第一是圣经主义者的层次，圣经——圣经的文本——就是属灵真理的唯一权威；到了第二个层次，斯宾诺莎又全盘否认圣经的尊严。斯宾诺莎总是在两种层次间来回切换，这就要求我们阅读时极尽小心，也需要我们有一定信息或学识来解开错综复杂的线索。

现在，斯宾诺莎第一次提出了这个政治难题：民主的难题。我们必须牢记。而且，他第一次用某种方式提出了我们前面见过的另一个要点：政治与道德、政治与哲学之间没有分离。斯宾诺莎只是暂时接受了基督教对于属灵与世俗之间的区分，最终他彻底铲除了这种区分，以至于灵性与俗世之间没有了联系。这一区分不是斯宾诺莎的最终定论，原因很简单：基督教意义上的"属灵"（spiritual）对他来说压根不存在。那么，他究竟有什么原因要如此夸张呢？

［61］接下来一章讨论的完全是非政治之事，我似乎应该道歉，但我只提一点。斯宾诺莎讨论的奇迹问题，其实就是自然科学是否自足、科学对现象的解释是否自足的问题，而他也是第一个公开声称奇迹不可能的人。当然啰，圣经里的所有奇迹都必须用严格科学的范畴来解释。因此，我们必须非常小心地看看他的具体论证是怎样的。

第五讲 《神学—政治论》第五到六章

（日期不详）

施特劳斯：……[62]这里有两大难题。首先，你刚才说到了什么语义论证（semantic argument）。什么意思？

学生：我的意思是，这种论证的前提仅仅来源于语词本身的含义——"奇迹"这个词的含义——以此证明它是否意味着有一种超自然的原因。

施特劳斯：这种论证可能有什么相关性呢？

学生：这一切都是试图从第三点出发，证明：奇迹没有提供任何关于神的知识，毋宁说，奇迹把事情弄得更复杂了。

施特劳斯：所以，这不是一个语义论证。

学生：由于它是从语词的含义引出了自身前提，所以我觉得它是一个语义论证。

施特劳斯：换句话说，这种论证本可能具有这样的性质。借用"奇迹"一词的某种特定观念——假设就是通常观念——我提出了一种形式的定义，接着我就明白，隐含在这个观念或定义中的看法十分荒谬。你是这样想的吧？

学生：对。

施特劳斯：但这不是一个语义论证，而是一种驳论（refutation），它试图驳倒通常观念。语义论证永远不能搞定这样的问题。语义论证只能说明，某个语词遭到误用乃是因为它僭用了另一个语词的含义。你知道，就是这一类事情。

学生：我明白语义与实质之间的区别。但如果一个人基于语词的含义展开论证，我会认为这就是我所谓的语义论证。

施特劳斯：但问题不在于追问语词用法，而是追问该用法所隐含的意见（opinion）是否为真，对吧？

学生：对。

施特劳斯：所以，这不是语义论证，语义其实只是次要因素。

斯宾诺莎在本章最后比较了他对诸奇迹（miracles）的论述与他对启示（revelation）的论述，但我还是不太理解，你怎样解决这个难题？斯宾诺莎说，他对诸奇迹的论述是一种严格哲学式的论述，他对启示的论述却不是哲学式的论述，而是圣经式、神学式的论述。这是事实，对吧？他如何证明这一点呢？

学生：[63] 他接着表明，圣经式的论述……会得出同样的结果。

施特劳斯：很好，我们后面会说到这一点。但是，为什么他没有使用，或者说为什么他没有声称自己论述启示乃是用了哲学的方式，而是只用了圣经的方式呢？

学生：还是因为通常的假定，也就是说，要像启示声称的那样将启示视为启示真理（revealed truth）——斯宾诺莎随后证明，即便在预言的这种情况下……

施特劳斯：但这就是他为论述方式不同所给出的原因吗？为什么他论述启示是以神学而非哲学的方式呢？

学生：因为他声称这超出了人类心智的能力。

施特劳斯：超出了人的理解，所以这纯属神学问题。但你觉得这个论证如何？

学生：唔，他说情况并非如此。

施特劳斯：换个问法，启示问题与奇迹问题之间的联系——真正的联系——究竟是什么呢？

学生：它们都能在同样的基础上得到确定。

施特劳斯：为什么？

学生：因为根本就没有启示。

施特劳斯：不，这是论证跳跃。这是因为，启示就是一种奇迹。

如果诸奇迹不可能，启示也就不可能。我刚才讲的在神学上站得住脚吧？懂了？但唯一有待解决的问题是，为什么斯宾诺莎不惜麻烦也要纠缠这些题外话？我曾经以为自己有一个答案，但现在不记得了。

我们回到更宽泛的问题。我是说，我不愿意追问你们的私人信仰，但我将你们完全当成通情达理的人，多少熟悉斯宾诺莎所攻击的那种立场。你们读过圣经；平心而论，他的论证具有说服力吗？

学生：我觉得有。我想，他令人信服地说明了人们在谈论各种奇迹时究竟依赖于什么假定，这些假定完全违背理性。

施特劳斯：他的证明是什么呢？你们瞧，斯宾诺莎提出了一个非同寻常的主张。同时代的伟人霍布斯在《利维坦》里也用了一章来讨论奇迹，[①] 但他还未至于认为奇迹无法被证实：如果无法证实奇迹，[64] 那就无法合乎理性地迫使任何人接受它们了。因此，决定权必须取决于能裁决所有争议问题、能产生政治影响的一个人或一群人，也就是政府（government）。

霍布斯没有说奇迹不可能，但斯宾诺莎远远超过了他。斯宾诺莎说：我能毫无压力地证明奇迹不可能。至于你认为是证明性（demonstrative）的那一类论证（argument），它的要害是什么呢？

学生：他将这一章划分成四部分，每一部分都提出了几个论证，从而表明在任何假定下……

施特劳斯：只讨论其中一个论证就够了。你认为，哪一个是名副其实的证明性论证？

学生：有一个论证说，奇迹就是要么在自然中发生、要么超出自然发生的事件。任何奇迹都可为例证。

施特劳斯：很好。但他如何证明任何奇迹都不可能呢？这位同学。

学生：斯宾诺莎的证明基于一个前提：神的理智与神的法是同一回事。

施特劳斯：对，但如果有人说"我不接受这个前提"呢——这前提并非自明。你们瞧，这就是关键。仅仅因为这样一个事实——结

---

① 霍布斯，《利维坦》，第37章。

论来源于前提——证明就不成其为证明了。前提本身必须为真，或者说，如果这是一个完满的证明，前提也就应当是自明的。人皆有死；苏格拉底是人；苏格拉底有死。这就是一个好的论证。你说？

学生：当时他说，基本前提在更早时候便已经得到了证明……但不是在第四章。

施特劳斯：他没有证明过。或者，你们有没有想到什么更具体的论证？

学生：有一系列论证构成了这套理论的前提，就是我所谓的语义论证和你所谓的实质论证……

施特劳斯：好，是什么呢？

学生：他作了一系列努力，试图证明：无论如何看待奇迹，结果都是奇迹违背了自然秩序。

施特劳斯：但是为什么呢？我们暂且仅限于"诸奇迹违背自然"这一个论证。为什么这种情况就证明了自然秩序不存在呢？难道一种自然秩序的存在必须以它任何时候都绝对得到维持为条件吗？

学生：斯宾诺莎的整个自然观。

施特劳斯：好，我们谈谈他的自然观，这是一个具体的前提，但并非必需。问题在于，人们并不需要那么大的东西，你懂的……

学生：[65] 他赖以起始的基本前提，不就是"只有一个自然秩序"么？

施特劳斯：没错，他立了这条法则。

学生：他肯定做了什么后来变得重要的事情，然后证明每一个奇迹都有其自然原因。

施特劳斯：唔，这就很……我们不妨假设，他提到的一个故事——以利沙（Elisha）行复活奇迹的故事——不是在讲一场真实的复活事件，因为那个男孩只是看似死了而已。[①]情况有可能如此。但是，如果圣经在某种情况下暗示这件事并非意图成为一桩奇迹，这

_____

① ［译按］关于以利沙先知复活男孩的事迹，见《列王纪下》4：34-35。《神学政治论》VI.47 提到了这个故事。

也就是我们能够讲到的极限了——这并没有证明任何奇迹都不可能。圣经中也许有不少事实，它们传统上被视为严格意义上的奇迹，但其实不是奇迹。

学生：可是，要想证明一奇迹实际存在，唯一的证明方法就是奇迹发生了，否则它就不可能实存。

施特劳斯：但我们现在关心的是……你就快讲到一个要点了，但还没有表达清楚。原因在于，斯宾诺莎并非只是想说：如果我以归纳的方式逐一察看我记录下来的所有奇迹，那么，我看它们并不明显是奇迹。相反，斯宾诺莎是在讲奇迹的不可能性（impossibility），因为如果他不驳倒奇迹的可能性，圣经里就总可能有什么奇迹出来摧毁他的学说。绝不能如此。

以上只是一段非常临时性的讨论，我们必须回到斯宾诺莎的论证。为什么整个议题都很重要？我们有些朋友，尤其是社会科学领域的朋友会说：哎，这是过去黑暗时代里那些最不开化的人们的争斗了，我们不关心。为什么这很重要呢？

学生：他正在着手确立自然法的问题，涉及……

施特劳斯：没错，但万一社会科学的同仁们又说：谁想要自然法啦？自然法也是那段愚昧过去的一部分。如果有一个强硬分子、一个社会学家，你如何向他证明他其实关心这个问题，只是他不自知呢？

学生：科学法则的本性不就是说，某条描述性法则是否适用于一切个别事例，或者有没有可能出现某种不受控制的东西……

施特劳斯：换句话说，科学从定义上就排除了奇迹的可能性。如果科学探查到某种东西——例如某个地方出现了奇怪的选举结果——然后有人说"这简直就是奇迹"，那一阵子人们可不会感到开心。①

学生：还有，他们承认科学只谈论或然性的法则，而且他们始终承认有可能出现某种非常近似于奇迹的交互作用。我往上抛的东

——————————

① ［译按］譬如2016年美国大选后政治学界的短暂混乱。

西也许不会下落，他们承认这种可能性。

施特劳斯：［66］我懂了。换句话说，现代科学——至少是一种对现代科学的解释——接受了休谟（Hume）对因果性的批判；就此而言，它还是为奇迹留有余地？

学生：对。

施特劳斯：这没错。再换句话说，今日科学无论如何都没有断言奇迹的不可能性。

学生：没有到斯宾诺莎那种程度，当然。

施特劳斯：只可能有一种程度。你说？

学生：就它为奇迹留有余地这个程度而言，它也相信有奇迹。这些是奇迹吗？他们说，确实有可能你往上抛一个球，结果它没有下落。

施特劳斯：这里面有非常严肃的潜台词，首先是在历史方面。社会科学必须研习圣经：犹太教，基督教，伊斯兰教。这些宗教按照自己的解释，都是奠基于奇迹。那么，你们见过有哪一本讨论犹太教、基督教或伊斯兰教的科学著作严肃对待过奇迹的可能性吗？没有。你们瞧，难题还在。但无论如何，科学的含义肯定多少面临危机：科学是什么，科学不是什么。有人想……你说？

学生：我想知道，如果所有奇迹都像圣经讲的那样有某种道德意图，那情况就不只是球碰巧没有下落，而是因为有某位先知说：我要向你展示这个球没有下落。斯宾诺莎有一个截然相反的论证意图：不能根据物理事物来作出任何关于人的道德状况的推断。他不是在《伦理学》中说过，宗教的意图不在于律法所应许的东西，而在于宗教要养成精神的服从、和平的品性吗？

施特劳斯：那么，这如何直接关联到我们眼下讨论的问题呢？

学生：斯宾诺莎试图区分道德世界与外部世界。

施特劳斯：不尽然，因为正如我上次课所言，与斯宾诺莎的某些断言相反，他真正的信念也包括了如今我们所谓的物理学。

学生：会不会是这样，斯宾诺莎与现代科学的区别在于他的乐观主义，即他相信人可以凭借科学获得完整的知识。也因此，奇迹不该是科学能理解的东西，这样科学就站得住脚了？

施特劳斯：唔，至少是这种形式：在斯宾诺莎看来，绝不可能有什么东西在原则上无法按自然的方式来解释。事实不可能如此。这当然也是现代科学一定程度上所主张的：一切事件都能按自然的方式来解释。[67] 但是，为了更简单地理解其中的实践意义，我们不妨回到这两段话。只有一个断言，但我们下次就会明白它是什么意思。

学生［读文本］：

> 这些就是本章论证的要点。我想，它们对于全书整体的意图绝非只有微小的帮助。（《神学—政治论》，VI.6）

施特劳斯："我想，它们对于全书整体的意图绝非只有微小的帮助"。换句话说，《神学—政治论》需要讨论奇迹，而在斯宾诺莎看来，它需要驳倒奇迹的可能性。

那么，这一点是在哪里出现，并且变得清楚的呢？斯宾诺莎将本章划分为四部分，但第二部分有一段像是附录的话，其中最为清楚地呈现了关键点。这段话的开头在布吕德版的第30段，我们瞧瞧："在我转向第三点之前。"第87页，第三段第二句话。读一下吧。

学生［读文本］：

> 在我进入第三点之前，我先要凭借圣经的权威来肯定我们的一种意见，即：我们无法根据奇迹来认识神。圣经任何地方都没有公开教导这一点。不过，这很容易就能从圣经中推出来，尤其是根据摩西的如下命令（《申命记》13章）：应该治死引领他们误入歧途的先知，即便他施展了奇迹。（《神学—政治论》，VI.30）

施特劳斯：停一下。这段附录为如下事实提供了圣经的佐证：奇迹不能产生关于神的真知识。接着，斯宾诺莎证明了（例如88页第四段）众先知对神意的认识缺乏清晰性。论证如下：如果诸奇迹能提供关于神意的清楚知识，众先知就会拥有这种知识，但他们只关心恶人走运之类的事实，这就说明他们缺乏关于神意的知识。我们看88页底部，读一下吧。

学生［读文本］：

> 因此，圣经自身确证了：奇迹没有给出一种关于神的真知识，也没有清楚教导神意。不止如此，圣经中经常可以找到神引起奇迹，以此使自己为人们知晓（例如《出埃及记》10：2 神欺骗埃及人，并且给了关于祂本身的迹象［signum］，这样以色列人才知道祂就是神）；这并不是说奇迹真的教导了这一点，而只是说犹太人拥有的意见使得他们容易相信这些奇迹。因为我们已经在第二章清楚证明，那些先知式的主张，或者说根据启示而形成的主张，并非源于普遍、共同的观念，而是源于先已接受的各种事物——无论它们多么荒谬——以及得到关于这些事物的启示或者圣灵希望使其信服的人的意见。我们阐释这一点已经用了许多例证，也用了保罗的见证；保罗与希腊人在一起时是希腊人，与犹太人在一起时是犹太人。（《神学—政治论》，VI.35-36）

施特劳斯：［68］换句话说，保罗接受了他那些收信人的前提，但无视这些前提的真理性，所以他的论证不能被视为好的论证。它们都是修辞性论证。① 读吧。

————————

① ［译按］保罗说："对犹太人，我就作犹太人，为了要得着犹太人；对律法以下的人，虽然我自己不在律法之下，还是作了律法以下的人，为了要得着律法以下的人。对没有律法的人，我就作了没有律法的人，其实我不是在神的律法以外，而是在基督的律法之下，为了要得着没有律法的人。对软弱的人，我就成了软弱的人。为了要得着软弱的人。对怎么样的人，我就作怎么样的人；无论如何，总要救一些人。"（《哥林多前书》9：20-22）所谓"证明性论证"与"修辞性论证"的区别，主要因为它们的意图决定了方法不同：证明性论证要求考察概念和前提的真实性，以合乎逻辑的方式得出真理结论，但修辞性论证只是为了说服听者，前提是否为真只具有次等重要性。

学生［读文本］：

但是，尽管这些奇迹能根据埃及人和犹太人承认的事情而使他们信服——

施特劳斯："根据他们承认的事情"，也就是根据他们不真实或荒谬的前提。继续。

学生［读文本］：

它们仍然无法给出一种关于神的真观念和知识。这些奇迹只能使他们承认：有一种神灵（Numen）比他们已知的任何东西更加强力，并且这神灵尤其照看希伯来人（当时希伯来人的事业最后比他们原本希望的样子要幸运得多）。这些奇迹无法使他们承认，神平等地照看所有人。只有哲学才能教导这一点。（《神学—政治论》，VI.37）

施特劳斯：停。换句话说，斯宾诺莎这里用更加简单的方式提出了神意问题。神意是普遍的神意，它平等地照看所有人。这是哲学的教导，但圣经教导了拣选，要么是犹太人的拣选，要么是基督教视角下的拣选。不过，"神平等地照看所有人"又是什么意思？这个问题的答案在后面第十九章出现得更多，我们看看，246页第三段。

学生［读文本］：

这也得到了经验本身的肯定。除了在正义者统治的地方，我们找不到任何属神正义的踪迹。否则（重复一下所罗门的话），我们就会看到：无论正义者还是不正义者，无论洁净者还是不洁者，都是落得一样结局。事实上，在许许多多认为神直接统治人们、神直接引导自然整全以便人们使用的人当中，这已经导致了他们对神意的怀疑。

因此，既然经验和理性都确证了神法唯独依赖于至高权力的命令，那就推出，这些至高权力一定就是神法的解释者。现在，我们将看到这一点何以为真。这时我们应该证明：如果我们想正确地服从神，外在的宗教敬拜和一切践行虔敬的做法就必须顺应共和国的和平与保存。一旦我们证明了这一点，我们就很容易理解，至高权力如何是宗教和虔敬的解释者。（《神学—政治论》，XIX.20-21）

施特劳斯：部分而言，这里解答了第十六章那段费解的话。人们——尤其众先知——怀疑神意，乃是因为他们对神意有一种错误的观念。在这里，斯宾诺莎提出了他认为真实的神意观念。第六章定义了关于神意的真观念：神平等地照看所有人。但这仍然是一个客气的表述：神其实不关心任何人，这才是神平等照看所有人的意思。义人和恶人遭遇同样的命运，由此得出了严肃的实际结论：只有在义人统治的地方，才能找到属神正义的些许踪迹。严格意义上根本没有什么正义的属神统治。

［69］现在，我们就能看到实践的重要性：若是你对正义还有任何兴趣，那么一切事情都绝对地取决于属人的统治。政治的重要性变得无限高于神学，因此这就表明了实践的重要性。政治行动的重要意义绝对依赖于驳倒奇迹。斯宾诺莎所赋予政治行动的重要意义绝对依赖于他驳倒了奇迹，因为它们又依赖于他驳倒了神意：没有神意，就没有奇迹。这就是关联。一切事情——正义在此世的命运完全取决于政治。

这就是斯宾诺莎的主张，所以你们明白这为什么重要了。斯宾诺莎会说：无论什么地方，只要人们相信神照看正义，他们就不会秉持必要关切以建立尘世中的正义。现代一切形式的此世政治（this-worldly politics），全都建立在这个前提的基础上。先前也有人说过同样的话，例如马基雅维利。这个问题的实践重要性正在于此。

我即将转向这个实践问题的另一层面，不过现在有谁想提问吗？

学生：我只想问一下88页的一段话，从以斯拉开始。

施特劳斯：至于这段话是什么意思，那就说来话长了。根据犹太传统，拉比们在整合圣经正典的时候，犹豫过是否应该把《传道书》也纳入正典。我没记错的话，最终决定乃是基于《传道书》的最后一段话，他们的结论是这些话与圣经一致。[①]这个问题说来话长。

学生：[听不清]

施特劳斯：当然，这就产生了一个大问题：人们难道不必逐字逐句地阅读文本吗？圣经也有类似的麻烦，但现在我记不得了。你们知道有一个著名的笑话：美国宪法可以这样读，"国会不得制定法律句号"。圣经十诫也有类似的笑话：你如果故意在某处断句，读出来就是相反的意思。但问题在于——斯宾诺莎当然有圣经里的这些经文，还有另一些对他而言具有头等权威的经文。在证明只有自然秩序存在的那一章里，他引用的经文主要基于所罗门，基于《传道书》（通常认为其作者是所罗门）——这是一个古老的故事：所罗门的智慧完全是自然智慧，而非启示智慧。重点是什么呢？

学生：呃……死后的灵魂生活？

施特劳斯：是人相较于野兽并无长处。

学生：也可能是第六章"论奇迹"提到的一个奇迹。

施特劳斯：哪个奇迹？

学生：一种超自然的可能性，即死后的灵魂实存。

施特劳斯：更好的说法是不朽（immortality）。没错，但所罗门似乎否认这一点。唔，这个问题也是说来话长：某些时候，斯宾诺

---

① [译按]《传道书》属于圣经"五小卷"（Five Scrolls）之列，以其哲学式的思辨著称。书名的希伯来原文为Qohelet（"集合""聚集"），表明这是作者搜集汇编的智慧箴言。该书归入正典的历程复杂，除了传统认为它是所罗门的作品外，施特劳斯提到的"最后一段话"也是犹太-基督教正典接纳它的重要理由：首尾重复的"传道者说"（1：2, 12：8）两节框定了《传道书》思辨智慧的内容，但接着最后几句通常被圣经学者视为"附录"，主旨从充满怀疑论色彩的智慧回到了传道者本人敬畏神的心迹，所以得到正统的认可。参见《传道书》12：9-14。

莎是否没有像传统解释那样更加正确地解释一段圣经经文？现在我们没法深究。

圣经每一段经文［70］与某种严格理解的教义训导都有某种和谐关系，这就引出了各种难题。我记得有一个例子是在《士师记》开篇：例如，那里给出了各式各样的理由，作为人们不服从律法时遭受的惩罚手段，然后《士师记》开篇有一段评论，说他们未能征服山谷，因为那里的人有铁车——换言之，这纯粹是一种军事性的解释。①迦南人更多是住在城市里的人，他们拥有铁车，而来自旷野的犹太人没有。我知道一位非常正统的解释者，他不喜欢这种自然解释，所以他试图说：这句经文的意思其实是，以色列人没有征服这个国家，因为他们没有铁车。换言之，他把同一个"没有"反复用了两次，但这违反了所有语法规则。

当然，正统解释通常都很谐致，斯宾诺莎对此也开了一些玩笑。这没问题，但这一点与根本问题没有任何关系。只要愿意，斯宾诺莎本来可以这样论证：严格说来，圣经中没有任何关于奇迹的教导，因为严格说来奇迹是被定义为一种偏离自然事件的事件。既然旧约和希伯来文中没有任何词语表示"自然"，那就不可能有严格意义上的奇迹。这样讲当然容易，但如果更深入一些，问题还是没有答案。换句话说，圣经完全可能有一种宽泛的奇迹观念，但也产生了后来神学严格定义的那种奇迹。

学生：斯宾诺莎对待某些主题非常小心，至少他到现在为止一直避免谈论灵魂不朽之类的事情，援引旧约时也保持在它的框架内。我正在想，他在这个基础上作出直接回答，是不是只有这一处地方呢？

施特劳斯：就斯宾诺莎而言，我们还不难识破。他自己主要只限于谈旧约，但他讲的内容当然也包括了新约。例如，新约和旧约一样会出现奇迹的问题。这只是为了让基督徒公众更容易接受，没

---

① ［译按］见《士师记》1∶19："耶和华与犹大同在，犹大就占领了山地，但不能赶走山谷里的居民，因为他们有铁车。"

什么更深的含意。

至于灵魂不朽，我敢肯定，任何严格意义上的灵魂不朽都不符合斯宾诺莎的想法，因为他认为身体与灵魂有一种严格的对应关系，只要身体消亡，灵魂也就一道消亡了。这是《伦理学》里非常清楚的事情。他不主张灵魂不朽，但他也没有强调这一点。不过，他已经强调了这一潜台词。既然"不朽灵魂与有朽身体的区别"这一潜台词构成了"属灵力量与世俗力量的区别"的基础，一旦这个潜台词有了实践意义，斯宾诺莎就会需要它。

还有一点，奇迹问题有了实践意义，不再只是学术问题，这样就会涉及整个教会秩序——所有形式的教会秩序，但最明显的是传统犹太教、天主教和长老会（Presbyterianism）。换言之，灵魂得救的背后有一种神规定好了的秩序，这当然有一些政治结果。在第五章的最后，斯宾诺莎引用了中世纪最著名的犹太作家迈蒙尼德的一段话，在那里迈蒙尼德显得像是在说——我们读一下吧。79页底。[71]

学生［读文本］：

> 但是，犹太人的想法正好相反。因为他们主张，如果人们拥护真意见、拥护一种真正的生活方式只是出于自然之光，而不是将其当作以预言的方式启示给摩西的教诲，那它们就无助于蒙福——

施特劳斯：瞧，这里他让自己仅限于一个犹太事例，因为这样做不那么冒犯人。同样的论证当然也适用于基督教的教诲。接着他引用了——

学生［读文本］：

> 迈蒙尼德大胆地公开肯定了这一点，他是这样说的："凡是接受了七诫，并且勤勉地遵行七诫的人，在所有民族中都是虔敬者，而他们会继承将要来临的世界；即是说，只要他接受并

且遵行七诫，乃是因为神在律法中命令了它们，因为神藉由摩西而将祂从前为挪亚的儿子们定下的同样诫命也启示给了我们。但是，如果他遵行七诫乃是因为他受到理性的引导，那他就既不是住民（incola），也不能算作所有民族中的虔敬者，还不能算作所有民族中的智慧者。"（《神学—政治论》，V.47）

施特劳斯：七诫，这是一种犹太人的诫命观念：神赐予挪亚及其子孙们的诫命，相当于犹太人的自然法，即一种适用于所有民族的法。但正如迈蒙尼德所言，唯有承认七诫来源于神的启示，他们才能得救。[①] 单靠自然理性，任何人都无法得救。

随着一些必要的修正，这种古老的说法——唯有基于对神圣启示的信仰方能得救——逐渐形成了具体规定。在加尔文和路德的说法中，教会之外无救赎。但无论采取什么样的形式，基于所有这些教义——即便作出了属灵与世俗之间的区分——属灵事物也有一种自然的优越性，因而迫害和不宽容的做法都是难以避免的结果。当然，人们试图建立世俗力量的优越性，以便任何所谓的属灵力量再也无法对自由造成任何干涉。这个主题再也不存在于如今形式的自由民主制当中，但谁要是不记着这一点，谁就无法理解这一类著作。这曾是一个实践主题。你们很容易就能看到，这一点如何与奇迹问

---

① 斯宾诺莎引用的迈蒙尼德文本很可能遭到了篡改，但如施特劳斯乐于指出的那样，人们将篡改后的文本广泛奉为教义一般的权威，因为它们被收入了约瑟·卡罗（Joseph Caro）的《布就之席》（*Shulkhan Aruch*）。我们不清楚斯宾诺莎的引文是否有意曲解，参见施特劳斯在《斯宾诺莎的宗教批判》"1962年序言"以及《斯宾诺莎对迈蒙尼德的批判》中的评论，载于《施特劳斯论迈蒙尼德：全部著述》（*Leo Strauss on Maimonides: The Complete Writings*, ed. Kenneth Hart Green, Chicago: University of Chicago Press, 2013），页122。

［译按］约瑟·卡罗（1488—1575）是1492年遭西班牙迫害流亡的"马拉诺"犹太人。他融合了迈蒙尼德以降几代犹太拉比注解《塔木德》的成果，编撰了一部犹太律法汇编及其评注的巨著《约瑟家》（*Beit Yosef*），后推出其精简本《布就筵席》，遂成为普罗大众推崇的一部简明犹太律法集。

题相联系，因为任何支持属灵一方的诉求最终都取决于对诸奇迹的信仰，一切对启示的信仰就是对诸奇迹的信仰，所以这是一种必然的联系。

另一个截然相反的问题则是：斯宾诺莎是否像他宣称的那样彻底驳倒了奇迹的可能性？很显然，他必须面对这个主题，他不可能完全避开它。或者说，有没有可能断言世俗力量的主权地位，同时不提出任何关于属灵力量统治的问题呢？你们知道，这个难题迄今还在：围绕宪法第一修正案的含义的著名问题，[72]也多少与此相关。① 各式各样的教义和诉求已经变了，但变化也要部分归功于17和18世纪的这些讨论。我们必须记住，否则就无法明白这一点究竟有什么意义。好吧，或许我们得在其他场合接着谈这一点，因为我们现在必须察看斯宾诺莎的论证。

第六章开篇，他提出了一个问题概要，看起来像是讽刺地描述了如下主题：神学与哲学。你能重述一下要点吗？

学生：世上有两种秩序，神的秩序与自然的秩序。只要神愿意，神就能出于某种神意的关切而凌驾于自然秩序之上。

施特劳斯：换句话说，自然秩序不是受造的（created）。

学生：它是受造的。

施特劳斯：它是受造的？

学生：神造了它。这一段话说了："像今天多数人说的那样，受造于神。"

施特劳斯：没错，"今天"，但这不是斯宾诺莎立场的本质。我读一下这句话所在的整段话吧。

---

① ［译按］美国宪法第一修正案规定："国会不得制定关于下述事项的法律：确立国教或禁止信教自由。"该条款体现的"政教分离"和"宗教自由"两大原则，在美国宪政实践中一直维持着微妙的张力：政治与宗教的分离应该限于什么程度，才不会威胁公民的宗教自由？宗教自由应该划定什么边界，才能避免宗教僭越政治的领域？

因为他们认为，只要自然按其通常的方式活动，神就不会有任何活动。〈15〉反之，他们认为只要神活动，自然力量和诸自然原因就不会生效。因此，他们想象有两种力量从数量上相互区别，一是神的力量，一是诸自然事物的力量。然而，他们还认为诸自然事物的力量以某种特定方式受到神的决定，或者像今天多数人所想的那样，受造于神。（施特劳斯口译；《神学—政治论》，VI.2）

这里的受造是一种特殊版本的教义。重点是有两种力量。斯宾诺莎说，若是如此，那么自然就无法证明神的实存，因为自然力量与神的力量不同。只有一个事实能够证明神的实存：神使自然臣服于祂的意志。换言之，只有奇迹能够证明神的实存。你们在任何神学家那里——无论有声望还是没声望的——都绝对找不到这样的教义。

斯宾诺莎接着又说，这个教义来源于最初的犹太人，而我认为他脑子里想的是一种对《创世记》第一章的粗暴解释。《创世记》第一章并没有明确教导无中创造（creation out of nothing），没有明确这样讲。"无中创造"不是旧约的表述。开头可以这样解读：似乎有一种混沌（chaos）先已存在，神将混沌塑成了大地，塑成了受造的世界——这显然就是斯宾诺莎读这段话的方式。这种混沌臣服于神。

如果承认这就是《创世记》第一章的含义，那当然就推论出：唯有奇迹能证明有一种神的力量，不同于物质或自然的力量。唯有见证了神对自然的胜利、神通过奇迹来超克自然，关于神之力量的清楚、分明的知识才得以可能，前提就是：只有能被清楚、分明地理解到的东西才能为真。日常现象只有神与自然的某种混合，[73]所以对于神的作用没有清楚、分明的知识。因此，斯宾诺莎是在暗示：这其实就是旧约的首要主题，无论后世神学家怎么说，尤其是现在那些谈论创世的人。

斯宾诺莎接着还提到了一点：人是自然中最杰出的部分，因而也是整全的目的因。这是奇迹信仰的前提，背后当然也有圣经的某种佐证。想想《创世记》：唯有人是按神的形象受造的，所以在某种意义上，神创造整全是为了人。

我们还是回到关键的论证，回到那个关于"奇迹不可能"的证明。该证明的前提是一个非常可疑的断言：神的理智等同于神的意志，故而万物都是必然的。没有什么事情仅仅是可能的，一切都是必然的，任何东西皆不可能偏离必然秩序。如我所说，这只是一个断言而已。继续看，我们离真正问题更近一点了。读一下布吕德版的第11节，在83页第二段第二句话开始。

学生［读文本］：

任何健全的理性都不会促使我们将一种有限的力量和德性归于自然，也不会让我们主张自然法则仅仅适用于某些事物，而非所有事物。原因在于，既然自然的德性和力量就是神的德性和力量，而自然的法则和规律也是神的命令本身，那我们必须毫无保留地相信：自然的力量是无限的，而自然的法则也相当广大，以至于它们能扩展到一切由神的理智本身所构想的事物。（《神学—政治论》，VI.11）

施特劳斯：换句话说，既然神的理智涉及一切可能之事，自然也就能够实现一切可能之事。"奇迹可能发生"当然是传统定义的一部分，因为不可能之事压根儿就不会发生。所以，这里的关键在于：人们对奇迹的通常看法是说，有一些特殊事件无法按自然的方式发生，但这就意味着自然力量遭到了限制。斯宾诺莎这里却说，自然的力量不受限制，所以自然中没有什么事情不可能。我想这是他更有趣的一个断言，我们必须尽力理解。任何事件——譬如死者复活——都称不上超越了自然力量。继续读下一段话吧。

学生［读文本］：

否则，我们就得说：神创造的自然如此无力，神为自然建立的法则和规律如此贫乏，以至于神若是想保存自然，让万物合其意愿，就不得不一再扶助自然；除此之外，我们还能说什么呢？我认为，再也没有什么比这与理性更不相干的了。(《神学—政治论》，VI.12)

施特劳斯：这是指奇迹的目的因（final cause）。斯宾诺莎这里暗示：全能的神本来就能够安排好整全，以至于一切必需的奇迹都能凭借自然因果而成为可能。

[74] 言归正传，自然的无限力量，这是斯宾诺莎作为现代思想家所特有的一项断言。现在，让我们首先将这一点推论到尽头。当然你可以说，"自然力量是无限的"本身是一个主观任意的断言。但我们要看看，它在某个地方与另一点汇合起来了。读读布吕德版24节。

学生：神的理智等于神的意志，自然力量不受限制；这两个断言难道不是同一回事吗？

施特劳斯：没错，但我更喜欢"自然力量不受限制"这种说法，这是因为它与另一条取径相关，后者是为了解决我下面要讲的一个问题。第24节，第二个要点就是从那里开始。86页第二段。

学生 [读文本]：

唯有那些被我们清楚、分明地理解的自然的作工 (naturae opera)，才能提升我们对神的认识，并且尽可能清楚地指示出神的意志和命令。因此，那些既对事物没有认识，却又向神求助的人，其实就是在讲废话。这是一种宣告他们无知的滑稽方式。

其次，即便我们能从奇迹推论出什么，我们也无论如何不能从中推论出神的实存。因为，既然一桩奇迹是一个有限的作工，只能表现一种确定、有限的力量，那就可以肯定：从这样一种结果中我们无法推论出一个拥有无限力量的原因，至多是一个力量更大的原因。我说"至多"，是因为同时发生的许多原因也可能产生这样一种作工，它的强力和力量实际上少于全部原因的力量总和，却又大于单个原因的力量。(《神学—政治论》，VI.23-24)

施特劳斯：停一下。他这里说了什么？不妨假设发生了一种现象，它被认为是奇迹。我们必须证明它是奇迹，怎么证明？我们能够证明有什么事件是奇迹吗？

我现在即将展开的论证，也是斯宾诺莎隐含而非明示的论证。该论证的起点不是奇迹的可能性（possibility），而是奇迹的可知性（knowability）。这也是霍布斯特有的考察方式。任何事件都不能证明无限的原因。一切事件都是有限、具体、受到限制的，各不相同；它们本身不可能有一种完全无限的原因，因为即便发生了一起或许最超乎寻常、压倒一切的事件，它也可能是许多（很多或无限多）细小原因共同作用的结果。奇迹本身不可知，这直接关联到了另一个观念：自然力量的无限性。如果自然力量是无限的，自然科学——我们关于自然的知识——也就只有在一种无限进程的形式中才是可能的。我们从未拥有，也不可能拥有关于自然的完整知识。

这一点在现代思想中发挥了非常重要的作用，也是现代论证的典型特征。目前，我们不妨假定它为真。假如奇迹不可知——换句话说，如果我们无法证明某一事件是奇迹，那会得出什么结论呢？这样一来，神作为一位智慧的存在者就不会施展奇迹了，因为只有那些对现象分析得不充分的人才会把现象认作奇迹。只要遵循科学的精神，你就永远无法得出"自然绝不可能产生某某事件"这样的结论。[75] 所以换句话说，从这种视角出发，问题就颠转了。奇迹的不可能，源于自然的不可知。

现在我们来看看，这种论证是否足以实现斯宾诺莎的意图。举个例子，就说复活吧。我们……[听不清]……相关证据，但可以确凿地说：如果斯宾诺莎遇到或者听闻像复活之类的现象，他一定会说这不可能，尽管他承认自己对于"自然中什么事情可能发生"所知有限。在一些关键场合，斯宾诺莎其实毫不犹豫地说：这就是不可能，绝不可能发生。这就是斯宾诺莎学说的真正困难所在，而且不只他如此。这也是我之所以展开这一点的原因。还有什么出路呢？我想引用一段斯宾诺莎书信里的话，在我手头的旧版本里是第23号，写给奥登伯格（Oldenburg）的信。[①]某某拉比，你能读一下吗？

学生［读文本］：

> 我和您一样承认人的软弱。但另一方面，请允许我问您：是不是我们这些微不足道的人对于自然竟拥有那样非凡的知识，以至于能决定它的强力和力量有多远，以及有什么东西超出它的力量？——

施特劳斯：你们瞧，他扭转了局势。他告诉那些神学家——那些谴责哲人放肆的神学家——对他们说：你们才是放肆，因为你们宣称自己知道这是奇迹，就等于宣称你们知道自然的限度。继续。

学生［读文本］：

> 除非傲慢，否则没有人能走得这么远。因此，我们可以毫无矜夸地用自然原因来解释奇迹，尽可能这样去做。对于我们既不能解释也不能证明其荒谬的事情，我们最好对此悬搁判断（judicium suspendere），并且像我说过的那样，把宗教仅仅建立在其教义的智慧之上。（书信75）

施特劳斯：停一下。换句话说，科学家要么能够基于人可企及的知识来提供一种自然解释，要么就得悬搁判断，而悬搁判断的依据是一种认为科学会无限进步的看法：眼下解释不了的事情，后世终归能解释。这一切的最终基础，就是斯宾诺莎对于自然力量无限的信念。当然，如今再也没有人会说自然力量的无限性，但我们仍然会说：关于自然知识无限进步之可能性的信念有一个形而上前提，

---

① 即大多数现代版本［译按："标准版"］的75号（1675年12月致奥登伯格）。亨利·奥登伯格是英国皇家学会的首任秘书，主要负责面向欧陆收集并传播新近科学知识的工作。他与斯宾诺莎维持过很长一段时间的通信。

即自然的某种内在无限性。如果自然本身并非无限，那就不可能有自然知识的无限进步了。但困难就在这里。

再说一遍，斯宾诺莎扭转了局势，他说：我的论证始于奇迹的不可知，由此间接推出了奇迹的不可能。[76]但困难在于，有一些据说发生过的事情按照自然是不可能的，所以奇迹还是可知的。举一个最简单的例子，复活作为一桩奇迹是可知的。这时，斯宾诺莎会说：没有发生过复活。但他如何能这样说呢？他的论证中必有某种缺漏，如果我们翻到这一章末尾，也就是他的第四个要点，这种缺漏就会浮出水面。92页第三段。

学生［读文本］：

> 人们很少能按事情发生的原样来对事情进行一番单纯叙述，而不将自己的判断混进叙述当中。实际上，一旦看见或听到什么新的事情，除非他们极其谨慎地克服自己先已接受的意见，否则他们多数人就会因此变得心怀偏见，以至于自己理解的东西完全不同于自己看见或听到发生的事情；特别是事情超出了叙述者或听众的理解，尤其是当事情的发生对他的事务产生某种影响的时候。
>
> 这就是为什么在他们的编年志和史书中，人们叙述自己的意见更甚于他们报道的行动。这也是为什么两个人在叙述同一事件时会有如此不同的意见，以至于他们似乎在说两个事件。最后，这也是为什么单从编年志作者和史家记叙的历史中，不难找出他们自己的意见。若不以为这是浅陋之举，我能引证许多例子来证明这一点，来源既有书写自然史的哲人，也有编年志作者。但是，我只从圣经里引一个例子，请读者们自己评判别的例子吧。
>
> 在约书亚的时代，希伯来人（如上述评论的那样）与常人一样相信：按他们的说法，太阳的运动是一种每天发生的运动，而大地静止。他们用一个在他们与五王打仗时发生的奇迹来顺应这个先已接受的意见，因为他们并非单纯地说这一天比

通常更长一些，而是说太阳和月亮静止，或者说太阳和月亮停止了运动。①这也有利于当时他们战胜敬拜太阳的外邦人，也有利于他们凭经验来向外邦人证明：太阳处于另一种神性的控制之下，并且据后者的命令而不得不改变自身的自然秩序。因此，部分由于宗教，部分由于先已接受的意见，他们构想和重述的事情远远不同于真实发生过的事情。（《神学—政治论》，VI.53-56）

施特劳斯：［录音缺失］……真教义。如果他不知道这个，那他怎么有资格成为一名观察者，观察到这一类奇迹问题所涉及的种种精微之处呢？这些奇迹曾经是一些不懂科学观察法的人讲述的，所以，我们不能把他们讲述的奇迹当真。

我们来读读这一章的最后一段，引用约瑟夫斯（Josephus）的话。你们知道约瑟夫斯是谁吧？他是一位犹太史家，生活在第二圣殿被毁的时代，一直接受希腊学问的教育，用希腊文写作。看看他说了什么。

学生［读文本］：

［77］约瑟夫斯也表示同意，因为他在《古事记》（*Antiquit.*）第二卷末尾这样写道：

如果是为了这些逃离邪恶的古人而越海造出了一段安全通道，无论这是由于神的意志还是自动完成的，任何人都不得抗拒"奇迹"这个词。曾经，潘菲利亚海也为马其顿国王亚历山大统率的人群分成两半，当时没有别的道路，它就为他们提供了一条通道，这是神的意志要藉由他来摧毁波斯帝国。每一位书写过亚历山大事功的人都承认这一点。因此，每个人都能随其所愿地评判这些事情。（《神学—政治论》，VI.72）

---

① ［译按］参见《约书亚记》10：12-13。

施特劳斯：换句话说，我们相信圣经奇迹与相信异教奇迹的权利一样，不多不少。这两者的知识地位是平等的。可是，神学家会怎样答复这种论点呢？难道异教徒没有遇到这类超自然事件吗？不妨想想摩西故事里的埃及巫师，那里必定也引入了超自然的精灵，引入了服务于异教徒和拜偶像者的超自然代理者。换句话说，奇迹的全部教义一旦充分发展出来，就与许多主张发生了联系，例如对精灵（demons）的信仰，而且一者的可信度也会随着另一者的可信度遭到削弱。这根本上就是现时代发生的事情，它与理论意义上的真理或非真理问题无关——你们不必深入精灵之类的问题，而是要从一般文化史的视角来看。因此，这些神学上无关紧要的外来货，例如巫术问题，反倒对严格意义上的神学问题产生了一种令人惊异的负面影响。

我只能重复我一开始说的内容。如果你们对神学问题有一定的知识作基础，翻到斯宾诺莎第六章的时候，你们就会对他的大胆感到震惊；不只是他的断言，还有他所谓的证明。这部分在短短几世纪后产生了一定影响，要想真正认识这一部分，我们就必须再造他的论证：该论证的起点不是奇迹的不可能，而是奇迹的不可知——我前面提过，这种典型主张与其说来自斯宾诺莎，毋宁说来自霍布斯。但也不能否认，“神的理智等于神的意志”这一主导说法其实是中世纪大量论争的一种缩影，这些争论与通常所谓的阿威罗伊主义有关。

阿威罗伊主义（Averroism）严格意义上就是指中世纪百分之百的亚里士多德主义者，他们不承认启示。从亚里士多德主义的视角来看，奇迹当然没有可能，虽然亚里士多德本人从未讨论过这一点，但亚里士多德主义者的神不是一位可以施行奇迹的神。因此，熟读圣经或古兰经的人当然会遇到这些难题，讨论这些难题。斯宾诺莎就是他们的继承人，所以他使用了这些缩写方式，但他也能假定人们听得懂。如果不作深入的历史研究，发现或挖掘斯宾诺莎的背景，如今的我们便无法理解。

但有一点应该清楚，因为这是理解斯宾诺莎整体事业的本质要素：斯宾诺莎政治学的全部主题，依赖于驳倒奇迹。[78]如果斯宾诺莎还想做一个严肃的人，而不是一个卷入这些价值判断的人——谁都能毫不费力地这样做——那他就必须驳倒奇迹。如果他无法驳倒奇迹的可能性，却又想让世俗力量或政治力量获得实践上的彻底独立，那他就必须以一种截然不同的方式来作论证。可是，他的关切不只是建立一种绝不服从属灵力量的主权政治力量，他还要建立哲学对于神学的独立权威，这与政治的独立性一道成为他的目标。哪怕承认神学（启示神学）还有一丁点可能性，哲学的主权就会变得可疑。只要启示宗教得到承认，它就能占得先机。这是很清楚的。

也许哲学在启示宗教的秩序中只有一种臣属权利，但哲学与圣经之间迟早会出现如何真正区分的问题。如果一个人既承认启示神学的可能性，又否认任何启示宗教自诩为真神学的确实性，这本质上就是一种怀疑论，而斯宾诺莎认为这种怀疑论不符合哲学；后面我会用其他许多方式来加以展示。

因此，从斯宾诺莎的视角来看，他做的工作才具有绝对本质性的地位：哲学的主权与政治社会的主权相结合。这就是他的目标。斯宾诺莎的历史地位在于如下事实：他在17世纪这个划时代的纪元中做成了这件事，其干劲和力量超过了其他所有人。我的看法与霍布斯一样，但霍布斯更加审慎，这听起来可能有点奇怪。你们知道，同时代的霍布斯博得了一个硬派和无情的名声，但他自己也承认斯宾诺莎更加激进。这一点在奇迹问题上非常明显：霍布斯从未走到否认奇迹可知性的地步——我不是说可能性，我敢肯定霍布斯自己也不相信奇迹的可能性，但他从未公开这样讲。你们还有什么具体的问题吗？

学生：奇迹的不可知，难道不也意味着自然的不可知吗？

施特劳斯：我没听懂。如我所言，自然的无限性是奇迹不可能的前提。

学生：但是，如果假定了奇迹不可知，这一点本身不也会反转吗，因为人的理智不足以把握它？

施特劳斯：说到点子上了。这是斯宾诺莎在本章开篇讨论第一个要点时的意思，那里他谈到了普遍怀疑（universal doubt）。斯宾诺莎这样说，某种意义上也是遵循了笛卡尔的方式：他在《伦理学》里说道，我们拥有关于神之本质的充分知识（adequate knowledge）。严格说来，无论神在斯宾诺莎那里是什么意思，但肯定是指无限力量。斯宾诺莎的意思肯定是说：我们拥有关于始因之无限性（infinity of the first cause）的充分知识。因此，斯宾诺莎宣称我们知道无限。就像牛顿物理学那样，空间的无限性也与此相关。

我们知道无限性。我们知道无限性这一事实，这当然意味着我们不可能知道无限性的每一个部分，因为它可是无限的。我们知道无限性这一事实，我们知道自然之无限性这一事实；我们就知道这些。如何知道呢？我们必须阅读《伦理学》前十个或前十五个命题，才能懂得这是不是知识。

学生：但这是否意味着，人的理智——确实知道无限性这一事实包含着……？

施特劳斯：[79]不是。我们这样说：关于无限性的知识本身是一种有限知识，严格说来，无限知识对人而言不可能，有一个亚里士多德式的理由：我们不可能了解宇宙中所有的奶牛。懂了吧？奶牛是数不清的。唔，也许有人会搞统计，但这最多能给你一种知识——严格意义上的无限者无法为人所知，斯宾诺莎并不否认这一点。

但斯宾诺莎说，我们能知道无限性这一事实，对他的意图而言这就足够了。这就要回到《伦理学》的开篇。我们在课程结束前也许会讨论这一点。我们迄今面临着同样的困难。《伦理学》对神学原理提出的全部驳斥，已经隐含在《伦理学》开篇给出的某些定义当中。这些定义没有得到证明，它们被视为理所当然。因此，《伦理学》的全部知识地位是非常可疑的。它只是把问题往回推了。

学生：例如，实体（substance）的定义。

施特劳斯：很任意吧？可以说，斯宾诺莎的实体定义——实体即一种单凭自身而存在（is）、单凭自身而被理解的存在者，隐含了《伦理学》的全部教导。由此推出，人不可能是实体，因为人不可能是一座孤岛。①以"人是理性动物"的定义为例：一说到人就必须联系到动物。你也无法单独去理解动物，因为你还得联系到某个更高的类。我给的解释很浅显，结论就是：只有一个实体，而这实体就被称为神。

我敢肯定，斯宾诺莎下这种定义是有理由的，但他没有讲出来。我们也完全可以质疑，《伦理学》开篇这些定义的终极理由是这样的：我必须从什么样的前提出发，才能确保清楚、分明的知识的可能性，也就是关于万物的科学知识的可能性？但这显然是循环论证：只要找到了科学知识之可能性的前提，就能确保科学知识的可能性。这就是为什么我觉得斯宾诺莎在许多方面很像如今的科学，虽然乍一看不像。乍一看他似乎只是传统的形而上学家。

换句话说，这些定义处于亚里士多德式的定义与工具式的定义之间，这些定义都有为之服务的意图。这将是我们研究斯宾诺莎政治学说的任务：究竟在何种程度上，斯宾诺莎的政治学说独立于这些非常成问题的形而上学前提？毕竟，在谈论政治时，无论有怎样的前提，你都必须就政治的特殊性来谈论政治现象，就像你观察到的一样。斯宾诺莎的政治学说肯定还有某种入口，超越于这种纯粹方法论或形而上学的问题之上。

现在不能复述了，时间太晚，下一次我也许会提醒你们。我们已经遇到了斯宾诺莎为一种政治难题提供的特殊讲法，它不依赖于特殊性；这是他在第五章谈到的民主与非民主之间的议题。我现在不能再说了，有什么问题吗？

学生：我在想，他谈到了首要观念（primary notions），但他从未告诉我们它们是什么。

施特劳斯：嗯，他没这样做。这只讲给那些熟悉逻辑学原理的人听。

---

① ［译按］此处化用约翰·多恩（John Donne）《丧钟为谁而鸣》的名句："无人是一座孤岛，全然自立。"（No man is an island/ Entire of itself）另参《伦理学》第一部分第五和第六个命题及其证明。

学生：［80］他是不是在暗示，如果我们的思想依赖于某种高深莫测的、全能的东西，我们就不能相信别人了？

施特劳斯：现在我没法细讲。关于开篇的这段引文——顺便说一句，你们知道不同章节都有一些附释，就是译者加在《神学—政治论》最后的那些，可以看看。在第六章开篇不远处的附释里，斯宾诺莎提到了他之前唯一的出版物，题名为《依几何学方式证明的哲学原理》(*Principles of Philosophy Demonstrated in a Geometric Manner*)，但这不是斯宾诺莎的原理，而是笛卡尔的《哲学原理》(*Principles of Philosophy*)，斯宾诺莎用一种数学形式几乎原样重述了一遍。你们瞧，从斯宾诺莎的视角来看，他很少关心百分之百的理论正确性。显然是出于某些实践理由，他觉得有必要写作《神学—政治论》。他出于某些原因而无法适当地奠立基础，所以他留下了一些过于笼统的说法，他自己肯定清楚：这些说法并不能对大多数读者产生影响，只有个别论证能做到这一点，例如那位先生提到过的个别圣经引文。

这些圣经引文能引起人们怀疑，引起某种关于传统教义的不舒服感，例如他选了圣经开篇部分的几句话——人堕落的故事——说神在花园里散步。这段话当然有过无数的寓意解经（allegorical commentaries），肯定不能作字面理解。但斯宾诺莎当时是在一个发生过某种变革的世界里作论证，在这个世界上，人们越来越接受如下原则：字面意思——严格理解的字面意思——就是唯一的意思。摩西肯定想的是神在花园里走路。这就是位移，神多多少少一定是某种身体性的存在者。一本书竟然讲这种事情，怎么可能当权威呢？

这一类怀疑至少是某种事关原则问题的实践意图。但他想提出的要点当然是一些实践性的筹划，尤其涉及言论自由或搞哲学的自由，他只在最后一章明确讲了这些内容，但前面所有章节都是它们的预备。即便他接下来要讲的内容——如何解释圣经的问题——也当然带有这种意思，它要证明：任何权威都无法确立解释圣经的方式，所以每个人必须拥有随自己心意来解释圣经的权利。这是言论自由和搞哲学的自由的一部分，它们就是他写作此书的目的。

第六讲 《神学—政治论》第七章

（日期不详）

施特劳斯：［82］……［进行中］首先，我不知道你讲的有一点是否正确。你说，斯宾诺莎区分了写者（writers）与作者（authors），有时他谈的是圣经作者，有时他谈的是圣经写者。

学生：不是。

施特劳斯：恐怕这种说法没什么用，因为这个译者的翻译不够严守字义。你也许说得对，但纯属意外吧。请讲？

学生：上面写的是"作者或"，然后括号内写"写者"。

施特劳斯：这看起来倒像是严守字义。好吧，我们后面也许会看看。多谢你提供这个信息，一个很好的要点。

你还提了另一个问题：为什么斯宾诺莎要像探讨自然那样探讨圣经？你的回答是说，他把圣经当成了一份属人的文献，既然人是自然存在者，那么人的造物——书籍——也必须按此方式来处理。你提出了一个困难：圣经至少一定程度上超越了自然，所以他的方法可疑。但如果你的论证是对的，单从斯宾诺莎的前提来说，这种读书方法就必须应用于一切书籍，一切人类写成的书籍。刚才你提到了他关于欧几里得的说法，而他在那里运用了一种截然相反的方法，不再遵循研究自然的方法了：只要坐下来好好读欧几里得，就能读懂，用不上这么复杂的方法。①因此，你给的那种解释还不够充

---

① ［译按］见《神学—政治论》，VII.67。

分。斯宾诺莎想着的是其他东西，我们要搞清楚。

你还讲到一点：理解圣经不需要哲学的帮助。这当然是斯宾诺莎的原话，而你说他自相矛盾，因为他就是在用哲学来理解圣经。说得对，但事情没这么简单。为什么这就是他的论证？哲学究竟在多大程度上不是理解圣经所必需的东西？圣经到底是给谁读的？

学生：圣经是给民众读的。

施特劳斯：给非哲人读，给那些必然不是哲人的人读。所以，应该有可能无需哲学就理解了圣经。但我们必须瞧瞧，你的说法是否在一种更高的层次上起作用。

你刚才暗示了一个事实：斯宾诺莎的作品，尤其从这里开始的以下诸章，产生过很大的历史影响。你们知道，17世纪公开出现了对旧约圣经的批判，霍布斯在《利维坦》里作过一些评论。[83]还有一个人也应当提到，但如今已被遗忘：他写了一本书叫《亚当之前的人》（*Pre-Adamites*），大约写于1655年，其中也提出了一些关于圣经批判的初步评论。①不过，斯宾诺莎肯定比这两人重要得多。斯宾诺莎公开确立了一条原理：阅读圣经必须像阅读其他任何书一样，所以，那些考订手稿、作者生平和背景之类的历史批判方法必须应用到圣经上。我想，这种做法的普遍性如今更是得到了普遍公认，可能只有严格意义上的正统犹太人和基要派的新教徒除外。天主教会也承认了这一原理，对吧？你知道吗？

是这样，在天主教会，既然教会权威担保了圣经的权威，那么圣经本身就没有绝对权威，不像新教的情况。犹太人的情况又有些不同，但正统犹太人其实迄今都在拒绝一切圣经批判。具体而言，圣经的字面意思就是最重要的意思，这就是潜台词。斯宾诺莎当然

---

① 施特劳斯提到的这本书，作者是以撒·拉佩雷尔（Isaac La Peyrere）（1596—1676），法国一位改宗了的天主教神学家。他对霍布斯和斯宾诺莎的圣经理论有过一定影响，还影响了玛拿西·本·伊斯雷尔（Manasseh Ben Israel），后者是阿姆斯特丹犹太社区一位杰出的拉比，或许还是斯宾诺莎青年时的老师。拉佩雷尔一度因《亚当之前的人》（1655年出版）入狱，此书也在巴黎遭到公开焚毁。

知道有不少圣经文段有隐喻义，例如使用了明喻的地方；这时，将这段话理解为隐喻才是恪守字义的理解，否则就不是。我不知道斯宾诺莎会如何解决这样一些问题，例如《创世记》的六日是否必须按字义理解为"六天"：这样理解会造成很大困难，因为"天"已经预设了太阳的实际存在，而太阳要到第四日才被创造出来。我不知道他会怎么应付这种情况，但在另一些事例中，他清清楚楚地提出：字义（literal sense）就是真正权威的意思。

你刚才还提到了一个事实：在这一章开篇和中间，斯宾诺莎都谈到了宽容的问题。我们绝不能忘记这一点，这才是这些争论的实践意义。斯宾诺莎的目标在于，证明国家无权在宗教事务上作出规定，宗教事务必须留待私人判断。国家必须宽容，因而必须保护一切宗教，这就是他的信条。任何权威都不能限制国家，不存在教会权威。困难在于，从宗教的视角来看，并非所有宗教平等，而是只有一种真宗教，所以问题还是没有解决。我们必须研究：现代的，尤其是美国的解决方案，是不是一种理论上充分的方案。严格说来，如果有且只有一种真宗教存在，这个唯一的真宗教或许就有权利说，它理应成为国教，得到国家力量的支持，支持方式包括禁止异端宣传、削减异端者的政治权利乃至于驱逐异端等等。过去人们得出了这样的结论，相应地产生了大量实践后果。斯宾诺莎反对这一点。

如我们所见，斯宾诺莎如何通过两种层次的论证来反对这一点呢？一种办法是去解释记载启示的文献，对基督徒而言就是新旧约圣经，[84]尤其是新约。他的论证非常简单：新约最重要的诫命就是博爱（charity），任何不宽容的做法都不符合博爱。在他看来，问题解决了。这个解决办法简单，但它充不充分则是另一回事，因为那些可能使博爱这条诫命成问题的教诲——尤其宗教性的教诲——又该怎么办呢？问题就这样直接出现了。

另一种办法则是驳倒一切启示，这才是斯宾诺莎最终追求的目标。这样一来，宗教不宽容就没有根据，没有合乎理性的根据，因为一切宗教、一切启示宗教都建立于不合理性的根据之上。但这样做也会遇到麻烦，从这种视角来看，你可以说：对于如此不合理性的诉求，如果它本身完全不合理性，那么国家就应该制订任何它觉得合适的规章，用来管制这种不合理性的诉求。当然你也可以说，这都是微不足道的小事，法官或国家才不关心它们呢。但是，任何琐细之事都有可能变成政治上的重大事件，所以你也无法否定国家原则上拥有宗教不宽容的权利。

上述内容概括了斯宾诺莎关心的大问题：如果对宗教没有一种很高的评价，我们就无法得到一种宽容的权利，一种无条件的宗教宽容权利；另一方面，如果我们对宗教有一种高的评价，那么就又意味着我们已经委身于某个宗教，从而对宽容原则造成了某种限制。这就是困难所在。

如今我们已有一种实际有效的解决办法，但理论上仍然是个难题。我还认为，只要更加深入地分析这种解决办法，当然还有另一种办法存在，而且很可能也是斯宾诺莎推荐的办法（虽然现在我没有具体的章节或文段可供引证），即只有一种宗教。这些教诲并不是那么能界定清楚，其中总是混杂着人的错误、愚蠢或者罪，因此，即便是信奉真宗教的人也要变得谦卑（humility），变得能够摆脱不宽容，因为他们信奉的宗教就像他们理解的一样，永远无法彻底免除属人的因素，免除罪。这也许是我们能用作起点的道路，我不知道，但至少现在我们不能再深究下去了。

回到本章的一段讨论。他刚开始讲得很清楚，基督教关于爱的教诲与其迫害的实践相互冲突，这是事实：一个自称信仰爱之宗教的人，竟然做了克伦威尔在爱尔兰或法国政府在圣巴托罗缪节做过的暴行。[①]这里出现了一个难题：这种冲突怎么会产生呢？斯宾诺莎说，这是因为教义（dogma）取代了道德教诲，或者说教义压倒了道德教诲，以至于人们认为教义差异比爱的教诲重要得多。教义取代道德教诲乃是神学家一手促成的结果，他们远远谈不上博爱的化身，他们只关心维持自己的权威。必要的做法是真正尊重圣经，这

① 圣巴托罗缪节大屠杀，发生于1572年法国宗教战争期间。在天主教徒对胡格诺派（法国加尔文宗）发起的这场三日大屠杀中，大约四千余人惨死。

种尊重体现为行事（deed），而不仅仅是言辞（speech）；它体现为践行博爱，以及听从圣经的清楚教诲，没别的了。圣经的清楚教诲是无条件地拥护博爱，而非迫害；这就是他的潜台词。相关文本，翻到99页第二段。

学生［读文本］：

[85] 除了这些罪恶外，我们还可以加上迷信：迷信教导人嘲笑理性和自然，同时只去赞美和尊崇与此二者相反的东西。

因此，难怪人们为了更加赞美和崇拜圣经，总是迫切要以一种让它尽可能显得违逆理性和自然的方式来解释它。他们梦想着圣书中藏有什么最深奥的秘密，疲于探究这些荒谬之处，忽略其余有用的部分。他们将自己在疯狂中发明的随便什么东西统统归于圣灵，竭力以极度的强力和暴烈的激情来为之辩护。人就是被造成了这样：凡是人根据纯粹理智所构想的东西，人就只用理智和理性来为之辩护；凡是人由于心智的激情所想到的东西，人就用那些激情来为之辩护。（《神学—政治论》，VII.4–5）

施特劳斯：停一下。斯宾诺莎说，除了这种或许基于圣经的固有的恶——即教义取代道德教诲——还有另一种外在的恶：迷信。这段话暗示了，迷信并非源于圣经，而是人之为人的某种特征。迷信还体现为厌恶理性。

因此，圣经真正遭到的败坏就在于掺杂了人的迷信。迷信的基本要素就是厌恶人的思辨，把超自然事物当作超自然来极度崇敬。既然一切恶都能追溯到误解圣经所导致的影响，那么，实践中最重要的做法就是理解圣经本身。为此，斯宾诺莎说：我们必须设计出解释圣经的真方法。至于这种一般方法是什么，翻到99页第三段。

学生［读文本］：

要想从这些混乱中解脱，将我们的心智从神学家的偏见中解放出来，不再将人的发明鲁莽地当作神的教导——

施特劳斯："人的发明"［译按：课本译作"人的评注"］，这样译更贴合字义。

学生［读文本］：

为此，我们必须论述解释圣经的真正方法，并且予以讨论。因为只要我们对此一无所知，我们就无法确定地知道圣经抑或圣灵想要教导的任何东西。

［86］一言以蔽之，我认为解释圣经的方法与解释自然的方法没有差异，而且完全一致。（《神学—政治论》，VII.6）

施特劳斯："与解释自然的方法没有差异，而且完全一致"［译按：课本译作"没有太大差异"］。那个译者毫无必要地不按字义来译，我不知道为什么。

学生［读文本］：

因为解释自然首先就在于拼合出一部自然历史（naturae historia），正如我们从确定的资料推论出自然事物的定义那样。同样，要想解释圣经，就需要准备好一部直白的圣经历史，通过合法的推论，就像从确定的资料和原理出发那样，从中推论出圣经作者们的思想。因为这样每个人就能一直取得进展而不致犯错，前提是他除了从圣经本身及其历史中提取出来的东西之外，绝不承认其他解释圣经的原理或资料。这样的人讨论那些超出我们理解的事物，也能像讨论我们凭借自然之光所知的事物一样安全。（《神学—政治论》，VII.7-8）

施特劳斯：停一下。所以关键在于，解释圣经的方法等于解释自然的方法。我们必须看看这句话是什么意思。他下了一个结论：只要人人都能运用这种方法，每个人就能理解圣经，甚至还能理解圣经中的超自然因素，因为这种方法无论对圣经还是对自然都是万能的。请讲？

学生：他叫我们只使用圣经中找到的原理，但当他讨论这些原理时，他又叫我们要看看历史，看看语境。

施特劳斯：不对，斯宾诺莎这里区分了历史与解释，我们接下来就会看到这一点。历史仅仅是材料的收集，譬如你想分析雷电，就得有观察记录，最好还是各式各样的观察记录，否则你就会误解当前发生的一场雷电，觉得这场雷电已经具备了雷电可能具有的一切特征。所以，历史先行，在掌握了完备的事实以后，接着你才能从事实上升到原因。对于圣经，必须做到斯宾诺莎说的这类事情：你要以历史为起点，无论这里的历史指什么，但它明显意味着某种收集的做法。接着，你再从历史上升到原因，而这意味着定义。

剧透一下斯宾诺莎后面要讲的内容：要想知道圣经关于神圣之爱有什么样的教导，你就得收集讨论这种爱的所有经文。如果你发现整部圣经贯穿着一种关于爱的毫无争议的教导，那你就知道这是圣经的教导，接着就能确切地定义圣经如何理解神圣之爱。这未必意味着它就是关于神圣之爱的真实教导，而仅仅意味着它是圣经的教导。可是，我们现在关心更具一般性的问题：为什么解释圣经的方法等于解释自然的方法？这个问题还没搞清楚。接着读吧。

学生［读文本］：

　　［87］不过，要想清楚地证明这种方法不仅确定，也是唯一的方法，而且与解释自然的方法相一致，我们就必须注意到：圣经总是论述一些无法从自然之光所知的原理推出的事情，因为它的绝大部分是由各种历史叙事和启示所组成的。（《神学—政治论》，VII.9）

施特劳斯：原因就在这里，因为圣经对于自然之光来说不可理解，所以必须只用自然之光来探讨圣经。太奇怪了。但斯宾诺莎这样说还有别的意思。圣经不可理解，所以必须像探讨自然一样探讨圣经，但自然又是可以理解的，圣经却不可理解，那么似乎就需要一种全然不同的方法。斯宾诺莎想到了什么方法吗？还是说，自然或许也不可理解？某种意义上确实如此，也就是说，基于各种意图才可以理解——这一点当然遭到了斯宾诺莎的否定。

圣经有一种不同但又相似的不可理解性，它没有非目的论式的理由，而是有别的理由：我们将自然变得拟人化（anthropomorphize），我们让自然变得像人一样，变得可以理解，但这是一种永远无法理解自然的方法。我们必须舍弃对自然的拟人化，必须按自然与我们相陌异的那个样子来看待自然；这才是理解自然。同样的做法也适用于圣经，我们必须让它保留不可理解性，我们绝不能人为地让它变得合乎理性，否则就无法理解圣经。这就是自然和圣经之相似性的关键。往下读吧。

学生［读文本］：

> 但是，那些历史叙事给了奇迹一个突出的位置，也就是说（我们将在下一章表明），关于自然中非同寻常的事件的叙事，顺应于写下它们的史家的意见和判断。再者，那些启示同样顺应了众先知的意见（我们已在第二章表明）；它们确实超出了人的理解力。因此，关于这些事物的知识，也就是关于圣经中几乎所有事情的知识，必定只能求索于圣经本身，正如关于自然的知识必定求索于自然本身那样。（《神学—政治论》，VII.10）

施特劳斯：我想，这段话说得更清楚一些。对人的心智而言，圣经是陌异的，就像自然一样陌异，只是方式不同。因此，我们绝不能用拟人的方式来探讨圣经和自然。所谓"拟人"（anthropomorphical），对自然而言是目的论，对圣经而言是视圣经为一部完全合乎理性的文献。欧几里得或其他一切合乎理性的书籍不用什么特殊方法就能读懂，因为它们与理性心智具有亲缘性，唯有不可理解的书才需要各种人为的方法。

如果将其视为一个经验性问题，这里面当然包含了某种真理因素。我们阅读《每日新闻》或《芝加哥太阳报》的专栏不需要什么人为准备。我们懂得语言，也懂得它们要讨论什么问题，甚至可能知道这位专栏作家的成见，所以理解它们根本无需研究，也就无需方法了。可是，如果你要读14世纪西班牙一篇类似于专栏那样的文章，你就肯定需要某种方法，因为它的陌异性。你必须首先查明，当时的人在谈论什么，当时的情境又是什么，但我们不知道这些。

所以说，越是容易理解的东西，离你的心智越近，也就越不需要方法。如果有一些本质上属于人类心智的永恒真理存在，那么，寻求这类真理也不需要什么人为的方法。或许需要某种方法来使人的心智摆脱各种遮蔽它们的人为意见，但这是另一回事了。

[88] 换句话说，圣经——奇迹、预言等等——之于人类心智就像自然之于理性心智一样陌异。这就是为什么……请讲？

学生：我不懂为什么自然完全陌异于人的心智，因为圣经包含这些启示和奇迹，自然却不包含这些。自然完全合乎理性，自然的全部原理也完全合乎理性。

施特劳斯：方式不同，所以我才用了"拟人"这个表述。自然在这个意义上是非自然的——这是什么意思？是指合乎理性地行动吗？意思是着眼于某种目的，某种善。自然并没有这样一种目的。如果圣经着眼于善，在斯宾诺莎看来，这种善就不是合乎理性的善。

学生：但我不确定他是否认为，合乎理性地行动就是合乎目的地行动。

施特劳斯：对，我觉得是这样。问题在于，在斯宾诺莎那里，这种目的究竟从哪儿冒出来的？但他说得很清楚：我们必定具有某种目的，某种规范，着眼于"做得好"。

学生：所以，从"什么是自然的"必然会推出"什么是正当的"，但这并不意味着必须合乎目的地行动。

施特劳斯：不对，但我再问你一次，我们之前读过的那句话究竟什么意思。他在那里说道："关于圣经中几乎所有事情的知识，必定只能求索于圣经本身，正如关于自然的知识必定求索于自然本身那样。"这段话必定有某种平行对应的说法。

学生：如果完全按字面义来探讨圣经，你就会发现它与理性相冲突，但如果按照理性的原理来探讨圣经，正如他以此方式……

施特劳斯：按照理性的什么原理？斯宾诺莎这里几乎已经在说，圣经的大部分内容就像西伯利亚北部某个萨满巫师的话一样不可理解。我们不要愚弄自己，这就是他这句话的意思。所以，你必须像探讨其他一些本身就是原生事实（brute fact）的事情——不可理解的事情——那样来探讨这段话，而斯宾诺莎确信：他能对人类的任何非理性都提供一种合乎理性的解释，正如他也能对自然的任何原生事实提供一种合乎理性的解释。

我们必须思考的是另一类现象，即那些不可理解的书。你们知道16到17世纪普遍流行这样一种说法："阅读自然这本大书。"可是，阅读自然这本大书需要一种方法，这不同于阅读那些讲自然这本大书的书籍，例如伽利略或牛顿写的书。明白区别了吧？理解牛顿或伽利略，完全不同于理解重力之类的东西。牛顿的书已经是人们读懂了的重力，但重力之为重力本身仍然没有被完全读懂。因此，如果伽利略或牛顿是对的，理性就真正到家了。如果理性遭遇了超出重力理论赖以立足的事实之外的单纯事实，理性就还没到家。在斯宾诺莎看来，这类超出重力理论之外的原始事实，就像圣经中大多数篇章记载的事情一样原始。我想这才是他的意思。请讲？

学生：[89] 他提到了欧几里得。他说这是可以理解的，因为只要读欧几里得的书，就能理解其中的意图和含义。

施特劳斯：在哪里？

学生：113页。

施特劳斯：那读一下吧。

学生［读文本］：

欧几里得只写那些简单而最容易理解的事物。任何人用任何语言都能很容易地解释他的著作。要想把握他的意图，确定他真正的意思，我们不需要对他写作所用的语言拥有一门完备的知识，而是只需要一种相当日常的（几乎是孩童式的）知识。

我们也不需要知道他的生平、兴趣和习俗，不需要知道他的写作用了什么语言、对象是谁以及什么时间，不需要知道他的书的命运，不需要知道它有多少不同的解读，不需要知道它是如何以及通过谁的深思熟虑而得以接受的。

以上我就欧几里得所说的内容，必定适用于一切写的是出于自然就能被人领会的事情的人。因此，我们结论道：我们可知的历史，足以使我们很容易就能把握圣经在道德教诲方面的意图。在那一领域，我们能够确定圣经的真正意思。（《神学—政治论》，VII.67–68）

施特劳斯：嗯，译文里"意思"的拉丁原文是"心思"（mens）——要想把握他的"心思"，但你也可以说这是指他的意图。自然中不存在什么意图。圣经大部分篇章都不存在什么可理解的意图。

学生：欧几里得也有某种意图吗？

施特劳斯：欧几里得的意图就是教导几何学，不仅他的整体意图可以理解，细分下去也可以理解，全都可以理解。你必须区分两者：一个是关于自然的理论，它们当然可以理解，另一个则是该理论所源出的自然现象。自然现象最初呈现的样子就是混沌，你们要收集、排序，接着从有序的现象上升到原因，用某种定义表达出来。这是老生常谈了。

类似地，斯宾诺莎说，你把圣经里的历史材料拿出来排序，接着上升到定义，而这里的定义就被称作关于众先知之意图的定义。但这种意图本身不像欧几里得的意图那样可以理解——因为作者本身的非理性。

学生：［听不清］

施特劳斯：嗯，这里有某种故意的含糊其辞。斯宾诺莎在一封信里说过"我无法理解圣经"，这等于说"我认为圣经纯属荒谬"。瞧，如果有人说"甲是乙"，然后又以同样口气说"甲不是乙"，［90］你以某种方式当然能理解它，但换个方式就无法理解了。这还不清楚吗？荒谬就是一种可以理解的不可理解性，这就是斯宾诺莎的意思。你能理解到它是不可理解的，也就是说，你能理解到它就是荒谬的。

学生：这样讲对不对：秩序原则是在人的心智当中，而非自然当中？

施特劳斯：不对，这样会得出一种太大的……我们的全部讨论，也就是斯宾诺莎这里讲的内容，从他的视角来看是相对外在的、暂时性的。从斯宾诺莎最终的视角来看，自然是一种完满的秩序。

学生：自然法则？

施特劳斯：对，但这是一种非目的论式的自然法则（natural law）。我们无法直接获知这种秩序，我们必须努力开辟通向它的道路。在《伦理学》第二部分，斯宾诺莎作了相关描述：我们周遭都是各种混混沌沌的事件，它们自身完全无法理解，我们只能从这些貌似混沌的事件中循序渐进地发现秩序，但我们最初遭遇的都是混混沌沌的事件，由此开始上升。

圣经也是这样，我们遭遇了各种混混沌沌的东西。要想理解它们——斯宾诺莎的理念就是：只要我们理解了众先知的意思，那么，圣经在除了道德以外的一切事务上都是荒谬的。因此，我们需要用精神病理学的术语来解释这种荒谬性；斯宾诺莎不会否认这一点。你们知道，即便如今的精神病专家来检查人，他们在提供一种解释之前也想首先查清楚，这人用自己的话究竟是在抱怨什么。

换句话说，最终会有一种完全合乎理性的解释，或者说一种完全清楚、分明的解释，它运用科学的术语来解释众先知特有的谬误。这毫无疑问。但你们不能以此作为开端：开端必须是首先确定那个有待解释的现象，亦即圣经。但必须有一种方法，这比理解欧几里得困难上无数倍，因为一旦你有了关于基本公理的某种定义，例如圆或三角形的定义，剩下的事情就只是证明而已。

学生：关键是展开证明的方法。在欧几里得那里，这是先天的（priori），但在另一种情况那里，这是后天的（posteriori）。

施特劳斯：但圣经的开端不像欧几里得那样，设定公理和假设之类。你必须亲自做这件事。除此之外，斯宾诺莎还说：这些公理和假设也不具备在他看来应有的那种明证性。我觉得斯宾诺莎的意思非常严格。斯宾诺莎的说法，如果当作解释书籍的一般学说，那当然是完全荒谬的学说。但他会说，如下做法才有道理：如果你遇到不可理解的书或者书中不可理解的部分，那你从一开始就不能以一种理解性的方式推进。

后来在19世纪的德意志和其他国家，人们区分了两种科学方法：有一类科学是名副其实的说明性（explanatory）科学，自然科学；另一类科学是理解性（understanding）的科学，关于人、关于人之思想的科学。潜台词就是，自然现象并非严格意义上不可理解，例如"重物下落"，原始事实就是如此，普遍也是如此，这一点没有什么可以理解的必然性。但是，"人受理性的驱使而行动"之类的事情，我们从内在就能理解。

你们看到过这些理论。[91]斯宾诺莎那里也隐含着一种类似物，当然不完全一样：可以理解的书籍不需要任何复杂的科学方法，唯有对于一本不可理解的书，唯有对于一本探讨不可理解的自然的书，我们才需要某种特殊的方法。请讲?

学生：一般说来，科学为自然提供某种范式。

施特劳斯：我试着从最外在的事实开始。我们可以用一种更加确切的说法，自然——至少从其开端而言——就是完全混沌的，所以我们需要某种方法。

学生：[听不清]

施特劳斯：读读《伦理学》第一部分的附释吧。目的论是荒谬的。圣经从一开始就是混沌的，所以我们需要一种方法。欧几里得乍一看可不像混沌，而是很有秩序，所以直接就能理解。

但我们回到直接的主题吧：圣经——圣经大部分内容——都不可理解，这似乎导致圣经成了一本毫无价值的书。但是，斯宾诺莎接着补充了一项关键的修正条件：圣经在道德教诲方面可以理解，所以圣经仍然能维持其作为民众教化的最重要书籍的地位。

但斯宾诺莎紧接着又补充了一点："圣经包含道德教诲"这一断言本身必须得到证明，否则它就是一种先入之见。不过，这只能通过某种方法来得到证明，这方法就是从圣经本身出发，所以我们又回到了最基础的真理：理解圣经的唯一方法就是从圣经本身出发去理解它。"圣经或众先知拥有真正的道德教诲"这一点，无法通过奇迹之类的东西得到证明。如我们在上一章所见，这一点只能通过道德（morality）来得到证明。

这段论证的结论就是：就其属于道德而言，圣经可以理解，但在其他所有方面，圣经不可理解。因此，任何教义都不能利用圣经，因为一切教义式的断言都会与其他教义式的断言相互矛盾。这就是斯宾诺莎大体上追求的目标。等他接着又讨论这一点时，我们还会回到这个问题。

圣经研究与自然研究还有另一种相似性：两者都包含历史和定义。读一下吧，位置不太远，100页底下。

学生［读文本］：

> 一切关于圣经的知识必须唯独从圣经本身中求索。
>
> 最后，圣经没有给它谈论的事物下定义，自然也是一样——

施特劳斯：瞧，欧几里得下了定义，牛顿下了定义，但自然没有下定义，圣经也没有下定义。所以自然与圣经相当，对吧？

学生［读文本］：

> 因此，正如自然事物的定义要从自然的不同活动中推论出来（concludo），圣经中谈到的事物的定义也要从相关经文里出现的不同叙事中引导出来（elicio）。
>
> ［92］因此，解释圣经的普遍规则，就是勿要将我们尚未从圣经史学中知道得足够清楚的事物，当成圣经的教导。圣经史学应该是何种史学？它主要讲述什么？这些就是我们现在必须解答的问题。（《神学—政治论》，VII.12–14）

施特劳斯：他首先谈到了史学，这是准备工作，即收集材料。第二步是定义或解释，也就是发现法则，发现定义。至于这门史学，它包括三个主要部分，其一是通晓希伯来文——对于旧约而言这显然没错。

我们来读读第二点，101页中间。

学生［读文本］：

> 圣经史学必须收集每一卷书的所有句子（sententia），将其划归各种主要标题（summa capita）之下，这样我们才能确实找到关于同一主题的所有语句——

施特劳斯：按字面义来译，"我们必须收集每一卷书的所有意见，将它们归入各种最高标题之下"［译按：课本译作"分析每一卷书，按各标题来组织其内容"］。所谓的"意见"，举个例子，假设有一段话谈到神对大海拥有的力量，斯宾诺莎自然会想把这段话归入如下标题：神的一般而言的力量。这就是最高标题。

学生［读文本］：

> 接着，圣经史学必须注意所有模糊、含混或不相一致的地方。当我说一些句子清楚或含混时，我是指从语句表述的语境中得出它们的意思是易是难，不是指凭借理性把握它们的真理是易是难。原因在于，我们只关心语句表述的意思，而非它们的真理。事实上，我们必须极其小心，在探寻圣经意思的过程中，既然这是以自然知识的诸原理为基础，我们就不要预先受到自己固有推理的影响，更不用说我们的偏见。要想不混淆事情的真实意思与事情的真理，我们就必须唯独从语言用法中探寻意义，或者从只承认圣经是基础的推理中探寻意义。（《神学—政治论》，VII.16–17）

施特劳斯：停一下。很不幸我们不能读这些东西，因为它们需要斯宾诺莎的评注。但我觉得要点还是很清楚的：既然我们要不带偏见、不带教条地进入圣经，我们就不能假设圣经中每一句话都是真的。因此，我们就要按照字面意思，尽力从圣经每一段表述中析取它所意图表达的含义。至于是否为真，那完全属于另一个问题。

斯宾诺莎这里只是讲了我们所有人的做法，我们都承认，这无疑是一条适用于其他著作的规则。要想读懂亚里士多德说了什么，我就要仔细听听他的说法，尽力理解它。至于亚里士多德说得对不对，那是另一回事。亚里士多德教导了什么？他教导的东西对不对？这两个问题在实践中总是相互重叠，而它们的意思截然不同。但斯宾诺莎说，同样的方法必须适用于圣经。它对所有书一贯有效，[93] 这就是斯宾诺莎迈出的革命性一步：同样原理必定也适用于圣经。

现在，我们要读读他提出的第三点。

学生［读文本］：

最后，关于所有的先知书，这种史学必须完完全全地叙述一项记录得以保存下来的所有背景——

施特劳斯：课本怎么译的？环境（environment）？"这部史学必须枚举所有先知书的遭际（或者说命运）"。环境是一个毫无意义的译法。Casus是指"发生了什么"、"命运"。

学生［读文本］：

亦即每一卷作者的生平、人格和关切，他是谁，写于何种处境，写于何时，为谁写作，最后是用什么语言写作。其次，它还必须叙述每一卷的命运：它最初如何被接受，流传到什么人的手里，有过多少种不同的解读，凭借谁的审议（concilium）而被接纳进圣经，最后，所有这些如今公认的经卷如何被整合为同一部著作。我说过，这部圣经史学必须包括所有这些东西。（《神学—政治论》，VII.23）

施特劳斯：接着他给了理由，但还是那个已经公认的要点：你必须注意这些事情。因为身边人这样做——"乔治这样做过"①——我们经常也就视为理所当然了。毕竟，曾经有一些人就是有耐心坐在修道院和图书室里，搜集各种抄本，查明哪些抄本最可信，最后做出一部他们觉得好的文本。那么，有时候就会产生一个问题：某本书真的出自这位作者之手吗？以柏拉图为例，现在有不少对话被视为伪作。如果它们真是伪作，那就不属于名副其实的柏拉图研究之列。

不要忘了译本：我们多数人无法直接阅读那些书，因为我们不懂它们写作的语言。这一点肯定也包含在内。就圣经而言，这是一个新情况，或者至少是斯宾诺莎非同寻常地强调的情况。同样的历史考订方法必须应用于圣经，这样做的效果立竿见影，例如你读到圣经记载的一桩奇迹——西奈山的启示。按照传统看法，摩西五经就是摩西写的，也就是摩西那个时代的产物。更一般而言，有人亲眼见证的记载要比谁也没见过的记载更加可信。但如果五经不是摩西所写，就像斯宾诺莎自称能证明的那样，那就会产生很严重的后果：这样一则记载有什么真实性？明白了吧，他这里提出的问题有多么重要。请讲？

学　生：但他并非通过搜集史料，在这种意义上考察圣经。

施特劳斯：换言之，斯宾诺莎一开始是说：矿物学的方法等同于研习圣经的方法。这是严重夸大了。但另一方面，他也有很好的理由［94］一开始就提出如此夸张的说法，理由就是我刚才尝试讲的理由。

学　生：他究竟有没有唯独按照圣经自己的说法来阅读和考察圣经？

施特劳斯：唯独按圣经自身来理解圣经，这是他定的规则。至于他能否做到，这是一个问题。斯宾诺莎后来承认，他并非从希伯来旧约中学会希伯来文知识的，而是有别的来源。这很明显，你不

---

①　施特劳斯偶尔用这种说法，意思是说：有某种做法被归于别人名下，就像"我没这样做过"或"有别的什么人这样做过，虽然我不知道具体是谁"。

能从柏拉图本人那里学会柏拉图的希腊语，你只是从语法书里学的。我们当然可以说，这是小问题。问题虽小，但你毕竟是要搞大事情啊。

学生：[听不清]

施特劳斯：我们没有充分的理由说：按照斯宾诺莎的看法，必须脱离圣经来理解圣经，就像脱离自然来理解自然，因为历史与解释的区别既适用于圣经，也一样适用于自然。如事实所示，我们也没有充分的理由说：阅读欧几里得的方法与阅读圣经的方法截然不同。我觉得你不能回避这个问题，而是要把它想清楚。同时也不要忘记，无论自然还是圣经都没有下定义，但欧几里得下了定义。这是实实在在的区别。

学生：我懂了。没错，在这方面它几近于培根式的归纳法。

施特劳斯：非常好。众所周知，培根的方法影响了斯宾诺莎。我不知道你们是否还记得，这一点值得深入研究。斯宾诺莎多少接受了培根的归纳法问题，这里也有所体现。这是对的。

接下来，我们要回到圣经解释的问题，这与史学有所区别。我们现在接近了核心问题，翻到104页。"为此，我们同样需要一种方法和次序，一如我们根据自然的历史来解释自然时所用的那样。因为在考察自然事物时，我们首先致力于——"。找到了？读吧。

学生[读文本]：

在考察自然事物时，我们首先致力于考察对自然整体而言最普遍、最共同的事物：运动与静止及其法则和规律，自然总是遵循它们，藉由它们而持续运作。由此，我们再逐渐推进到其他不那么普遍的事物。同样，我们在圣经历史中寻求的首要事物也是圣经整体中最普遍的事物，作为圣经整体的基础和根据的事物，最后还有所有先知一致赞同作为永恒教诲、对一切有死者最有用的事物。例如，有独一且全能的神实际存在，只应敬拜神，神关心一切人类，神尤其爱那些敬拜祂的人和爱人如己的人，等等。

　　我说，圣经到处都在教导这些和类似的事情，教导得如此清楚、如此明确，以至于从来没有人在这些事情上怀疑圣经的含义。(《神学—政治论》，VII.27-28）

　　施特劳斯：［95］停一下。你们瞧，这里的方法更特殊了。在完成材料搜集之后——无论从自然还是从圣经搜集——我们接着转向了最高的原则：在自然这里，最高原则就是运动与静止。接着，我们从运动和静止相关的这些普遍法则，下降到运动和静止的个别事例与具体情况。同样，以搜集到的圣经材料为基础，我们上升到最普遍的东西，也就是圣经到处都在普遍教导的东西。接着，我们又由此下降到圣经所特有的教导，下降到那些最具体的教导。由此可见，斯宾诺莎主张一种完整的圣经神学，这是一种在圣经中无可争议的思辨性教导。

　　这不奇怪吗？记得斯宾诺莎在第二章中认为，圣经通篇都没有什么无可争议的理论教导，这里他却提出了相反主张。这就为他造成了一个大难题，因为如果圣经确有某种无可争议的思辨性教导，那他就无法拒斥这种教导，除非公开拒斥圣经。如果圣经包含某种思辨性教导，他就不能断言圣经只有道德上的用处。清楚了吧？我们来看看他如何解决这个难题。再往下一点，他写道：

　　　　一旦正确理解了圣经的这条普遍教诲，我们接下来就必须推进到不那么普遍的事情了。这些事情牵涉到我们日常如何安排自己的生活，而且也像溪流一样发源于这条普遍教诲。这一类就是德性的全部外在的、特殊的活动，它们只有在既定的情况下才能付诸实践。(施特劳斯口译；《神学—政治论》，VII.29）

　　所以换句话说，从上述原理推出了一种特殊的道德教诲，他举了一些相关例子。这或许就是我们的初步建议。在说到圣经只有某种道德教诲的时候，斯宾诺莎是在暗示：圣经包含了这种道德教诲所必需的理论前提，而他这里已经列举了这些必要的理论前提。我们后面必须看看，这是否足以成为一种解释。现在，斯宾诺莎为他的用意提供了一种解释。这是一个非常有趣的例子，我们来读读。

学生［读文本］：

> 例如，当基督说"哀恸的人有福了，因为他们必得安慰"时，我们从这段经文里并不知道基督是指哪一种哀恸的人。可是，因为基督后来又教导说，我们除了神的国和祂荐为至善的正义外，什么都不应该操心（《马太福音》6：33），由此推出：基督理解的哀恸者，仅仅是那些为人们已经忽视的神的国和正义而哀恸的人。因为对于那些只爱神的国或神的义，全然鄙弃机运可能带来的一切事物的人而言，这是他们唯一能够哀恸的事物。（《神学—政治论》，VII.30）

施特劳斯：明白吗？换言之，他暗示了基督教的某种彻底灵性化（radical spiritualization），但这无论如何都未必是经文本身的意思。正因为他按照一段相邻的经文来解释这句经文，斯宾诺莎才认为这就是正确的意思。

不过，这个例子还不算有趣，下一个例子才真是有趣。［96］

学生［读文本］：

> 所以，当基督说"如果有人打你的右脸，把另一边也转过来让他打"及后面的话时，情况也是一样。如果基督是以立法者的身份，向法官们下了这道命令，那他就是以这条诫命破坏了摩西的律法。可是，他明确地告诫我们这并非他的意图，参见《马太福音》5：17——

施特劳斯：所以，"勿要抗恶"不是律法。我没记错的话，按照天主教的教义，它也是一项劝勉，而非律法。读到这里我们似乎还能忍受，但看看他接下来怎么说。

学生［读文本］：

因此，我们必须考虑是谁说了这些事情，这些事情又是向谁说的，以及何时说的。(《神学—政治论》，VII.31)

施特劳斯：所以，斯宾诺莎以此为例说明：你必须考虑时间和背景，才能看到……[录音听不清]

学生[读文本]：

因此，众先知只在受压迫的时代才会如此教导，而且任何地方都没有将它立为一条法律。相反，摩西并非在一个受压迫的时代写作，而是(请注意)致力于建立一个好的共和国，所以他命令要以眼还眼，尽管他也对复仇和恨邻人表示谴责。

由此非常清楚地推出，正如从圣经的基本原理中推出的那样：基督与耶利米要求我们忍受侵害以及在一切事情上屈服于不虔敬者，这一教诲只适用于那些忽视正义的地方与那些受压迫的时代，而不适用于一个好的共和国。事实上，在一个维持正义的好的共和国里，任何人只要想被认为正义，就都应该在一位法官面前对侵害报以惩罚(见《利未记》5：1)，不是为了复仇(见《利未记》19：17-18)，而是意图捍卫正义与祖国的法律。这样，恶人就无法从作恶中获益。所有这些也都完全符合自然理性——

施特劳斯："自然理性"[译按：课本译作"理性"]。

学生[读文本]：

我还能引用许多这样的例子，但我想上述足以阐明我的意图，以及这种方法多么有用。这就是我现在关心的全部。(《神学—政治论》，VII.33–34)

施特劳斯：瞧，但他在搞大事，而不仅仅是证明自己方法的有用性。在这里，斯宾诺莎解决了他作为政治作家时面临的最大难题，而他这样做是打算以新约为基础。[97]他如何才能解决"勿要抗恶"的劝勉或命令所导致的难题呢？斯宾诺莎说，"勿要抗恶"本意不是普遍适用，而是仅仅适用于没有国家的人，适用于受迫害的国家。普遍的法则其实是"要抗恶"。摩西关心如何建立一个好的共和国，他教导了"要抗恶"。这是一个合乎理性的教导。另一条教导只是在特殊处境下合乎理性，更普遍地说，它就不是合乎理性的。

所以，你们看到了这条评论与我们上次读到的那段话之间的关系，那段话是说：唯有正义之人统治的地方，才有正义。如果正义之人不统治，那里就没有正义的希望，然后最简单的事情就是勿要抗恶，不要关心正义。这就是斯宾诺莎解决这个难题的方式。

学生：[听不清]

施特劳斯：我们假设，你遇到了一个极其腐败的政府，司法腐败透顶。那么你唯一要做的事就是避开这些体制，因为你敢肯定自己会遭构陷入狱。

学生：[听不清]

施特劳斯：很好，那就会有人说：你保护自己，但这位同胞也有腐败的警察势力撑腰。接下来呢？最好的办法还是投降。当然，我想斯宾诺莎也知道这是在曲解登山宝训的意思。但他真正想要的是提出一种看似可容忍的经文解释，以便解决"勿要抗恶"这个难题。在这方面，他更赞同摩西而非新约。

我们接着读吧。下一段话也非常重要。"圣经中出现的其他事情"。

学生[读文本]：

至于圣经里出现的另一些关于纯属思辨问题的事物，考察起来就不那么容易了，因为通往这些事物的道路更窄。正如我们已经说明的那样，众先知在思辨之事上并未达成一致，而他们对事情的叙述相当顺应各个时代的偏见。因此，我们绝不容许在猜测或解释一位先知的意图的时候，以另一位先知更加清

楚的段落为依据，除非有最高的清晰性可以确证他们两人拥护完全一样的意见。(《神学—政治论》，VII.35）

施特劳斯：停一下。这里，斯宾诺莎详细讲了规则（他之前也这样做过，但我们没有谈到）：圣经必须唯独基于圣经来得到理解，如果一处圣经说法有悖于理性，那你也无权认为必须用隐喻的方式来解释它。他后面花更多篇幅讨论了这一点，但不止如此；你甚至不能将一位圣经作者的意见归于另一位圣经作者名下。两位不同的先知或使徒，怎么会在同一个有着神学重要性的问题上持相反意见呢？根据传统，这不可能，因为圣经作为记载启示的文献绝不可能在任何重要的地方自相矛盾。可是，一旦我们质疑正统的前提，我们就必定向另一种可能性开放：圣经确实自相矛盾。

不用说，后来这变得无关紧要了。如今所有谈论圣经的批判史学的人，[98] 一直在搜集来自截然不同的地区、截然不同的时代的各种文献，他们理所当然地认为这些文献相互矛盾。事实上，这些矛盾就是对圣经展开任何诸如此类的分析的起点，尤其是旧约。

但另一点具有更为广泛的重要性：他说，圣经在纯属思辨之事上晦暗不明。我据此得出结论，斯宾诺莎之前提到的那些教义——神独一且全能、唯有神应受敬拜、神照看万物等等——在他看来都并非纯属思辨。它们仅仅是道德教导的潜台词，而非严格意义上的思辨性教导。除此之外，我想就没有解决这个难题的办法了。接着读吧，看看斯宾诺莎如何理解纯属思辨的主题。106页。

学生［读文本］：

因此，我现在要简单解释：在这些问题上，如何从圣经历史中发掘出众先知的意图。在这些问题上，同样我们必须从最普遍的事情开始，首先从圣经最清楚的陈述开始探究，查明预言或启示是什么，以及它主要包含什么内容。其次，我们必须凭借那些最共通的事物，追问奇迹是什么，诸如此类。由此，我们必须下降到每一位先知的意见。从这些事情出发，最后我

们必须推进到每一个启示或预言的含义，每一个故事的含义，以及每一桩奇迹的含义。（《神学—政治论》，VII.36）

施特劳斯：停一下。所以，思辨性问题是这些，而不是圣经关于神的教导，就像他之前说的那样。那些是道德教导的潜台词，但何谓预言、何谓启示、何谓奇迹，这些才是晦暗至极的纯属思辨性的教导。

眼下我们不可能全部读完，斯宾诺莎很快转向了一个关于传统的问题，要点是这样：理论上有可能存在着某种活生生的传统，能够回溯到众先知和使徒，而它作为一种回溯到文本起源的活生生的传统，就会成为权威的解释者。但斯宾诺莎否认了这一点。压根儿没有什么活生生的传统能自称是权威解释，无论犹太教还是基督教皆如此。

接着，斯宾诺莎转向了关于圣经历史的一些更加细致的思考。例如希伯来文，尤其是希伯来字母；例如圣经个别经卷的历史，尤其是有些原稿遗失了这一事实——比如福音书和《希伯来书》（斯宾诺莎理所当然地认为《希伯来书》最初是用希伯来文写成），比如旧约的《约伯记》，他不确定这一卷最初是否用另一种语言写成，这也是《约伯记》许多著名难题的来源。翻到110页底下。

学生［读文本］：

我们已经说明，从那么多可能的语言用法中发掘真义的唯一方法，就是将各种表述相互对比。但是，我们没理由希望任何时候都能这样做，有两个理由：首先，仅仅是由于偶然，对比各种表述才能为某一句表述投下光明。没有哪位先知的写作是为了解释别的先知的话；他们的写作甚至也不是为了解释自己的话！其次，除了在涉及生活准则的事情上，我们无法从别的诫命推出某一位先知或使徒的想法——（《神学—政治论》，VII.56）

施特劳斯：［99］看，这里意外提到了使徒。斯宾诺莎多少澄清了，他明确针对旧约的说法也一样适用于新约。这毋庸置疑。

我想再读两段话就够了。一段是116页第二段。

学生［读文本］：

> 现在，是时候考察那些不同意我们的人的意见了。首先，我们必须考察这样一些人的意见，他们坚称自然之光没有解释圣经的力量，而一种超自然的光对于解释圣经最为必需。至于这种超越自然之光的光究竟是什么，我且留给他们来解释。在我看来，我只能猜想他们是抱了太多希望而不愿承认——虽然也是用相对隐晦的话来说——自己多数时候其实是在怀疑圣经的真义。（《神学—政治论》，VII.71–72）

> 迈蒙尼德的意见相当不同。他认为，圣经每一段话都容许有不同的（事实上是相反的）含义，而且，除非我们在解释任何一段话的时候知道它没有包含任何不合理性或者与理性相悖的内容，否则我们便无法确知它的真义。如果发现它的字义与理性相悖，无论这种字义看起来多么清楚，迈蒙尼德也会认为应该作不同的解释。（《神学—政治论》，VII.75）

施特劳斯：这就是语境：斯宾诺莎在最后一部分讨论两种不同的观点。第一种观点认为，要想理解圣经就不能凭借自然之光，不能仅靠对自然起作用的人类理性，而是需要圣灵。按斯宾诺莎的说法，这是加尔文宗的教义。他表示反对。还有另一种可能性：要想理解圣经就只能凭借自然之光，但自然之光为圣经提供意义，以至于只要有一个圣经命题有悖理性，它就不可能是真义。这里他提到了迈蒙尼德。

迈蒙尼德的学说可以简单陈述如下，非常概括：因为神既创造了圣经也创造了理性，而神不可能自相矛盾，所以圣经中没有任何说法违背理性。因此，如果圣经中有什么不合理性的说法，我们就必须按照理性来解释它。正是在这个语境中，斯宾诺莎作了一项评论，你们接着读。［100］

学生［读文本］：

如果［迈蒙尼德的］意见是真的，那我绝对会承认：我们需要某种超越自然之光的光来解释圣经。原因在于，（正如我们已经说明的那样）这些经文里几乎找不出任何能从自然之光所知的原理中演绎出来的东西。因此，自然之光的力量不能为我们确立这些经文的真理，因而也不能为我们确立圣经真正的含义与意图。为此，我们还需要另一道光。

此外，如果这种意见是真的，那就会推出：大多数不懂得证明也没有时间作证明的常人，除了基于搞哲学的人的权威与见证之外，不能接受其他任何关于圣经的说法。他们就不得不假定，哲人们在圣经解释上永无谬误。这显然会将一种新权威引入教会，以及一种新的教士或者高级教士，民众则会对他们报以更多嘲笑，而非尊敬。（《神学—政治论》，VII.78–79）

施特劳斯：换言之，哲人王的设想太过疯狂，以至于遭到了彻底排除。为什么他要这样说？他说，这是迈蒙尼德必然带来的潜藏影响，因为如果理性必须决断圣经经文的意思，那么哲人——他们的唯一事业是培育理性——就成了圣经的解释者。既然多数人依赖圣经的指引，亦即依赖圣经的解释，那么真正的统治者就会是哲人，但这太荒谬了，因为俗众只愿意接受教士的统治，绝不会考虑哲人的统治。这很有意思，因为我想这是斯宾诺莎唯一一处谈到哲人王的问题，称其为谬论。

还有一段话，118页第二段，他又谈到了关于传统的问题。有点长，读吧。

学生［读文本］：

至于法利赛派的传统，我们已经说过它不融贯。不止如此，我们还说过：罗马教宗的权威也需要一种更加清晰的见证。这是我反对罗马教宗权威的唯一理由。原因在于，如果各位罗马教宗能根据圣经来为我们确立这种权威，就像犹太人的高级教士曾经所做的一样确定，那么我就完全不会忧心以下事实：在这些教宗当中，曾经有过异端和不虔敬的人。毕竟，在希伯来人的高级教士里也有异端和不虔敬的人，他们凭借不正当手段攫取了教士职分，却仍然按照圣经的诫命掌握了解释律法的至高权力。(《神学—政治论》，VII.88）

施特劳斯：要点是说，他想保护自己免遭一项重要的法律考虑。我们不妨假设，圣经是一套建制性文献，地上的法（law of the land）。那么，因圣经而被授予解释圣经的权威的人就是解释者，因为法律解释是一回事，科学解释、纯粹理论性的解释又是另一回事。他讨论了这一点，接着试图证明为什么这不可能。下面就是理由。[101]

学生［读文本］：

但是，既然教宗们向我们表明没有这种见证存在，那他们的权威一直就是高度可疑的。为了避免有谁被希伯来人的高级教士的事例骗了，误以为普遍宗教也需要一位教宗，我们应该注意：由于摩西律法是他们民族的公共立法，他们就要求有一种公共权威，这样自己才能得到保存。原因在于，如果每个人都有自由按照自己的意志来解释公共立法，那么任何共和国都无法存活。共和国将因为这件事而直接解体，公共立法也将变成私人立法。

但是，宗教的本性十分不同。由于宗教与其说在于外在行为，毋宁说在于心灵的单纯和诚实，所以宗教不是任何公共立法或者公共权威的领地。原因在于，心灵的单纯与诚实不是由法律的命令或者公共权威来植入人当中的，而且任何人都绝对无法在强力或法律的逼迫下蒙福，因为宗教所要求的是虔敬、兄弟般的劝告、良好的教育，以及最重要的是一个人自己的自由判断。(《神学—政治论》，VII.89-90）

施特劳斯：接着他继续论述。与外在行动不同，在宗教方面，每个人必须是判断者。良知之事绝无权威，虽然斯宾诺莎标志性地没有使用"良知"一词。他谈的是宗教：每个人必须是判断者。为什么？有什么真正的推理是斯宾诺莎这里没有坦白的？最后，他又从反面作了论证：如果不承认这一点，如果在宗教事务上设立权威，那么原则上就会出现直接或间接的强制，以及迫害。根除这种可能性的唯一办法，仅仅就是主张每个人在宗教之事上必须是判断者。

作为一项政治谏言，这种主张在某些形势下合情合理，但问题在于：在其关于人和政治社会的理论性教诲中，斯宾诺莎是否提供了某种基础？你们瞧，这种主张是他从圣经解释中推出来的，但圣经于他毫无权威。不过，自然理性关于每个人的判断自由又教导了什么呢？这是个问题，我们无法回答。第二十章会在一种纯属理性的基础上予以讨论，但前面章节为它作了准备。我说过不止一次，必须区分两种层次：一是圣经的层次，它在斯宾诺莎看来具有修辞上的极致重要性，但不是他的真正论证；二是纯属理性的论证，这才是他自己的论证。

下次我们会阅读和讨论一连串章节，八到十二章。这是斯宾诺莎圣经批判的细节，虽然它们本身很有趣，但讨论过多就超出我们这个政治科学系的领域了。不过，搞清楚这一点也没什么害处：我们的当下处境——智识的且因而也是政治的处境——乃是基于这套圣经批判在西方的胜利。古老观念认为，圣经有着一种纯粹的、无条件的神圣性；说保守一些，这种观念如今不再得到普遍公认，而圣经批判发挥了很大作用。

我们已经花了工夫讨论这个问题。拉比（编者注：可能是说Raymond Weiss），你应该对这个问题懂一些，下次给我们讲讲吧。[102] 想想有哪些地方真正有重要意义，不是只有专家才关心，而是有非常宽广、深远的影响。

第七讲 《神学—政治论》第八到十一章

（日期不详）

施特劳斯：［103］再提醒一下，为什么这几章的主题以及前面章节的某些主题非常重要，即便我们仅限于政治科学的视角。据斯宾诺莎那里显示，选项就是这些。他所攻击的那种观点认为，圣经就是"那本书"（the Book），你们知道圣经用某个词来表示"那本书"，也就是圣书、受到神圣默示的书。这种神圣默示（divine inspiration）影响到了措辞，自然也就影响到了流传到我们手头的文本。斯宾诺莎提到的那种观点认为，有某种特殊的神意照看圣经的命运。这部书在最重要的事情上宣告了神的意志。更深层次的含义就是，在所有重要的事情上只有一种权威解释。若非如此，圣经便不可能成为向导。

这种观点当然具有至关重要的政治意义，其重要性就在于它所拥护的一方，尽管也有人会指出如下事实：在纯属政治、纯属治理方面的事情上，叶忒罗（Jethro）是摩西的老师，这似乎暗示公共治理之事并非神圣默示的主题。①我想你们都会赞同。可是，只要想想诸如婚姻、离婚乃至于事关财产和慈善义务的那些最普泛的观念，你们就会看到这里面的政治影响有多么严重。哪怕最狭义的政治问题——王权还是共和的问题——也总是深受圣经权威的影响。

《申命记》有话说道："汝应立一君主来统治你们。"（Thou shalt

---

① ［译按］参见《出埃及记》第十八章。

set a King above you）。按通常理解，这是在说神为君主制，并且唯独为君主制提供了神圣的许可。这种看法当然也有争议，但在所有这些讨论中，例如 17 世纪英格兰共和派与保王派共同面对这个议题的时候，它就成了关键难题。他们在这场讨论中甚至走得更远，引用《撒母耳记上》来反对拥立一位人王：撒母耳（Samuel）列举过君主会做的各种坏事，例如夺取他们的女儿和财产等等。撒母耳说这就是君主有权去做的事。顺便一提，这也是传统犹太教的解释，并且也被极端的保王派所接受：君主的权利不受限制，君主对神负责而不对臣民负责。

共和派当然会说：不对（这更接近《撒母耳记上》1∶8 的字面意思），这只是一种警告，一种反对拥立君主的警告，所以圣经不是一部保王派立场的文献。可是，在当时这仍然是一个非常重要的教导。但人们可以说，那仅限于某些时期，而那肯定不是圣经教导的核心。很明显，圣经在关键方面决定了关于一个人的生活的整体观念，决定了一个人的义务是什么，换言之，这些事情都取决于一种相信圣经之神圣起源的信仰，相信圣经就是"那本书"的信仰。

斯宾诺莎首次公开提出了另一种相反的论点，认为圣经就是一部属人之书。其次，说得委婉点，它也不是一部令人印象非常深刻的属人之书。它充满了某一民族的想象和偏见，而这个民族与哲学一点关系也没有。除了算不上特别好的书这一事实之外，这本书甚至编排得也不好。圣经不是同一人所写，而是许多人写的。作者们无人知晓，而编排这部作品的人也不是好的编者，无论出于什么原因。他们只是把自己找到的东西堆到一起，丝毫不关心不同的文献来源是否相互矛盾、它们的论证是否融贯。

斯宾诺莎暗中是将圣经与诸如任何一部希腊史书作了比较，而他可能会说：瞧瞧希罗多德（Herodotus）或修昔底德如何写作，再对比一下圣经从某个主题突然跳到下一个主题的那种写法。[104]除此之外。年份数字——编年——也是错漏百出。当然，人们一直都知道这些缺陷，传统的注经家尤其神学家投入了很大精力来调和它们。但斯宾诺莎说，这些调和某种意义上比最初的错漏还要糟糕。

以上便是他想提出的大略看法。

现在，我们来看看细节，先看看第八章的标题，应该在119页。

学生［读文本］：

> 说明五经以及《约书亚记》《士师记》《路得记》《撒母耳记》和《列王纪》皆非原作。接着我们问，这几卷的作者是好几位呢，还是同一位呢？是哪一位作者呢？

施特劳斯：不对，译得太差了。"第八章，说明五经以及《约书亚记》《士师记》《路得记》《撒母耳记》和《列王纪》皆非杜撰（apocryphal），还要追问他们的作者是许多人还是只有一个人，以及是谁。"［译按：课本译作"五经的作者以及旧约的其他历史书"］关键语是："皆非原作（autographic）"。①这就是说，它们全都是杜撰；它们不是原作，而是抄本。最关键的潜台词就是：圣经中没有同时代的记录。曾经有过一些同时代的记录，例如关于以色列国和犹大国的诸王的编年志，但它被圣经作者们所利用，已经完全遗失了。没有同时代的记录。

这当然很关键，如果你们还记得关于奇迹的论证（我们在讨论第六章时讲过）。对斯宾诺莎而言，那个论证有一点至关重要：奇迹只是因有记录而为人所知，我们没有直接见证过奇迹。因此，如下问题就会出现：记录者有多少可信度？记录奇迹的人究竟是不是亲眼见证者？差别全在于此。

摩西是旧约里亲历过那些最伟大奇迹的同时代人，所以有一个尤其与他相关的问题：摩西是不是五经的作者呢？若非如此，你就只能说：这些作者不过是写下了那个民族流传的一些古老故事，而

---

① 原文写作"他们都不是杜撰（apocryphal）"，但这与施特劳斯下述内容相矛盾。拉丁原文是non esse autographa，"原作"（autographic）显然才是施特劳斯的本意。［译按］施特劳斯应是口误，将"原作"（autographic）念成了"杜撰"（apocryphal）。

我们没有任何办法查明它们是否确有事实根据。这就是这种论证的实践意义。翻到120页第二段，他讲到了这个难题。

学生［读文本］：

> 为了用一种有序的方式来说明这些事情，我先谈谈关于圣书之真实作者的各种偏见。首先，谈谈五经的作者（scriptor）——

施特劳斯：我要说，这里的"写作者"（writer）有两层含义。记得我们上次碰到的难题吧，斯宾诺莎更爱说"写作者"而非"作者"（author）。这里有区别，因为从字句默示（verbal inspiration）来看，摩西固然是写作者，但神才是作者。所以我们要准确一点，因为摩西不是旧约的作者，而是写作者。［105］

学生［读文本］：

> 几乎所有人都相信，五经的作者就是摩西。其实，法利赛派尤其顽固地坚持这一点，以至于他们认为凡是看起来不这样想的人就是异端。这就是为什么伊本·以斯拉（Ibn Ezra），一位有着独立心智和不凡学问的人，头一个注意到这种偏见，却不敢公开阐释他的思想，而是仅仅用晦涩的说法来透露这个问题。我不怕在这里讲得更清楚，并且公开说明这件事本身。（《神学—政治论》，VIII.4）

施特劳斯：换言之，斯宾诺莎这里是说：他不是第一个怀疑摩西的作者身份的人。他只提到一位，据他所知这才是第一个人：伊本·以斯拉。① 那是十一世纪晚期。拉比［译按：应是上堂课结束时

---

① 亚伯拉罕·伊本·以斯拉（约1089—约1164年）是中世纪一位重要的圣经评注家，他也写作哲学、天文学和诗学。迈蒙尼德高度推崇他的注经。斯宾诺莎认为伊本·以斯拉否认摩西的作者身份，这种看法当然有争议。

提到的那位拉比］，我说的对吧？

学生：我想没错。

施特劳斯：他生活在西班牙南部的某个地方。斯宾诺莎的意思是还有别人，例如，霍布斯在1651年的《利维坦》里也很清楚地这样讲过，但这种人自然是少数。如他所说，伊本·以斯拉不敢公开这样讲。与先前的所有人不同，斯宾诺莎将这整个问题公开了出来。细节不再深究。我相信，旧约学者如今已经普遍接受了这一点，即摩西不是我们现有的五经的作者，而且我没记错的话，迄今也有人使用斯宾诺莎的一些论证。

至于斯宾诺莎所用的"法利赛派"一词，它就是指犹太人，尤其犹太学者，而斯宾诺莎这样做部分是为了利用基督教对法利赛派的偏见。因此，如果他说法利赛派是唯一这样认为的人，在与反对法利赛派的基督徒讨论时，这便是一个拙劣的论点，但其中还有另一层意义：早在基督教兴起之前，法利赛派与撒都该派有过一场著名的分歧或斗争。撒都该派深受希腊人的影响，经受了启蒙，例如他们不相信死者复活。这就是关键问题。因此，通过反对法利赛派，斯宾诺莎同样创造了某种支持撒都该派的偏见，他自然更赞同后者。这就是两者的分歧。

斯宾诺莎首先陈述了伊本·以斯拉提出的论证，接着讲了他自己的论证。我们无法深入讨论，因为这里不必深入一些用不上的细节，只需考虑其中隐含的原则：斯宾诺莎阅读圣经就像阅读其他任何书一样，所以他发现了这些奇怪的言论，例如摩西描述了摩西的葬礼，按人间常理来说这绝不可能，但在神圣默示的基础上这并非不可能。神为什么不能这样使用祂的全能呢？斯宾诺莎提到了这种可能性，但又默默拒绝了。如果有人说神启示了摩西去描述他自己的葬礼，这里面有什么论证，隐含着什么潜在论证呢？

学生：神拥有关于未来事件的知识。

施特劳斯：［106］没错。但在这种基础上，斯宾诺莎对这种论证的反驳会是什么呢？问题在于，这是对于全能的一种智慧的用法吗？这是问题。更有价值的做法，难道不是神的智慧不改变自然秩序，除非在绝对必然的时候吗？这里没有必然性。

你们知道，我想犹太教传统也接受一个看法，即最后这几句经文据说是由约书亚所写，要是我没记错的话。[①]斯宾诺莎的批判当然激进得多，虽然他并没有发展出来。这种字句默示论（verbal inspiration）既是传统犹太教的观点，也是新教徒的观点（天主教不太严格，但犹太教对此非常严格）。

字句默示论是这样的："神说"是什么意思？不可能有神是否具有发声器官这样的问题，不可能是严格意义上的说话。言说之为言说，进而写作之为写作，必定都是属人的行为。因此，如下问题产生了：圣经是由人所说、由人所写，既然它出自人的语言，那我们如何才能确定它符合那位默示之神的本意呢？这就是问题所在。

斯宾诺莎认为这个问题无法解决，人永远无法企及神的纯粹意图（如果能这样讲），永远无法用一种道说的言辞（spoken word）来企及神那无言的、不可说的意图。这里面总是有属人的要素，而我们永远无法确定属神的要素。虽然他讨论了那些证明五经不是摩西所写的论证，但不用说，这些个别论证单凭自身并不能证明五经不是摩西所写；它们单凭自身只能证明，这些个别文段本不可能是摩西所写，但也有可能存在于一本出自摩西之手的书。不过，我不想再深究了。

接着，斯宾诺莎提出了这个问题：有哪些书是摩西真正写过的？在这个关节上，我们可以读125页第四行下面的一段话。

学生［读文本］：

> 不止如此，《民数记》24：4-7还确证了另一本书的存在，叫做"约之书"（liber pacti）。这是在以色列人第一次与神立约的时候，摩西对以色列人宣读的。但这卷书——或者这封信（epistola）——只包含很少内容，也就是《出埃及记》20：33

----

① 《塔木德》（见Bava Basra 15a）提到过这种意见，即约书亚写了最后八节经文，但也有相反意见认为摩西是作者，而且后者通常被视为正统立场。

到 23：33 叙述的神的律法或诫命。只要不偏不倚地读过那一章，同时秉承健全的判断，任何人都会承认这一点。因为那里叙述了，一俟摩西理解了民众想要与神立约的意图，他立刻写下了神的宣谕和律法。然后在清晨的光芒中，摩西先是履行了一些仪式，接着就对全体民众大会朗读了立约的各项条件。（《神学—政治论》，VIII.22–23）

施特劳斯：读这些够用了。你们看，这就是斯宾诺莎隐含的意思：约之书——《出埃及记》里的两三章内容——才是真正的陈述。我想，这在后世的圣经批判里也发挥了一定作用，歌德（Goethe）就在某处复原了这个观点。①我想如今人们也普遍接受这样的看法：这部约之书就是圣经最古老的地层之一。

在如今关于什么过时、什么没有过时的种种偏见的影响下，这部约之书读起来就像某种陈旧得不行的律法，一种属于简单民族的律法，也就是一些简单的［107］人类信仰。其中几乎没有什么教士性的材料，只有一个简单社会的种种需要，带有某种父权式的部落道德。当然，这段评论的潜台词是说：十诫不是出自摩西之手。本章后面他还会提到这个论证，就在 131 页。

我们先看另一个要点，它澄清了一般问题，在 126 页第一段最后。

学生［读文本］：

既然无从确证摩西除此之外还写了别的什么书，既然他除了这短短的律法之书和诗歌之外没有命令后人谨慎保存别的什么书，既然五经中有许多事情不可能出自摩西的手笔，由此就推出：任何人都没有任何根据说摩西就是五经的作者。如此主张完全违背理性。（《神学—政治论》，VIII.30）

---

① 施特劳斯也许是说歌德1819年的文章《旷野里的以色列人》(*Israel in der Wüste*)。

施特劳斯：有没有发现斯宾诺莎作了一项假设，而他最后并没有资格这样假设？他的论证建立在圣经的史实可靠性（historical reliability）这一基础上。传统认为，五经就是摩西所写，但五经里当然从来没有说过"摩西写了这五卷经书"。所以，斯宾诺莎在五经里仔细查找：摩西写了什么？有什么书是他亲自写的？他把这一点当成了可靠的历史证据。

关于摩西写过这种个别东西的记录或故事是否真正可靠，这当然需要长得多的分析，但斯宾诺莎会说——他的论证"依据已承认的事实"（ex concessis）：有一些事情是他的论敌必然承认的，但从他自己的视角来说既没有必要承认，甚至也没有资格承认。对于他的意图来说，只要是纯属论战性的意图，这就足够了。

现在，对于圣经的这些部分，有什么看起来像是它们作为一整体所具有的意义呢？翻到128页第五段。

学生［读文本］：

因此，我们得出结论：以上列举的所有经书都是抄本——

施特劳斯：严格说来就是伪书，抄本，而非原作。

学生［读文本］：

其中讲述的事情也是很久以前发生的。现在，如果我们注意所有这些经书的关联和主题，我们就能轻易推断出：它们全都是同一位史家所写，他想书写犹太人过去的历史，从犹太人最初的起源一直到那座城最初的毁灭。单从这些经书相互关联的方式来看，我们就能看到：它们只包含同一位史家的唯一一个故事。（《神学—政治论》，VIII.42–43）

施特劳斯：注意这句"犹太人过去的历史"，没别的了。通常有一种看法认为，圣经包含了人类的古代历史；只要以批判的方式解读文本，这种看法就得不到文本的证实。

其实就是一位犹太史家，以及犹太民族的起源：他描述了犹太人从起源以降的历史，并且将这段历史与一些关于全人类起源的普遍故事联系了起来。[108] 但在斯宾诺莎看来，它的价值等同于李维（Livy）史书中那些关于罗马建城的起源故事。① 其中也许有某种真理的要素，但我们永远无法辨别清楚。

接着，结论就是：这部历史书从《创世记》一直写到《列王纪》为止，其作者很可能是以斯拉。这就是说，这部历史书写成于犹太人摆脱巴比伦之囚，回归家园之后，即公元前六世纪。这比传统认为的写作时间晚太多了。

现在我们先来看看下一章的要点，翻到133页第二段。

学生［读文本］：

> 我无法猜测，究竟是什么原因阻止他细致入微地完成这项工作，除非是一场不合时宜的死亡。虽然古代希伯来史家已经没了，但凭借留给我们的少数残篇，这一事实本身得到了丰富的确证。因为希西家（Hezekiah）的故事（《列王纪下》18：17）是从以赛亚的叙述中抄来的，而我们发现它又写在犹大列王的《历代志》当中。其实，我们在《以赛亚书》中读到这一整个故事，它也包含在犹大列王的《历代志》中（见《历代志下》32：32），除了极少数例外，用词都是一样的。根据这些例外情况，我们可以得出的唯一结论就是：以赛亚的叙述也有各种异文，除非有谁愿意梦想这些东西里面也藏着什么奥秘。（《神学—政治论》，IX.3–4）

施特劳斯：瞧，这里诉诸了常识。在阅读圣经时，你们会遇到文本的各种难题，例如文本的困难、异文之类的任何难题，正如你们在其他所有书里也会看到的那样。为什么圣经也会碰到同样的事

---

① 提图斯·李维乌斯，通称李维（公元前59年—公元17年），他是罗马史家，《罗马史》的作者。

情，就像柏拉图、修昔底德或其他任何作家那样？传统观点的基础在于如下假设：圣经不是一本像其他任何书那样的书，所以这些问题必须用一种不同的方式来解决。但斯宾诺莎说：为什么？这就是书，所以圣经也适用于所有书同样适用的一些基本原则，而不是幻想出来的思辨。

现在翻到135页，那里总结了他的意见。

学生［读文本］：

> 我没有必要在这里复查五经里的一切内容。这五卷书里所有诫命和故事都不加区分地关联到一起，毫无次序，不顾时间，同一个故事经常复述，有时讲法还不一样——只要注意这一点，你们很容易就能看到：所有这些东西都被不加区分地搜集和堆砌到了一块，以便此后可能更容易对它们加以考察，还原次序。（《神学—政治论》，IX.13）

施特劳斯：但它们没有被编辑者赋予次序，出于某种缘故，这项工作没有完成。斯宾诺莎后面谈到了这一点。圣经是一部糟糕的编著，这就是斯宾诺莎通篇想说的。他在某些时候暗示出还有其他可能的解释，只是他弃用了。

圣经是人搜集而成，这一点很清楚，但它也是人恭敬地搜集而成。人们宁愿只是把两份不同的记录摆在一起，而不愿意篡改它们。编辑者们仔细查看各种文献来源或者一部分文献来源，将它们用作值得恭敬对待的经文。因此，这样做既不愚蠢，也不荒谬，而是恭敬。［109］

斯宾诺莎提到了这一点——他甚至认为这种看法可信——但他把它当作老妇人的虔敬一样拒斥了。有理智的人就不会对一本书怀有这样大的恭敬，他只会选取一些部分，超出它们，让其成为这部书的一个融贯部分，而不是留下原件的痕迹。我们接着读139页第四行以下。

学生［读文本］：

　　例如，《历代志下》说亚哈谢（Ahaziah）统治时已经四十二岁了；有些注经家沉溺于如下假说，认为这年数是从暗利（Omri）统治时开始，而不是从亚哈谢出生开始算的。要是他们能证明这就是《历代志》作者的原意，我就毫不犹豫地说：这人压根儿不懂得如何表达自己——

施特劳斯：译得更字面一点，"他不懂得如何说话"［译按：课本作"他不懂如何陈述事实"］。因为谁也不会说有人能活这么多年，除非他讲的年数是从那人出生到该作者写作时为止。继续。

学生［读文本］：

　　他们还发明了诸如此类的其他许多东西。如果这些都是真的，我就会无条件地说：古希伯来人既完全不懂他们自己的语言，也完全不懂如何以一种有序的方式来讲故事。这样，我就不会承认任何解释圣经的原理或标准。相反，我们就可以随心所欲发明任何东西了。

　　要是谁觉得我这里说得太过宽泛，没有充分的根据，我就请他向我们说明这些叙述里有什么具体的次序，而且是史家们都能模仿且不至于在他们编年中出现错误的次序。另外，在他解释这些叙述并且尝试调和它们时，请他极严格地尊重这些表述，尊重这些言说方式，尊重这些组织和衔接各种说法的方式，还要请他这样解释它们，以便我们也能按照他的解释，在自己的写作中加以模仿。要是他做到了，我立马拜服，他也会成为我眼中一桩伟大的奇迹。因为我要坦承，虽然我花了很长时间搜寻这样一种解释，但我从来未能发现任何诸如此类的东西。我还要加一句：我在这里写的东西，没有什么不是我经历漫长、艰苦的思考所得。虽然我自幼便被教育了关于圣经的各种通常意见，最终我却情不自禁地承认上述这些东西。（《神学—政治论》，IX.29–31）

施特劳斯：这是一段很有趣的自传性评论。他说：我也像你们一样知道传统观念，这也是我从小长大的环境，而这本书、这些章节有点像是某种总结，是他很早时候就开始搜集和思考的东西。还有其他地方提到这类东西。斯宾诺莎对待旧约里的各种主题有些轻慢（对待新约却不一样），而这种态度归因于他太满足于自己年轻时的阅读经历，以至于他经常没有花力气重新爬梳古老的思想，而是依赖他年轻时的发现。

我消极地认为，斯宾诺莎点明了解释旧约的困难。如果把圣经当成一本严格意义上的书来读，意思是当成一本希腊人的书——因为我们知道希腊人最早写书（我不懂中国或印度的书，但希腊人确实对于书是什么、怎么写书有一套非常清楚的观念）——如果我们把圣经当成一本希腊人的书来读，[110] 我想就能理解其中的困难了。斯宾诺莎这里就是应用了这些标准。如果按照学校教的谋篇之类的东西来写本书，你们绝不会写成圣经那样。

悖论性的事实在于——这与斯宾诺莎本人的意见完全无关——圣经号称"那本书"，但这本书又不像我们从那些关于书的理论家（希腊人）那里学到的东西。这就出现了一个很大的困难。我会说，上述说法与神学问题完全无关。对于圣经编者的编纂方式，斯宾诺莎丝毫没有积极的理解；如我所说，在他看来这不过是老妇人似的虔敬罢了。

现在我们来看看经文讹误的个例，只读一点。翻到140页第二段。

学生［读文本］；

可是，多数人不承认有任何一丝错误窜入了哪怕是圣经的其余部分。相反，他们主张：凭借某种特殊的神意，神已确保整部圣经毫无错谬。他们说，那些异文都是至深奥秘的记号，而且宣称某一段话中间出现的二十八处脱漏也是如此。事实上，他们还声称：就连字母的外形也包含着极大的秘密。(《神学—政治论》, IX.33）

施特劳斯：这在神秘主义那里当然发挥了很大作用，尤其是犹太教的神秘主义思辨。你们瞧，他甚至不讨论有某种神意专门照看圣经的可能性。为什么？他的论证，潜在的论证是什么？他会说，经文讹误（textual corruption）是如此明显的事实，以至于说有神意专门照看圣经实乃徒劳之举。事实驳倒了理论。

这一页还有另一个要点，第四段最后，你们会发现它也具有某种自传的含义。

学生［读文本］：

我知道，我之前注意过其他诸如此类的东西，但现在我回忆不起来了。(《神学—政治论》，IX.36)

施特劳斯：你们看他多么逍遥。换言之，他非常确定自己已经掌握了圣经的困难，以至于不用费心去唤醒他的记忆。"我回忆不起来了"，我想如今没有哪位学者胆敢这样说。翻到141页第三段。

学生［读文本］：

这些事情本身已经足够清楚，但我想答复某些法利赛派的主张，他们试图说服我们相信：圣书的作者们亲自附上了这些旁注，或者给了一些暗示，目的是标示出某种奥秘。这些理由的第一条——它没怎么打动我——便是他们从朗读圣经的实践中得到的。

［111］他们问：如果附上这些旁注是因为有异文存在，而且后代无法对它们作出抉择，那为什么这种总是将意思保留在旁注里的做法占了上风？他们追问，为什么要在页边记下他们想保留的意思呢？他们写书原本应是想让人来读，而不是将自己最赞同的意思和读法放到页边。(《神学—政治论》，IX.39)

施特劳斯:停一下。斯宾诺莎这里的潜台词是说，他不是第一个持这种观点的人。他采纳了一个先已存在的观点。斯宾诺莎试图反驳法利赛派对某种教义的驳斥，由此暗示这种教义在他那个时代以前就已经有了，但他把这整个议题摆上了台面。

我们再读一下他的论证所必需的几段话，这样我们就会展开更加普遍的讨论。翻到146页第一段。

学生［读文本］：

> 我继续讨论旧约各卷。关于《历代志》两卷，我没什么特别或重要的话要讲，除了说它们都是写成于以斯拉之后很久，也许还在犹大·马加比（Judas Maccabee）重建圣殿之后。因为在《历代志上》第九章里，史家说"那些家庭第一次住在耶路撒冷的时候"，也就是以斯拉那个时代。在《历代志上》9：17里，史家又提供了关于"守门人"的信息，其中两位也在《尼希米记》11：19出现。这就说明，这些经书都是在那座城重建之后很久写成的。
>
> 无论如何，没有什么能让我看清这些经书的真实作者是谁，以及他们有怎样的权威、功用和教导。事实上，我觉得再奇怪不过的是，那些把《智慧书》《多比传》以及其余所谓次经（apocryphi）移出圣书正典的人，反而承认这些经书是神圣的。不过，我无意贬损它们的权威，既然人人都承认它们，我也任由如此了。（《神学—政治论》，X.1–2）

施特劳斯：瞧，这里又提到了更宽泛的问题。圣经诸卷的权威问题，事实上已经到了生死关头：传抄者（transmitter）的地位如何？这个问题始终存在，因为摆在我们面前的——这正是斯宾诺莎暗示的意思——不是最初作者们写下的原件，而是传抄者的抄本，是正典的编辑者们编辑而成的样子。这一章剩余部分会说得更清楚。

学生［读文本］：

> 我相信，所罗门的《箴言》也是那时或者更早的君主约西亚（Josiah）时代搜集而成，因为第二十四章最后一节说道：

"这些也是所罗门的箴言，是犹大王希西家（Hezekiah）的人抄写的。"可是，这里我不能对拉比们的大胆默然不提，他们想将这卷书连同《传道书》一起逐出圣书正典，还想将它与我们如今丢失的其他经书一道严加看管。要是他们没有找到一些颂扬摩西律法的段落，他们真就会这样做了。神圣而高贵的事物取决于这些人的选择，这真是一桩悲伤的事。但我依然要感谢他们愿意与我们分享这些经书，虽然我忍不住怀疑他们传下这些经书时究竟有没有怀着好的信仰（cum bona fide）。但我这里不想展开严苛的考察了。（《神学—政治论》，X.4–5）

施特劳斯：［112］编纂旧约正典的拉比们当然知道这些困难，所以当时有过一场讨论。关于这场讨论，圣经正典里也留下了一些痕迹，斯宾诺莎提到了它们。但是，如果这些人——我们不能说他们也像众先知那样受到了神启——要为我们现在拥有的东西负责，就算承认那些原始文献都是神圣的，那么在传抄和编辑的过程中，它们也已经失去了最初拥有的品质。

学生［读文本］：

　　因此，以不同方式解释这些文段的人，只是在否认圣经的真实意思，结果便是否定圣经本身。至于他们认为虔敬的做法是让圣经的某些文段顺应另一些文段，让清楚的顺应晦涩的、让正确的顺应错误的、让讹误的去败坏健全的，这实为可笑的虔敬。不过，我不会称他们为渎神者，作任何恶都不是他们的本意，因为犯错实乃人性（errare humanum quidemest）。（《神学—政治论》，X.36）

施特劳斯：瞧，他无意咒骂。这些人严格说来并非渎神者。斯宾诺莎深知，他所反对的传统解释既不是因为愚蠢，也不是因为不懂语法和解释规则等等，而是有一个积极的理由，即虔敬，对待经文的恭敬。斯宾诺莎的意思是说，对待笔墨文字的虔敬不是合乎理性的虔敬，正如他在某处讲的那样。这是一种他必定反对的狭隘的虔敬。这一章还有两段话要读，154页第四段。

学生［读文本］：

> 但是，也许有人会说：这样一来我就完全推翻了圣经，因为这样一来人人都能怀疑圣经到处有错。但这是错的——

施特劳斯：读懂了吗？如果没有神意专门照看经文，如果经文在很多情况下出现或可能出现讹误，我们又能在何处止步呢？这样就不存在什么原理了，因为最重要的段落都有可能讹误。斯宾诺莎对此又如何回应呢？

学生［读文本］：

> 我已经证明，我这样做是在考虑圣经的利益，免得让清楚的、没有讹误的文本去顺应错误的文本，遭到后者的败坏。有些文本出现了讹误，但这个事实并不容许所有文本都遭到怀疑。从来没有一本书能完全免于犯错。难道会有人为此缘故就怀疑到处都有错吗？当然不是，尤其是在陈述清楚，而且我们能看清作者意图的时候。(《神学—政治论》，X.42）

施特劳斯：［113］换言之，没有什么严重的危险，尤其是因为核心文段里那些事关行为举止的原则——他在接下来四章就会加以利用——没有窜入任何错误。例如圣经禁止盗窃或谋杀，这是毫无疑问的事实。这些文段就没有讹误。斯宾诺莎会说这不是偶然，因为这些事情相当简单，以至于任何抄工都不会对它们产生半点怀疑，哪怕他再怎么愚蠢或迷信。

接着翻到155页第二段。

学生［读文本］：

> 由此，我想讲的关于旧约诸经之历史的事情已经讲完了。

根据它们，我们确凿推知：在马加比人的时代以前，还没有圣书的正典，我们现在拥有的圣书都是第二圣殿时期法利赛派从许多别的地方选取来的，他们还设立了祈祷的程式，而且这些经书只是因为他们的决断才为人接受。因此，凡是想证明圣经权威的人，就必须证明每一卷经书的权威；要想确证全部经书的神圣性，证明一卷经书的神圣性还不够。否则，我们便不得不主张法利赛派的议事会不可能在经书选择上犯错，但谁也无法证明这一点。（《神学—政治论》，X.43—44）

施特劳斯：这里，他讲清楚了问题何在，问题就是圣经的神圣性——译得更字面一点，这里的"神圣性"是复数，所以是每一卷经书自身的神圣性。而且，这还取决于正典编辑者的神圣性和权威，因为除了这部正典集子以外，我们已经无法获知正典之前的东西了。正典解决了这个问题。

所以我觉得，虽然斯宾诺莎采用了论战性的语言，但他无疑认为：在所有看似纯粹语文学式的讨论过程中，这才是他始终牢记在心的一个重要目标。除了其他因素外，圣经的权威取决于一个事实：圣经得到了特殊保存，免遭错漏、讹误等等，而且圣经必须具有一种最低程度的明晰性，也就是我们尤其指望某个历史部分具有的那种明晰性，圣经确实包含这些历史部分。有了这些评论，斯宾诺莎对旧约的讨论实际上就迎来了终点。

斯宾诺莎下一章转向了新约，这也是本书讨论新约的唯一章节。他对此有一段申辩，这也是我们现在要看的主题。斯宾诺莎是一个惯于独处的人，就像霍布斯以及其他少数这类人那样。曾经有一伙人结成了某种教会或教派，它在这种半理性主义或理性主义的运动中发挥了巨大作用；这就是索齐尼派。斯宾诺莎与这个教派有一定交往，而索齐尼派在许多方面走得太远了。

索齐尼派很讲究理性主义，这意味着他们只在合乎理性的论证基础上接受圣经的权威。例如，奇迹证实了、证明了圣经的权威，这是一个完全有效的证明，圣经的权威既不可能也不必要拥有别的基础，但索齐尼派相信：他们用这种方式只能确证新约的权威。在他们看来，旧约的权威是从新约的权威中派生出来的，新约确保了旧约的神圣根源。[114] 到这一点上，斯宾诺莎多少还与那种索齐尼派的观点有所关联：旧约不那么重要，尤其是因为索齐尼派还说旧约没有教导灵魂不死，只有新约教导过，诸如此类。

那么问题来了：新约又如何呢？自古以来，总有人说旧约被新约完全遮蔽了。在一个基督教的世界上——当然这里有不止"一种"基督教——旧约才是关键难题，至少它造成的难题更多。因此，我们必须看看斯宾诺莎对待新约的态度。我们先读读第十一章的标题。

学生［读文本］：

> 众使徒究竟是以使徒和先知的身份，还是以教师的身份写下他们的书信。论使徒的作用。

施特劳斯：一般答案是什么呢？

学生：［录音听不清］

施特劳斯：所以，结论是什么？新约比旧约的地位高得多，因为新约里有理性，旧约则是想象。这就是他的暗示，但还有个困难。

学生：［录音听不清］

施特劳斯：我们稍后深入细节，但仅限于要点。现在回到第十章最后，那里他说：我们现在用同样的方式来检查新约诸卷。

学生［读文本］：

> 现在，是时候以同样的方式来考察新约诸经了。但由于我听说已经有既在科学，尤其又在语言方面最有学问的人做过这件事，由于我没有那么严谨的希腊文知识从而有胆量执行这项任务，最后，由于我们也失去了用希伯来文写成的这些经书的原件，因此，我宁愿退出这项艰难的事业。尽管如此，我想在接下来的部分中，我要指出那些最有助于我的计划的东西。
> （《神学—政治论》，X.48）

施特劳斯：换言之，他会让自己完全仅限于对他意图而言必不可少的东西。他说，现在轮到新约的诸卷经书了，这一章题目怎么说？

学生：众使徒的书信。

施特劳斯：但是，难道新约就是使徒们的书信吗？

学生：不，还有福音书。

施特劳斯：[115] 这是我们发现的第一个迹象。我们必须看看他对福音书做了什么。内容读不完，翻到159页第二到四段。

学生 [读文本]：

> 我们必须用这种方法来理解摩西在五经里使用的所有论证。它们不是从理性的仓库取来，而仅仅是他用来更富有实效地表达神的命令、生动地想象它们的说话方式。尽管如此，我不希望绝对否认众先知也能根据启示来作论证。我只说一点：众先知越是以恰当的形式作论证，他们对于被启示之事的认识就越是接近自然知识；而且，从如下事实最能见到他们对超自然知识的掌握，即他们都是在讲纯粹权威性的判断，无论是命令还是陈述——

施特劳斯：更贴近字面的译法，"他们对超出理性的知识的掌握"。①

学生 [读文本]：

> 所以，众先知中最伟大者——摩西——并没有作过任何恰当形式的论证。另一方面——

施特劳斯：瞧，他一笔带过了。这当然是一个满怀恶意的评论：

---

① [译按] 原文为 cognitionem supra naturalem [超出自然的知识]，课本错译作"高于日常的知识"，但施特劳斯的口译也不完全准确。

先知越伟大，正当性就越小。他并没有否认摩西作过论证，但都不是正当的论证。因此，旧约按其自身的理解就完全建基于超自然的知识，但另一方面……

学生［读文本］：

> 我承认保罗那些长篇的演绎和论证绝不是根据某种超自然的启示写成，正如我们在他写给罗马人的书信中所见的那样。
>
> 因此，众使徒在其书信里言说和讨论事情的方式最为清楚地表明：他们写下这些东西不是源于启示或某种神圣命令，而是仅仅源于他们的自然判断。它们包含的内容仅仅是兄弟般的建议，带有某种礼貌，而先知权威与此完全相反。（《神学—政治论》，XI.7–8）

施特劳斯：瞧，这里也恶意满满。先知被授予那么高的权威，他们不可能待人彬彬有礼。保罗彬彬有礼，这就证明了他只用了自然理性。新约合乎理性，旧约据说则是超乎理性，其实就是低于理性。

我们刚才读的那段话还有一个类似段落，在第七章最后，我们翻回到118页第四段。

学生［读文本］：

> ［116］但是，宗教的本性十分不同。由于宗教与其说在于外在行为，毋宁说在于心灵的单纯和诚实，所以宗教不是任何公共立法或者公共权威的领地。原因在于，心灵的单纯与诚实不是由法律的命令或者公共权威来植入人当中，而且任何人绝对无法在强力或法律的迫使下蒙福，因为宗教所要求的是虔敬、兄弟般的建议、良好教育，以及最重要的是一个人自己的自由判断。（《神学—政治论》，VII.90）

施特劳斯：把这两段话放一块来看，你们会发现：按照这种主张，旧约与宗教根本就没有什么关系，它只是与公共法律相关。唯独新约才有这种品质。斯宾诺莎还会赦免《箴言》和《传道书》——你们知道这是所罗门的著作——因为它们几乎都是建立在自然理性的基础上，因而享有非常特殊的地位。

截至目前，这就是一份明显支持新约至上的辩辞了。我们看看这个论证如何推进，翻到160页第二段。

学生［读文本］：

> 最后，众先知的传教只包含圣经作证称他们从神那里接受到的内容。但是，当众使徒出发传教的时候，我们在新约里没有读到任何诸如此类的东西。或者说即便我们去读，那也非常稀少。另一方面，我们发现有些段落明确指出：众使徒要按照自己的计划来选择传教地。相关例子就是保罗与巴拿巴（Barnabas）的那场著名争论，结果他们分道扬镳（见《使徒行传》15：37）。还有，他们经常试图前往某地而终归徒劳，正如保罗在《罗马书》1：13作证所说"我屡次想到你们那里，但遭到阻碍"，以及《罗马书》15：22所说"为这个缘故，我已经多次受阻，无法到你们那里"，最后还有《哥林多前书》16：12说"至于我的兄弟亚波罗（Apollos），我强烈敦促他和弟兄们到你们那里，但他不愿意。可是，当他有机会时"等等。
>
> 因此，根据所有这些事情——使徒们的说话方式、彼此的争议、当他们去某地传教时圣经并没有（像说古代的众先知那样）作证说他们是受了神的命令——我应该得出结论：众使徒传教是以教师的身份，而不是以先知的身份。（《神学—政治论》，XI.10–11）

施特劳斯：停一下。这就是他标题里的暗示：使徒都是教师，因而也是使用理性的人，不是先知。他们没有把自己的论证建立在神圣启示的基础上。

但你们也看到了另一种临时性的讲法——后面会强化这种讲

法——即众使徒相互间的争议。他随后便会发展这个论点。翻到161页第八到十二行。

学生［读文本］：

> 这一点并不会遭到如下事实的反驳：所有书信开篇都肯定了作者的使徒地位。因为我很快就会证明，众使徒不仅被赋予说预言的力量，而且也被赋予教导的权威。（《神学—政治论》，XI.12）

施特劳斯：［117］瞧，他现在承认：众使徒有说预言的能力，但他们也有教导的能力。下一段。

学生［读文本］：

> 因此，既然我们必须主张众使徒只是按照自然之光来撰写他们的书信，现在我们就必须看看：众使徒如何唯独以自然知识为基础，却能教授不属于自然知识范围之内的东西。但是，如果我们注意第七章关于圣经解释讲过的内容，这里就不存在什么困难了。原因在于，虽然圣经里的事情大多数——

施特劳斯：翻译过来不是"全部"，是"大多数"。

学生［读文本］：

> 超出了我们的把握，但我们也能安全地讨论它们，只要我们承认的唯一原则都是取自圣经本身。用同样的方式，众使徒也能从他们所见、所闻以及他们源于启示的事物中推测和抽引出许多东西。他们也能教导人这些东西，只要他们愿意（libitum）。（《神学—政治论》，XI.14）

施特劳斯：停一下。这里有两层潜台词，斯宾诺莎讨论这个主题时非常谨慎。第一点纯属外部论证的一部分：他说，这里不存在什么困难，我通过某种理性论证已经懂了。这种论证既拥有自然理性可以通达的真前提，也是以源于启示的前提作为出发点；这样的论证仍然可以是一个正当论证。

但是，在我们刚才读的最后，斯宾诺莎作了一个评论：众使徒能够施教，能够根据源于启示的前提来作推论——只要得到容许。[①]这是什么意思？得到谁的容许？

学生：国家。

施特劳斯：没错，这里暗示了最后几章会变得更清楚的问题：基督教内部属灵权力与世俗权力的冲突。按照斯宾诺莎的看法，早期基督教的处境——异教帝国与基督徒共同体——为圣俗权力的冲突埋下了基础，而旧约里并没有这种形式的冲突，至少在犹太国家存在时没有，因为那是一个统一体，尽管最开始也有缺陷。

现在翻到162页第二段。

学生［读文本］：

　　其次，众使徒通过讲述基督的简单生平来传讲宗教，尽管这种宗教不属于理性的范围内——

施特劳斯：这里面另有文章，因为基督的生平当然也包括降生、受难和复活。我们绝不能忘记这一点，因为它也会超出人类心智的能力。全是奇迹。继续吧？［118］

学生［读文本］：

　　［118］但所有人凭借自然之光都很容易能领会其最重要的主题，它们就像基督的全部教诲那样主要是各种道德教训。

　　最后，众使徒先前是凭借迹象（signum）来证实这种宗教，

---

①　［译按］课本最后一句译作"只要能得到容许"，不符合原文 si libitum iis esset［只要他们愿意］。施特劳斯大概没注意到课本错误，所以下一段作了错误的发挥。

但他们不需要某种超自然之光来使这种宗教顺应人们的通常理解力，以便每个人都能发自内心地接受它。他们也不需要用某种超自然之光来对人们提出关于这种宗教的建议。

这就是这些书信的用意：用每一位使徒判断为最适合使人对宗教坚定的方式来教导和建议人们。（《神学—政治论》，XI.15–16）

施特劳斯：停一下，看看他在解释自己立场时所作的区分。他先是说，众使徒有一种严格合乎理性的教导。接着他又作了修正，说他们的前提并非合乎理性，但他们有资格从这些前提出发展开合乎理性的论证。但尽管如此，新约的核心或基础——福音书、基督的教导——仍然完全合乎理性。

你们记得，他已经在本书头两章有过意思差不多的评论。基督的全部教导都合乎理性，所以，新约且唯独新约是因理性而具有了准权威性。我说"准权威"，是因为既然自然理性单凭自身就能发现合乎理性的道德，那它便不需要任何权威。明白了吧？譬如，假设马可·奥勒留（Marcus Aurelius）凭一己之力就能发现合乎理性的道德，某种意义上他的作品就像新约一样适合用于道德教育。但另一方面，也没必要背弃新约，人们广泛接受的新约更能用于同样的目的。他似乎就是这个意思。

这段话还有一个注释，来自《神学—政治论》最早的法文译本。这个注释就是用了斯宾诺莎写的页边补注，当时一道译成了法文。当他说"基督的全部教义"时，法文译本加了一句："也就是耶稣基督在山上的教导，圣马太在福音书第五章以下讲的内容。"我们上次讨论过。就斯宾诺莎的关切而言，关键在于这条诫命：勿要抗恶。现在我们知道，对于这条属于合乎理性的道德的诫命，斯宾诺莎有什么看法了。记得吧？是在第七章吗？这是根据各个时代得来的忠告。如果你生活在一个非常腐败的社会……[以下录音有缺失]

学生［读文本］：

因此，我们必须认为他是在谈论一种建议的自由，这是他作为一名教师拥有的，而不是作为一位先知。我们尚未足够清楚地推出众使徒可以选择各自判断最佳的教导方式，而是只能推出：鉴于其作为使徒的职分，他们不仅是先知，也是教师——

施特劳斯：看到了吧？不只是先知，也是教师。他们也是先知，绝不要忘记这一点。但侧重点是教师。

学生〔读文本〕：

除非我们想诉诸如下论证，即拥有教导的权威的人也拥有选择教导方式的权威——

施特劳斯：〔119〕清楚了吧？要是谁被当成了一位教授，甚至是教育家，光凭这个事实他就有了某种选择如何教学的自由。这很清楚，而在使徒这里也一样清楚。我们来看看他的用意何在。

学生〔读文本〕：

更好的做法是唯独根据圣经来证明整个事情。根据《罗马书》15：20保罗的话，可以清楚确证每一位使徒都选择他自己的方式："我立定主意，不在宣扬过基督的地方传福音，免得建立在别人的根基上。"确实，要是他们全都有同样的教导方式，全都将基督宗教建立在一样的根基上，保罗就没有理由称别的使徒的根基为别人的根基了，因为那样一来他们就与他的根基一样。可是，既然他确实称其为别人的根基，我们必然得出结论：每一位使徒都将宗教建立在不同的根基上，而同样情况也发生在众使徒的教导中，正如其他那些自有其教导方式的教师的情况一样，他们总是宁愿教那些完全没接受过教育、尚未开始跟人学习语言或科学（甚至于数学，其真理毋庸置疑）的人。

另外，要是仔细考察这些书信，我们就会看到：众使徒对

于宗教本身其实是看法一致的，但他们在宗教的基础上有很大
分歧——

施特劳斯：瞧，这里他渐渐展露所谓使徒教导之合理性的真正
含义。我们来看看。

学生［读文本］：

> 为了在宗教上巩固人们，向人们说明得救仅仅取决于神的
> 恩典，保罗教导他们：谁也不能夸耀自己的事功，而是只能夸
> 耀信仰，而且谁也不能因事功称义（见《罗马书》3：27–28）。
> 与此同时，他教导了关于预定的全部教义。（《神学—政治论》，
> XI.17–21）

施特劳斯：明白他的用意了吧：众使徒都是教师，都是"博
士"（doctors），所以相互有争议。另一方面，众先知——旧约先
知——主要运用的是想象，所以相互间也有争议，正如他在第二章
所说。他的用意就是让这两种论证汇到一起。你们知道，他说众先
知谈论截然不同的事情，乃是因为想象"多变而不恒定"（varia et
inconstans）；他说使徒的时候给出了不同的理由，但结论还是一样。

至于众使徒，他们有两种可能情况：要么他们利用哲学，就像
保罗那样，然后将基督的纯粹教导与异教哲学混合起来，在经院哲
学那里达到极致（这当然是一种复杂化）；要么他们不引进哲学，从
而保留犹太人的种种偏见。但这样一来，完全撇开众使徒的教导不
论，基督的纯粹教导又是什么呢？相较于基督的教导，斯宾诺莎又
将众使徒的教导称作什么呢？他称之为各种"根基"。换言之，你只
是在传讲毫无根基的道德，所以你就不能仅限于教导福音书本身的
教导。斯宾诺莎似乎暗示，宗教的一致与宗教根基的不一致有可能
同时存在。这就是他在此提出的非常特殊的观点。

［120］但是，人们肯定会问：难道保罗的根基就能证成真宗教
吗？下一部分会出现这个问题，到时我们会以这样的形式展开讨论：

难道保罗的教义就能被用作真正的道德教导的根基吗？对斯宾诺莎的论证而言，这个问题绝对具有本质意义，理由如下：他否认圣经有任何思辨性的真理，圣经只是就其道德教诲而言才是真的。你们还记得，这曾是一个很大的主题，但这种真正的道德教诲怎样才能奠基于真正的理论教诲上呢？通过诸如教导神意之类的做法，圣经为所谓的真道德提供了某种基础。但如果它的教导是虚假的，那它真的能成为真道德的基础吗？这是个大问题。

又或者，斯宾诺莎视为真道德的东西——即圣经的道德——是不是某种为了实践意图、为了民众教育而差强人意的东西，但它并不等于真道德？从一开始就可以证明，这一类事情必不可少。斯宾诺莎容许政治家有一种很大的道德自由度——回想一下马基雅维利——而这种自由度与严格意义上的圣经原则不相符。除非背离圣经道德，否则他便无法在政治道德上拥有这种自由度，而这种自由度属于他构想的真正合乎理性的道德。

这一章最后你们会看到一处并非无关紧要的说法，谈到了犹太人，谈到了另一批向犹太人传教的人，同时也是厌恶哲学的人。这种说法有什么实质性的意义吗？你怎么看，拉比？

学生：这是在影射他自己被开除教籍的经历吧？

施特劳斯：作为论证，这就太弱了。为什么他把犹太人称为厌恶哲学的人，而不包括基督徒？因为确实也有极端的基督徒。

学生：有很多反对哲学的说法，虽然也有犹太哲学家。

施特劳斯：那么，在这方面犹太教和基督教有什么区别？

学生：呃，犹太教强调律法……

施特劳斯：强调得多。

学生：而基督教是一种信仰，所以哲学证成信仰这一点与基督教密切相关，但哲学也有可能破坏律法的根基，所以有危险，并且被许多人视为危险。

施特劳斯：嗯，当然是许多人。也有许多基督徒认为哲学很危险，但我想这才是要点：在犹太教里，教义当然要比基督教的讲法隐晦得多，它是共同体的某种同意，就像伊斯兰教那样。但从经验上看，一个人可以在犹太教里占有头等权威，同时对哲学一无所知。这在基督教里绝无可能。一个能力完备的基督教教师必须接受一定的哲学训练，哲学多少受到承认仅仅是因为一个事实：不仅是众使徒，还有教父都是奠基者，他们塑造了基督教的核心部分。[121]塔木德的拉比们占据着相当于教父的位置，而他们抑制哲学。

我们还能以两位非常最著名的中世纪权威为例说明这一点，这两位分别属于基督教和犹太教：阿奎那和迈蒙尼德。他们都写神学和哲学方面的东西，但方式极为不同。当迈蒙尼德使用"哲学"或"哲人"一词时，它们总是指非犹太人。我没记错的话，要到迈蒙尼德之后好几代人才有"犹太哲人"这个说法。但在基督教传统里，举例来说："基督教哲学"（philosophia Christia）就是奥古斯丁的一个说法。我不相信，在犹太教更古老的时代有谁能说"摩西的哲学"。但这些古老词汇已经失去原来模样，意思变了。

基督教多多少少是犹太教和希腊的某种综合，而犹太教并非如此。犹太教历史上唯一与古希腊哲人相似的人——亚历山大里亚的斐洛（Philo of Alexandria），在传统犹太教里没有发挥任何典型的作用。他曾是属于一段特殊时期的奇人，但没有塑造犹太教的品质。对于迈蒙尼德，我百分之九十九确定我没说错，而且我也知道，大概他死了两三代人以后，犹太人有时就叫他"哲人"了，但都是后话。他本人谈论哲人的时候，通常用法一直是指非犹太人。

学生：我在纳闷，阿维森纳（Avicenna）是犹太哲人吗？

施特劳斯：谁？

学生：阿维森纳。

施特劳斯：不，阿维森纳是穆斯林。但即便在伊斯兰教里，这个问题也存在。在这方面，伊斯兰教或许介于基督教与传统犹太教之间。换言之，教师——宗教的教师——首先也是律法的阐释者，阐释应该做什么和不做什么。伊斯兰教没有类似于犹太教和基督教里的"神学"和"启示神学"那样的东西。在伊斯兰教里，发挥类似作用的东西叫做"教义学"（Kalam），字面意思就像辩证法一类，但其实类似于护教学（apologetics），其作用是捍卫律法以抵御不信者，不像基督教那样是一套实定教义。

比起犹太教和伊斯兰教，基督教从希腊人那里汲取的理论观念要多得多。至于伊斯兰世界里的语词用法，我所知不多，无从谈起。但我想也有类似的东西：我年轻时写过一篇相关领域的论文，其中翻译了阿拉伯语的falsafa一词，只不过是阿拉伯人对希腊语"哲人"的翻译，然后我把文章投给了一个东方学的期刊。文章退了回来，说我显然什么都不懂：falsafa的意思不是"哲人"，而是"异端"。请原谅，我要说写这封信的人当然极其无知，但他另一方面也点到了真相。他不知道穆斯林写的哲学著作，但在一般书籍尤其神学家的书籍里，哲人经常就是指异端，说明这东西本身就极其可疑。

我想加一句，虽然我不知道到了哪个世纪人们才承认"教义学"这门学科，但传统伊斯兰教大体可以称为神学式的护教学。甚至还有人教授它，在开罗等地就有这样的课程。在犹太教里，哲学虽然存在，却从未成为正规教育的一部分。真正的犹太学问并不必然包括它，当然也有少数犹太作家、犹太拉比深谙哲学。他们发挥了很大作用，[122]但从犹太传统的观点来看也并非如此。我相信，在这方面斯宾诺莎没说什么不公道的话，虽然措辞强烈。

我想，我们已经讲完了对我们专业的主题来说最边缘性的部分了，但我绝对反对在研习一本书的时候进行"节选"，即只选取直接相关的部分。原因在于，与我们直接相关的部分——在这里便是政治学的论证——与本书的神学部分有着内在联系。我们至少要注意到这一点。斯宾诺莎在接下来四章一直到第十五章（神学讨论的结论部分）所作的工作，就是要得出结论，找到一种他仍然能奉为权威的圣经教导，但这种圣经教导同时也要给他政治自由，给他所需要的政治组织以自由。我们在第十六章会读到他的政治教导。

关于我们的主题，你们还有什么想讲吗？绝不能忘记，斯宾诺莎的《神学—政治论》是一份记录了各种争论的重要文献，而这些争论为自由、世俗的现代世界提供了核心前提。如今这些论证已经完全不同了，出现了一些斯宾诺莎那个时代全然不知的东西，论证细节也完全变了。但基本问题还是一样，而且我们只能说：在那段关键时期，基本问题逐渐敞开，那时讲基本问题要比现在讲基本问题的力量大得多。如今，基本问题则已成为世俗主义立场不言而喻的内涵。为了真正澄清相关的基本问题，阅读早期思想家就比阅读如今的思想家要好得多。如今，这些基本问题已经被遮蔽了，因为自由主义和世俗主义的传统已经确立，各种传统不大可能直面关于自身根基的问题。曾经宗教传统所享有的高枕无忧、不可撼动的地位，现在由它的敌人享有了。它的敌人如今自视为理所当然。

你们还想讲什么吗？好吧，我们周四再见。

第八讲 《神学—政治论》第十二到十四章

（日期不详）

施特劳斯：[124]我们现在来到了《神学—政治论》绝对中央的位置，虽然未必是他狭义上政治教导的中心，但这是他全书教诲的中央。我们应该从开端启程。立足于最宽泛的基础（至少是公认的、毫无争议的基础），人们普遍承认，必须理解自己的文明、文化，理解现代世界。现代世界首要是西方世界，但西方世界有一种奇怪的传播能力。理解我们的文化和文明是不是展开反思的一种可靠的开端？在严肃思考中，是不是我们无需预设普遍的标准，就能对任何既有文明展开适当分析？这些问题我不想深究。简言之，我们不可能在谈论自身文化或某个文化的同时，对"文化是什么或不是什么"没有抱持某种先在的观念；这种观念无疑处在任何对于历史现象展开的分析之先。道理很清楚，但我们眼下就不深究了。

说到我们的文化、现代世界和现代思想，有一个非常普遍的观念认为，它们就是世俗化的圣经思想。例如，现代民主就是发现个体灵魂之尊严的一种世俗化版本。甚至资本主义也是如此，你们知道有一种学说认为，资本主义起源于清教主义，意即资本主义是清教（加尔文宗基督教义）的世俗化形式或结果。无论如何，世俗化（secularization）是什么意思？当我们谈论亨利八世时代修道院的"世俗化"时，这个词意思很清楚，就是指这些修道院丧失了天主教会所理解的各种宗教活动的原初功能，任由世俗权力随意处置，例如选址建立学校，但也有卖掉学校的情况。世俗化在这里的意思很清楚。

用在思想上，世俗化又是什么意思呢？它肯定是指，圣经思想至少发生了某种转型，否则就谈不上圣经思想的世俗化了。但这里的世俗化可能意指两种截然不同的情况：一是圣经思想的败坏，二是圣经思想的完善。这两个选项非常有趣。以后者为例，现代思想的黑格尔式解释认为，现代思想——现代政治思想——是某种完善，也是基督教教诲的完成。现代国家成功地调和了圣经与俗世（saeculum）。黑格尔的意思是说：这场趋向完善的进程始于宗教改革，最终完成于法国大革命，前者废除了教士与平信徒的差异，后者将一切个体的尊严或人权确立为有效的政治原则。

再说一遍，世俗化既可能指败坏，也可能指完善。但黑格尔写作是在那个时代的末尾，也就是法国大革命之后。如果我们回到关键的世纪——十七世纪（某种意义上也包括十八世纪），并且不带偏见地研究它，我相信（我得强调不是所有人都这样想）可以得出如下结论：就最高的智识层面而言，这场运动并非自视为基督教的某种完善。就最高的层面而言，它自视为一场与圣经思想的决裂，只是假装完善基督教而已。换言之，包括斯宾诺莎在内的这一批人有意将圣经教导转变成他们熟知的非圣经思想，或者说，他们有意利用圣经来服务于非圣经的意图。

就较低的层面而言，大众教导——这是低于哲学层面的工作——经常变成讲诚信（bona fide），[125] 原因在于，博爱（charity）与完善难以相容，而这条来自博爱的简单主张必须对一切……［录音听不清］……留下深刻印象，接着你们就知道一轮又一轮的结果是怎样了。所以，就较低的层面而言，很多人真心认为现代筹划就是圣经教导的完善。但我的反对意见认为，在良心的最高层面，在理论清晰性的最高层面上，这种看法不对。具体到斯宾诺莎这里，我希望——今天我们会部分涉及这个问题。

不只是斯宾诺莎。另一个很著名的例子是洛克（Locke）。洛克表现得像是在完善基督教的教导，但只要细心阅读就会发现，他的教导并不是新约原有的那种教导。只举一例，洛克说有一种根本的法——自然法或者理性法——等同于福音书里的律法。在他看来，关键的一条自然法是"无代表，不征税"（no taxation without representation），然后他找到旧约或新约里这样讲的一段话。确实有一段著名的话，但它的说法其实相反，内容是说凯撒与神。① 记得吧？诸如此类的例子还有很多。

不久前，我讲过关于洛克的这个观点，而我注意到有一种非常暴烈的回应，因为人们不想提出这种关系到现代思想的复杂起源的问题。② 只要结果令人满意，原因也就一定令人满意。这不是什么好的推断，因为结果令人满意或许只是出于偶然，而非出于本质。在这种情况下，我想一个人必须做的首先是承认严肃讨论的必然性，而从定义来看，严肃的讨论就不是暴烈的讨论。我们必须真正坐下来，好好读书。如果事实证明我错了，我必须接受，但我想这也适用于那些持相反意见的人。好了，这基本就是一般背景了。

现在我们来看看，《神学—政治论》迄今有什么东西呈现为根本难题。我们已经看到，斯宾诺莎在第五章展现了对民主制的一定偏爱。民主被理解为民众的自主统治（self-government of the people），意即民众不是任何人的臣属。民众不服从任何人。在刚才的课堂报告之后，想起来了吗？民众不服从任何人。圣经是怎么教导的呢？

学生：服从。

施特劳斯：服从。换言之，在这种政治上至关重要的情况下，民众构成了集体，不服从是行不通的。但我现在不想深究这条论证线索，我想这样探究：不妨假设，民主就是自主统治，那么民主更青睐于什么样的基础呢？我们必须基于迄今已有的证据来回答这个

---

① 参见《马太福音》22：21，《马可福音》12：17，《路加福音》20：25。

② 施特劳斯的洛克解释，参见《自然正当与历史》（*Natural Right and HIstory*, Chicago: University of Chicago Press, 1953）第五章，以及《洛克的自然法学说》（"Locke's Doctrine of Natural Law"）载于文集《什么是政治哲学》（*What is Political Philosophy? and Other Studies*, Glencoe, IL: The Free Press, 1959）第八章。

问题，未来我们还会找到别的证据：形式上看，这种论证基于圣经作为权威，而这也意味着，圣经包含最为重要的真理，它超出了理性，[126] 而且有奇迹来证实或担保它的启示特征。

如我们所见，这就是斯宾诺莎预设的立场，也是他重申的立场。当他在结论性的章节中谈论圣经的真教义时——必须接受这种真教义——他说，有一点理由已经得到了奇迹的证实。但我们迄今学到了什么？奇迹不能证实任何事情。奇迹不可能或者不可知，实践中这两者几乎是同一回事。

第二，圣经也不包含关于启示的真实记载。例如，摩西不是五经的作者，所以我们读到的关于启示的内容，其实都是其他不可能见证过启示的人所写。更不用说，事实上圣经的编纂和保存也做得很差。

第三——这一点更是直接相关——圣经在思辨之事上的教导不是超出理性，而是低于理性；不过是想象（imagination）之类。圣经的道德教导是坚实的，在这方面不必害怕经文有什么讹误。因此，作为一部记载启示的文献，圣经在道德教导上富有权威。在其他所有方面，圣经允许每个人平等地自行判断。但在道德之事上，圣经决定了我们的判断。在其他所有事情上，圣经使每个人都有资格——甚至使每个人都有义务——平等地自行判断。除了在狭义理解的道德事务上，圣经在别的方面不可能还有权威。

所以说，民主。圣经授予每个人平等地自行判断的权威。这就是民主，因为一旦每个人都有权利在属灵之事上作判断，他自然也就更有权利在世俗之事上作判断了。这是一个好的论证，懂了吧？我是说，斯宾诺莎的讲法不是这种形式，但这就是全部论证所暗示的内容。

但这里出现了困难：圣经的这种权威，怎么可能仅限于道德原则呢？斯宾诺莎说，真正的道德和政治都是基于真正的理论教导或思辨性教导，但圣经的思辨性教导有悖于那些真正的思辨性教导。最简单的例子就是神意（Providence），我们讨论过。圣经教导了神意、赏善惩恶，但理性藉所罗门之口说道：同样的命运一样会降临在义人和不义之人身上。因此，我们开始怀疑：圣经提出的道德教诲，甚至可能也不是真正的道德教诲。眼下我们只找到一处清晰的证据，就是他对"勿要抗恶"的讨论。回想一下，斯宾诺莎辩称，只有在非常糟糕的情况下——完全腐败的情况——这才是好的建议，不能将它理解为一项道德教诲。

结束这些一般性评论以后，我们回到文本，从十二章开始。本章开篇，斯宾诺莎提出了一个主张，我们要紧跟他的论证。斯宾诺莎已经说明了圣经文本的糟糕性质，满篇都是讹误之类的，当然人们会指责他不虔敬，指责他渎神。然后他说并非如此，因为神言不是用任何笔墨写在纸上，而是写在人的心里；换句话说，写在他的解释里，写在人的心智里。那种反面观点属于迷恋肉体的犹太人，尤其是撒都该派（Sadducees）。

瞧，这里他就用了我之前提到过的东西。撒都该派是一群不相信死后复活的人，而且他们尤其执着于圣经文本。法利赛派承认有某种口传律法没有包含在五经中，并且信仰死后复活。撒都该派拒绝这种口传律法，也反对死后复活；他们尤其具有异端性。斯宾诺莎说，这些拘泥于经文字句的异端既是我的敌人，也是你们的敌人。但这无关紧要，要点在于：[127] 神言（word of God）就是真宗教、真信仰。这是什么意思？

先翻到后面一点，169页第二段，"我们现在看看，如何正确理解'神言'这个词"。找到了？

学生［读文本］：

由此，我想我已经充分解释了圣经是以什么方式而被视为神圣的和属神的（sacra &divina）。现在，我们必须看看：如何正确地理解"耶和华的言"（debar jehova, verbum Dei）这个表述。当然，"言"(dabar) 的意思有"言"(verbum)、"话"(orationem)、"命令"(edictum) 以及"事物"(rem)。不止如此，在第一章，我们说明了为什么在希伯来语里，一事物被说成是属于神的、与神相关。根据这些思考，我们很容易就能理解圣经所谓神的言、话、命令以及事物究竟是什么意思。因此，这里既没必要重复所有这些东西，也没必要重复我们在第六章谈论奇迹时说明过的东西。只注意要点就够了，这样一来，我们就这些事情想说的内容在这里也能得到更好理解。

　　当"神言"是在谓述某种并非神本身的主体时，它的正确意思就是我们在第四章讨论的神法，也就是适用于全人类的普遍宗教，或者说大公宗教（religionem toti humano generi universalem, sive catholicam）。参见《以赛亚书》1：10，那里他教导了真正的生活方式，不在于仪式法，而是在于博爱与真灵魂；对此，他不加区别地称为神法与神言。（《神学—政治论》，XII.18-19）

施特劳斯：停一下。记得论神法那一章吧？第四章，那是我们看到的曙光。神言就是真宗教、真信仰，神言等同于神法，正如第四章所述，而这就是普遍的或大公的宗教。

学生：他在那里说这种法是普遍的，但不像这里说的那样是一颗信奉博爱的真心。在那里，他说这是一种关于神之理智的知识，或者理解神之理智的尝试。

施特劳斯：很好，我们要记住这一点。你已经触及核心难题了。斯宾诺莎更改了那种普遍的神法的含义，以便有可能将第四章的神法暂时等同于圣经的基本教导。第四章是这样：他将这种神法等同于被启示的法，以便让神法变得更加简单，当然接着也是为了证明两者不平等。他的实际意思是说这两者不平等，但出于暂时的意图，他将两者等同了。我们接着读吧。

学生［读文本］：

这个表述——

施特劳斯：译错了，是"神言"。

学生［读文本］：

　　"神言"的隐喻用法是指自然秩序与命运（因为这确实依赖于神的本性的永恒命令，也是从中推出来的），而且尤其是指众先知对于这种秩序所预见的东西。它有这个意思，是因为他们并非通过自然原因来领会未来之事，而是视其为神的决定或命令。（《神学—政治论》，XII.20）

　　施特劳斯：[128]这里明白什么了吗？神言是指自然秩序，但圣经中它指的是众先知理解的自然秩序，也就是众先知误解的自然秩序。所以，这个词用在这里不是什么好的意思。
　　学生[读文本]：

　　最后，"神言"也用来指某位先知的一切宣示，只要这宣示是他凭借自己的特殊力量或者预言禀赋，而非所有人共通的自然之光来领会到的。它有这个意思，主要是因为众先知其实已经习惯将神理解为一位立法者，正如我们在第四章说明过的。（《神学—政治论》，XII.21）

　　施特劳斯：斯宾诺莎这里说神是立法者，这种看法有什么根据呢？它不真实。换言之，神言有三种不同的含义，其中两种次于理性、低于理性。唯一有趣的含义是将神言等同于第四章定义的神法，唯有它才是真正的神言。继续。
　　学生[读文本]：

　　因此，这就是圣经被称为神言的三个原因：因为它教导了真宗教，而真宗教的永恒作者就是神——

　　施特劳斯：永恒作者[原译作"永恒奠基者"]。我们要谨守字义，因为这里面有点意思。"真宗教的永恒作者就是神"。继续。
　　学生[读文本]：

因为它叙述了关于未来之事的预言，作为神的命令；最后，因为圣经的实际作者——

施特劳斯：对，实际作者。上下文都是说"作者"。继续。
学生［读文本］：

> 最后，因为圣经的实际作者的教导大多数不是依赖于共通的自然之光，而是依赖于某种特殊的光，并且引入了神，当作是神在言说这些东西——

施特劳斯：看到了吧？一处说神是作者，一处说众先知是作者。神不是这些叙事的作者，众先知才是。众先知引入了神，把神当成言说者。只有一种神言以神为作者，那就是神法。斯宾诺莎说得很清楚了。继续。
学生［读文本］：

> 另外，虽然圣经还包含了许多纯属历史而且能凭借自然之光来理解的事情，但它的名字来自更高处（a potiore）。（《神学—政治论》，XII.22）

施特劳斯：［129］对，来自更高的地方、最配得上它的地方。你也能在别的很多事情上见到同样道理：当你说"人"的时候，意思是成年人，而不是指婴儿。名称适用于一种类的最完满者：如果你对人说"给我牵一匹马"，而他给你牵了小马驹，你肯定会说"我要的是马，不是小马驹"。马这个名称主要是被赋予那种完整、完满的马。

这一点普遍适用：名称的给予来自更配得上的、更高的地方，所以"神"这个名称首要是指最完满意义上的神言，也就是第四章定义的神法。继续。
学生［读文本］：

　　由此，我们容易看出为什么神应该被理解为圣经的作者：因为祂是这些经卷里教导的真宗教的作者，而不是因为祂想将一定数量的经卷传给人。

　　由此，我们还能知道为什么圣经被分为旧约经卷与新约经卷：在基督来临之前，众先知传讲宗教，往往是将宗教当作自己祖国的法律（legem Patriae），借助了摩西时代出现的信约的力量。但在基督来临以后，众使徒对所有人传讲同样的宗教，是将宗教当作一种普遍律法，并且唯独借助了基督受难的力量——

施特劳斯：看，又是关于耶稣复活的奇事。继续。

学生［读文本］：

　　这［译按：新旧约划分］不是因为它们在教义上不同，也不是因为它们写下来是作为一部信约的原始文本，也不是因为普遍宗教是新的。普遍宗教是最自然的——

施特劳斯：译得太弱了。原文是maxima naturalis，"最自然的"。［译按：课本作"与自然完全和谐"］

学生［读文本］：

　　它只是对于那些不知道它的人而言才是新的。"祂就在这世界上，"福音书作者约翰如是说（《约翰福音》1：10），"但世界还不知道祂。"（《神学—政治论》，XIII.23–24）

施特劳斯：停一下。瞧，他总是找出来一段看似贴合的圣经引文。言归正传：神言就是真宗教，就是神法，就是普遍的或大公的宗教。而且，新旧两约一样教导了这种宗教。但这说法有所保留，因为如果你还记得第四章说了什么，那干嘛还要仅限于新旧两约呢？这里的神法等同于他所理解的自然法，别处也教导自然法。哪里有理性人在说话，哪里就教导自然法，所以它自然到了极致。真正的结论是什么？如果神言就是第四章定义的那种神法，关于圣经我们能得出什么结论？

学生：我们不需要圣经。

施特劳斯：［130］我们不需要它。圣经也许有其他各式各样的用途，但在这方面我们不需要它。斯宾诺莎现在必须做的事情，就是在神法与圣经之间拉开一道鸿沟。他后面讲得很清楚——这部分我们可以不管——神言不可能有讹误，即便神言所在的那些经书有讹误，因为神言本来就不是写下来的文字。但是，论证的真正重要部分还在继续，我先补充一点我们略过的东西。

斯宾诺莎援引圣经，而且他看透了圣经总纲的本质，答案就是：爱神高于爱其他一切事物，爱邻人如己。以圣经的经文为基础，这很清楚。接下来他是这样做的。第四章的讲法是什么，神法的总纲是什么？

学生：爱神。

施特劳斯：嗯，对神的理智之爱。那么，圣经的总纲又是什么？爱神。缺了理智，另加上了爱邻人。差别非常大。它们现在多少等同了，而我们将看到这一点至关重要。从这里开始读吧？［172页］

学生［读文本］：

> 既然我们必须坚持这块基石——

施特劳斯：这块基石就是，爱神加上爱邻人。

学生［读文本］：

> 既然我们必须坚持这块基石没有讹误，那我们也必须承认：毫无矛盾地从中推出的其他东西也是如此，并且一样基础。它们包括：神实存；神护理万物；神全能；——

施特劳斯：更字面地说，"神对万物施行神意"。不只是预见。[①]

学生：我以为斯宾诺莎不信神意。

施特劳斯：他现在谈的是从爱神和爱邻人得到的前提或结论。他这样提问：如果爱神与爱邻人应当是人的目的，那么必须满足什么条件？斯宾诺莎本可以回答，但为了理解其中的两难，你们必须分别思考一下这两种讲法。现在，最具标志性的东西是神意，毫无疑问他想说……[录音阙失]

学生[读文本]：

——遵照神的命令，虔敬者总有好事相伴，坏人则遭到坏事；以及，我们的得救唯独依赖于神的恩典。圣经每一处地方都清楚教导了这些东西，而且必定始终教导它们。否则，圣经的其他所有教导都将空虚且毫无根基。（《神学—政治论》，XII.36）

施特劳斯：[131]停一下。换言之，斯宾诺莎现在说的是爱神——不是对神的理智之爱——加上爱邻人，如果缺了对神意的信仰，尤其是缺了对神之赏罚的信仰，那就没有根基。继续吧。

学生[读文本]：

我们必须认为，其余的道德诫命仍然没有讹误，因为它们都是从这一普遍基石中最为清晰地推出来的。它们包括：守护正义，扶助穷人，不杀人，不贪恋属于别人的东西，等等。任何人的邪恶都不能使这些东西产生讹误，就连时间也无法将它

---

① [译按]原文为Deus omnibus provideat[神护理万物]。课本译作"神预见万物"，对动词provideo只作了pro[居先]+video[见]的最狭义理解。施特劳斯的口译恪守动词形式，对应译作英文providence，内涵更丰富，所以他说"不只是预见"。但鉴于providence在汉语中已有"神意"的固定译法，结合如今英语、法语、德语权威译本基本一致的译法（provide for/pourvoit/sorgen），暂时译作"护理"。

们抹去。原因在于，如果这些教诲的任何一条遭到破坏，它们的普遍基石就会立刻再度教导它们，尤其是关于博爱的教诲；这是新旧约在所有地方用最强烈的话来大加推崇的教诲。(《神学—政治论》，XII.37)

施特劳斯：换句话说，斯宾诺莎稍稍改变了图景，他说不只是爱神和爱邻人，还有博爱，意思就是爱邻人。这就是关键：爱邻人。现在我们触及了整部作品最有趣的问题，我会解释的。"爱邻人如己"这条诫命，就是圣经中所有事情赖以生发的那个根基，那个基石。如果不相信神是所有人的造主，这条诫命便不可能。不只如此，要是没有对神意的信仰，它也不可能。

斯宾诺莎现在说，这就是神法，也就是第四章定义的自然法。第四章有任何一处提到过爱邻人吗？没有。第四章只关心个体的完满，也就是个体从诸多盲目、纷扰的激情中得到解放。严格说来，与他人的关系只是这种思考的附属；严格说来，这是一种利己主义的道德。因此，斯宾诺莎暗示道（我知道我尚未加以证明，但我这样讲是为了说明这不是件小事）："爱邻人如己"这条诫命站得住脚，只是在一种神学背景下，只是在一种自然理性无法支持的背景下。这不是很奇怪吗？

我给你们读一段类似的话，出自后来一位与斯宾诺莎有些共同点的思想家：卢梭（Rousseau）。《论不平等的起源》(*Discourse on the Origin of Inequality*)，我用的是弗拉马利翁版，110页。他谈到了怜悯（pity），谈到了怜悯这种自然激情：

> ……（怜悯）取代了那条合乎理性之正义的高尚格言——"你愿意别人怎样待你，你就要怎样对待别人"——那是合乎理性之正义的高尚格言。怜悯用另一条自然之善而非理性之善的格言来启迪所有人，它远不够完善，但也许比前一条格言有用得多。这种自然之善有什么指示呢？"为自己谋善，要尽可能少对他人作恶"。

你们瞧，对于积极意义上的"爱邻人如己"，卢梭完全保持沉默。他采取的是一种更加有限的视角："你愿意别人怎样待你，你就要怎样对待别人。"比起"为自己谋取善，要尽可能少对他人作恶"，这条格言高贵、高尚，却可能不那么有用，正如他谨慎地坦承那样。后面那种说法隐含着什么？隐含意思是，谋取你自己的善（good），同时对他人的伤害最少，这是有可能的。

学生：[132] 本质上这是在暗示，不可能纯粹做善事，换言之，在任何善行中……

施特劳斯：说具体点。

学生：在追求你个人的真正德性时，你应该尽量避免伤害别人。

施特劳斯：他丝毫没有提到德性（virtue）。追求你的利益（interest），同时要对他人伤害最少：你必然会伤害到他人，但如果你是个正派的家伙，你就会将伤害控制到最小。因此，自爱（self-love）——爱你自己——与爱邻人如己无法相容。你给了自己一个自然理由来接受这条诫命，而这也是斯宾诺莎这里提供的诫命。

我们在洛克那里找到了另一个例子。当洛克谈论最基础的理性时，基本原则就是自我保存。很简单。按照普遍教导，自我保存与其他所有人的自我保存是相容的，但洛克不得不承认——似乎是不情愿地承认——还是有冲突存在。冲突的时候会发生什么呢？要是与你的自我保存没有产生冲突，自我就要摆在首位。这根本上就是斯宾诺莎想的同样事情。问题在于如何将它与某种社会秩序进行调和，他会试图解决这一点。这很关键，所以他张开了眼睛：他背弃了圣经的良知原则，这不仅是圣经里诸如巴兰的母驴之类的具体教义，也是圣经的中心所在——"爱邻人如己"可不是合乎理性的教导。这在后面会呈现得更清楚。请讲？

学生：因为按照自然理性，博爱并不是一条站得住脚的教义。他一道强调宗教宽容与博爱的时候，又是怎样呢？

施特劳斯：这是个好问题，但你应该能回答吧。

学生：唔，我认为他想保留博爱，保留宗教宽容——我的意思是宗教意见的平衡——但这并不影响哲人的实践。

施特劳斯：你听说过"人身指向的论证"（argument ad hominem）这种说法吗？这种论证并不自称纯粹为真，而是以论敌主张的前提作为基础。例如，一个人可以基于"科学必须价值中立"这一前提，展开关于社会正义的论证；但谁要是不相信"社会科学可以价值中立"，就会认为这是"人身指向的论证"，因为他的论敌视其为理所当然。

学生：按我理解，它意在削弱陈述的可信度。

施特劳斯：未必。我想我理解你是什么意思。我们先来看看斯宾诺莎怎么做的。斯宾诺莎说，你们这些信仰圣经的人，只要细心、真诚地阅读圣经，你们最终就会回到博爱这条原则上来。现在，牢记你们的这条原则，我要告诉你们：你们的宗教迫害做法有悖于你们的原则。这是一段自立自足的论证。

那么问题来了：圣经教导的博爱真的是一条合乎理性的原则吗？斯宾诺莎认为不是。因此，他对言论自由的吁求不能奠基于圣经的博爱原则，而是必须另有根基；[133] 我们在开始读第二十章的时候必须努力找到这种根基。说这么多就很清楚了。现在，你提出的问题完全不同，虽然也很重要：斯宾诺莎难道不诚实吗？这不就等于是他不诚实吗？

学生：在这个意义上，整本书都不诚实。

施特劳斯：没错，斯宾诺莎也知道。在这方面，斯宾诺莎的神学教义拥有与柏拉图的"高贵谎言"（noble lie）几乎一样的性质。他承认圣经享有最大权威这一事实，因而试图在这个既定前提的基础上达成他认为最有可能也最合乎理性的解决办法。在此前提下最合乎理性的解决办法，当然未必是纯粹最合乎理性的解决办法。这就是问题所在。我这样是否回答了你的问题？

学生：……［录音听不清，抄录者注明或与第二十章内容有关］

施特劳斯：我们必须瞧瞧。换言之，说得更普遍些，我们必须查看这本书的很大一部分，这本书最大部分内容都是基于圣经的各种前提，无论他解释这些段落的方式与神学家有多么不同。既然他否认圣经的权威，他本人的教导就不可能与圣经相同，不可能与他论证里恪守圣经的部分相同。我们必须找到他纯属理性的论证。

这样做有一种简单办法，那就是研习《政治论》，无论如何它绝不是以圣经为基础。那本书里有一部分内容援引圣经，但并没有完全倚赖它。可是，整个言论自由问题是《政治论》没有的内容。因此，如果我们撇开《神学—政治论》，认为它只是一本为了具体目标而写的小册子，而非意图完全呈现斯宾诺莎的那些因果式原理——尽管我们也会在第十六章和第二十章看到斯宾诺莎的哲学原理或理性原理的某种呈现——那么，我们对斯宾诺莎的政治学说就只有一种不完整的观念。

学生：要是一个国家里位高权重的人像你一样，也从斯宾诺莎的论证中得出了同样结论，即博爱并非真正的教诲，那会发生什么？

施特劳斯：但那样的话，他们就会不再信仰圣经了。

学生：不、不，他们未必要宣誓成为基督徒。

施特劳斯：哦，我懂了，譬如一位野蛮的切萨雷·博尔贾（Cesare Borgia）。

学生：不，未必是野蛮，只是说一位看懂了斯宾诺莎论证的治邦者……

施特劳斯：嗯，这就是斯宾诺莎那里出现困难的地方，但不像你似乎相信的那样直接。斯宾诺莎会说：你只是谨遵医生的要求，只是一个清醒、合乎理性而毫无信仰的统治者，我能和你谈正事。没错，让我们一起讨论你最好做什么样的事，甚至让我们首先从最粗鄙的前提出发，[134]比如说你只想保存自己的权力——这是《君主论》中马基雅维利的问题——那我会向你证明，让你臣民过着悲惨的生活绝对是愚蠢之举。这不难证明，麻烦在于如果这位谈话对象是一个充满激情且受激情引导的人。在那种情况下，斯宾诺莎就会说：最好的事情莫过于信仰圣经，这样你就会恐惧地狱。懂了吧？

让我们假设斯宾诺莎已经完全达成了目的，让我们作一个乌托邦的假设：一个完完全全毫无信仰的世界。这难道不会摧毁他的全部计划吗？他难道不必拥有某种类似圣经的东西，以便让大多数人达到任何社会要想延续便不可或缺的最低限度的正派吗？我想，这就是在他本人那个层次上出现的困难，但绝不是他那个时代的困难。这种困难只是随着西方世界的进步主义世俗化进程一道出现的，但你们会发现，斯宾诺莎以某种方式预见到了这种困难。斯宾诺莎并不支持绝对的言论自由——我们一步一步地来，但到现在为止，这个难题得到解决了吗？

学生：呃，我认为随着自然法中关于宽容的某些根基得以重建，这个难题就会解决。

施特劳斯：嗯，你会看到——我可以顺便提一句——到现在为止，第四章的神法就是最高的原则，它的意思是对神的理智之爱，而且一切帮助个体实现这种对神的理智之爱所必需的东西都被称为法，被称为神法。在第十六章最后，有一点变得很清楚：斯宾诺莎的教义中不可能有一种严格意义上的自然法。

瞧，我们仍然处在他的教诲的边缘地带。第十六章可以总结如下：没有自然法，只有自然权利，而且这种自然权利等于自然力量，一个邪恶的愚人拥有某种自然权利去作为一个邪恶的愚人行事，不臣服于任何法。这就是斯宾诺莎的困难。凭借这样一种似乎削弱所有社会和所有道德的离奇开端，他如何能得出某种道德教诲呢？这就是难题所在，我们肯定必须直面它。但我们还没到那一步，因为他仍然必须先跟圣经算账，你们知道，对他而言，这是他不得不采取的第一步，也是最重要的一步。

十二章只剩下另一段话我们应该看看，170页最底下一行。

学生［读文本］：

> 原因在于理解圣经与众先知的心智是一回事，理解神的心智（mens）亦即事情本身的真理又是另一回事。(《神学—政治论》，XII.27)

施特劳斯：更字面的译法是，"理解圣经和众先知的心智是一回事，理解神的心智亦即事情本身的真理又是另一回事"［译按：课本将"心智"译作"意义"］。你们知道，我们在讨论第一章时就遇到了这个问题，关于神的心智（mind of God）的问题。我们能不能仅仅象征性地认为神有心智，或者像斯宾诺莎所言，以隐喻的方式如此认为？这是另一处证言，举个例子，我们可以认为神具有矛盾律或者其他任何思想法则，也就是某种思想的对象，而不是某种正在思考的心智，不是某种主体。这仅仅证实了我们先前讲过的内容，但这只是顺带一提。

［135］总结一下：在第十二章里，斯宾诺莎将第四章的神法等同于有关法的言辞，亦即圣经的本质。当然，我们也已经看到了这是多么不牢靠。

现在我们翻到第十三章。他在这一章说明了圣经教导的单纯性，也就是说，圣经的教导无论如何都不是哲学式的教导。但尽管如此，圣经也包含着纯属思辨之事，而这就与前面一项说法截然相悖，前面说圣经没有包含任何纯属思辨之事。但斯宾诺莎说，这些纯属思辨之事非常少，也非常简单。这源于如下事实：圣经对人的要求仅仅是服从。你们瞧，现在说法多少就变了。

……［施特劳斯转身在黑板上画图］不知道这幅图你们能否看懂：这里是被启示的法（revealed law），那里是神法（divine law）。神法要求对神的理智之爱，被启示的法要求爱神以及爱邻人。我要强调的是爱邻人，因为这才是关键。现在我们又有了一个版本：服从。服从的意思是服从神，也就是爱邻人，因此，爱邻人唯有作为服从才是可能的，爱邻人在理性的基础上则不可能。翻到176页，第三到五段。

学生［读文本］：

> 其次，服从神仅仅在于爱你的邻人，因为正如保罗在《罗马书》13：8所言，凡是爱邻人以求服从神的人，也就成全了律法。由此推出，圣经唯一推崇的知识是所有人必需的，如果他们能够遵照这条诫命以求服从神；要是没有这种知识，人必然

变得顽固，或者至少会缺乏服从的操练。

　　同样推出，那些与此目标没有直接关系的思辨，无论它们是涉及关于神的知识还是关于自然事物的知识，都与圣经无关（Scripturam non tangere）。因此，这种思辨应该与启示宗教相互分离。（《神学—政治论》，XIII.8）

　　施特劳斯：这句译文我会改成："……并不证实圣经，所以应该与启示宗教相互分离。"［译按：课本作"影响"，但施特劳斯口译似误］文本里就是这样。这就是模糊所在：他谈到了真宗教，而我们并非始终知道真宗教究竟是纯然理性的宗教，还是圣经的宗教，甚至是启示宗教。因此，我们必须观察他的引文，当然这个译本搞得我们几乎不可能跟上斯宾诺莎的论证。

　　这里停一下。启示宗教（revealed religion）——相对于他在第十二章谈论的大公宗教或真宗教——仅仅关系到怀着一种服从神的精神来爱邻人。我们读下面一段。

　　学生［读文本］：

　　因为对于宗教整体的判断（totius Religionis decisio）完全依赖于这一点，所以我想更加仔细地说明整个问题，也更加清晰地解释它——

　　施特劳斯：［136］按字面来译，"因为从这里开始，关于整体（或者说关于全部宗教）的判断就取决于此"［译按：课本漏译"判断"］。我们非常接近核心，接近这个判断了。继续吧。

　　学生［读文本］：

　　为此，最开始有必要说明：关于神的理智知识或者说确切知识，是所有信仰者共有的一份禀赋，服从也是如此。其次，我们必须说明：神藉众先知而向每个人命令的那种知识，不过是关于祂的属神正义与博爱的知识——

施特劳斯：接着读。

学生〔读文本〕：

上述两者都很容易依据圣经本身得到证明。第一点最为清晰地从《出埃及记》6：3推出，在那里，神为了展示祂赐给摩西的特殊恩典，就对摩西说："我曾向亚伯拉罕、以撒和雅各启示自己，作为 El Shaddai（万能之神），但我的名 Yahweh（耶和华）他们不曾知道。"要想更好地理解这段话，就要注意 El Shaddai 在希伯来语里的意思是"满足的神"（Deum qui sufficit），因为祂给了每个人令他们满足的东西——

施特劳斯：换句话说，这就是神意的言（word of Providence）。继续吧。

学生〔读文本〕：

另外，虽然 Shaddai 本身经常用来表示"神"，但这里无疑应该将 El 这个名字理解为神。其次，要注意圣经里除了 Yahweh 之外，没有别的名字能意指与受造物无关的神的绝对本质（absolutam essentiam）。（《神学—政治论》，XIII.9–11）

施特劳斯：或许这里可以停了。只有一个要点：那位正义、博爱的神是神意之神，而非理性之神。

学生：你说的神意之神（God of Providence）是什么意思？

施特劳斯：施展神意的神，知道一切的神……以及奖赏义人、惩罚不义者的神。很简单。我们翻到180页。

学生〔读文本〕：

由此，我们得出结论：关于神的理智知识是就其在自身中那样来思考神的本性（这种本性是人无法靠任何特定的生活方式来摹仿的，也不能当作建立真正生活方式的榜样），而关于神的理智认识无论如何都不属于信仰或者启示宗教。因此，人们可以在这一点上犯天大的错而不为恶（sine scelere toto caelo errare）。（《神学—政治论》，XIII.24）

施特劳斯：[137]你们又看到了——我注意到，启示宗教现在成了主题，而且变得清楚的是，启示宗教的原则与前面所谓真宗教的原则有着根本不同。在这一章，我们可以说斯宾诺莎将第四章定义的神法与启示宗教作了区分。因此，凭借这一组对立，我们可以这样来陈述这个难题：神法等同于被启示的法，这没问题，理性与启示都是说一样的东西；由此当然推出，要求神学与哲学分离是很荒谬的。如果它们教的内容一样，如果圣经与哲学都是教一样的东西，为什么它们还要相互分离呢？只有它们教的东西不一样，相互矛盾，它们才必须分离。这种分离就是接下来两章的内容。

我现在只提第十四章开始的一个要点。我们只能下堂课再讨论第十四章和第十五章。我们读一下，182页第九行。

学生[读文本]：

不过，我们不想谴责这些宗派不虔敬，因为他们是让圣经的语词顺应了自己的意见。既然圣经顺应了常人的把握能力（captui vulgi），那么每个人就被容许让圣经来顺应自己的意见，只要他看到这样做能使他在正义和博爱的事情上更加全心全意地服从神。（《神学—政治论》，XIV.3）

施特劳斯：停一下。所以，斯宾诺莎是在说：博爱才是真正重要的东西。但他现在又加上了正义，而根据传统的教义，正义属于自然德性，诸如博爱之类的道德德性则是属于基督教教诲里的神学德性。斯宾诺莎添加上正义，由此接近了圣经和理性。无论如何，正义与博爱现在成了真正重要的东西，唯一重要的东西。但每个人都需要不同的理由来将自己引向正义、博爱的行为。至于这些理由是什么，那就绝对无趣了；重点是他的行为合乎正义与博爱。唯一能要求人做到的事——如他所称也是圣经对每个人的要求——就是正义、博爱的行为，理由无关紧要。

所以从圣经的视角来看，一位基于某种纯然理性的道德而行事正义却不相信有立法之神的哲人，与一位因为相信自己是在践行神意而服从或行事正义的人，两者一样好，没有任何区别。这就是斯宾诺莎致力的目标。

但我想在结论中提到一点，这也是十七、十八世纪思想中非常重要的因素。历史地看，我们可以这样解释：那时到处都有迫害、宗教战争和分裂，人们寻求某种共通的基础。人们首先会在圣经的字面文本里找到这种共通基础，这曾经是一项尝试。但由于文本的困难，这样做没什么作用，接着人们退守到了道德教诲；更激进的是，人们退守到了据称所有人共通的某种合乎理性的道德教诲。这是和平的唯一基础。如果人们认为道德行为不重要，人们就能在这样一个基础上获得和平。

但是，宗教又变得怎样了呢？这是康德的经典难题，正是他使这种道德主义达至完满。康德说，[138]宗教就在于把人的义务当作神的意志来履行。换句话说，我作为一位有道德的人去履行我的义务，乃是因为我……但这纯粹只是道德而已。在这个时刻，我认为这里面包含着神的意志，这便是宗教。这就暗示了，那种更古老的宗教（例如祈祷）与真宗教没有任何关系。按康德看法，这只是口惠而实不至，这类事情只是唯唯诺诺而已。

十七到十八世纪，将宗教缩减为道德或道德的某种支撑成了一种非常强有力的做法。接着出现了一个困难，令这种解决办法不再令人满意，而斯宾诺莎在这段发展进程中发挥了一定作用。只要与霍布斯或洛克作比较，你们就能明白：霍布斯和洛克也试图将宗教缩减到最低限度，但出于一些显而易见的理由，他们比斯宾诺莎更像基督徒，所以他们说基督教圣经的教导——新约——就在于耶稣是弥赛亚；到此为止了。你必须相信这一点，而且你们也看到了"弥赛亚"这个讲法，所有那些三位一体、复活之类的事情都被弃置不顾，只有"耶稣是弥赛亚"。

斯宾诺莎将新旧两约摆到同等重要的位置，试图以此找到一种讲法；前面那种讲法当然不可能适用于旧约。斯宾诺莎必须找到一种新旧两约共通、犹太人和基督徒共通的讲法，接着就找到了"正义和博爱"这种讲法。这就是必要条件。但斯宾诺莎是一位风格太过老派的哲人，以致他不愿意仅限于这种道德。他很清楚，仅仅是道德完满——仅仅像后来康德所谓的善良意志（good will）——对于人的完满还不够，理智完满也是必需的。因此，斯宾诺莎最终将这一整套道德主义指派给了圣经，作为圣经的一种教导。这种教导没有任何坚实的根基，但在大众教育和公共展示方面相当出色。

很遗憾，我们就讲到这里了。下次我们继续，要是结束了第十四章和十五章的讨论，我们就读你的论文了，XX先生。

第九讲 《神学—政治论》第十四到十五章

（日期不明）

施特劳斯：[140]……圣经的教诲要求博爱。诸信仰都是博爱的附属物。斯宾诺莎暗示，你可以信仰你想信仰的东西，前提是这些信仰驱使你去践行博爱。可是，除非有属神的神意——对神意的信仰——作为支撑，否则博爱不可能成为人的主导活动，因为自然理性并没有教导我们关于博爱的任何东西，没有教导我们博爱是必需的。这只能建立在启示的基础上。但我们已经知道，斯宾诺莎不相信启示。启示需要诸如奇迹之类的东西来证明，而我们也看到了奇迹都是不可能的。因此，"正义和博爱即为人的幸福"并非真实的教导，而是有益的教导。

现在，斯宾诺莎的显白用意——作为一条有益于大众的教导——在一个世纪以后变成了一种哲学教导，这场变化重要至极。这就是康德教诲的意义：康德相信，他能证明传统理解的理论生活不可能，其途径便是证明某种自然神学不可能。关于上帝实存的所有证明统统站不住脚。除了经验知识和科学知识中可以获得的知识外，也就是除了所谓现象世界的知识外，再也没有别的知识了。真实世界的知识——物自体世界的知识——统统不可能，所以这也不可能成为人生的意义。人生的意义只能是某种超越了纯粹现象世界的东西，而在康德看来，道德就是与真正的实在尚有联系的唯一现象、唯一事实。按康德所说，善良意志遵从道德法则，它是真正必需的东西，也是唯一重要的东西。其余一切都取决于它，就其价值而言，一切既有的品质都取决于行动个体的内在道德。

只要读读康德第一次陈述其道德教诲的那本书开头，《道德形而上学的奠基》，我们没多大困难就能证明这一点。那本书开篇即考察了人们敬重的所有事物，同时证明了它们都不能真正得到敬重：那里不仅谈到了财富之类的外在事物，还包括了诸德性，例如勇敢、智慧或节制。所有这类东西都没有内在的价值，唯有善良意志赋予其价值。在考察德性的过程中，康德谈遍了所有德性，唯独没有正义。康德的潜台词是说，正义是真正的（the）德性，也就是社会德性。因此，考虑到康德的其他一些评论，我们会说：最重要的事就是为人正义，就是为了正义的缘故而行事正义。而且，正义的行动主要就是、根本上就是承认人的各种权利，承认每个人都有作为人的价值。这是高于一切的考虑。

但我说过，像斯宾诺莎这样的人早已为此作好铺垫，因为在斯宾诺莎的附属性教诲中，正义和博爱是唯一重要的东西，任何思辨都不重要。但我要再说一遍：这在斯宾诺莎那里只是一种显白教诲。他真正严肃的教诲还是一种古老教诲：人的完满就在于思辨上的完满，理论上的完满，而非道德完满本身。

我想提到另一处相似说法，霍布斯关于这个主题的说法，没记错的话，就在他1658年的《论人》（De Homine）一书中。他也是将人的所有义务缩减成了正义与博爱，就像斯宾诺莎这里的做法。但霍布斯的做法完全不同，或许值得对比一下霍布斯与斯宾诺莎这两人的主题。根据霍布斯的教导，正义与博爱——亦即与他人相关的诸德性——才是真正的德性；霍布斯的教导有什么基础呢？霍布斯的基础是什么呢？[141]自我保存。我们要始终从这里出发：自我保存要求和平。如果人们总是带着枪火跑来跑去，这对于自我保存就不是什么好的状态。和平，但若没有和平的习惯，和平也不可能。和平的习惯，唯有这些东西才是真正的德性。因此，正义与博爱就是德性。勇敢不是德性，节制也不是，正如霍布斯公开说的那样，它们只是以一种附属的方式才成为德性。

但这里有一个困难：既然霍布斯认为唯有正义和博爱是自我保

存所不可或缺之物，那它们便只有一种工具性的价值。它们没有真正的尊严，因为它们只是为了某一特殊目的才成为必需。我们可以说，它们作为幸福的某种条件才成为必需，但幸福本身当然不在于它们。

这场进程导致了如下事实：这样的社会德性，亦即这些人用正义和博爱所意指的实践含义，取代了整个传统，不仅取代了理论德性，也取代了其他道德德性。要想理解这一点，我们只需直接与柏拉图或亚里士多德作比较。简便起见，我引柏拉图《理想国》里的一段话——应该是在《理想国》，也可能在《斐多》，我现在手边没书。他说，全部的政治德性就在于正义和节制。①搞清楚，一个是正义与节制，另一个是正义与博爱。两套方案都有正义，这可以不管，但节制被博爱取代了；这其实是一个非常耐人寻味的讲法，我们只须尽力理解。这在实践中意味着什么呢？我是说，你们不要去想博爱的原始含义和完整含义，但这里包含着博爱的一种非常粗糙、肤浅的含义：扶助穷人，诸如此类。它具有抚慰性质，没有任何神学深度。不过，节制与博爱最突出的区别是什么？最具标志性的区别？

学生：博爱涉及他人，节制在于自己。

施特劳斯：对。你说？

学生：我在琢磨一个事实：就博爱而言，人是凭他做好事而被论断的，但就节制而言，人只是通过心理学上的效果来论断。

施特劳斯：不对，节制也涉及你在面对食物和饮料时的举止。

学生：这是对节制的一种肤浅测试。

施特劳斯：对，但你无法看透人心——如果你看到一个人把他所有的钱统统给了穷人，他也许是一个非常狡猾的政客。一个人在饮食方面控制自己，他也有可能是一个非常狡猾的罪犯。这不是重点。另一位同学刚才说的很关键：节制涉及的是个体内在的增进，而不是他的外在关系。但这里还隐含着别的东西：节制的目标是某

---

① 施特劳斯大概引用的是《理想国》卷四，430d以下。

种我们可以粗略称作"禁欲"（asceticism）的东西，后面我会证明这种粗略说法的道理何在。这是自我节制（self-restraint）。这里理解的博爱却与自我节制完全没有关系。

十七到十八世纪发展起来的道德有一个特征，就是不注重自我节制，而是注重对他人做好事。在这个时代行将结束时，伯克（Burke）对那些与法国大革命相关的道德学说表示异议。[142] 他非常强调一点：自我节制的诸德性已经失去了昔日地位，而且如他所言，这个位置已经被一种所谓"人道"（humanité）的德性所取代。如果你将博爱翻译为人道，从两者的联系来看完全恰当。十七到十八世纪这段进程的结果就是一种普遍的人道主义，它与自我节制没有本质性联系。

这种普遍的人道主义与该世纪另一个著名事实也不无联系，那就是政治经济学（political economy）的兴起。按其定义，政治经济学关心的不是自我节制，而是生产力。随着纾缓人类境况的生产力不断增长，人道主义观念也以一种粗鄙的方式形成了。生产力增长对于纾缓人类境况的重要性，远远超过它对于每个人自我节制的重要性。我想，这就是这段进程的宏观背景，斯宾诺莎至少算是它的一位代表。你说？

学生：在我看来，博爱似乎也预设了一定程度的自我节制，甚至在斯宾诺莎的意义上。

施特劳斯：一定程度，当然。但你难道没有看到，这种非常关心且真诚关心去四处救济悲惨的人，对待自身的道德却不那么严格吗？

学生：不尽然。

施特劳斯：我想说的是，这不仅仅是个别人的偶然情况，而是与某种特定形式的政治—社会学说有关，它将全部重心放了社会进步和纾解人类境况上面，而没有看到这些东西与自我节制之间的本质性联系。当然，如果你的意思是说你在与他人的关系中必定也有自我节制，这显而易见。但问题在于，要在那些并非直接涉及他人的事情上做到自我节制。

学生：你的意思是说，博爱的侧重点在于周围环境的物质财富，而不是精神？

施特劳斯：没错，这显而易见。我想我已经强调过了。另外，你在培根那里一开始就会看到关于这个主题的一些有趣评论。培根对亚里士多德哲学的反叛，就是打着博爱的名义发起的：亚里士多德式的思辨科学没有为人带来任何成果，它既是贫瘠的，也没有博爱。新科学及其各种发明——它为了利益或纾解人类境况而产生的所有东西——这门科学本身就是博爱的。这就是培根的观念，也是这场巨大进程的一个重要部分。

学生：[录音听不清]

施特劳斯：在这场进程中，这种观念变得越发粗鄙。"博爱"这个词用来描述这种情况其实并不恰当，当十八世纪人们谈起"人道"的时候，这个词意思才更近。十八世纪早期有一本书清楚讲出了这一点：私人的恶，公共的善，这是英国作家曼德维尔（Mandeville）写的。① 他是什么意思？例如，[143] 奢侈被视为一种恶，但这种恶非常有益。人们一直知道，奢侈对于某些利用奢侈的人来说是有益的。但现在有人说：不，奢侈也有益于穷人，这是奢侈的经济效果。但是，如果有某种东西有益于穷人，这种想法的重要性就无限超过了"这是否伤害人们的灵魂和品位"之类的问题，而这就造成了数不尽的后果。但我认为，谁要是想理解这一点，就必须牢牢记住这些东西。

在我们转到第十四章以前，我想知道到现在还有什么地方我可以澄清吗？请讲？

学生：不知道这样说对不对，迄今斯宾诺莎已经将他的民主观

① 伯纳德·曼德维尔（1670—1733）是一位政治哲人和讽刺作家。他最著名的作品《蜜蜂的寓言，或私人的恶、公共的利益》（*The Fable of the Bees: or Private Vices, Publick Benefits*）因所谓非道德的教诲而饱受争议。尽管他是劳动分工论的提出者之一，但他的哲学不能与后来像亚当·斯密那类思想家的"自由放任主义"（laissez-faire）混为一谈。

念建立在博爱这一概念上，因此……这是一个神学式的观念。

施特劳斯：嗯，可以这样说。很自然，这就像某种终极答案那样误导人。按斯宾诺莎的解释，圣经要求博爱，它是一种必不可少的事物，而非具体的信仰。如他所示，圣经在思辨之事上并不明确，由此推知：只有博爱必不可少，只有博爱。

其次，圣经同时也容许每个人平等地拥有任何理论方面的意见，只要这些意见最终导向博爱的行为。但是，通过赋予每个人在属灵事务上作判断的平等权利，他也暗示了：每个人必定在世俗事务上享有一样的权利。我的意思是，看看他论证的语境，结论必然就是：民主。我想这才是更加确切的讲法。懂了吧？很清楚。但是，既然斯宾诺莎不相信启示，我们就必须查明他支持民主的理性论证或哲学论证究竟是什么，对于这种民主，迄今我们其实还一无所知。

学生：前面章节有一个部分，斯宾诺莎暗示说君主制不是以神学前提为基础，不是以博爱为基础。

施特劳斯：不尽然。但即便假设事情完全如你所说，如果斯宾诺莎最终承认了博爱就是原则，由此可以推出什么结论呢？我们必须看看。不过，我必须赶紧补充几句，以免产生误导。

你们有人还记得，神法和自然法规定了个体的行动——主要是针对个体——而它们导向人的幸福，也就是对神的理智之爱。这里不是严格意义上的神法，因为斯宾诺莎否认神能被构想为某种立法者。这里也不是严格意义上的自然法，因为斯宾诺莎否认有自然目的存在。严格说来，神法或自然法是一种有着属人来源的法，人规定了它们，不是为了人的某种自然目的，而是为了人自身多少合乎理性地设定的某种目的——这不是出于自然而被强加于人的东西。我们必须牢记，否则我们就无法理解他在第十六章发展出来的哲学学说。请讲？

学生：我想这仍然大体处于同样的区域。他在第十三章倒数第二页得出结论——他说我们可以得出一般结论：某种关于神的理智知识洞察了神的本性的实际样子，并且人类不可能通过任何生活方式来加以模仿或引作榜样，而这种关于神的理智知识丝毫不会影响到真正的行为准则；

施特劳斯：[144]稍等。"关于神的理智认识是就其在自身中那样来思考神的本性（这种本性是人无法靠任何特定的生活方式来模仿的，也不能当作建立真正生活方式的榜样），而关于神的理智认识无论如何都不属于信仰或者启示宗教。"（《神学—政治论》，XIII.24）在启示之言也能被引向信仰的地方，我是说，按照……

学生：这段话没有——无论什么样的真正行为准则，这就是关键，因为我想这里有点不对：神丝毫影响不到真正的行为准则，也就是说，关于神的知识。

施特劳斯：再说一遍？

学生：如果斯宾诺莎这里说，关于神的知识丝毫影响不到真正的行为准则——译本是这样译的——那么我觉得这似乎是自相矛盾，因为他后面接着就从神的本性中得出了行为准则。

施特劳斯：让我尽量按字面重译一下这段话。

　　由此，我们结论道：关于神的理智知识是就其在自身中那样来思考神的本性（这种本性是人无法靠任何生活方式来摹仿的，也不能当作建立真正生活方式的模板），而关于神的理智知识无论如何都不属于〈30〉信仰或者启示宗教。因此，人们可以在这一点上完全犯错而不为恶。

人们也许在这方面完全犯错。好，这里有什么困难？

学生：后面斯宾诺莎会说，由于自然是如此这般的方式，所以每个人必定按自己的私利行动，所以人有权利竭尽其全部力量去行动，因为神作为自然也是竭尽其全部力量去行动。因此，从神的本性出发，他得出了关于伦理行为的基本标准。但在这里，他说不能这样做。

施特劳斯：我确实不懂。这里，他直接隐含的潜台词是说，启示宗教与关于神的理智知识没有任何关系，而后者是人的真正幸福所在。这个不等式是很清楚的，但由此推出什么结论？既然人只是整全的一个部分，那他就不可能像整全那样行动。

但我明白你的困难是怎么来的。第十六章的论证是这样的，它是从整全到部分的一个结论，我们会在第十六章看到：自然的力量等于神的力量，因此，既然神可以任凭其意愿来行动，而非依据任何法则，那么这也同样适用于作为整全的自然。但正因如此，它同样适用于自然的每一部分。因此——巨大的困难就在这里——愚人和白痴的行动方式与圣徒的行动方式一样正当。这就出现了问题：斯宾诺莎如何才能得出任何道德？我们读到那里的时候必须处理这个问题，眼下只能先搁置起来。

但我打算澄清一点：斯宾诺莎迄今发展出来的学说，甚至一直到第十五章结尾发展出来的学说，就是他的神学学说，即他基于启示和圣经的学说。这套学说是讲给那些圣经的信徒听的。而既然斯宾诺莎碰巧不属于圣经的信徒，这就不可能是他自己的教导。[145]他自己的教导是从第十六章开始发展出来的。我们已经提前品味到了一点点，但还不是发展完全的学说。

我们翻到第十四章，先读182页第九行。

学生［读文本］：

> 不过，我们不想谴责这些宗派不虔敬，因为他们是让圣经的语词顺应了自己的意见。既然圣经顺应了常人的把握能力，那么每个人也被容许让圣经来顺应自己的意见，只要他看到这样做能使他在正义和博爱的事情上更加全心全意地服从神——

施特劳斯：停一下。在正义与博爱的事情上服从神。我没弄错的话，这里第一次出现了正义，但之前已经提到了博爱。虔敬就是在神之命令的基础上，本着服从的精神，为人正义和博爱。潜台词就是：唯此才是宗教，祈祷之类则不是。进而，如果重要的只有这个，那就意味着：与行动不同，意见享有完全的自由。问题在于，斯宾诺莎是否能坚持这一点。继续读吧。

学生［读文本］：

　　虽然如此，我们也会谴责他们，因为他们不愿意容许别人有这同样的自由，而且将一切思想与他们不同的人当作神的敌人来加以迫害，即便这些人十分诚实以及服从真德性。另一方面，他们却把那些口头赞同自己意见的人当作神的选民来加以爱护，即便这些人心智最软弱——

　　施特劳斯：他现在谈到了那些宗派。相比于正统，斯宾诺莎更赞同这些宗派，因为这些宗派不能容忍教会权力，而且它们不承认传统，不承认后圣经时代的传统。这是关键。他脑海里的宗派都是圣经主义者，就像他那样。圣经的字面意思才是唯一重要的，后来的大公会议决议或者传统都没有用。其次，不存在什么教会权力，不存在任何意义上的教士阶层。

　　学生：他是想到了加尔文宗吗？

　　施特劳斯：不，他们在这个意义上是威权主义者。宗派是像门诺派——他们一块生活过——和索齐尼派之类的人。这是在众多教会中所作的一种常见分类，宗教社会学家试图一方面界定教会（church）的类型，另一方面界定宗派（sect）的类型。因此，像加尔文宗、路德宗以及天主教之类的现象都属于教会，但像门诺派和贵格会之类无疑属于宗派。这已经成了一项巨大而困难的分类课题。

　　但从斯宾诺莎的视角来看，我想我们可以简单地说：他在基督徒当中最赞同的人，都是那些只重视圣经的字义解释，并且认为不存在教会权威的人。当然我们知道，即便这些人他也不是彻底赞同，只是相对的。另外，这些宗派有不少都支持宽容，它们有着重要的实践共识。继续吧。[146]

　　学生[读文本]：

　　　　对共和国而言，无法想象还有什么比这更邪恶或者更危险了。

　　　　所以，为了确立每个人拥有多大的自由，能去思考他在信仰上希望的事情，能去思考什么样的人即便想法不同也应该被认为有信仰，我们就必须确定：信仰是什么，信仰又有哪些基础。我决心在本章做这件事，同时将信仰与哲学相分离，后者也是这本书的主要意图——

施特劳斯：《神学—政治论》全书的首要目标就是信仰与哲学相分离，所以我们停下来看看。你们还会看到一样东西：意见自由也有限制，他现在打算为正当的异议（legitimate disagreement）划定边界。没有绝对的意见自由，这一点很重要，但不要忘了语境。或许可以说，斯宾诺莎这里仍然是以神学家的身份，在圣经的基础上说话。圣经本身并不像犹太教或大多数基督徒理解的那样拥有某种教义，但并非一切事情都可以接受。例如，谁要是说圣经教导或者承认无神论，那就太过火了。你们瞧，总有一些限制。

既然这是十七世纪关于宽容的主要文献之一，问题的重要性就在于此：斯宾诺莎将宽容的限度、言论自由的限度设在何处？这就是他接下来要做的事情。有什么问题，记得随时可以打断我。继续吧。

学生［读文本］：

为了用一种有秩序的方式说明这些事情，请让我们重述一下圣经整体的首要意图。这将向我们说明确定“何谓信仰”的真正标准。

我们在前一章说过，圣经的意图仅仅是教人服从——

施特劳斯：记住，仅仅是服从。某种意义上，这决定了斯宾诺莎最终的议题，因为理性并没有指示服从。因此，理性与圣经、信仰与哲学之间有一道裂隙。继续。

学生［读文本］：

谁也不能否认这一点。谁没有看到，新旧两约不过是一种服从方面的操练，并且除了人应该出于真灵魂而服从以外，新旧两约再无别的目标？（《神学—政治论》，XIV.3-6）

施特劳斯："服从的操练"，译者怎么没有复述这个词？［译按：课本译作"这种目标的操练"］斯宾诺莎复述了一遍。因此，他这里说得更加确切了：这些不是通向诸科学的手段，仅仅是通向服从的手段。因此，这个说法很清楚：一边是科学，一边是服从；一边是理性，一边是启示。接下来，他会再次提出：这里的服从就是指爱邻人。

跳过下一页吧，内容一样。当他谈到"每个人都能为了服从神而行事，圣经也在许多经文里尽可能清楚地说过，全部的法唯此一条，那就是爱你的邻人"的时候，你们看：不是爱神。［147］这是再清楚不过的讲法：对神的理智之爱，对邻人的非理智之爱。他讲的就是这样一组对立面。从183页底下开始吧？

学生［读文本］：

因此，谁也不能否认，一个人要是遵照神的诫命爱人如己，那就是真正的服从，而且根据律法也会蒙福。但是，一个人要是厌恶或无力照看他的邻人，那就是顽固的反叛者。(《神学—政治论》，XIV.9)

施特劳斯：停一下。人出于对神的服从而爱邻人，由此得以蒙福；这是"根据律法"(secundum legem)，而非"根据理性"(secundum rationem)。根据理性，这样做并不会使人蒙福。从这种律法的原则出发，斯宾诺莎接着会说：大公信仰的所有教义——大公信仰这里是指基于圣经的信仰——只能由理性推导出来。换言之，斯宾诺莎没有通过圣经经文来确立这些教义，没有必要。他所做的是采用了一种超越理性的启示原则：爱邻人就是蒙福的充分且必要条件。他提出问题：这种可能性都有些什么样的条件？这是他仅凭理性来确立的。这在中世纪思想里有一段漫长的前史，我不深究了。继续读184页第三段。

学生［读文本］：

为了以一种有秩序的方式来说明所有这些东西，我将从一种信仰的定义开始。根据上述给出的基石，信仰必须这样来定义：信仰就是去思考关于神的这些事情——

施特劳斯：不能译成"知识"（knowledge），这里是 sentire，指宽泛意义上的"思考"，差不多可以说是"想"（opine）。

学生［读文本］：

假如你对它们无知，那么对神的服从也会遭到破坏；反之，假如你服从神，你必然也会拥有这些思考。这项定义非常清晰，也是从我们证明过的事情中非常明白地推出来的，以至于无需加以解释。（《神学—政治论》，XIV.13）

施特劳斯：懂了吗？这是一个纯属理性的问题。服从神有什么充分且必要条件？这些教义就是条件。必须承认这些教义，不能宽容那种否定它们的做法。继续吧。

学生［读文本］：

现在，我将作简要说明，并由此推出：I. 信仰不是凭借自身，而只是由于服从才成为得救。或者，就像雅各所说（《雅各书》2：17），没有行为的信仰本身是死的。对此，参见这封使徒书信的整个第二章。

还推出：II. 谁若是真正服从，就必定拥有一种真正的、得救的信仰。如我们所说，如果服从在场，那么信仰必然也同时在场。同样是这位使徒在《雅各书》2：18公开说道："你将你没有行为的信心指给我看，我便藉着我的行为，将我的信心指给你看。"约翰也说（《约翰一书》4：7-8）："凡是爱（也就是爱邻人）①的人，都是生于神、认识神；凡是不爱的人，也都不

---

① ［译按］括号内为斯宾诺莎的解释。

认识神，因为神就是博爱。"

[148]从这些东西接着推出：III.除非根据一个人的行为，否则我们便不能判断他是否有信仰。如果行为是好的，那他们就是有信仰的，无论他们与其他信仰者在教义上多么分歧。反之，如果行为是坏的，那他们就是无信仰的，无论他们与其他信仰者在言辞上多么一致。原因在于，哪里有服从，哪里就有信仰，而且没有行为的信仰是死的。(《神学—政治论》，XIV.14–16)

施特劳斯：顺便一提，你们看这里强调了雅各，却对保罗完全沉默，因为他就是要反对"唯独信仰"。行为必不可少，行为是唯一重要的东西，由此他暂时使我们怀疑自己是否还需要什么信仰。重要的只有行为，只有博爱的行动。甚至可以说：假设人做出行为不是由于服从神，而是别的原因，既然这人相信的东西使他做出博爱的行动，那这不也是在拯救信仰吗？斯宾诺莎触及了这一点，但他退缩了。我们马上就会看到。

学生［读文本］：

约翰在同一章第13节也公开教导了同样的东西，他说："藉此我们知道，我们一直在神里面，神也一直在我们里面，因为神将祂的灵赐予我们。"神的灵也就是博爱，因为约翰先前说了神就是博爱，由此（根据他当时接受的诸原则）他推论：凡是拥有博爱的人，就是真正拥有神的灵——

施特劳斯：看见他提到那个可疑的前提了吗？因此，他的结论来自他当时接受的原则，而不是证据。继续吧。

学生［读文本］：

其实，由于没有人见过神，约翰就据此推论：除了通过对邻人的博爱以外，没有人能察觉神或者认识神，而且事实上没有人能认识神除了这种博爱之外的其他任何属性，就我们分有了这种博爱而言。

如果这些论证不是决定性的——

施特劳斯：你们瞧，这里又提到了这个事实：它没有权威性。继续吧。

学生［读文本］：

> 它们依旧足够清晰地解释了约翰的意图。但更清晰的论证是《约翰一书》2：3-4，在那里他用最明确的话教导了我们这里的主张。他说："藉此我们知道，如果我们遵守祂的诫命，我们就认识祂。凡是说认识祂却不遵守祂的诫命的人就是骗子，真理也不在他当中。"
>
> 从这些命题又推出：IV.真正的敌基督，就是迫害热爱正义的诚实人的人，因为他们不同意这些人，而且不像他们那样坚守同样的信仰的教义。我们知道，热爱正义与博爱足以证明一个人有信仰；而凡是迫害有信者的人，就是敌基督。（《神学—政治论》，XIV.17-19）

施特劳斯：［149］换言之，我们又回到了这个大难题。为什么任何信仰都行？虽然重要的唯有行动，但为什么任何信心的决定、任何信仰都行？斯宾诺莎一路铺垫到了这种极端宽容的视角，但接下来他立刻提出了一些保守的限定条件。继续。

学生［读文本］：

> 最后推出：V.信仰所要求的，与其说是真教义，毋宁说是虔敬的教义，也就是推动心灵去服从的教义，即便它们当中许多甚至连真理的影子都没有——前提是一个人接受这些教义的时候不知其虚假，否则，他必然就是一个反叛者。原因在于，一心热爱正义和服从神的人，怎么可能将一个他知道与神的本性迥异的东西当作属神之物来敬拜呢？——

施特劳斯：因此，博爱的行动必不可少。但斯宾诺莎的隐含意思是说，人如果没有某些意见在先，就不会这样行动。因此，只有那些激发人做出博爱行动的意见才称得上虔敬。如果这些意见对所有人来说必然是一样的，你就能列出一份所有人都有义务服从的教义清单了。但是，经验证明：同样的行动可以被非常不同的意见激发出来。因此，我们就有了非常宽泛的自由度，或许是无限的自由度。

这就是难题。尽管如此，斯宾诺莎确信：信仰还是存在着一些限制，而他正在逐渐尝试着提出它们了。继续吧。

学生［读文本］：

> 但是，人们也能因为心灵的单纯而犯错。而且如我们说明过的那样，圣经并不谴责无知，而是仅仅谴责顽固的人。
>
> 其实，这一点必须只是从信仰的定义中推出来，所有这些要素也必须求索于上述说明的普遍基石以及圣经的唯一意图，除非我们想混进自己的幻想。这一定义并非明确要求真教义，而是仅仅要求那些对于服从必不可少的教义，它们在爱邻人方面加强了我们的灵魂。仅仅是由于这种爱，我们每个人（像约翰所说）就在神当中，而神也在我们每个人当中。
>
> 每个人的这种信仰被视为虔敬或不虔敬，应该仅仅看他是服从还是顽固，而不是看这信仰是真是假。谁也不会怀疑，人们通常的心智是极端多变的，而且不是所有事物都能平等地满足每个人。各种意见以不同的方式统治人们：有人在它们的推动下献身，也有人在它们的推动下嘲笑和轻蔑。
>
> 由此推出，任何属于大公信仰或普遍信仰的教义，都不会在诚实的人们中引发争议。（《神学—政治论》，XIV.20–22）

施特劳斯：停一下。"诚实的人们"（honestos），就是指正派人。斯宾诺莎并不是说没有教义，因为任何教义都可能引导人做出博爱行动。但他说：不行，我们必须规定一些教义，它们必须让一切有道德的人、正派的人都没有异议，无论儒教徒、基督徒还是希腊异教徒。但是，这在某种意义上又必须符合圣经。这是个难题，必须是一种所有正派人都认可的教义。现在，我希望哲人们全都是正派人，那它们不也就必须是哲人们全都认可的教义了吗？但按照斯宾诺莎所言，哲人不可能相信有一位立法之神，不可能相信有一位神在施行神意。这就是难题。

[150] 明白斯宾诺莎这里的两难了吧？我的意思是说，在讲了圣经除了博爱——即爱邻人——之外没有别的要求之后，所有意见就都自由了。但斯宾诺莎深知，这条原则（必须爱邻人）必然也有理论前提。因此，除非你接受某些理论原则，否则你就不可能承认"爱邻人"这项要求是你生活的指导原则。若是如此，这些理论原则就必须避免遭到驳斥。如果名副其实的哲人否认了这些原则，那就必须迫害哲人，程度至少要到……这不是必然的吗？

学生：我不明白，为什么他要引出博爱这条教诲背后的理论原则。单凭圣经本身教导博爱，这应该就够了。要是他沉溺于更深入考察其中潜藏的理论，他恰恰就是在做圣经没有做的事情。换言之，他在搞理论，圣经却没有。

施特劳斯：但斯宾诺莎告诉你了，以圣经的名义，博爱就是必不可少的东西。极少数人会予以否认，当然斯宾诺莎也否认。

学生：但是以圣经的名义……

施特劳斯：没错，以圣经的名义。那样一来，你就预设了圣经的权威。接着，你就有了比斯宾诺莎想要的多得多的教义。

学生：除了博爱这条教诲之外，斯宾诺莎已经从圣经的真正教诲中剔除了其余所有东西。所以为什么……

施特劳斯：但是，博爱这条教诲也是一条经由神圣启示而来的教诲：若是没有这种支撑，它就没有了权威，不再是一项律法了。

我想，可以这样陈述斯宾诺莎对你的驳论：如果这是圣经的一种教诲，其权威便预设了圣经的权威，而这就意味着"表面上"（prima facie）你不得不相信圣经里的一切，无论是巴兰的母驴还是博爱。我将你们从这巨大无比的信仰重负下解放出来，但我也不得不承认必须有一些最低限度的信仰。例如，如果你不相信有一位神，你就无法相信博爱是神所要求的必需之物。

你们看到了困难所在。斯宾诺莎尝试过了——如果他能找到一种无神论的博爱，找到道德，他会很高兴的，但这不可能，因为博爱无法得到合乎理性的证明。唯有在启示的基础上，博爱才能成为最高的原则。因此，他需要一种最低限度的启示教义，而他接下来就要列举这个最低限度。

学生：当然，只要他这样做了，他就削弱了关于博爱的全部教诲。

施特劳斯：但你知道有没有一种更优雅的办法来解决他的困境呢？我是说，他还有别的解决办法吗？如果博爱是一种理性道德的原则，他就不需要圣经的权威了。但他否认这一点。只有承认圣经的权威，他才能让博爱成为指导原则。如果他想避免大范围的迫害或噤声，他就必须承认圣经的权威，但要将其缩减至一种几乎没有思辨性的最低限度；这就是他的计划。

当我们读到这些教义时，你会看到它们对新旧两约的区别漠不关心。因此，新旧两约一样教导博爱，[151]而这与斯宾诺莎在其他一些地方讲的内容相矛盾。新旧两约一样教导博爱，所以它们一样神圣。因此，这些前提只能对新旧两约的差异、对犹太教和基督教的差异保持中立。基督教的教义全部消失，同样，犹太教特有的全部教义也会如此。

学生：更好的做法，难道不是不要去管博爱的这些结果与前提吗？

施特劳斯：但这样他就没法澄清问题了。我是说，这样做是在兜圈子，它经常是一种最明智的手段，但也只是短期如此，因为困难始终没有完全解决。斯宾诺莎想说的是：要想获得最大的自由——只要承认圣经的权威就能合理要求的自由——那么信仰的真正本质之物应该是什么；这是他在这一部分论证所做的工作。他别无选择。

我上次讲过，某种意义上他比霍布斯和洛克更具自由主义色彩，后面两位说"耶稣是弥赛亚"就是得救所必需的教义；按照霍布斯和洛克的解释，其中当然包含了对神和神意的信仰。除了你必须相信的那些前提之外，"耶稣是弥赛亚"就是底线（他们的意思不是指三位一体主义者，因为那就不止"耶稣是弥赛亚"了）。但斯宾诺莎甚至抛弃了这一点。从这个视角来看，斯宾诺莎远远比霍布斯和洛克更像是神体一位论者（unitarian），如果我能这么讲的话。十七世纪很难找出一个支持无条件宽容的人，严格意义上的无条件。我们会看到，斯宾诺莎最后提出了一些重要的限定条件，它们完全独立于其神学教诲。接着读吧。

学生［读文本］：

> 既然教义必须仅仅靠行为来评判，那么有争议的教义就可能在一个人那里是虔敬的，在另一个人那里不虔敬——

施特劳斯：某种意义上，他又回撤了。你们看，拉锯还在继续：既然唯有行为重要，那么究竟还应该有什么教义吗？尽管如此，你确实需要某种教义。斯宾诺莎总是在这些相互矛盾的立场间进进退退。我们看他最终如何解决这个问题。

学生［读文本］：

> 因此，唯有那些服从神所绝对必需的，并且不知道它们就会致使服从变得绝对不可能的教义，才是属于大公信仰的教义。至于其余教义，既然每个人都是更知道自己，他必定也会去想自己认为对自己更好的东西，以此在热爱正义方面加强他自己——

施特劳斯：瞧，他采用了常规做法来摆脱那些矛盾：他作了一个区分，说有一些是必需的，而在其他方面所有人都是自由的。如果你想虔敬，你就必须承认其中一些。［152］

学生［读文本］：

这样一来，我想那些争议在教会里就再也没有一席之地了——

施特劳斯：这就是他追求的目标。他不想为争议留下任何余地。他不想把责任再推给别人，所以他必须直面。

学生［读文本］：

现在，我应该毫不犹豫地列举出普遍信仰的各项教义，或者圣经整体所指向的基本原则，它们全部（这是从前两章中最为清晰地推出的）都必须趋向这一点：有一个至高存在者，祂爱正义和博爱，而且任何人要想得救，就必须通过践行正义与对待邻人的博爱来服从和敬拜祂。（《神学—政治论》，XIV.23–24）

施特劳斯：没错，接着他就将其发展成了七条教义——这个神圣的数字"七"令人瞩目，尤其是它刚好又出现在第十四章。我让你们注意这件奇事，虽然最近一位非常优雅的作家在提到类似事情时用了一个绝妙的词来称呼它：官腔（gobbledygook）。但不幸的是，这类事情的确存在。有时人们就是用了这样的标记。在斯宾诺莎看来，这也不可或缺。我们不必阅读它们，因为它们其实已经被暗示出来了。

现在，有一件事应该立刻就清楚了：这些教义——正如这里的讲法所总结的那样——都不是斯宾诺莎自己的教义。斯宾诺莎的神并不喜欢博爱和正义，这些东西完全不适用于他的神。换言之，哲人不属于正派的人之列——所有正派人都会承认这套教义。所以我们来看，斯宾诺莎在列举这七条教义之后，又会如何摆脱它们。找到从哪里开始读了吗？187页。

学生［读文本］：

谁也不会意识不到，对于人们能无一例外地依照上述律

法的诫命来服从神而言，知道所有这些事情都是尤其必需
的。如果废除了这些教义当中的任何一条，服从也会同时遭到
破坏——

施特劳斯：当然，服从会遭到破坏，但身为哲人的他不需要服
从。他目前是在哪里？对于像他这样的人，他找到了什么解决办
法吗？

学生［读文本］：

> 至于其余，就信仰而言，以下这些就无关紧要了：i.神是什
> 么，无论祂是火、灵、光、思想还是别的什么；ii.神如何是一
> 种真生活的样板，无论是因为祂拥有一颗正义和仁慈的心，还
> 是因为万物都藉由祂而得以实存和活动（所以我们也藉由祂而
> 得以理解，得以看见什么是真正的正义与善）。无论每个人在这
> 些事情上有何主张，这些都是完全一样的。（《神学—政治论》，
> XIV.29-30）

施特劳斯：看到了吧？这就是他做的事情。他构想了一些像他
那样的哲人无法接受的教义，但他保留了解释的自由。根据这里的
讲法，［153］你们会看到：一个百分百唯物主义的无神论者也能成
为正派的人，只要他还拥有将他的物质称为神的那份正派品质。这
全都是可以论证的。

我想，这样描述斯宾诺莎讲的内容才比较公正：假设一位正派
人说"物质产生了人，人有这样一种本性，以至于他要是行事不正
派便无法生活得好，而这种正派也包括一定程度的博爱，亦即多数
人和多数哲人都会承认的博爱"。这完全没错，唯一条件是他必须拥
有将物质称为神的那份正派品质。你们瞧，斯宾诺莎说的是"火"，
但你当然也可以说"物质"。继续吧。

学生［读文本］：

　　另外，就信仰而言，如果有人相信以下教义，那也是无关紧要的：iii.神的遍在（ubique）究竟是源于其本质，还是源于其力量；iv.神引导万物究竟是出于自由，还是出于一种自然的必然性；v.神究竟是像一位君主那样定立法律，还是将它们当作永恒真理来加以教导；vi.人服从神究竟是出于意志的自由，还是出于神的命令的必然性；vii.最后，奖善惩恶究竟是自然的，还是超自然的。

　　我说，就信仰而言，一个人如何理解这些以及其他相似的事情，这都无关紧要，只要他得出的结论不是自己的犯罪可以受到更大容许，或者自己应该减少对神的服从。其实，如上所述，每个人都有义务让信仰的这些教义顺应自己的理解力——

施特劳斯：有义务——不仅容许解释这些教义，而且有义务让它们顺应自己的能力。读完吧。

学生［读文本］：

　　将它们解释得能使自己更容易毫不犹豫、全心赞同地接受它们，从而使自己能全心全意地服从神。（《神学—政治论》，XIV.31–32）

施特劳斯：对，这就是解决办法。有一些具体的教义，但这些教义正当地服从于个人解释；说清楚些，这就是一句漂亮话而已。作为对言论自由的某种限制，这当然也很有趣。你必须想到——但这样做的理由是什么呢？接下来他马上就会讲到，188页第三段最后一句。

学生［读文本］：

　　这种教义如何有益，它对于一个人们想和平、和谐生活的共和国而言如何必不可少，而且它如何避免了那么多、那么大的骚乱和邪恶的原因——这些事情，我请每个人自行判断。（《神学—政治论》，XIV.34）

施特劳斯：你不可能拒斥圣经，这是一种政治上的不可能，这是由他的处境强加于他的。有了圣经的权威——圣经的公共权威——这就是唯一的教义，它满足了和平、宽容等等的必要条件。这就是重点，舍此无它。在介绍他的立场之前，你们必须至少先理解它，然后在他自己的基础上与它相遇。不用说，这里的潜台词就是：假设有一个社会，圣经在其中并不是公共权威，那么，这一整套论证都不再令人感兴趣。这很明显，[154]因为斯宾诺莎不相信圣经的权威，他已经说得相当清楚了。

学生：霍布斯没有提过这些关于道德之基础的理论问题。

施特劳斯：没有吗？有没有读过《利维坦》第三部分，"论基督教国家"？

学生：但他讨论问题的方式不同。他会容许圣经的公共权威保留在其自身领地内，只要属灵权威对主权国家俯首听命。

施特劳斯：斯宾诺莎后面在论述政治的部分会继续谈这个问题，也就是说，主权、政治主权是否有义务承认圣经的权威？斯宾诺莎现在是说：在我看来，他们没有义务这样做，没什么问题。在斯宾诺莎和霍布斯那里，这个问题的相似性就在于他们都讨论了信仰的必要条件。

我忘了是《利维坦》哪一章，就在第三部分结尾部分。霍布斯的核心答案——严格对应于斯宾诺莎的说法——就是信仰的最低限度在于"耶稣是弥赛亚"，[①]而且他澄清了这一点也包括对神的信仰等等在内。这是同样的模式。霍布斯本人有一个说法——我讲过不止一次——即斯宾诺莎的《神学—政治论》"胜他一筹，他可不敢如此肆意著述"；只要一边研习《利维坦》、一边研习《神学—政治论》，就能证明这句话说得很对。在这些事情上，霍布斯比斯宾诺莎更保守，尽管这听起来有点出乎意料。但是，这种保守在于他们的言辞，而非思想。在其他事情上，斯宾诺莎比霍布斯保守得多，我们后面

---

① 这个讲法在《利维坦》里大量出现，但施特劳斯这里也许是指第三部分最后一章，第四十三章，"论人被接纳进天国有什么必要条件"。

就会看到。现在读读189页第二段。

学生［读文本］：

> 对我而言，现在留待完成的最终是要说明：信仰或神学与哲学之间没有任何交道或者联系。现在谁也不可能看不到这一点，只要他认识到这两门学科的目标和基础都是全然不同的事物。原因在于，哲学的目标仅仅是真理，但信仰的目标，正如我们大量说明的那样，仅仅是服从与虔敬——

施特劳斯：不要忽视潜台词：信仰或神学与真理毫无关系。

［155］学生［读文本］：

> 不止如此，哲学的基础是共同观念（notiones communes），必须唯独求索于自然。但是，信仰的基础是历史和语言（historiae & lingua），必须唯独求索于圣经和启示，正如我们在第七章说明的那样。
>
> 因此，信仰容许每个人拥有搞哲学的最大自由，以至于每个人能思考他愿意的任何事情而不为恶——

施特劳斯：任何事情，毫无阻碍。

学生［读文本］：

> 信仰谴责为异端和分裂教会者的人，仅仅是那些教导了鼓励顽固、憎恨、争吵和愤怒的意见的人。另一方面，它视为有信仰者的人，仅仅是那些极尽自己理性和能力的容许范围内促进正义和博爱的人。
>
> 最后，既然我们这里证明了的事情就是我在本书里旨在达成的要点，在我深入之前，我想最诚挚地请读者花时间仔细阅读这两章，再三反复掂量——

施特劳斯："再三反复"，etiam atque etiam。［译按：课本漏译］

学生［读文本］：

> 并且被说服：我们写这些东西的意图不是提出任何新奇的东西，而只是纠正歪曲，我们也希望有朝一日见到这些歪曲得以纠正。（《神学—政治论》，XIV.37–40）

施特劳斯：你笑了。他说他不想提出新奇的东西，只是想恢复，这难道不讽刺吗？

学生：［听不清］

施特劳斯：我们看看第二十章的标题："证明在一个自由的共和国里，每个人被容许意欲什么就想什么、想什么就说什么。"逐字逐句引自罗马史家塔西佗。[①] 还有很多引文也是出自塔西佗及其他古代作家。不要忘记，斯宾诺莎这里的意思很严肃：他要恢复古典时代存在过的某种自由。

在前面某个地方，我讲过十七到十八世纪有一种偏见：他们相信古典时代曾有过完美的宽容，或者近似某种完美宽容的东西，只是在圣经的影响下遭到了摧毁。斯宾诺莎多少也相信这一点，但我们这里也看到，这段话最后他也承认：如果是在启示的基础上，意见自由就有某种终极的边界。明白吗？我是说，在他最后的讲法里——他再也不谈那七个教义了。但这意味着什么？

学生：［156］教义会导向仇恨和争斗。

施特劳斯：不妨说是那些反社会的教义。而且我们必须看看，斯宾诺莎是否把言论自由的这项修正条件也撤回了。如今，我们懂得——或者某些当代人懂得——言论自由是指随你心意宣讲任何教义的自由，不计后果。这是一种非常新奇的教义。假设有一种教义鼓励谋杀或放荡行为，它当然总是会以另一种方式被视为必须遭到镇压的对象。这与自由无关，这是对自由的破坏。在这方面，斯宾

---

① 参见塔西佗，《历史》I.1。

诺莎——我们会瞧瞧他是否回到了这一点。但无论如何，不管什么教义，有一点始终不变：绝不能传播反社会的教义。

学生：有一个简短的要点：他谈论有信仰的人，就好像他们有能力被理性说服，被说服去接受正义和博爱。

施特劳斯：说服。呃，suadere不是说服，应译作："建议正义和博爱的人。"

学生：这里似乎是说，他是在证明自己身为哲人的信仰，不同于他之前的立场……

施特劳斯：我懂了。换句话说，这类似于解释那七条教义的许可或义务。你们记得困难何在：那些教义是所有诚实的人都一定能接受的教义，但它们从最初提出来的时候就无法得到像斯宾诺莎那样的哲人的承认，所以他赋予自己权利乃至于义务去解释这些教义。另外，还有某些东西相似——因为最终唯一必需的标准，就是人不仅要行事正派，而且要劝人或教导人行事正派。人只要这样做，那他无论信奉什么教义都必能得到宽容。但这不是斯宾诺莎的教导。在那里的是七条教义。

学生：我在想，他强调凭借理性来教导究竟强调到了什么程度……因为在前面，有信仰的人不必证明他们服从理性。

施特劳斯：他没有说理性，他是说："按照自己理性的力量，符合自己的能力。"这也包含其他能力（faculties）在内，例如想象、雄辩之类。理性更受到偏爱，但……

学生：一旦你开始通过思辨来证明博爱，最终你就会像斯宾诺莎那样削弱……

施特劳斯：但他没有说"思辨"（speculation）。所有神学家都承认理性的某种附属性用途，这没问题，而这里你会看到斯宾诺莎也像一名神学家。这没什么困难。例如，如果你论证圣经中一段话的意思，将它与别的段落作比较，这就是一种理性行为，毫无疑问。每一位神学家——几乎每一位神学家——都承认矛盾律，承认正当的三段论与不正当的三段论之间的区别，但这与诸前提的认知性地位（cognitive status）无关。你讲？

学生：[157] 您愿意检查一下第十四章最后半个自然段的翻译吗？

施特劳斯：我得读一下，那里是一段不完整的拉丁句子。"信仰……视为有信仰者的人，就是那种按照自己理性的力量、按照自己能力去建议正义和博爱的人"。这是字面翻译，但我再来翻译一下整段话，或许你们脑海里碰到了什么困难。首先，他在前两句话中比较了信仰与哲学，作为对立双方。哲学的范围不同于信仰的范围，哲学的基础也不同于信仰的基础。

> 因此，信仰 [施特劳斯补充：从这里开始他只谈了信仰] 授予每个人搞哲学的至高自由，以至于他意欲什么就能想什么，而不会犯下罪恶。被信仰谴为异端和分裂教会者的人，仅仅是那种教导了一些建议不服从、憎恨、争吵和愤怒的意见的人；另一方面，信仰视为有信仰者的人，仅仅是那些按照自己理性和诸能力的力量去建议正义和博爱的人。

所以，我现在愿意担保的唯有一点：这是他临近结束时撂下的一句狠话，没别的了。如果你真想产生实效，那你就必须多少求助于理性。这也许是他的潜在意思，因为有一个奇怪的事实就是：他这里只谈到信仰，却没有像他前面几句话那样一起谈论信仰和哲学。但这个点实在太微妙了，还没有重要到可以倚赖的程度。

学生：说服（persuation）和建议（counseling）究竟有什么区别？

施特劳斯：有很多区别。无论哪种情况，他都是用同一个词 suadere，而不是 persuadere。suadere 的意义比较宽泛，它没有这种特殊的……请讲？

学生：这种限制不仅包括反社会的行为，而且也包括情感，例如愤怒。

施特劳斯：不是，是意见（opinions）。

学生：难道愤怒不是……？

施特劳斯：原文是说激发人们这些反和平情感的各种意见。

学生：包括顽固在内？那样会不会必然……

施特劳斯：他说的是那一类人，他们明显是在教导各种使人倾向于愤怒和憎恨之类的意见。

学生：这不是与他先前的说法相矛盾了吗？先前他说，只有行动可以遭到谴责，而意见本身不可以。

施特劳斯：嗯，这就是我们今天一直在讨论的困难。斯宾诺莎知道，要是没有产生行动的意见，也就没有了行动。因此，如果你宣称只能容许如此这般的行动方案，[158] 你多少也就将正当意见限定为能够导向如此这般行动的意见了。因此，他必须有一种教义。但另一方面，他又不想有一套界限分明，从而限制哲学自由的教义。我们已经知道，这是某种拉锯战。这就是他真正暗示的意思：要选择一种行动方案。

很显然，同一种行动方案可能出自非常不同的理论前提。例如，我们缴纳收入所得税，这可能出于非常不同的理由。有人纳税，也许只是因为他觉得花一下午进城去跟税务局解释为什么自己不纳税很麻烦而已。别人也许会说，不是，我们必须纳税修那些高速公路。甚至还可能有人引用关于纳税给恺撒的新约典故，诸如此类。但结果都是同样的行动：它们全都引至同一个方向，汇合了。

所以严格说来，斯宾诺莎本可能说：不要教义，我只关心结果；只有能使这结果可能的意见，我才容许；反社会的意见统统出局，但在其他方面人们完全自由。然而，要是他不能与圣经大唱反调，他就无法做到这一点。你们看，他不能说圣经也教导无神论。对他而言这是一种必然性。

我们不能忘记，还有另一种理论上的必然性：除了实践性的理由之外，他也想公开圣经与哲学之间的真正问题。你们知道这里有一种张力：一边是信仰有一位人格化的神，祂施展与人的行为相关的特殊神意；另一边是信仰某种非人格化的神，它不施展特殊神意，也不关照人的行动。他也想澄清这一点，因而这也是更加哲学化的讨论方式。你说？

学生：我在想，我们译本里翻译成了"趋向于"（which tends to）。

施特劳斯：应该是"促动"（which swayed），他没有说"趋向"。

学生：换言之，它给了更多许可。

施特劳斯：不是。更严格些，我会译成"鼓励了他们"（which encourage them）。"倾向"可以支持那些——不对，斯宾诺莎有一种更严格的观念："促动了……建议了……"

学生：在这段话最后，他表达其政治结论、政治思考，采用的是异端和分裂教会的用语，而不是像煽乱之类的用语。

施特劳斯：不对，直到包括第十五章在内，他都是神学式的用语。抱歉，我们现在必须转向第十五章了，如他所言，本章证明了神学不能作理性的婢女，理性也不能作神学的婢女，以及为什么我们要说服自己相信圣经的权威。这是他此处提出的观点：理性不能作神学的婢女，反之亦然。

接着，他以两位犹太权威为例讨论了这个问题：一边是迈蒙尼德，他试图让神学作理性的婢女；另一边是阿尔帕哈（Alpakhar）——其实是个无名氏——他让理性作神学的婢女。①我们只能读最重要的几段。[159]

学生［读文本］：

> 因此，我们已经驳倒了阿尔帕哈的立场，以及迈蒙尼德的立场。我们已经无可动摇地确立了，神学不必成为理性的婢女，理性也不必成为神学的婢女，而是双方各有自己的领地。

---

① 摩西·迈蒙尼德（1135—1204），又称拉姆巴姆（Rambam），是犹太律法最重要的编纂者之一，也因《迷途指津》一书而成为富有影响力的哲人。犹大·阿尔帕哈（死于1235年），常拼写作阿尔法哈（Alfakhar），是一位西班牙的拉比，也是当时重要的反迈蒙尼德主义者。他留下了一封重要的通信，对象是一位名叫大卫·基姆希（David Kimhi）的拉比，斯宾诺莎在《神学—政治论》里也提过此人。

　　如上所述：理性的领地就是真理和智慧，神学的领地就是虔敬和服从。因为我们已经说明了，理性的力量并没有大到能够决定人们单靠服从、无需对事物的理解就可以蒙福。但是，神学仅仅教导了这一点，而且除了服从之外再没有别的命令。神学既无意愿也不能够做任何有悖于理性的事情。（《神学—政治论》，XV.21–22）

施特劳斯：换言之，他是在暗示（而且极其成功）：一边理性，一边启示，两者互不相干。没有冲突。但不幸的是，真理只属于一边，属于理性。当然，他也费了很多口舌说明：两者在所有方面都是共通的，换言之，他们只是在真理的诉求这个方面相冲突。但他和平地表达了这一点，途径便是他说它们活在不同的星球上。

　　如今的说法再也不是这种形式了，因为现代人已经变得如此礼貌，以至于他们再也不会直言不讳了。现代人说，宗教是一种感受，也就是某种民俗，有益于社会，构成了社会的一个重要部分，所以不存在什么冲突。但是，一种宗教也想让自己为真。如果你漠视它的真理诉求，认为宗教只是生活的某种美化，那就不会产生任何冲突。但是当然，那也不成其为宗教了，那就变成麦迪逊大道了。继续读吧。

　　学生［读文本］：

　　因为正如我们在上一章所言，神学只是划定了足够用于服从的信仰之诸教义（fidei dogmata）。但是，恰恰是这些教义在真理方面应该如何理解，这就留给理性来决定了，而理性其实就是心智之光（mentis lux），没有了它，心智就只能看到梦和虚构。（《神学—政治论》，XV.23）

施特劳斯："没有理性，心智就只能看到梦和人为发明"［译按：课本译作"没有了它所有东西都是梦和幻觉"］。我想这很清楚，因为在启示中，理性并没有起作用。读下一段吧。

学生［读文本］:

所谓神学，我在此简要理解为启示，并且是就其指明了我们所说的圣经指向的目标而言：这目标就是服从的原则和方式，或者说真虔敬和真信仰的各种教义。这就是名副其实的神言，它并不在于特定数目的经卷，这一点参见第十二章。如果你在这个意义上思考神学的各项诫命，或者神学涉及生活的教导，那你就会发现神学与理性是一致的；如果你思考神学的意图和目标，那你就会发现它没有包含任何有悖于理性的东西。这就是为什么神学对于每个人都是共通的。（《神学—政治论》，XV.24）

施特劳斯：对，这就是他到现在一直在建造的东西。在诱使神学抛弃其真理诉求之后，神学与哲学就有了一种完美的和谐。神学的真理诉求逐渐消失了，［160］接着他就进入了一个非常体面的观点：神学与哲学有一种完美的和谐，因为神学的教义是超理性的。唔，这种超理性的、按定义也就没有"违背理性"（contra rationem）的东西，当然与理性有着完美的和谐。这就是斯宾诺莎在做的事情：一边是理性，一边是神学，神学超出理性，因而两者没有冲突。

那么，问题来了：我们又怎么知道它是超出理性，而非低于理性，仅仅是梦和虚构呢？答案就是：因为它已经得到了奇迹的证实，正如每一位新教神学家都会说的那样。所以，这个问题就消失了。这是接下来发生的事。我们现在只要再读两段，首先是197页第二段。

学生［读文本］:

因此，即便全部神学和圣经的这种基石无法通过一种数学论证的方式来证明，但我们还是能用牢靠的判断来拥护它——

施特劳斯：换言之，我们对于启示的真理性不可能有某种严格的证明，而是只有一种合理的证明。

学生［读文本］：

> 原因在于，不愿意拥护已经有众先知如此多的见证所肯定了的东西，那纯粹就是愚蠢。不止如此，对于那些理性力量不够强的人是一种极大安慰的东西，对于共和国并非只带来微小利益的东西，以及我们能绝对相信而毫无任何危险或伤害的东西，如果只是因为不能以数学的方式来证明它们就不愿意拥护，那也纯粹就是愚蠢。这就好比，为了智慧地安排我们的生活，对于能够出于任何理由而加以怀疑的事物，我们统统不能承认为真。或者说，这就好比我们大多数行动都不是不确定和充满危险的。（《神学—政治论》，XV.36-37）

施特劳斯：他现在说话就像一位通情达理的神学家！这类作家总是遵循一条准则，那就是从一开始他们的开场白就非常合乎正统。你们还记得《神学—政治论》第一章第一句话吧：预言和启示是某种对于神向人启示的事物的认识。每个人都会这样讲。而且，斯宾诺莎的结束语也再度合乎正统——开篇和结束，但中间发生了各种有趣的事情。

这种做法有一段漫长的历史，可以回溯到——你们会在关于庭辩修辞（forensic rhetoric）的讨论中发现明显相似的东西。一位演说家，或者一位必须为当事人做辩护的律师，他会怎么做？古代修辞家西塞罗和其他人会说：每个人都知道，要在中间部分提到薄弱点，要在开篇和结尾吸引人们最大的注意力。开篇如此，乃是因为人们还没犯困，他们刚刚入戏；结束如此，乃是因为当说话人说"现在我要得出结论"的时候，每个人才醒过来了。在中间部分，他们千方百计地讨论那些薄弱的论证；这里的薄弱是指从法律的视角来看。

这里也发生了同样的事情：从公认意见的视角来看实属薄弱的内容，出现在了中间部分。这一类书经常出现这种状况。即便你去看另一类可敬的事情，例如与庭辩修辞截然不同的书评，我也见过有的学者（不提名字）在写书评的时候，只读了目录——哦不是，先读了索引，其次是导言，接着就去读结论。然后，他们只是匆匆浏览一遍，但他们其实只是读了导言和结论。懂了吧？

[161] 因此，那种自诩有用的教义——用柏拉图最真诚的表达——就是一种高贵的谎言。只要读一下198页底部上数八行就够了。

学生 [读文本]：

> 在我继续讨论其他事情之前，我想提醒你们——虽然我已经说过了——我判断圣经或者启示有着极大的功效，甚至于必然性。我们无法凭借自然之光来懂得，单纯服从就是一条通往得救的道路。唯有启示教导了这是凭借神的一种特殊恩典而得以发生的，我们无法靠理性来理解。因此，圣经为有死者带来了极大的安慰。每个人毫无例外地都能服从，但是唯有极少数人（相较于整个人类）仅仅从理性的引导中获得了一种德性的习惯（virtutis habitum）。因此，如果我们没有这种圣经的见证，我们几乎就会怀疑每个人能否得救。（《神学—政治论》，XV.44–45）

施特劳斯：这也是明显的反讽，因为在斯宾诺莎看来，得救——也就是真正的德性习惯——除了依靠理性之外便无法获得。但是，也有可能是某些错误的意见，激发了能与理性在社会范围勉强达成一致的德性，而这些错误意见就会成为有益的意见。这就是圣经能给我们的东西。至于换个视角来看这些意见是不是对社会有危险，那就是另一个问题了。我们已经看到了"勿要抗恶"这个例子：它毕竟是新约的一个明确说法，斯宾诺莎必须废除它，因为按他的理解，它对一种合乎理性的社会道德没有好处。

现在，我们要开始读下一章了。到现在为止，我们已经注意让哲学与神学相互分离，并且证明了神学容许每个人享有搞哲学的自由。现在，我们要转向哲学部分的讨论了。有一点他没有说太多，但他的意思是说：神学部分已经结束了。某种意义上，你们可以说我们还没有听到斯宾诺莎的政治哲学的任何内容，因为到现在为止，我们只听到了他的政治神学（political theology），而他并不认为这是真实的教导。但这种区分已经隐含着一个巨大的政治难题，这就好比，谁要是理解了柏拉图论述高贵谎言的那一页——或者半页——谁对柏拉图的政治哲学就有了相当程度的理解。尽管斯宾诺莎像柏拉图一样没有将这种教导视为真理，而是仅仅视为对社会而言的必需品，但以同样的方式，我们可以在斯宾诺莎的神学教诲中获得一些对于他的哲学式政治教诲的反思。

第十讲 《神学—政治论》第十六章

（日期不详）

施特劳斯：[163]……当霍布斯在《利维坦》里接手这个主题时，他的评论要比斯宾诺莎粗糙得多。《利维坦》写作和出版是在1651年，克伦威尔（Cromwell）统治时期，当时至少已经废除了古老的反异端法。因此，任何基督教教义都可以容许，至少不算作犯罪。在那本书里，霍布斯讨论了三位一体的问题，如他所说，神的三个位格，但什么是位格（person）？按照这个词在古罗马时代的含义，位格是指某种代表（representative）。这样就可以理解，耶稣应当是神的代表，类似地，圣灵的代表也就是教会。但三位一体的第一位格是谁？答案是摩西。旧约里神的代表是摩西，所以摩西就成了三位一体的第一位格。

王政复辟之后，霍布斯推出了《利维坦》的拉丁语译本。在附录中，霍布斯退缩了，因为反异端法这时也已经恢复。①对他而言，这是一个有说服力的理由，所以他承认他有点鲁莽了。

刚才你提了三个论点［译按：学生的课堂报告］。第一，你开了一个光荣革命周年纪念日的玩笑：今年1959年，为什么呢？

学生：这是威廉三世（William III）登陆托尔贝（Torbay）的两百七十一周年。

施特劳斯：哦懂了，抱歉。两百七十一周年。所以你是做了点

---

① 见《利维坦》第四十一到四十二章，以及附录。

数学。

学生：嗯，我想革命当时还没结束。

施特劳斯：那么，你关于哲人王的评论又如何呢？你的意思是什么？

学生：[录音听不清]

施特劳斯：我不知道这个评论是否相关，但我们后面会看看。最后还有一个我没看懂的地方，当你谈到……与……的区别时，你写道："现代人留着没讲的是什么呢？"

学生：现代人没有什么不是留着没讲的。

施特劳斯：什么意思？

学生：揭露社会所依靠的各种幻象，挑起仇恨，诸如此类。

施特劳斯：这是一个极其晦涩的说法，我不确定是否弄懂了。但现在我们先回到文本。再说一遍，我很喜欢你的论文。

如果你们翻到了第十六章开篇，斯宾诺莎清楚说道：直到现在——我的意思是第一到十五章——都是神学部分的内容。[164] 那是一场神学的、圣经的探究，只是到了现在才开始哲学的探究，虽然他没有完全这样说。麻烦你读一下第200页的那句话。

学生[读文本]：

> 至此，我们已经关注了将哲学与神学相分离，并且说明了神学容许每个人拥有搞哲学的自由——

施特劳斯：不对，应该是"神学容许每个人"[译按：课本作"这种分离容许每个人"]。这里只能是指神学（theologia）。继续吧。

学生[读文本]：

> 现在，我们应该追问：这种思想自由，这种想什么就说什么的自由，在最佳共和国（optima Republica）当中究竟能延展到多远。（《神学—政治论》，XVI.1）

施特劳斯：停一下。理想当然是指一种还没有成为现实的东西，尽管"理想"（ideal）这个词在斯宾诺莎那时已经有了。你们知道，"理想"不是一个古希腊或中世纪的词，它是十七世纪某个时候杜撰出来的（形容词形式），没记错的话，我想杜撰这个词的人是一位名叫拉纳（Lana）的绅士。① 我不知道这样翻译有什么动机，但斯宾诺莎仅仅用了"最佳共和国"这一表述。［译按：课本作"理想共和国"］

你们看，问题不单单是建立一种普遍的搞哲学的自由、思想自由和判断自由。这些自由能延展到多远——当然有一些限制。要记得，我们上次讨论过这一点。从圣经的视角来看，已经有了由第七条教义所设下的限制。但现在，关于这一点我们会发现理论的、哲学化的讨论。

下一段话是论证的开始，论证相当长，我们也读不完。要点是什么呢？斯宾诺莎的起点是他所谓的 ius institutum naturae，这是一种已经得到自然确证、已经被确立成规（instituted）的权利。② 斯宾诺莎的起点是自然权利，而非任何自然义务。用霍布斯已经简化或验证过的这种术语来说，有自然权利和自然法存在，自然权利在自然法之先。在霍布斯的方案里，这就意味着：每个人拥有保全自己的权利，就是最根本的道德事实。自然法指明了，自我保存要想得到成功辩护，就必须具备什么样的道德条件。只有凭借和平，自我保存才能得到成功辩护。因此，如果我们前后一致，我们就必须以一种和平的方式行动。自然法提出了和平的各项规则。自然法界定了我们的义务，但这些义务都是从我们更加根本的自然权利派生而来。

---

① 表达这个意思的 idealis 一词，最早有文献记录大约在1610年。这种认为它出自耶稣会士弗朗切斯科·拉纳（Francesco Lana）的说法来自莱辛（Lessing），参考 Franz Harder，《我们语言的生成和传播：语源学杂谈》（*Werden und Wandernunserer Wörter: Etymologische Plauderein*, Berlin: Heyfelder, 1896）。

② ［译按］第十六章只有 ius et institutum naturae，施特劳斯可能漏看了 et，故而把极难翻译的 institutum 理解成了修饰语 instituted，得出了"已经被确立成规的自然权利"这一译法。以下引文，暂且重译为"自然的权利与成规"。

这就是斯宾诺莎的先例，斯宾诺莎遵循先例，但没有完全遵循。他接受了这一点，但又离开了它。为什么？我们已经在第四章看到，神法或自然法其实是一种人强加于自身的法。霍布斯用自然法来表示的意思，也只是指一种人为了自己而构想出来的法。它的基础仅仅在于这种构想（figuring out），但霍布斯仍然愿意用"自然法"这个词。相反，斯宾诺莎最终没有这样使用，而在这方面他比霍布斯更加清楚、更加明确。霍布斯其实说过，自然法严格说来并不是一种法，除非我们承认它是圣经里出现的东西，[165]也就是神言。由于神是一位立法者，那它也就成了一种法，但自然法本身仅仅是各种结论或理论。这与斯宾诺莎的意思完全一样。只是在霍布斯那里，这种所谓的自然法与人的思辨生活、理论生活没有任何关系。对霍布斯而言，自然法唯一的基础就是狭义的、严格意义上旨在自我保存的欲望。斯宾诺莎这里采用了一个宽广得多的视角，这将逐渐浮现出来。

现在斯宾诺莎讨论了每一个体的自然权利，他举的例子是：鱼出于自然便注定游泳，大鱼出于自然便注定要吃小鱼。因此，鱼凭借其最高的自然权利占有了水，同样是凭借最高的自然权利，大鱼要吃小鱼。这是斯宾诺莎与霍布斯的另一个重要差异。在霍布斯对正确与错误的讨论中，他只考虑了人。斯宾诺莎的学说涵盖一切存在者，这当然使得他更难得出一种专属于人的政治学说，而霍布斯关于权利与法的全部观念从一开始就仅限于人。不言而喻，这种自然权利隐含着自私行动的权利。鱼没有博爱，而且鱼与人没有根本性的区别。因此，博爱在这种终极基础上毫无根基。

这一段话里有一句我应该翻译一下：

> 既然最高的自然法就在于每一存在者尽其所能努力保存自身的状态，丝毫不考虑他者，仅仅考虑自己……（《神学—政治论》，XVI.4）①

---

① 斯宾诺莎的这段著名的"努力"（conatus）学说，另见于《伦理学》第三部分命题6以下。它是斯宾诺莎关于诸个体的理论的核心要素之一。

这就是最高的自然法，绝对自私的法。你怎么生发博爱？博爱从一开始就被排除了，取而代之只剩下博爱的残影。接下来，他给出了解释。他所讲的可以用一句非常简单的话来概括，正如他亲口说的：权利/正当即强力（Right is might）。[①]出于自然，根本就没有什么东西能够严肃地被称为权利。

但为什么他用了"权利即强力"这个说法？根本没有权利。说"出于自然就没有权利"是一回事，但说"权利即强力"又是另一回事。为什么不说权利是中立的，为什么不说对错不适用于权利？理由呢？斯宾诺莎公开给出的理由是说，神是最高的根基，而神的绝对力量就是事实与价值的汇聚点。既然如此，从神派生出来的万事万物也就不仅是事实，而且必然是价值了。强力即权利，但这背后有一种观念——一种对于万事万物本来样子（everything that is）的热情赞美。我们后面也许会找到一些例子。

关键的实践后果就是，智者与愚人有一种平等的权利：智者拥有的理性生活的权利，等同于愚人拥有的非理性生活的权利。为什么？因为任何人都是不得已而欲求他所欲求的东西。智者不得已而欲求合情合理的东西，愚人也不得已而欲求愚蠢的东西。万事万物的必然性取消了提出合理谴责的可能性。如果万事万物都是完全被决定好了——你们每天都能在美国每个法庭看到这种情况：如果一个人犯了卑劣的谋杀罪，辩护律师就会借助于一些社会学家和精神病学家，试图证明他是不得已才谋杀了母亲，因为他的母亲总是对他唠叨。他只是不得已，只要是不得已的事，那就不能提出合法谴责：这就是普遍法则。你们看到了，欲望都是被决定好了的。

还有几段我们要读一下，翻到201页第二段。[166页]

---

① ［译注］众所周知，西文right兼具"正当"与"权利"两重含义，而原本的拉丁词汇ius在近代自然法话语中逐渐偏向个体的属性或占有物这一层含义，故常译为"权利"。下文统一译为"权利"，但读者不可忘记这个词的"正当"义项，因为这种理解恰恰能提醒我们斯宾诺莎哲学的非道德主义本质。

学生［读文本］：

换言之，正如智慧者拥有至高权利来做理性指示的一切事情，或者根据理性的诸法则来生活，无知者和心智软弱者同样拥有至高权利来做受到欲望驱动的一切事情，或者根据欲望的诸法则来生活。这正是保罗的教导，当时他承认有律法之前没有罪；换言之，只要人们被思考为仅仅根据自然准则来生活，那就没有罪。

每个人的自然权利——

施特劳斯：不是译作"每个个体"，而是"每个人"。
学生［读文本］：

每个人的自然权利不是由健全理性来决定的，而是由欲望和力量来决定的。原因在于，并非所有人出于自然就被决定了根据理性的诸准则和法则来活动。相反，每个人生下来就不认识任何事情。在人们能认识生活的真正原则，获得一种德性习惯（virtutis habitum）以前，他们的生活大多数就这样过去了，即便经过良好教育。与此同时，他们也不得不生活和自我保存，竭尽自己力量之所能，也就是唯独受到欲望的驱动。自然未曾给予他们任何别的东西。自然拒绝他们拥有根据健全理性来生活的现实力量（actualem potentiam）。因此，他们不是必须按照一种健全心智的诸法则来生活，正如一只猫不是必须按照一头狮子的本性的诸法则来生活。（《神学—政治论》，XVI.6-7）

施特劳斯：因此，他们未必要按照健全心智的法则来生活。一种健全心智的诸法则，就是斯宾诺莎为传统所谓的自然法找到的替代品，而他拒绝称之为自然法。换言之，斯宾诺莎知道有一些行为准则被传统称作"自然法"，但他否认它们能被正当地称为自然法。他称其为"一种健全心智的诸法则"。

为什么智者与愚人之间存在着一种平等的权利？因为欲望已经被决定好了。如果把"合乎理性地行动"这样一条法则讲给愚人听，那就会找不到任何听众。这种观点属于之前霍布斯提出的一般批评。传统理解的自然法没有实效，这就表明它不自然；这一点后来也被洛克接受了。我们读下一段。

学生［读文本］：

> 任何被认为仅仅受到自然统治（naturae imperio）的人，无论他们判断什么东西对自己有用——不管这判断是受了健全理性的引导还是受了各种情感的驱动——他都被容许出于至高的自然权利而去意欲和占取，不管是以强力、欺骗、乞求还是任何最便利的方式。因此，他也被容许将任何意欲阻碍自己做自己想做之事的人视为敌人。（《神学—政治论》，XVI.8）

施特劳斯：你们看，毫无禁忌。马基雅维利自己也从来没有讲得如此具有普遍性。我们必须看看它，理解它，以求弄懂斯宾诺莎如何在这种基础上尝试解决政治问题。继续吧。［167］

学生［读文本］：

> 由这些思考推出，所有人的出生和生活绝大部分都是处在自然的权利和成规（ius et institutum naturae）之下，而它除了谁也不会欲望、谁也不能做到的事情之外，什么都不禁止：不禁止争斗、憎恨、愤怒、欺骗。无一例外，它绝不背离欲望所驱动的任何事情。
>
> 这不奇怪。自然不受人类理性的诸法则所限制，后者的目标仅仅是人真正的利益和保存。自然受到无限的其他法则所统治，它们指向自然整全的永恒秩序，而人不过属于它的一个微小部分。唯独出于这一秩序的必然性，所有个体都被决定了以某种确定方式来实存和运作（existendum & operandum）。因此，如果自然当中有任何事物在我们看来是滑稽、荒谬或者邪恶的，

那是因为我们只是部分地认识事物，而且大多数时候对自然整全的秩序和融贯（ordinem & cohaerentiam）一无所知，同时也是因为我们想要一切事物都按照我们理性的使用来得到引导，哪怕理性称为恶的东西，在涉及自然作为整全的秩序和诸法则的时候也并非为恶，而是仅仅涉及我们本性的诸法则（nostrae naturae legum）的时候才为恶。（《神学—政治论》，XVI.9–11）

施特劳斯：应该是"我们本性的诸法则"［译按：课本作"我们理性的诸法则"］。要知道，当人抱怨自然是多么邪恶的时候——瘟疫、地震等等——哲人们总是有一个古老的答案（不只是哲人这样说）：你们不能仅仅从人的视角来看待这种现象。要是没有地震和瘟疫之类事物的可能性，那就不会有宇宙，也就不会有人了。斯宾诺莎把这一点变得更加激进：这种适用于地震和瘟疫的真理，同样适用于恶。邪恶、愚蠢以及一切恶的事物，它们都是自然秩序的一部分，也就是所谓的"自然恶"（natural evils），而我们绝不能仅仅从人的视角来看待恶。我们必须这样来看——这正是政治登场的时候——更高的思考不是以人类中心主义为导向，而是放眼宇宙且有一种严密的理论导向。这就是斯宾诺莎在此想要提出的论点。

重复一遍：出于自然，万事万物都是可以容许的。自然法的基础是一种纯粹属人的区分，这就提醒我们赫拉克利特（Heraclitus）的一个说法，我在另一堂课上讲过：①在神看来，万事万物皆为正义，但人们作了一项假设，认为有的事物正义，有的事物不义。换言之，斯宾诺莎在这个程度上回到了一种前苏格拉底的观念，但回归的方式是他特有的方式。

到现在，这应该很清楚了。因此，我们碰到了一个问题：如何才能找到某种限制？有一点很清楚：这种限制必须基于某种欲望，基于某种强有力的、有实效的欲望，否则它就会成为毫无实效的劝诫。必须找到这种欲望。现在，我们已经看到了这些关于属人之善、关于真正的属人功效的说法。这似乎是解决问题的办法，如下所示：

①　同一时期，施特劳斯也在讲授柏拉图的《会饮》。

人只是整全的一部分，只是众多部分之一，但人有一种特定的构造
（constitution），某些特定事物对人有用，其他事物则对人有害。例
如，和平就有用，战争——尤其内战——则有害。因此，我们根据
属人之善发明了人类生活的正确秩序，包括个体生活和集体生活。

出于实际需要，这样似乎就足够了，但为什么斯宾诺莎还要写
这么长的导言来警醒我们一个事实，即人的王国只是整全之内的一
个渺小国度，因而不能给予我们终极视角呢？你们记得，［168］他
在第四章讲过一些关于真正的属人之善的话，当时他谈到了神法。
那么，为什么他不是讲到这里为止？为什么他要把视角扩展得如此
大，以至于必须强调"权利即强力"呢？理由是什么？

学生：难道这属于人对神的理智理解的一部分？

施特劳斯：当然，但还是那个问题：如果人的完满在于人对神
的理智之爱，而且一切个体和集体的行动准则最终都必须从这一点
推出来，为什么他没有从这个开端出发？为什么要用这样一种超乎
马基雅维利主义的方式作为开端？

学生：他是在对哲人讲话？

施特劳斯：方向对了，但不够确切。

学生：他可能想避免个别宗派……

施特劳斯：不对。你们看，从哲学上讲，这一新的开端已经排
除了各种宗派。宗派的具体前提——对圣经的某种理解——已经被
如下事实所否弃：圣经不再是论证的基础。

不过，刚才那位先生的发言点到了正确答案：这种真正的属人
之善是极少数人的保留品。一种道德—政治的教导必须关系到其他
人，关系到那些无法被真正的善所激发去做出有德性行动的民众
（multitude）。如何才能诱使他们限制自己的欲望？这是他接下来立
刻要处理的问题。到现在为止，我们还没有任何限制，我们只有毫
无限制的欲望。但我们怎样才能找到限制？继续读202页。

学生［读文本］：

但是，谁也不能怀疑，人根据我们理性的诸法则和特定指

示来生活会有利得多。我们说过，这些法则和指示的目标仅仅是人的真正利益。不止如此——

施特劳斯："不止如此"，这是一段新的思考。这种思考与人真正的善不再相关，它往回指向了第四章。

学生［读文本］：

不止如此，没有人不欲求生活得安全，而且生活得尽可能没有恐惧——

施特劳斯：我们脑海里必须强调这里的"希望"一词——或者翻译成"欲求"更好［译按：课本作"希望"］。每个人事实上都在欲求，这不是作者向你们说教的什么东西，它就位于人的内在。没有人不在欲求。

学生［读文本］：

但是，只要每个人被容许做自己喜欢的任何事情，理性也被容许拥有并不比憎恨和愤怒更多的权利，那么这就不可能发生。凡是在各种敌意、憎恨、愤怒和欺骗当中生活的人，都不会生活得不焦虑，也不会不努力尽其所能摆脱这些东西——

施特劳斯：［169］换言之，不考虑任何关于真正属人之善的观念。他不喜欢像这样的处境：要是不提防背后被什么家伙拿枪指着，他就没法穿过街道。

学生［读文本］：

同样（正如我们在第五章说明的那样），如果我们想到人们一旦没有相互帮助（mutuo auxilio）必定就会生活得至为悲惨，根本无法培育理性，那么我们就应该十分清晰地看到，要想不仅活得安全，而且活得好，人们就不得不一致同意拥有同一目标。因此，他们达成了结论：他们将共同拥有每一个人对一切事物所拥有的自然权利。生活不再根据每个人的强力和欲望来被决定，而是根据所有人即全体的力量和意志来被决定——

施特劳斯：暂停一下。因此，只有少数人实际追求——欲求——人真正的善。但所有人一样恐惧被杀，所有人一样偏爱更大的舒适甚于较小的舒适。至于这一点是否符合实际经验，那是另一个问题，但斯宾诺莎的论证就是这样。

这里，我们有了另一种基础，它并没有诉诸真正的理性之善，而是诉诸一种本身次于理性的普遍目标。人不必成为真正合乎理性的存在者，就能追求这样的目标。这里，我们得到了一种能够限制"强力即权利"、限制自然权利的因素，而且这个因素具有实效，不必依靠说教。读吧。

学生［读文本］：

不过如果他们还是想仅仅追随受欲望驱使的做法，他们就会徒劳尝试。因为根据欲望的诸法则，每个人都被拉向了不同的方向。因此，他们不得不创造一项坚实的决心和契约，以便唯独按照理性的指示来引导一切事情。谁也不敢公开违背它，因为他们惧怕被人看作没有理智。他们不得不一致同意遏制自己的各种欲望，因为这些欲望驱使他们做出某种伤害别人的事情；他们一致同意，不对别人做任何他们不愿遭受的同样事情；最后，他们一致同意，捍卫别人的权利，就好像是他们自己的权利一样。（《神学—政治论》，XVI.12–14）

施特劳斯：对，"唯独理性的指示"——这是他用的说法——要求为他人着想。换言之，你想生活在一个安全的、还算舒适的国家，但如果你遵从内心涌现的所有欲望，那你就会毁掉这一切。你怎么能指望毫无理性的民众甚至有这样的思考，指望他们说"我想生活便利并且不会被人逮着任何机会杀掉"，指望他们根据事实推断出

"因此我自己必须表现正派"？所以说，这种理性人彼此间的理性契约还不够，除此之外还必须纳入诸激情。

我再讲一遍，讲清楚些。对于真正合乎理性的人——哲人或智慧者——有一种合乎理性的善及其相关知识诱使他们进入社会，做一名好的公民。但我会把这样一种善称为次于理性的善（subrational good），意思不是说它非理性，而是说它在故事全景中只占了很小一部分：对于安全和舒适的欲求，没别的了。但即便在这种次于理性的善的基础上，我也能合乎理性地思考。这就是经济学和社会科学通常试图去做的事情：人们几乎是随便找出什么善，然后合乎理性地思考获得这种善的手段。

但是，斯宾诺莎这里还有另一层思考。[170]即便懂得自己应该怎样行事——诚实纳税之类以求获得次于理性的善——这些愚人也不会这样去做。你还需要得到他们各种激情的支持。那么，这些激情是什么？接着读203页。

学生［读文本］：

> 现在，我们不可能看不到人们究竟何以不得不签订这项契约，以及如何使它有效、持久，因为人性的一条普遍法则就是：没有人会忽视去追求自己判断为善的东西，除非是他盼望有某种更大的善，或者惧怕有某种更大的恶。在两种善之间，每个人都会选择自己判断更大的那个善；在两种恶之间，每个人都会选择在他看来更小的那个恶。
>
> 我说得很明确，这只是在作出选择的人看来更大或更小，而不能由此推出事物本身必定就像他判断的那样。这条法则是如此坚实地刻进了人性，以至于它应该被计入诸永恒真理（aeternas veritates）之列，谁也不会不知道它。（《神学—政治论》，XVI.15–16）

施特劳斯：对，"诸永恒真理"（eternal verities）。但斯宾诺莎致力的目标其实是这样：希望和恐惧才是必须纳入的激情。接下来，恐惧似乎占据首位。社会契约的维系，依赖于人们对破坏契约的恶果的恐惧，而不仅仅是对维系契约的美好结果的期望。那么，这种对于破坏契约的恶果的恐惧，在经验中又是如何发挥作用呢？他暗指了什么众所周知的事实？

学生：警察？

施特劳斯：嗯，不过更狠一些：绞刑架，对惩罚的恐惧。愚人额外需要对惩罚的恐惧，单靠合乎理性的命令——哪怕着眼于他们的低于理性的善——无济于事。他们额外需要恐惧受到惩罚。

但是，这种关联中又出现了一个困难：你采用各种惩罚手段又能达成什么呢？那些卓有成效、场面惊人的惩罚——这是马基雅维利最爱的方案——必须做得泰然自若，而不能藏在监狱的铁门背后，这样方能真正产生实效。为什么人们不能换一种方式来做？为什么人们不能用一种虚构的恐惧——以虚构方式创造出来的恐惧（也就是迷信）——来做这样的事？

这个问题我们必须牢牢记住，虽然斯宾诺莎这里还没有谈到。第十六到十七章，他会谈论这个问题。在第十七章，他会讨论解决基于宗教信仰的全部难题的办法。这里只有彻底自然的、刻薄的办法。我们跳过下面一段"如果所有人很容易就能受到引导"，翻到204页那里开始读吧。

学生［读文本］：

> 如果所有人都能很容易地受到理性的引导，承认共和国拥有至高的功效和必然性，那就没有人不会对欺骗报以绝对憎恨了——

施特劳斯：我想译得更贴近字面一些："出于对这种至善的欲望。"[1] "至善"（Highest good）是一个传统说法，斯宾诺莎以一种

---

[1] ［译注］施特劳斯的译文，不在学生刚刚念到的这段话里，应属于学生尚未读到的下一句话。在下面引文里，Curley译法与施特劳斯一致，但课本译作"对首要善（chief good）的欲望"，不够严格。

传统的方式将其保留在了对神的理智之爱那里，[171] 但这里他说
"这种"至善，换言之，就连非哲人也能理解这种至善，因为对他们
次于理性的善而言——安全加舒适——保存国家就是至善了。继续
读吧。

　　学生 [读文本]：

> 　　要是有了这种至高的好信仰，每个人将完全遵守自己的契
> 约，出于对这种至善以及保存共和国的欲望。最重要的是，他
> 们会坚守忠信（fidem），作为对共和国的首要保护。（《神学—
> 政治论》，XVI.21）

　　施特劳斯：瞧这个丢脸的译者。前面有一处 res publica 他译作
"共和国"（commonwealth），这是对的；换了一个地方他又译成了
"国家"（state）。为什么要这样做？因为他养成了一种孩子气的信
念：好的风格需要变换表述，这是胡扯。科学思考当然有必要采用
最贴切的表述，而且没有理由更换。其次，即便在一种高水平的风
格里，重复也不可能包括变换表述；人们或许非常想这样去做，做
这些傻事。继续。

　　学生 [读文本]：

> 　　但是，并非每个人总是很容易就能受到理性的引导。每个
> 人都是受他自己的快乐所驱使。大多数时候，心智充满了如此
> 多的贪婪、爱慕名望、忌妒以及愤怒之类，以至于没有给理性
> 留下任何空间。这就是为什么虽然人们在许诺时可能带有一些
> 表示纯洁意图的特殊迹象，并且约定守信，但谁也不能确知别
> 人是否拥有好信仰，除非在这许诺上加点别的什么东西。因为
> 每个人出于自然权利都能作出欺骗之举，而且只是出于盼望某
> 种更大的善或者惧怕某种更大的恶才必须守信。
> 　　由于我们已经说明每个人的自然权利唯独由他的力量所决
> 定，那就推出：无论被迫还是自愿，他转让给别人多少力量，

同时也就必然放弃了同样多的权利让给别人。还推出，如果一个人拥有至高权力，使得他能用强力迫使每一个人，用对至高惩罚的恐惧来约束他们（每个人无一例外都感到恐惧），那么，这个人就拥有了对每个人的至高权利。只要他保存了这种做自己想做的任何事的力量，他同时也就保留了这种权利。否则，他就会凭借乞求来进行命令；任何比他更强的人，除非自己愿意，否则就不必服从他。（《神学—政治论》，XVI.22–24）

施特劳斯：你们看到了对死刑的恐惧，因而也看到了对较轻惩罚的恐惧。这就是社会的基石——对死刑的恐惧——正如在霍布斯看来，对暴死的恐惧是最强大的激情，也是政治社会唯一的坚实基础。通情达理的人们被社会的积极利益诱使去表现得像一名好公民，但不通情达理的人们只能被威胁去做符合他们次于理性之善（安全和舒适）的事情。

但我要再度提醒你们：正如霍布斯在《利维坦》里所言，对死刑惩罚的恐惧能够被另一种恐惧所平衡甚至压倒，那就是对死后永罚的恐惧。所以，神学与纯属哲学式政策之间的冲突始终是一个问题。既然人们如此非理性，那就有必要建立一位主权者。[172] 斯宾诺莎用相对笼统的说法来提到了这一点，理由很简单：他可以把霍布斯那些长长的推理当作预设。但他在这里追随了霍布斯：必须有一个人或一群人掌握全部权力。这是和平的条件。

但是，接着斯宾诺莎提出了一个修正条件，使得他与霍布斯至少在精确度上有所区别：仅有主权者的权利还不够。他们还必须真正掌握那种权利，卓有实效地使用权利，而仅有权利还不能保证这一点。换言之，在斯宾诺莎那里，政治思考更加强有力，它与单纯的法律思考不同。这就是为什么斯宾诺莎高度赞美马基雅维利，反倒忽视了对霍布斯的尊重。马基雅维利未尝关心过法律机器，他关心的是力量行动；斯宾诺莎也说后者才具有最终的决定性，我们后面会读到。

因此，斯宾诺莎在我们第一堂课读过的一封信里说：我让自然权利完好无损。霍布斯没有保持它完好无损。为什么？"权利即强力"这一公式——也就是自然权利——始终存在于政治社会当中。主权者的绝对权利，都是随着这种绝对强力起起落落。如果没有强力，他的绝对权利——法律权利——就毫无意义。霍布斯并非完全不同意这一点，但他没有像斯宾诺莎那样强有力地申明这一点。

自然，问题立刻产生了：假设有一个人或一群人拥有全部的力量，从安全和舒适的视角来看，尼禄（Nero）治下的生活不就像生活在荒漠里一样不值得欲求吗？这是一个严肃的问题。我是说，"荒漠生活就像尼禄治下的生活一样糟糕"也不是什么预先就有的结论。因此，斯宾诺莎不得不从两种视角出发，证明这种权利和强力的转让在什么条件下合乎理性：一种视角是哲人的视角，哲人关心合乎理性的善；另一种视角是多数人的视角，他们关心次于理性的善。

我希望我讲清楚了这种区别。我所谓"次于理性的善"，不是指某种非理性的善，而是仅仅旨在安全和舒适的善，不是人的积极目标——对神的理智之爱。我们读一下接着给出的答案，第205页。

学生［读文本］：

> 以这样的方式，一种社会秩序就能在符合自然权利的情况下形成——

施特劳斯：瞧，这就是他的自然权利的意思，完全符合"权利即强力"原则。没有别的意思，意思不是正当（legitimate）。

学生［读文本］：

> 同时，每一契约总是能以至高的好信仰而得到遵守。如果每个人将自己的所有力量转让给社会（societas）——

施特劳斯："转让给社会"［译按：课本作"政治体"］。为什么他要这样说？

学生［读文本］：

唯独社会保留着对所有事物的至高的自然权利，那就是说，唯独社会拥有最高统治权（summum imperium），而每个人都必须服从它，无论这服从是出于自由的灵魂（ex libero animo），还是出于对至高惩罚的恐惧——

施特劳斯：[173] 不对，不对。"每个人都必须服从它，无论是出于自由的心智，还是出于对至高惩罚的恐惧"[译按：课本作"在最严厉的惩罚的痛苦之下，每个人都必须服从"]。通情达理的人，就是首先出于自由的心智而服从的人。他们知道得很清楚。其他人则是恐惧绞刑架。

学生［读文本］：

[这样一种社会的权利（societatis ius）就被称为民主。因此，民主的定义就是人们的普遍联合（coetus universus hominum），而人们以集体的方式（collegi aliter）对他们力所能及的一切事物享有至高权利。]①

由此推出，没有法律能约束至高权力。每个人在一切事情上都必须服从它——

施特劳斯：注意，这是一个严格的主权学说。主权者不受任何法律限制，否则就不成其为主权者。美国宪法哪里能找到这一点？就在开篇：人民（the people）。人民制定宪法，人民可以这样做也可以不这样做。这一点在现代的宪政民主里实际上消失了，但基础观念已经出来了。

学生［读文本］：

---

① ［译注］很奇怪，按顺序学生应该读到括号中这句话，其中包含了斯宾诺莎对民主的著名定义，但讲稿没有记录这段话，而施特劳斯又在很久以后谈到了斯宾诺莎的民主观。因此，译者暂且将这句缺失的原文加括号补充在这里。

因为每个人在将自己保护自己的全部力量——亦即他们的全部权利——转让给至高权力的时候都不得不同意这一点，无论默许还是明示。如果他们曾想为自己保留什么东西，那他们原本应该准备好自己能够安全保护它——

施特劳斯：他们本来就必须为自己卓有实效地保留一些权利。
学生［读文本］：

既然他们没有这样做，而且一旦这样做就会分裂进而摧毁统治权，所以他们通过这种行为，已经让自己绝对臣服于至高权力的意志。既然他们无条件地这样做，并且（我们已经说明过）这样做既受到必然性的强迫，也受到理性的驱动，由此推出：除非我们想成为国家的敌人，行动有悖于那驱动我们尽自己所有力量保护国家的理性，否则我们就必须绝对地执行至高权力的所有命令，哪怕它下达了至为荒谬的命令。因为理性命令我们哪怕这样的命令也要执行，正如要求我们在两种恶之间选择较小者。（《神学—政治论》，XVI.25-27）

施特劳斯：换言之，虽然斯宾诺莎后面还会展开，但他已经暗示了答案。如果没有主权权力，没有一种不臣属于任何人或任何事物的权力，人们就不可能正派地共同生活。这个论证隐藏了一部分，因为如我所言，霍布斯已经提出了这个论证：如果没有一种主权权力——再无比它更高的上诉机构——那就不会有法律途径来解决争议了。必须有一位最高上诉的裁断者，而这种裁断者就是主权裁断者。至于为什么主权裁断者必须同时也是立法者和执行者，我现在无法深究。

因此，斯宾诺莎无条件地接受了这种严格的主权学说。对于"尼禄"一词所暗示的那个难题，解决办法就是民主：把全部主权交给人民，那就没有什么可怕的了。如果主权者命令做最荒谬的事，即便你是一位不怕惩罚的理性人，你也不得不服从。不可能有任何像自然法或神法之类的借口，他后面会展开这一点。

实定法就是最高的法，舍此无它。这是一个糟糕的条件，除非是在一种民主制下。在民主制下，主权不仅可以忍受，而且有益。正如斯宾诺莎的论证部分所示，这故事的一部分是说：[174] 在民主制下，你就是主权者的一部分。在君主制下，你不是主权者的一部分。既然谁也不会自愿伤害自己，主权者的部分也就不大可能伤害主权者的部分。一般而言，这听起来就是解决办法，但我们后面会看看其中有什么困难。

稍后，我会提到一些与卢梭相似的段落，数量令人吃惊。卢梭将这一点发展得充分得多，也清晰得多，但根本问题都是一样。民主是主权者，民主不服从任何法律或任何人。因此我们看到，这一点已经决定了宗教问题。如我们所见，宗教就是服从，而主权者不服从。主权者选择了例如圣经之类的东西，这不是服从，这是选择。

你们瞧，这种论证背后始终是说：另一种选项就是混乱。要么完全的主权，要么混乱。如果主权仅仅是人民主权，那就能避免主权的危险。斯宾诺莎在这一章刚开始就说，他会谈论一个最佳共和国中的思想自由。现在，他似乎表明最佳共和国就是民主。我们必须看看这一点在多大程度上为真，接着读吧，205页。

学生［读文本］：

不止如此，每个人很容易冒着让自己臣服于别人的命令和意志的危险。因为我们已经说明，唯有他们拥有了至高权力的时候，这种随自己意愿下命令的权利才属于至高权力。如果他们失去了这种权力，他们同时也就失去了对一切事物下命令的权利，而这种权利落入了占取并且能够保留它的人的手中。

因此，只有极少情况下，至高权力的命令极其荒谬。要想顾全自己的利益，保留自己的主权，他们最重要的职责就是商议公共善，根据理性的指示来引导一切事情。正如塞涅卡所说，谁也无法将暴虐的统治维持长久。（《神学—政治论》，XVI.28–29）

　　施特劳斯：这当然是一种虔敬的希望。即便只有短短十二年——以希特勒为例[①]——对于当时的人来说也是相当漫长。除此之外，还能这样以子之矛攻子之盾：斯宾诺莎在序言里说土耳其帝国是一种僭政统治的帝国，而他也承认这个帝国持续了数世纪之久，甚至在他死后也持续了几个世纪。

　　因此，塞涅卡这句安慰人的说法没有实际用处，这句话来自塞涅卡的一出悲剧。抱歉，我没有费力去查阅原文，但我们知道悲剧通常不是包含作者的意见，而是剧中某一角色、某一人物的意见，而我们在指责塞涅卡犯错之前，必须看看这句话究竟是在什么情形下、由什么人说的。[②]你们知道，塞涅卡本人是尼禄的一个牺牲品，所以这个论证当然没有任何力量。但它当然也适用于所有政体，而非仅仅适用于民主制。接下来的部分，它谈到了民主，206页。

　　学生［读文本］：

　　　　对此，我们还可以补充：在一个民主国家里，荒谬不那么令人恐惧。如果联合体（coetus）足够大，那它的绝大多数成员就几乎不可能一致同意某项荒谬的行动。（《神学—政治论》，XVI.30）

　　施特劳斯："不合理性"译错了，应该是"荒谬"。你有什么要说的？

　　学生：［175］入侵俄罗斯怎么说？希特勒入侵俄罗斯。

　　施特劳斯：嗯，但这不是作为主权者的德国人民所作的决定。你不能这样说。

　　学生：［听不清］

---

　　① 指1933到1945年。1933年通过的授权法案，使希特勒成为德国的实际独裁者。1934年7月，希特勒成为元首，后于1945年4月自杀。

　　② 典出塞涅卡，《特洛伊妇女》（Troades），258-259。这句话是阿伽门农对皮鲁士（Pyrrhus）说的。

施特劳斯：只有在真理中，真正、真实的一致同意才有可能。因此，人民越是远离真理，他们彼此间的一致同意就会越少。这就是论证，但斯宾诺莎的结论当然不是由此推出。换言之，如果每个人毫无准备地留在投票站里，纯粹靠自己，每个人或许就会冒出来属于他自己的疯狂念头。肯定如此，但这不是做出政治决定的方式。会发生什么情况？

学生：你会让两头相争，然后从中渔利。

施特劳斯：对，但有一种特殊类型的人，他们在形成意见方面变得如此重要，以至于不少人也能对荒谬的东西达成一致同意。这些人曾经被称为煽动家或演说家。这是霍布斯反对民主的关键论点：他说，民主就是煽动家和演说家的统治。

所以到现在为止，这似乎还不是一个很好的论证。读下一个论点。

学生［读文本］：

> 另外，我们也已经说明过，民主国家的基础和目标恰恰就是避免欲望的种种荒谬，同时将人们约束在理性的限制内，尽可能如此，这样他们才能生活得和谐、安宁。如果废除了这一基础，整个构架很容易就崩塌了。（《神学—政治论》，XVI.30）

施特劳斯：你们怎么看这个论证？斯宾诺莎说，民主是唯一拥有某种合乎理性的目标的政体。即便只是次于理性的目标，我们也可以说：神志清醒的大多数人更喜爱安全和舒适，而非不安全和悲惨。反之，在君主制下，其目的也许是君主的私利，丝毫不考虑人民的福祉，但民主制不会是这种情况。这没错，但斯宾诺莎这里遗漏了什么？

学生：如果废除了这种合乎理性的基础，实际破坏可能会相当糟糕。

施特劳斯：嗯，这很明显。但困难是什么？

学生：唔，一个人如何确定是什么有助于秩序、和谐以及安宁？民主制下的各党派，也可能在如何增进秩序的问题上得出错误结论。

施特劳斯：没错。换言之，在某种完全合情合理的目的上达成一致同意，并不能保证关于手段的判断正确，所以这是一个非常弱的论证。[176]

学生［读文本］：

> 因此，至高权力的职责仅仅是提供这些东西，而臣民的职责，如我们所说，则是除了至高权力宣告正当的东西以外，再不承认任何别的正当。
>
> 也许，有人会认为我们这样做就是使臣民变成了奴隶，因为他以为谁要是根据一项命令行事，谁就是奴隶；相反，谁要是根据自己的灵魂来统治自己的行动，谁就是自由人——

施特劳斯：瞧，这是前现代人的一种回忆，前现代人下了决心：现代主权学说……［录音有中断］

学生［读文本］：

> 但是，这绝对不是真的。当然，受自己快乐驱使，既看不到也做不到任何对自己有用的事情的人，就是奴隶。只有自由人，才是全心全意地唯独根据理性的引导来生活。（《神学—政治论》，XVI.31-32）

施特劳斯：妙，妙极了。但我们还是关心那些非理性的多数人。斯宾诺莎说，人仅仅靠服从政府就能使行动合乎理性，这意味着：即便政府命令去做最愚蠢的事，情况依然如此，因为另一种选项只会是混乱，无政府。

可是，为什么人们要服从政府，如果他们承认这样做只是因为恐惧受惩罚？我说的不是理性人。他们是怎样的呢？接着读吧，206页。

学生［读文本］：

　　一项行动若是基于某种命令而行——也就是服从——那在某种意义上确实是夺去了自由。但是，使奴隶成为奴隶的原因不在于此，而是在于行动的理由。如果行动的目标不是为了行动者本人的利益，而是为了发布命令的人的利益，那么行动者就是一个于己无用的奴隶。但是，在一个共和国里，在一个至高法律是所有人的幸福而非统治者的幸福的国家里，在一切事情上服从至高权力的人不应该被称为于己无用的奴隶，而是一位臣民。

　　因此，这种将法律奠基在健全理性之上的共和国，最为自由。因为在那里，每个人只要愿意，就能自由，也就是全心全意地根据理性的引导来生活。（《神学—政治论》，XVI.33-34）

施特劳斯：我们来看看。斯宾诺莎说，在一种民主制下，法律是为了人民、由人民来制定的。因此，不必恐惧人民会遭到压迫，因为不可能设想人民会制定反对人民自身的法律。但这里还是有一个我们前面提过的难题：判断的需要。人民的意愿乃是为了人民自己——但人民总是拥有健全的判断吗？最佳共和国就是其法律奠基于健全理智的共和国。在这样的共和国里，做臣民就等于成为一个真正的自由人。在这样的共和国里，我在服从法律的时候就是在服从我自己，正如卢梭所言。当然，如果法律合乎理性，它就会叫我去做我作为理性人想做的事情。

　　严格说来，这里没有涉及服从，但斯宾诺莎逃避了这个问题，因为他在这里必须证明最佳的共和国，最佳的国家。民主的法必然是合乎理性的法。后来，卢梭将这个问题陈述如下：公意无谬误（General will cannot err）。公意是指人民作为政治统一体的意志，它不可能犯错。

　　［177］妙极了。每一项民众决定都是合乎理性的。这不可能为真，而且卢梭接着也承认了这一点：他说人民想做对自己好的事，

正如每个人都想做对自己好的事，但人民并非始终知道什么是对自己好的事情。所以，我们仍然必须解决这个问题。请讲？

学生：如果你把斯宾诺莎论证里的"非理性"改成"不中道"或"极端"……

施特劳斯：这都是一回事。

学生：嗯，这就是关键。那么，如果他运用他那些类型的论证来提出某种支持民主的论证，而这种论证是在如下意义上支持民主：由于有相互冲突的各团体，任何一方都不能与任何极端达成妥协，这种民主制就会更倾向于提出一种中道的或——当然这是一种混合而成的中道或中间道路，但它通常也是有效的，然后你仍然……

施特劳斯：不，不对，我不会这样讲。

学生：你可能会说，比起僭政统治，民主制会更多地提出各种中道的行为力量，因为僭政是一人统治，因而可能完全陷入任何一种极端。我想，正是在这个意义上斯宾诺莎说民主是最好的。

施特劳斯：对，但这也会引出其他困难。民主的这个巨大优势——它意味着各种笨重的程序——在需要迅速决断的关键处境下，当然也是一个巨大的障碍。不过，我们先顺着斯宾诺莎的论证来，而我们现在要读读他的注释，就在你们书的附录那里。这个补注是斯宾诺莎后来写的，在他死后根据他的手迹出版，一部分来自拉丁文本子，一部分来自法文译本。

学生［读文本］：

　　　人无论在什么国家都能自由——

施特劳斯：更字面的译法："人无论在什么国家都能自由。"［译按：课本作"一个人无论身处什么样的社会国家，他都可能是自由的"］

学生［读文本］：

　　　人无论在什么国家里都能自由，因为只要他受了理性的引导，他就肯定是自由的。不过，（与霍布斯的看法相反）理性在一切情况下都敦促和平。不止如此，除非国家的共同法律得到了维持而未遭侵犯，否则和平便无法实现。因此，人越是受理性引导——亦即他越自由——他就越是坚定不移地维持国家的法律，执行他所服从的最高权力的命令。（《神学—政治论》，补注33）

施特劳斯：这是一个很难懂的注释，我相信斯宾诺莎写得很匆忙，但倾向还是很清楚的。斯宾诺莎致力的目标，就是让理性的统治等同于民主。这就是民主最初打算成为的样子，而后来所有的反动——来自沙皇之类的人——都是反对这种古老含义。"民主是最佳政体"，［178］意思就是"民主是合乎理性的政体"，而合乎理性的政体就是由理性统治的政体。本质上，人民并不关心马克斯·韦伯（Max Weber）可能会说的那些东西。①

因此，理性的统治等于民主，等于人民的统治。现在，我要讲出其中的悖论了。传统认为，人民充满了非理性或者只具备一种有缺陷的理性，那么，理性的统治如何能等于人民的统治呢？这是一个悖论，斯宾诺莎也试图解决。在这个补注里，他第一句话就讲出了困难所在：一个人无论在哪个国家都能够自由。真正自由的人——理性人——关心理性之善，最终关心对神的理智之爱；这样的人能在任何国家生活。真正的理性对政体差异漠不关心，他并不一定需要民主。理性生活不需要民主。另一方面，民主也不能保证理性，正如我们前面看到的那样。这就是困难所在。

斯宾诺莎以及后来卢梭试图建立的这个等式是一个大难题，但

---

① 马克斯·韦伯（1864—1920）是一位影响极大的社会学家和政治经济学家，他对自由主义和民主的看法常有争议。施特劳斯这里的评论很含混，但也许是有感于该课程同一年沃尔夫冈·蒙森（Wolfgang Mommsen）出版的一部富有挑衅意味的解释著作，《马克斯·韦伯与德意志政治》（*Max Weber und die deutsche Politik*, Tübingen: Mohr, 1959）。

这并不意味着他们对此没有一丝怀疑。这当然是真正证明民主有道理的方式，但它的说法并不明确。我们甚至必须比卢梭更加深入细节，方能证明这种理性究竟是什么。当然，我们或许不得不引进斯宾诺莎必定忽视、卢梭也相对忽视的一个因素：针对民主的各种本质性限制的问题，正是这些本质性限制使得民主变成了一种自由民主。这种限制——在美国宪法里是《权利法案》——就是对主权统治的限制。

这是我想讲的唯一要点，因为这是斯宾诺莎提到霍布斯的极少数地方之一（其实他总共只提到过两次）。霍布斯的说法不同，斯宾诺莎这样讲是什么意思？理性总是建议和平，且普遍如此。

学生：霍布斯论证过，自然状态里的理性指示了所有人对抗所有人的战争。

施特劳斯：对，但斯宾诺莎有没有否认，理性人在自然状态里没有战斗的权利？

学生：他有，但他的理性不会指示他运用这种权利。他只是有这种权利而已。

施特劳斯：什么意思？我是说，他有权利击退来犯者，但他不会击退来犯者，这肯定不是斯宾诺莎的想法。

学生：呃，你谈论的是击退来犯者。如果你无法得到和平，那么理性就会指示在击退来犯者这层意义上的和平，但我不认为斯宾诺莎的理性会指示人打一场侵占别人财产的战争。

施特劳斯：当然不会。你说的是字面意思表明的东西，但我会说问题不在这里。事实上，如果你正确思考霍布斯和斯宾诺莎各自的学说，这方面他们没有什么差别。[179]我觉得有可能这句话插入的地方错了，我是说，你们知道写东西匆忙的时候就容易出这种错。

他真正想的区别，霍布斯与斯宾诺莎的重要区别，其实是自由的概念。对斯宾诺莎而言，自由等同于理性。在霍布斯对自由的定义中，理性没有出现。我手头没有《利维坦》。第二十一章是论述这个主题的核心章节，但霍布斯对自由下了什么定义呢？自由就是没有外在的阻碍。①我不受拘束的时候就是自由的。如果我能四处走动，我就是自由的，甚至那一章后面提供的一些修正也从未将自由与理性联系到一起。这确实是一个关键区别，所以，我觉得斯宾诺莎这句插入语是匆忙中写错了地方。请讲？

学生：难道斯宾诺莎不是比霍布斯更加强调人的理性吗？

施特劳斯：嗯，这是斯宾诺莎的要点。你们瞧，这就是理解霍布斯的独特性的关键，也是理解与他不同的斯宾诺莎学说的关键。斯宾诺莎接受了这一整套关于自然状态、权利优先以及主权者绝对权力的学说。他接受了，又在字句上作了一些有趣的背离。两人的区别是对于至善的看法。霍布斯是怎么教导至善的？

学生：生命？

施特劳斯：不，在这方面他太过于现实主义了。他知道，我们有可能既拥有生命，同时也过得很悲惨。

学生：和平？

施特劳斯：不对。

学生：免于恐惧的自由？

施特劳斯：严格说来，根本没有至善。我再用标准英语讲一遍：在霍布斯看来，根本没有至善。毫无隐瞒。有一种至恶（summum malum），但没有至善。有一种最大的善，但这不等于至善。最大的善，就是不断满足一个接着一个的欲望。幸福（happiness）就是在这种时间里持续不断的进程，但不幸的是它会被死亡中断。你们瞧，这里绝没有什么停顿，绝没有目的。不可能有什么至善，霍布斯否认了它。

在这方面，斯宾诺莎则比较老派。有一种至善，而至善就是沉思。在霍布斯看来，沉思只不过是——唔，有些人喜欢思考罢了，有些人充满好奇，智识上好奇。你们知道，这是人拥有的许多习性之一，唯有这种习性很有趣，因为很多事情都取决于它，包括真正的政治科学在内。但霍布斯总是拒绝把沉思作为理想，斯宾诺莎恢

---

① 《利维坦》，第十四章。

复了这一点，所以他也恢复了一种比霍布斯容许的道德更加高尚得多的道德。在斯宾诺莎这种更加高尚的道德与他对自由政府、对民主的同情之间，[180]有着一种微妙的联系。但这种联系很复杂，肯定不简单。上面的简单说法只是陈述了问题，不是答案。请讲？

学生：读马克斯·韦伯一些作品的时候，我没搞清楚他对理性的看法。我觉得似乎是这么个情况：在他的观念里，理性与法律之间有着某种紧密的相似性。他似乎是说——至少偶尔说过——所有法律都是理性的。

施特劳斯：现代的法律。

学生：抱歉，现代的法律。但我感到困难的，恰恰就是形式理性与实质理性之间的这种区分。我在想，斯宾诺莎这里是不是多少有了这种区分的苗头？斯宾诺莎似乎是说，所有法律都是理性的，但……

施特劳斯：我想，这其实是十九世纪晚期的一个难题。它首先起源于人们对法律实证主义（legal positivism）的全盘接受，以至于再也没有什么自然法了。其次，有一门关于这种法律的科学——这种法律也有其内在秩序——而且也有一些非常清晰的解释规则。自然法与实证主义之间争论的一个核心要点在于，自然法认为任何实定法都不可能没有缺陷，所以必须有某种更高的法可供上诉。实定法认为自己没有缺陷：法律是一个有机体（organism），它内在具备了达至完满的手段。因此，如果出现了一种最初立法者没有作好准备的情况，可行的解释规则就会使法官能够计算出一种判决。实定法没有必要受到任何指责。

实定法的这种自足性肯定是一个要点。对韦伯来说，实定法具有本质性的地位，例如当他谈论"卡迪司法"（Kadi justice）的时候……法官遵循一些公平的原则，不受法律和法律解释规则的绝对限制。[①] 与卡迪司法相反，西方司法有着一种完全理性的论证来证成

———————

① 卡迪司法（Kadi Justice）是指"依据具体的伦理或其他实践性价值所作的非形式化的判决"。参见韦伯，《经济与社会》（*Economy and Society*），第十一章。

法官判决，形式上合乎理性。

学生：韦伯谴责官僚制，恰恰是因为它只支持形式理性，因而缺乏公平（equity）。韦伯将这种卡迪司法的类型融入了自己的观念里，认为这才是真正的司法/正义——他不会认为这是形式正义。

施特劳斯：但是，你所谓的"真正的司法/正义"（real justice）又是什么呢？

学生：［听不清］

施特劳斯：不对。真正的司法/正义与价值（values）毫无关系，但韦伯高度称赞官僚制，而法官在这方面也代表了官僚制。与判决不同的立法才是有趣的事情：在政治领域里作决定的人不是法官，而是立法者，政治问题当然也由此产生。有什么能指导立法者们呢？各种价值。由于诸价值的领域充满了纷争——即便在建构最好的情况下——你就无法在选择甲价值的同时不拒绝乙价值，而且这种决定无法得到合乎理性的证明。

学生：［181］不能形式上合乎理性。

施特劳斯：形式上？那就少了点刺激。任何证成方式都没有，这是韦伯最大的断言。韦伯始终是一位法律实证主义者，我们必须这样认为。在这一点上，韦伯比塔尔科特·帕森斯（Talcott Parsons）更甚……① 当然，韦伯是一个有着广博历史知识的极文雅之人，心地也不坏。但问题不在于韦伯私人的德性——他的各种德性都很高——而在于他理论的公共之恶。至于他的理论是否比那些稀松平常的实证主义者更加智慧、更有思想……我相信，情况我已经说明清楚了，我推荐你读那个。②

我们应该回头再讨论一下，先继续吧。跳过下一段，他接着说

① 塔尔科特·帕森斯（1902—1979）是一位美国社会学家，因"一般行动理论"闻名，该理论发展于他的三本著作：《社会行动的结构》（*Structure of Social Action*, 1937），《社会系统》（*Social System*, 1951），《朝向一般行动理论》（*Towards a General Theory of Action*, 1951）

② 施特劳斯似乎是指《自然正当与历史》第二章关于韦伯的讨论。

"我想我已经足够清楚地说明了", 207页。

学生［读文本］:

> 我想我已经足够清晰地说明了民主国家有着哪些基础。我更爱讨论它而不是别的, 因为它看起来是最自然的国家——

施特劳斯: 我来翻译: "因为它看起来是最自然的", "看起来"［译按: 课本没有"看起来"］。

学生［读文本］:

> 也是一个最符合自然赋予每个人的自由的国家——

施特劳斯: 没错, 最符合自然赋予每个人的自由。

学生［读文本］:

> 其中, 谁也不会将他的自然权利如此彻底地转让给别人, 以至于未来再也不会向他咨询事务。相反, 他将自然权利转让给了社会整体的更大一部分, 而他自己也是其中的一部分。这样一来, 每个人始终是平等的, 就像先前他们在自然状态中一样。(《神学—政治论》, XVI.36)

施特劳斯: 这几乎一字一句都是后来卢梭说的东西。卢梭说, 自由社会的难题就在于如何建立一种社会秩序, 人在其中依然像他从前那样自由。斯宾诺莎是说, 人在其中依然像他从前那样平等。民主是最自然的政体, 因为它保留了自然平等。

斯宾诺莎有没有证明人们出于自然就是平等的? 第五章有一处论证——你们中有些人或许记不清了——但那是这本书里谈论政治的最重要的段落之一。要点在于, 人们认为自己是平等的。他们觉得自己平等, 所以他们不能容忍别人的统治, 不能容忍某一个人来统治, 所以他们想要有神圣的统治资格。可是, 人们愚蠢地自视平等，这一点当然不能使他们真的平等。这是一个很大的难题。

我们可以说：好吧，但难道他不是从这一章开始就证明了，
[182] 人人平等乃是因为所有人平等地被自然决定去按他们的行动
方式来行事，无论智者还是愚人皆如此吗？这不是平等，不是，因
为这种平等不仅适用于智者与愚人，原则上也适用于雷电之类的东
西。这是一切存在者的平等，它对于任何政治思考来说都是绝对无
用的。斯宾诺莎某种意义上承认平等，但他尚未找到平等的真正基
础。那位先生注意到了，整句话都被"看起来"（videbatur）这个词
限定了，这不是一个绝对语气的陈述。斯宾诺莎似乎是在迎合公民
意见（civil opinion），迎合一种对于平等的信念，而这种信念当然无
法令人满意。

这就是我们接下来必须思考的问题：究竟在什么意义上，斯宾
诺莎可以说人人平等，同时又一直谈论智者与愚人之间的鸿沟？你
们知道这个难题有什么解决办法吗？我想第十七章有点东西，那一
章也出现了这个问题。是什么呢？请讲？

学生：所有人平等地欲求安全，以便实现自己的目的？

施特劳斯：那是霍布斯的看法。你说得很好，那是霍布斯的论
点。合乎理性的善是一种不平等的统治——柏拉图、亚里士多德以
及其他所有人都这样认为。忘了它，然后霍布斯就能有平等了，因
为在这方面所有人都是平等的，也就是在狭义的、严格意义上的自
我保存这个方面。有一些例外可以不计，例如自杀，但一般说来所
有人都平等地欲求保存自己；如果这是事实，人们在这个关键方面
就是平等的。这是一点。

接着，斯宾诺莎在一种纯粹政治性的讨论中接受了某种霍布斯
式的原则，但它没有很好地融入整体。可是，还有另一种思考可以
与那位先生讲的相调和，这是一种古老的学说，其古典代表就是亚
里士多德：人们出于自然就是不平等的。这意味着，应该要求低劣
的人趋向卓越的人、服从卓越的人。在《政治学》第一卷关于奴隶
制的简要讨论中，这个可怜的愚人——自然奴隶——趋向于那引导
他的主人。我是说，愚人脑子里没有这种观念，但他全部的存在都

显示了情况就是如此。他们被要求互相趋向彼此。

但在斯宾诺莎的反目的论学说中，没有什么一物对一物的被要求状态（orderedness）。根本就没有这回事，由此可见，你可以说它们都是平等的。可是，你如何才能将这一点与如下事实相调和，即同样的平等也适用于狮子、老虎、臭鼬和其他东西呢？这就是困难所在。好了，你想引进常识，引进常识总是件好事，只要你的哲学容许你诉诸常识。至于一种以几何学方式证明的哲学能否诉诸常识，这是另一个问题。这就是困难所在。

还有一件事：按斯宾诺莎的看法，所有普遍者（universals）都不过是人类思想的虚构，那我们还能谈论什么人类的本质吗？如果你看看《伦理学》第二卷的那些段落，你会对他如何推进的方式感到吃惊。很突然地，你就在《伦理学》第二部分开篇发现了一条公理："人思考。"（Homo cogitat）然而，"什么是人"（quid est homo）？在斯宾诺莎知识论的基础上，不可能有任何正当的答案，就像在现代科学中那样几乎不可能。"什么是人"这一问题的真正答案，将会是这样一种讲法：它能提供产生人的实效因（efficient causes），回答是否可能有这样一种清晰的区分，就像在古典观念里那样。你们知道我们如今面临的困难：你如何才能画清楚那条界线？你们知道，[183] 这些人会说猴子也有智力，而且你们还记得那些关于道德品格的例子。所以，唯一剩下的东西就是那种所谓"语言符号"的微不足道的东西；这玩意儿野兽有，人也有。

语言符号的使用当然会出现问题——这个微不足道的东西，难道不是掩盖了最低劣的人与最高级的猩猩之间的某种绝对鸿沟吗？对于物种（species）之间关键差异的否定，预示了几个世纪以后的进化论——你们知道，在有人开始思考进化的很早以前，哲人们就质疑过种（species）和普遍者的核心意义。但这可能吗？我们无法深入斯宾诺莎哲学的这些问题，但即便这里，在其更加有限的政治版本中，我们也发现了某种相关的反思。即便在霍布斯那里，同样的困难仍然存在。为什么？因为如果人有权利仅仅着眼于自我保存而行动，同样的道理也就适用于野兽了。为什么霍布斯可以忽视这一点？有一个非常实际的理由，就是这根本不是什么难题：除了某些极微小的微生物之类，人们能搞定所有野兽，至于真正最聪明的那些家伙——狮子和老虎之类——都不是难题。从来就没有什么难题。这是一个非常好的实践理由，但理论上难题始终还在。

第十一讲 《神学—政治论》第十六到十七章

（日期不详）

施特劳斯：[185] 我们回到第十六章，上次还没有讨论到这章的结尾。有几个要点应该讲讲，首先是在第十九章，247页第三段。

学生 [读文本]：

> 因此，即便先知式的启示宗教要在希伯来人当中拥有律法的强力，那也必须是他们每个人首先交出自己的自然权利，而且每个人必须通过一致同意，决心唯独服从那些由神凭借先知而启示给他们的命令；其方式恰恰就像我们证明在一个民主国家内发生的那样，每个人通过一致同意，决心唯独按照理性的指示来生活。（《神学—政治论》，XIX.10）

施特劳斯：译得太弱了，应该是"唯独基于理性的指示来生活"[译按：课本缺"唯独"]。回想一下我们前面的讨论：民主就是唯有理性掌管的统治。现在，这种看法不可能完全正确，理由我们之前讨论过了。为什么基于斯宾诺莎的原则，民主不可能仅仅是理性的统治？你们还记得其中一些理由吗？一个一个说。

学生：[听不清]

施特劳斯：对，也是更加明显的。斯宾诺莎不是在讲我们的现代民主制，但我们不妨设想一个更加简单的民主社会：公民们聚集起来，创立法律。那么，为什么这不是纯粹合乎理性，因而斯宾诺莎早先的说法不可能完全正确？他说民主就是唯有理性掌管的统治，这句话可能是什么意思？我们上次就讨论了这个问题，现在必须接着讨论。

学生：[听不清]

施特劳斯：对，但这也适用于一种纯粹世俗的君主制和贵族制。有什么确切的理由吗？如果社会的理念不是完满的属人之善，不是至善（summum bonum），而是上次我所谓的次于理性之善——亦即所有人都能看见和称赞的安全加舒适（用洛克的话来说就是"舒适的自我保存"）——那么，民主本身原则上就能致力于这种目标。相反，在任何非民主的政体中，有可能统治者（无论是少数人还是君主）只想着自己的舒适的自我保存，而没有严肃考虑到所有人的舒适的自我保存。在这个意义上，民主的目的就比君主制和贵族制的目的更加合乎理性，仅仅是在这个意义上。

可是，这样做并没有消除如下难题：拥有这种相对合乎理性的目的还不够。这也是一个涉及正确判断的问题，要判断什么样的手段有助于实现那种目的，也就是说，这是一个涉及法律和政策的问题。至于民主制对此是否准备充分，我们尚且不知。我只想提醒你们这个问题，它贯穿了《神学—政治论》全书：民主是健全的政体，民主是权力与理性相契合的政体。

好了，翻回到第十六章，还有几段话需要讨论。翻到208页。你们记得第十六章的主要内容，关于自然权利的那个说法：[186]权利即强力，智慧者也没有优先权利。智慧者行事智慧的自然权利，并不高于愚人行事愚蠢的权利。

学生：[听不清]

施特劳斯：嗯，但他如何解决这个难题？

学生：他引进了理性的统治，把理性作为引导或规范，最终社会必须依赖于理性。

施特劳斯：嗯，他怎么做到的？是什么容许他这样做？

学生：唔，我不太确定是什么容许他这样做，但我觉得似乎这种理性的统治与自然权利和力量的普遍性相冲突了。

施特劳斯：对，是有一种关联。在第十六章——大概开头两页——斯宾诺莎说："自然不受人类理性的法则的限制，这种法则仅仅考虑和意图人们真正的善以及人的保存。"人是整全的一部分，在斯宾诺莎看来，人本身并不比其他任何部分优越。但人是一个与其他部分不同的部分。就拿他自己提到的几个例子来说，人的自然/本性（nature）不同于狮子或猫的本性。尽管整全不可能有什么善，但整全的具体部分可以有某种善。因此，在斯宾诺莎形而上学的语境下也可能有某种伦理和政治的教导。如果整全完全是同质的，就像巴门尼德（Parmenides）的球体那样——记得他说整全每一部分都是同质的吧？——那就不可能有什么伦理学了。显然没有。但如果整全是异质的，人具有某种与整全的其他部分不同的本性，那么，伦理学在原则上就还有可能性。

我承认，理解斯宾诺莎的最大困难在于：当我们浏览他的《伦理学》时，他真的是在努力构想出一种多少基于同质性的整全。我给那些没读过《伦理学》的同学们讲一下：整全——或者斯宾诺莎所说的神——拥有两种可知的属性。一者称为广延（extension），其含义在斯宾诺莎那里要比单纯的空间多一点，我们甚至可以说是运动着的物质。运动着的物质显然是同质的。接着，斯宾诺莎将另一种属性称为思想（cogitatio）。这两种属性是异质的，我的意思是说，思想与广延之间的鸿沟不可能填平，它们严格说来是平行的，相互间绝无干涉。斯宾诺莎确实承认这种异质性。可是，基于他的全部学说，斯宾诺莎必须将思想构想为某种本身具有同质性的东西，正如空间也具有同质性。这是斯宾诺莎形而上学的一大悖论。

因此，你的问题并非完全没有根据。换个说法，斯宾诺莎并没有一个清晰的基础来谈论人的本质，后者与其他存在者的本质有着本质性差别。他对普遍者的全部批判隐含了这一点。我是说，斯宾诺莎这里有一个很大的困难，我向你们担保。

但在这本书里，他的言辞更加常识化，而非体系化。他在这本书里停留在一种常识性真理的层面：人与野兽显然不同，所以人的善与驴子的善显然不同——这就像你在日常经验中随处可见的例子一样，如果你想喂驴吃牛排，喂人吃草，[187]你就会看到这两者确实存在着某种差别。不止食物如此，同样道理也适用于其他领域（要是驴子还能达到什么更高领域的话），也会表明这种差别。但是，抛开这些所谓形而上学问题的难题不论，如下说法仍然是有可能的：存在着某种整全，人是整全的一部分而且必须被理解为整全的部分，但人作为整全的一部分又不能简单地还原为整全，还原为那个同质的、通贯一切存在者的整全。

学生：你说过，如果所有部分都是同质的，伦理学就不可能有根基了。

施特劳斯：没错，那样人就没有什么独特之处了。我们就只剩下习俗来区分人与其他存在者了。

学生：这种非常必要的区分，意味着有两种法则领域，一种法则引导部分，一种法则引导整全。而且，那种属于部分的法则也有目的因作为其基础。

施特劳斯：某种意义上，没错。这至少是最简单的解决办法。但斯宾诺莎必须努力摆脱它，所以他大略作出了如下论证：假设人多少拥有某种与其他存在者不同的本性，而这种本性在于某种欲望——他在《伦理学》某处讲过一事物的本质就是其欲望（专属欲望）①——那么，所有存在者都欲求自己的自我保存，但人欲求的自我保存乃是作为人的自我保存，驴子欲求的自我保存则是作为驴子的自我保存。再举个例子，你也可以做个试验，如果你碰到了诸如"你应该变成驴子"这样的主张，你还会认为这是自我保存吗？虽然你仍然实际存在，你没有死，但你变成了驴子。这不是自我保存，因为你的意思是作为人的自我保存。这是斯宾诺莎的评论中一个关键却未曾明言的潜台词。

如果是这样，如果人的本质就是一种对于保存其人之为人的欲望，那么，这种欲望当然扮演了人的有意识行动而非仅仅本能般行动的某种目的。可是，这种目的只是由欲望设定的东西，而

---

① 见《伦理学》第三部分，诸情感的定义。

不是超出欲望之外、引起欲望的东西。目的多多少少超出欲望之外，并且引起欲望，这是亚里士多德的解决办法。顺带一提，尼采（Nietzsche）对斯宾诺莎的一个批判，就是说斯宾诺莎仍然是目的论者，因为他还谈论自我保存。[①]一种严格意义上反目的论的学说，只会依靠各种冲动（urges）来构想人。冲动，我怎么解释这个词呢？它就是某种爆发。它不是被设定为某种积极的对象，而是类似于来自一存在者内在的爆发，不可能保留任何目的，哪怕在派生的意义上。很抱歉我无法表达得更清楚。

尼采的"强力意志"就是这个意思：只有一种根本性的冲动，它毫无目的，无法用任何目的来表达它的目标。它只是一种深深的冲动，不知其自然目的。在斯宾诺莎那里，[188] 人不知道自己的自然目的，但可以知道自己的自然欲望，知道那种欲望当中内含的目的。在这个意义上，斯宾诺莎那里确实有某种自然目的。

学生：内在于这种欲望中的目的，究竟是沉思的目的，抑或单纯是自我保存的目的？

施特劳斯：我想斯宾诺莎的意思是这样：首要事情是自我保存，但沉思是被理解了的自我保存。这是斯宾诺莎追求的目标。这是斯宾诺莎在《伦理学》第三部分发展起来的一种非常复杂的东西，但也正是他追求的目标。[②]

可以说，斯宾诺莎的论证大致如下：自我保存意味着保存我的自我，所以，自我的完好无损——自我的自由——就是自我保存的真正含义。不过，我真正保持自我，只有在我不是被动（acted）而是施动（act）的这个意义上。这种主动性（acting），这种免于被动的自由，其完满形式就是理解（understanding）。因此，自我保存在

---

① ［译按］尼采批判自我保存的欲望原则仍然是"多余的目的论原则"，并且归咎于"斯宾诺莎的矛盾"，参见《善恶的彼岸》第一章"哲人们的偏见"，第13条格言。

② 尽管《伦理学》第三部分引入了斯宾诺莎的自我保存观念，但第五部分主要探索了沉思——或者说对神的理智之爱——作为自我保存的终极表现。

这些意义上就是沉思。

学生：这样一来，欲望的目的就不再是欲望了。换言之，欲望在某种不再是欲望的东西那里达到顶点。

施特劳斯：对此，斯宾诺莎可能会答道：你不是一直都在沉思。你必然会再度陷入各式各样的困倦状态，所以欲望与人始终并存。这是因为，沉思状态——完全理解的状态——只会是相对自由的状态。

学生：我忍不住会想，这种对于人在自然整全中的角色的理解，确实将人区别了出来。它影响到了部分与整全之间的某种区别。

施特劳斯：对，但你可以说，这也是为什么像康德等人反驳了斯宾诺莎，反驳意见就是伦理学在这样一种泛神论的语境里不再可能了。你是在想这个吗？

学生：不，我是想：它其实不是一种泛神论的语境。这种语境与结果相矛盾。

施特劳斯：斯宾诺莎写了一部《伦理学》，而这个事实与他的泛神论形而上学相矛盾。你是这个意思吗？

学生：事实是，《伦理学》基于人类理性的某种法则，它既不能被派生出来，也不能被视为自然整全之法则的一部分。

施特劳斯：我想其实是这个问题：整全之内是否可能有各种本质性的差别？整全能否包含各种异质性的部分？既然斯宾诺莎否认有真正的异质性存在，我敢保证他就陷入了麻烦。但在这方面，斯宾诺莎遇到了如今所有实证主义者碰到的同样难题，实证主义也否认人与野兽之间有本质性的差别，而这是各门社会科学中全部难题的根源。如果人有一种区别于所有野兽的本性，你就已经有了一种伦理学教诲的根基，[189]因为人的善也就成了专属于人的善。这是一个古老的观念——柏拉图和亚里士多德的观念——而斯宾诺莎肯定脱离了这种观念。

学生：在我们刚才读的那段话里，他提到的那种人类理性是不是与作为神的某一属性的思想有什么差别？

施特劳斯：没错。我们在《神学—政治论》第一章读过一段话，那里说我们不能认为神有着严格意义上的心智（mind）。思想——拉丁语是cogitatio——是某种思想、心智之类的东西，但还不是心智。斯宾诺莎构想的思想，其实与物质平行对应。你们知道一个显而易见的事情：你可以谈论一个物质，一个运动的物质，这是有意义的。但在思想那里，我们总是谈到各种个体。我是说有界限——或者像他们所说，思想是单子式的。斯宾诺莎没有为此做好任何准备。这是莱布尼茨（Leibniz）的批判：莱布尼茨对斯宾诺莎的评价非常简单，他说，如果没有单子（monads），也就是说，如果没有具备个体意识的诸个体，斯宾诺莎就是对的。

但我们确实不能深入斯宾诺莎形而上学的这些严重问题。难题无穷无尽，只讲一个吧。你们瞧，斯宾诺莎努力在唯物论的方向上尽可能走远，简单地说，这里是指现代科学意义上的唯物论；运动的物质，而不是原子论。但斯宾诺莎看到了一件事情，由此他与唯物论区别开来：关于意识的意识——这是cogitatio的意思——不可能是物体（body）。霍布斯是一个比斯宾诺莎健康得多的个体（斯宾诺莎在44岁时死于结核病），也是一个更加粗鄙的家伙，霍布斯说：只有物体。可是，一个想法、一个幻觉、一个欲望都不是物体，它们又是怎么回事呢？霍布斯说，那只不过是表象和幻象，不起作用。

斯宾诺莎看到了这一点，所以他说不可能构想任何属于物体的东西。不可能如此，但我们必须尽可能地按照物体的方式来构想非物体的东西，换言之，我们必须将思想或意识构想成严格平行对应于广延、对应于物体的东西。这是斯宾诺莎形而上学的一个稀奇古怪的建议，它导致了所谓的"身心平行论"（psycho-physic parallelism），听说过吧？这是斯宾诺莎的创造，而它至今还很强有力。

身心平行论的意思是说，身体与心智之间没有相互影响，这绝对冲击了常识。如果你们这样或那样做动作，你们就会知道身体对心智的影响，反之亦然。斯宾诺莎走得很远，甚至于在《伦理学》一段话里认为：以一座正在建造的建筑物为例，建筑物拔地而起的可见进程与心智中进行的建筑过程没有任何因果关系——没有因果关系，它们是两种严格意义上平行对应的进程。①这当然荒唐，问题只在于：这种看法怎么会对斯宾诺莎这样的头脑产生如此吸引力？有一种欲望与此有些关系：它欲求拥有某种完全自足的物理因果体系，任何非物理的、像灵魂之类的东西都进不去。这些人就是害怕这种东西。你们瞧，灵魂——某种非物体性的东西——不应该有能力干涉严格意义上机械的亦即物体性的进程。这就是潜台词。很遗憾我们无法继续讨论这些东西了，但接着讲我就容易被投诉了，因为我们是在政治科学系，我得遵守我合同上的条款。

[190] 言归正传，一种完全基于斯宾诺莎形而上学的伦理学肯定存在着很大的困难。在这方面，那位先生说得没错，但既然我们只探讨斯宾诺莎相对大众化的写作，这种困难也就没有在这里出现了。

学生：……在合乎理性的目标、次于理性的目标、非理性的目标之间作了区分。这种区分与亚里士多德说的究竟有什么差异？一个追求非理性和次于理性的目的的人，就会为此受苦，成为他所成为的那一类存在者。

施特劳斯：嗯，这就是他的意思。你也可以这样讲：处在一种基础的愉悦状态，并不意味着没有任何痛苦来中断它，但除非是沉思的人，否则就不可能有愉悦和泰然自若。既然我们都追求愉悦、避免痛苦，并且我们都是通过试验和犯错而得以前进，懂得了例如我们吃喝过度就行不通之类的道理；如果我们把这一点推到极端，将别的事情也一块考虑进来，我们就会得出如下结论：只有沉思的生活才能成为一种泰然自若的生活，成为一种得到根本满足和愉悦的生活。这是柏拉图和亚里士多德讲过的古老故事，斯宾诺莎只是在重复。

---

① ［译按］施特劳斯可能记忆有误，《伦理学》是在界定"完满"与"不完满"的含义时用了这个建造房子的例子，具体参见《伦理学》第四部分序言。关于斯宾诺莎"身心平行论"的学说详情，参见《伦理学》第三部分命题二及其附释。

值得注意的是，斯宾诺莎试图将这种古老的观念——人的至善在于沉思——安置在新的根基上，也就是伽利略—笛卡尔式新科学的根基。这是斯宾诺莎特有的困难。现在翻到208页第二段。

学生［读文本］：

侵害（Injuria）除了在一种政治状态（statu civili）当中便无从构想，而且诸至高权力（它们凭其权利容许做一切事情）不可能对其臣民进行某种侵害。侵害只可能发生在私人之间，而法律约束他们绝不能相互伤害。

"正义"就是在将每个人按照政治权利应得的东西分配给他们时的一种心智坚定（animi constantia）。"不义"就是打着权利的幌子，剥夺了某人按照法律的真解释所应得的东西。正义和不义也被称为公平和不公平，因为解决纠纷的人绝不能顾及个人，而是要平等地对待所有人，平等地保护每个人的权利，既不忌妒富人，也不厌恶穷人。（《神学—政治论》，XVI.41–42）

施特劳斯：停一下。我想我们应该读读这一段，因为它清楚表明斯宾诺莎完全拒斥传统意义上的自然法。对错仅仅是指政治上的对错，就连公平（equity）也仅仅适用于政治上的对错。

斯宾诺莎与霍布斯有很大的一致性，但霍布斯没有走得这么远。霍布斯说，对错仅仅取决于政治权利，但公平和不公平仍然取决于自然法，所以霍布斯比斯宾诺莎更加赞同传统的自然法学说。在这一点上，斯宾诺莎更接近马基雅维利：根本就没有自然法。即便他在第四章谈论的那种法——神法或者说自然法——也不是严格意义上的自然法，因为斯宾诺莎那里根本没有什么人的自然目的。接着读同一页第三段吧。

学生［读文本］：

"盟友"就是两个国家的人，为了避免战争的危险或者获取别的什么利益，彼此立约禁止相互伤害，而且紧要时候须相互扶助，虽然双方保留着各自的主权。这份契约的基础，也就是危险或利益的原则存在多久，这份契约的有效性也就有多久。因为没有人会订立或者必须信守一份契约，除非是希望得到某种善，或者对某种恶感到焦虑。万一废除了这个基础，契约也就被废除了。（《神学—政治论》，XVI.43-44）

施特劳斯：[191]停一下。总之，根本没有什么国际法。在霍布斯看来——斯宾诺莎也隐含承认——国际法本身就等于诸个体之间的自然法。为什么？因为国家彼此间都处于一种自然状态。各国没有一位能给它们规定法律和强制执行法律的上位者，所以国家间的关系根本上等于自然状态里诸个体间的关系。但是，霍布斯承认有一种自然法，例如寻求和平、避免野蛮和残忍之类的东西。从霍布斯的视角来看，虽然这种自然法没有严格意义上的法律强制力，但它也是理性的某种命令；虽然不可能具有法律力量，但各个国家都会遵从。

斯宾诺莎连这一点也抛弃了：根本没有自然法，没有自然的国际法。至于某种实定的国际法，那也只能从主权国家之间的契约中——从主权国家之间的承诺中——派生出来。但是，主权国家提出的任何承诺都服从如下条件："只要情况还像契约刚缔造的时候那样。"另外，谁来判断事情没有起变化？主权国家，每一个都是主权国家。没有国际法。国际法是某种信不过的临时协议，而且不可能有国际法庭之类的东西。因此，在所有这些方面，斯宾诺莎的学说就是无条件的马基雅维利主义。读这一段末尾吧。

学生[读文本]：

不止如此，如果我们考虑到虔敬和宗教，我们就会看到：一旦〈5〉信守诺言会对自己国家造成伤害，那么任何统治者就无法信守诺言而不为恶了。如果他看到自己许下的诺言于国家有害，他就无法信守那个诺言而不致破坏自己向臣民立下的诺言了，后一种诺言才对他有着最牢固的约束。（《神学—政治论》，XVI.46）

施特劳斯：对，这是什么意思呢？这是一个有趣的论证，一个对于马基雅维利主义的道德证明。政府的最高义务是对其臣民的责任，这压倒了其他一切考虑。因此，如果主权者认为某种背叛外国势力的做法有利于自己臣民的福祉，那他就有义务做出这种背叛之举。毫无疑问，斯宾诺莎的教导根本上追随了马基雅维利的路子，从论证的一开始，"权利即强力"就保留其中了。

还有一个要点我们应该讨论，不太长。翻到211页最后，这是一个关键问题。迄今为止，他讲清了主权是什么意思：主权就是指政府的全能，全能到政府有资格担任唯一裁断者来裁断任何事情。自然而然，政府可以是集合起来的公民团体。他这里不是在想某种绝对君主制，某种绝对专制。但是，这种公民团体有能力去做它想做的事，不臣服于任何法律。它不服从任何人。那么，启示法（revealed law）又怎样呢？主权权力是不是臣服于启示法呢？这是个问题。

学生：［听不清］

施特劳斯：对，那我们看看他如何论证的。翻到211页第四段。［192］

学生［读文本］：

> 但是，假设有人现在问：如果至高权力下达了某种违反宗教，违反我们在一份明示的信约中许诺给神的服从，那又怎么办？我们必须服从神的命令，还是人的命令？我以后将更详细讨论这些问题。这里，我只简要地说，当我们有了一种清晰、无疑的启示时，我们就必须服从神高于其他一切——

施特劳斯：这正是霍布斯开始作论证的方式。问题是这样表述的：在冲突的时候我应该服从谁，神还是人？当然是神，毫无疑问，但我们必须确定是神在说话，必须确定神得到祂想要的结果。继续。

学生［读文本］：

但是，正如经验也充分作证的那样，人们容易在宗教问题上犯大错，按照自己心智的差异，在虚构许多事情上激烈竞争。因此，可以肯定，如果法律没有约束任何人都必须在他认为属于宗教的事情上服从至高权力，那么国家的权利就将取决于每一个人变动不居的判断和情感——

施特劳斯：瞧，这个论证与反对政府的政治诉求或世俗诉求的论证完全一样。"每个人都是判断者"与社会生活不相容，所以必须将判断交给一个人或一群人，交给主权者。同样的理由也适用于宗教。继续吧。

学生［读文本］：

原因在于，没有人会受制于一座他判断有悖于自己信仰的雕塑以及迷信。因此，以此为借口，每个人都能获得做任何事情的许可。

这样一来，国家的权利就完全遭到了侵犯。由此推出，无论出于神法还是出于自然法，至高权力都有保存和保护国家各种权利的唯一责任，而且它拥有至高权利去主张自己在宗教方面判断的任何东西。每个人必须服从至高权力在这个问题上的法令和命令，其根据就是他们为至高权力所作的保证，而神也在一切情况下要求人们尊重这一保证。

但是，如果拥有主权的人是异教徒，那我们就不应该与他们达成任何契约，而是宁可决心遭受最大的不幸，也不要将我们的权利转让给他们。另外，如果我们已经达成了一项契约，将我们的权利转让给它们，既然我们由此而被剥夺了保护我们和我们宗教的权利，那我们就必须服从他们，同时保留信仰，或者被迫这样做；除非神以某种启示应许了祂将为反抗僭主所作的特殊帮助，或者专门意愿有一种例外情况出现。（《神学—政治论》，XVI.61–64）

施特劳斯：霍布斯在讨论同样问题的时候——有一个英国国教会的主教攻击霍布斯也是因为同样的学说——说，人必须在一切事情上服从政府，哪怕是宗教事务。因此，大问题来了：如果是异教徒掌管的政府，怎么办？[193]绝对服从。但这位主教肯定惊呆了，①接着霍布斯又提出了一个有利于这位主教的例外情况，说绝对服从只适用于基督教的平信徒，不适用于主教，所以主教就得去殉教。

如你们所见，斯宾诺莎提出了一个类似论点。你们知道，这本书的论证就是基于一条原则：圣经是一部启示文献。矛盾在这里就变得完全清楚了：如果政治的主权者在宗教方面是唯一的终极权威，那么政府就可以废除基督宗教。同样，基督教，或随便什么宗教的权威，都只能归结于政治主权者采纳了它。我是说，在所有这些事情上，斯宾诺莎都只是在重复霍布斯的说法。我们读读第十七章的开头，只读开头。

学生［读文本］：

在上一章里，我们思考了诸至高权力所拥有的做一切事情的权利——

施特劳斯："普遍权利"可以，但最好按字面翻译："主权者做一切事情的权利。"普遍当然是指一切事情，但这样讲才清楚。一切事情，字面上就是指一切事情。问题来了：在这种无条件的主权的基础上，你如何能拥有自由？斯宾诺莎那里有什么一般答案吗？必须搞懂这个。

学生：自然权利。

施特劳斯：不对。斯宾诺莎如何回答这个问题？如果你想拥有

---

① 施特劳斯可能是在说大主教布兰霍尔（John Bramhall, 1594—1663），他与霍布斯辩论过一些问题，包括自由意志与自发性，并且写了一部攻击性著作《猎捕巨鲸利维坦》（*The Catching of Leviathan, the Great Whale*, 1658）。

和平、安全——这些的对立面是无政府状态——政府就必须是主权者。一切事情必须从法律上服从政府的权力，无一幸免。在这种基础上，你如何能拥有自由？

学生：民主。

施特劳斯：讲清楚，为什么民主……

学生：因为每个人都会成为主权者。

施特劳斯：或者主权者的一部分。这就是像斯宾诺莎和卢梭那样的人根本上想的事情，它也多多少少构成了现代民主学说的基础。想说什么吗？

学生：他先是给出了一个论证……保留革命的权利。

施特劳斯：那我们先回到斯宾诺莎。斯宾诺莎说，首先是绝对放弃所有权利，转交给主权者。这是第一步。这样做之后还有什么希望之光呢？政府是由众多身体力量有限的人组成。他们不可能拥有严格意义上的全能，[194] 因此，臣民不管愿意与否都始终有一些自由，这就是斯宾诺莎论证的开端。现在从第十七章开始往下读吧。

学生 [读文本]：

在上一章里，我们思考了诸至高权力所拥有的做一切事情的权利，以及每个人转让给它们的自然权利。虽然上面表达的观点与实践的一致程度绝对不低，而且一种实践也能被确立得越来越贴近我们描述的那种状况，但是，在许多方面，这种观点必定只是停留在纯属理论的层面。（《神学—政治论》，XVII.1）

施特劳斯：他说的是"纯属理论性的"[译按：课本作"理想性的"]。嗯，这就是个希望。但接下来，翻到214页底部。

学生 [读文本]：

众所周知，如果人们能像这样被剥夺自己的自然权利，致使自己除了根据拥有至高权利的人的意志之外不能做任何事情，那么后者就将被容许以最暴虐的方式来统治他们的臣民，而且绝对不受惩罚。但我相信，任何人都不会这样想。因此，必须容许每个人为自己保存许多始终由自己做主的事情，因而这些事情也并非取决于别人的决定，而是他自己的决定。（《神学—政治论》，XVII.4）

施特劳斯：好了，我们的自由有一种自然保障，因为举例来说，我们的思想绝不会受到政府的控制。他在这段话里举了个例子，我们略过去了："我应该恨我的恩人。"任何政府都做不到这一点，因为这会引起一种自然的反抗：如果有人对我很好，我当然会友善待他。妙极了！有一个领域是政府无从插手的。但读读下面的话。

学生［读文本］：

尽管如此，要想正确理解国家的权利和权力有多大，我们也要注意：这种权力并非仅限于能够强迫人们出于恐惧去做的事情，而是绝对扩展到了它能促使人们按照自己命令去做的一切事情。使臣民成为臣民的是服从，而不是服从的理由。原因在于，无论一个人决心执行至高权力的命令是出于怎样的理由，无论是因为惧怕惩罚、因为希望得到什么东西、因为热爱自己的国家还是因为被其他某种情感所驱使，这人都是按照他自己的判断而下了决心，但他的行事仍然符合至高权力的命令。（《神学—政治论》，XVII.5-6）

施特劳斯：翻到215页第四段。［195］
学生［读文本］：

这一点根据如下事实也得到了尽可能清晰地确证：服从与其说在于外在行为，毋宁说在于灵魂的内在行为。因此，一个决定全心全意服从别人全部命令的人，也是最受别人控制的人。

因此，拥有最大权威的统治者，统治着他的臣民们的灵魂。但是，如果那些最受人恐惧的人也拥有最大的权威，那么僭主的臣民肯定就拥有这种最大的权威，因为他们最受到他们僭主的恐惧。

尽管灵魂不能像口舌那样的方式遭到命令，但灵魂在某种范围内处于至高权力的控制之下，至高权力也能以许多方式使得多数人去相信、爱和恨它想要人们如此对待的事物。即便这些事物不是由于至高权力的直接命令而发生，但经验充分证明：它们的发生经常是由于至高权力的力量和引导，也就是由于它的权利。因此，我们可以这样构想人而不致陷入任何理智上的不融贯：那些怀有相信、爱、恨、厌恶或者被任何一种情感所压倒的人，仅仅符合国家的权利。（《神学—政治论》，XVII.8–10）

施特劳斯：那么，关于政府权力的自然限制可以得出什么结论呢？可以摆脱这些限制，政府可以控制人们的思想。所以那没什么帮助。

学生：在这一节刚开始的地方，当他说你必须将深思熟虑的行动归结于服从的时候，他只是在说情感……公民不是臣民。

施特劳斯：你的意思是说，他只是在服从他自己，用卢梭的话来说。

学生：[听不清]

施特劳斯：你是这个意思。我懂了，那种情感上受到煽动的个体也不是在服从。

学生：他是在服从。

施特劳斯：为什么他服从？

学生：[听不清]

施特劳斯：我没弄懂你讲法里的问题是什么。我是说，斯宾诺莎想的问题是这样：乍一看，似乎是有一个出于自然就不服从政府的领域存在，也就是思想的领域。在最宽泛的意义上，思想包括了情感，就像你所说。行动可以被控制，但脑子里想什么是看不见的，所以思想似乎不受控制。

但接着斯宾诺莎又说，很不幸，事情要复杂得多，因为人的思想和激情可以被政府做的事情所影响，而理论上政府做什么是没有限制的。人民可以被政府诱使去憎恨自己的父母，我们本世纪就有历史实例，你只需要把父母视为叛国者就行；你们知道，这样一来他们就不再是父母了。所以问题来了：我们从哪里能获得对这种主权者的某些限制？我们从哪里能得到一些自由？自然限制是不够的，我们必须明白这一点。[196]

学生：[听不清]

施特劳斯：斯宾诺莎是这样想的：一个真正有思想的人不会被政府控制。但如果你被不断灌输错误信息，还相信了它们，相信了政府的说法，你的理性就会在这个基础上活动，就会引起一种情绪化或非情绪化的心智状态。斯宾诺莎是这样做的——大多数情况下也有这种可能——林肯（Lincoln）那句话怎么说的？"你无法一直愚弄所有人，但你可以一直愚弄多数人。"[①][听不清]

确实如此，但你们知道，始终有一种简单的手段：恐吓。你可以规定一些行为是能受到惩罚的犯罪：如果你传播谣言，或者如果你加入了英国海军，这类行为就是严重的叛国罪。

学生：那么按照这段话，他的意思几乎包括了所有人。只有小部分微不足道的人……

施特劳斯：嗯，他们能制造点麻烦，但政府总是更强大。这很容易，这是个很简单的问题——我是说，如果用纯粹技术性的词汇来谈论这种问题，那是很容易的；至于长期如此下去是否明智，则是另一回事。我们必须明白这一点。

---

① 这句话经常被归于林肯名下，出自1858年9月他在伊利诺伊州克林顿所作的一次演讲。但有证据表明，林肯从未说过这句话。见 Thomas E. Schwartz, " 'You Can Fool All the People' : Lincoln Never Said That", *For the People* (A Newsletter of the Abraham Lincoln Association) 5 (2003), 1。

但迄今为止，我们只有这份关键的供词：政府权力没有受到什么自然限制。没有法律限制，这一点我们已经知道了；但也没有自然限制，因为政府可以——你们瞧，这里就是我们这个时代发展起来的全部有关政治宣传（propaganda）的教义。

学生：我在想，你可能得考虑富人和穷人……富人虽然是少数，但也是一个非常有权势的团体。你也不可能统统绞死，富人还挺多的。

施特劳斯：办法多种多样：可能是没收财产，可能是没收式征税，后者是比直接没收财产少些痛苦的法子。我们现在谈的是原则。必须看看，我们究竟能在斯宾诺莎什么地方找到某种限制的原则。翻到216页第三段。

学生［读文本］：

> 无论理性还是经验都尽可能清晰地教导了，国家的保存首要取决于其臣民的忠诚，取决于臣民的德性，取决于臣民在执行命令时心智的坚定。但不那么容易知道的是应该如何领导臣民，以使得他们坚定地持守自己的忠诚和德性。所有人，无论统治还是被统治的人，都倾向于更喜爱快乐而非艰苦劳作。那些经验到了民众的心智如何易变的人，对此几乎都感到绝望。他们仅仅受各种情感而非理性的统治——

施特劳斯：［197］你们瞧，这一点在本书里非常重要，而这本书竟然是一个声称——几乎声称——民主就是理性之治的人所写。

学生［读文本］：

> 见到任何事物都一哄而上的民众，很容易遭到败坏，要么是被贪婪败坏，要么是被奢侈的生活败坏。每个人都以为唯独自己知道一切事情，而且想要一切事情都按照他的心意来实现。他以为，一事公正不公正、容许不容许，都要看他来判断这事为他带来了利益还是损失。由于爱名声，他厌恶平等的人，无

法忍受由他们来统治自己。由于忌妒别人得到了更多赞美或更好的机运——这些东西从来都不是平等的——他就希望别人生病，并且在别人遭受坏事时幸灾乐祸。

没必要细究所有这些东西了。每个人都知道情况是怎样的：厌弃当下，渴望掀起根本性的变革，不受控制的愤怒，嘲笑贫穷——这些情感将人们引向了邪恶。每个人都知道，有多少这样的情感充塞和扰乱了人们的心灵。

避免所有这些东西，并且将国家建立得没有为欺骗留下余地，也就是说，将各种事物建立得所有人无论心智怎样都更热爱公共权利而非私人利益；这就是任务，这就是我们的关切。（《神学—政治论》，XVII.13–16）

施特劳斯：嗯，停一下。如果合到一块来看，我们就会看到这个全能的政府，看到难以忍受的僭政的威胁，看到被压迫的穷苦人民。接着，斯宾诺莎说道：不要那么感伤，这些人都不好。相反，政府权力和强制才是必要的。绝不能忘记这一点，那么，我们如何从这一点出发呢？这就是迄今为止这个问题的表述。

学生：我很困惑，因为自由问题的起源实际上并非与此相关，因为如果政府是全能的，如果政府对于所有人——所有这些反复无常的人——的全能是必要的，那么，自由对他们而言就毫无必要了。同理，自由对智识人而言也没有必要，因为真正的理性人完全是自由的。

施特劳斯：你讲这个问题讲得很好，但漏了一点：如果你遇到了这个践踏人民的绝对政府，而这些人民又不是我们理应特别怜悯的那种天使——尽管如此，作为理性观察者的我们还是可以作出如下区分，一种是以智慧的方式行使权力的政府，另一种则是行事宛如野兽的政府。"人民都是非理性的"这一事实并不会消除另一个事实：人民都想要一些合情合理的东西。我们必须作此区分，这也是斯宾诺莎努力在做的事情。这些人民着手获取他们想要的东西，而且是一些合情合理的、人类生活绝对不可或缺的东西。我们必须搞清楚这个问题。

前面我们已经看到，按照次于理性的生活，这些人想要生活，活着还要有一定自由，例如自由选择职业之类。从斯宾诺莎的视角来看，这是完全正当的欲望，人民这样做甚至对聪明的政府而言也是好事。但这里我们必须看看。[198] 换言之，我们应该尽一切手段获取次于理性的善（我说过它不是非理性的善，只是不完全合乎理性的善），也就是舒适的自我保存。

斯宾诺莎试图回答这个问题：如何才能获取这种善？这里提到了两个要点，它们是一种现实主义学说必须纳入考虑的对象：首先，必须有一个政府，它是主权者，但其实只是凭借政治宣传才是全能的；其次，我们必须看到人民与他们的敌人一样……[听不清]……并且不相信这一点，因为谁也不会厌弃自己……[听不清]……人民总是做有利于自己的事。公意不可能犯错。我们必须在政府的公共权力（斯库拉海妖）与民众的非理性（卡律布狄斯漩涡）之间找到一条清醒的中道。这就是斯宾诺莎试图做的事情，找到一条中道，既能承认双方，又能从两边的绝望事实中谋求一些安慰：一边是你需要某个代理来强制施行不受限制的权力，另一边是你必须对付那些多多少少非理性的存在者。

对此，哲学派不上用场。但这种善也是合情合理的，因为个体的健康当然有益于国家整体。那么问题来了：我们怎么才能获得这种善？政府应当如何建设，才能最大程度地保证这种合情合理的、舒适的、低级而稳固的自我保存有可能实现？有两个敌人：政府可能会醉心权力，不关心人民的善，而人民也可能醉心于什么东西——醉心于大众的愚昧（这是他自己说的）——同样使得实现这种稳固的善不可能。

现在明白，他对问题有两种清楚的说法了吧？第一是从刚开始就很清楚的说法：无政府状态最糟糕，我们必须有政府，强壮、稳固的政府。第二个说法是一般人的非理性，进而尤其是民众的非理性，所以这是必须有一个强大政府的终极理由。那么问题来了：你如何能在限制政府的同时不剥夺其权威？这是个难题。政府必须始终是主权者，真正的政府不可能受到任何法律上的限制。当然，政府只是代理——这很容易——但名副其实的政府不可能受到任何限制。但是，必须有某种形式的限制，否则将不可能有幸福，某种公共的幸福。这是他的目标。我们继续读217页第四段。

学生［读文本］：

这就是为什么当君主们在早先年代取得了统治的时候，为了使自己得到安全，他们要尽力说服民众相信他们是出自不死诸神的后裔。他们认为，如果他们的臣民（以及其他所有人）不把他们视为平等的，而是相信他们就是诸神，臣民们就很容易臣服，愿意服从他们的统治。

所以，奥古斯都（Augustus）说服罗马人相信，他是埃涅阿斯（Aeneas）的子孙，而人们相信埃涅阿斯就是维纳斯的儿子，是诸神之一……（《神学—政治论》，XVII.20–21）

施特劳斯：下面略过不读了。我们可以找到一些例子，接着他谈到亚历山大作了最大努力说服马其顿人。他引用了柯提乌斯。［199］

学生［读文本］：

克里昂（Cleon）也在演说里这样做，试图说服马其顿人通过一致赞同来奉承这位君主。因为他充满敬仰地历数了亚历山大所受的赞美，重述了他的功绩，以此为伪装赋予一种真理的表象。在这以后，他接着点明了这样安排所具有的功效："事实上，波斯人把他们的君主当作诸神来敬拜，他们的做法不仅虔敬，而且明智。因为国家的王权就是国家安全的护卫者……"最后，他还总结道："当君主出席一场宴会时，我要将身体匍匐在地。每个人也必须这样做，尤其是那些聪明人。"（柯提乌斯，VIII.65）

但是，马其顿人对此也很明智。只有彻头彻尾的蛮族才会容许自己如此公开地受骗，容许自己从臣民沦为奴隶，对他们自己没有任何用处——

施特劳斯：你们瞧，奴隶与臣民的差异暗示了问题所在。奴隶的善——虽然次于理性却也健全、稳固的善——没有得到关照，他们只是工具而已。臣民的善却得到了关照。

学生［读文本］：

> 但是，比起克里昂，其他人更加成功地说服人们相信了如下事情：王权是神圣的，也是神在地上的代表；王权被确立，不是由于人们的投票和同意，而是由于神；王权得到保存和保护，乃是凭借神的特殊的神意和扶助。这样一来，君主制还设置了其他手段来保卫自己的统治，这些我都略过不谈。为了抵达我想得出的结论，如我说过的那样，我将仅仅注意和衡量神圣启示曾经为此意图而教导给摩西的那些东西。（《神学—政治论》，XVII.23–25）

施特劳斯：这当然是十足的讽刺。我是说，摩西被当成了像亚历山大大帝和奥古斯都那样的人！现在，君主制的难题就是他这里要说明的全部事情。君主制是解决政府难题的一个办法，这样你就有了真正的集权，有了最清晰、最可见的主权，但对自由的保障也最少。当然，君主可以为所欲为，那么一位君主如何统治呢？既然政府掌控领土似乎并非出于自然，而是出于思想，那么，君主如何才能成功占取领土呢？要靠思想。你们知道，如果人民相信他们的统治者是一位神，只要相信，他们就会忘记其余一切。就这样，但这不是斯宾诺莎想要的结果。

接着，斯宾诺莎展开了一段关于希伯来国家（Hebrew common-wealth）的讨论，虽然也是用了相当克制的语气。但我们必须读几段话，先读读他提出这个问题的开始部分。

学生［读文本］：

> 我们已经在第五章说过，在希伯来人逃离埃及以后，他们

再也不会因为任何法律而受到别的民族的约束，而是被容许随其所愿地为自己设立新的法律，占据任何他们想要的土地。原因在于，在他们从埃及人难以忍受的压迫中得到解放，并且没有因为任何契约而附属于任何有死者以后，他们就重新获得了自然权利去做自己所能做的任何事情。他们每一个人都能再度决定，自己究竟是想保留这种自然权利，还是将它交出并且转让给别人。当他们处在这种自然状态中时，他们决定将自己的权利唯独转让给神，而不是任何有死者。（《神学－政治论》，XVII.26–27）

施特劳斯：停一下。他一开始是说，犹太人从埃及得到解放之后就处于一种自然状态，而他关于这种状态下的犹太人所说的话，同样适用于自然状态下的基督徒。[200]自然状态里没有政府，每个人都有权利作判断，每个人都相互平等。那么，这种平等——自然平等——究竟是什么意思？我们前面提到过，斯宾诺莎不相信所有人绝对享有自然平等，没有谁比他更加坚持智者与俗众的不平等。那么，斯宾诺莎这里是什么意思？

首先，他的意思是：没有人出于自然便臣服于他人，理由是没有人出于自然就被命令必须做某事。斯宾诺莎拒斥目的论，在这里就意味着拒斥某种自然等级秩序。在政治语境里，斯宾诺莎直接无视了至善——这多少有些道理——而仅止步于我所谓的次于理性的善，也就是舒适的自我保存。在这方面，我们可以正确地认为每个人都是平等的，因为每个人都能理解那种善，理解自我保存，而且一个人没有理由拥有高于别人的舒适自我保存的权利。原则上，每个人都能这样。如果是完满的善、至善亦即沉思，而不是这种社会性的善，那就只是某些人出于自然才具有了。这绝对有道理。

我们不可能全部读完。犹太人生活在自然状态中，他们将自己的主权权力转让给了神，由此导致了一个结果：政治法与宗教、司法与宗教有着一种完全的等同关系。这就是神权政体（theocracy），翻到220页第一段。

学生 [读文本]:

但是，所有这些事情更多在于意见，而非事实。确实，正如我们随后将确证的那样，希伯来人绝对地保留了国家的权利，根据就是管理这个国家的方式，而我决定在此予以解释。

希伯来人没有将他们的权利转让给别的任何人，而是每个人平等地交出了自己的权利，就像在一个民主制当中，而且他们用同一种声音大喊"神说什么（没有任何明示的中介者），我们就做什么"。由此推出，每个人凭借这份信约而始终是完全平等地拥有向神求教的权利，而且接受和解释祂的法律的权利对于每个人而言也是平等的。每个人无条件地平等拥有对国家的全部治理。（《神学—政治论》，XVII.32–33）

施特劳斯：换言之，无论这是不是叫做神权政体，斯宾诺莎都说它其实是民主，因为每个人都有平等的权利去听取决定。现在，斯宾诺莎用圣经的说法来描述：这种状况很快就变了。人民开始恐惧，然后他们说只有摩西可以与神交谈。用政治术语来说，这是什么意思？摩西就是绝对君主。因此，这是一场民主制向君主制的转变。接着，他又用非常热烈的语气描述说（这部分我们就不读了）：摩西的君主制比任何普通的君主制更加强有力，因为它有独一神的权威作靠山。这就是解决办法。

但是，摩西没有任命一位继任者，他死后权力发生了分裂。司法权逐渐脱离了行政权。严格意义上的立法权并不存在，因为有一套不可变动的神法，但法律解释交给了教士，行政事务交给了约书亚及其继任者。更确切的内容，读一下222页底下数第七行。[201]

学生 [读文本]:

约书亚被选为军队的最高统帅。唯独他有权利在新的事情上求教于神，但不是（像摩西那样）只能在他自己的营帐里，或者在会幕里——

施特劳斯：我懂了，只有摩西。换言之，他往后可以想什么就说什么。

学生［读文本］：

他这样做要通过高级教士，唯独后者接收到神的答复。约书亚也被授权确定神通过教士而向他传达的命令，强迫人民服从，发明和使用手段来予以执行，从军队中选多少人、选什么人都随他的想法，还有以他自己的名义派遣使节。绝对而言，一切战争权利唯独取决于他的命令。（《神学—政治论》，XVII.46）

施特劳斯：翻到223页，第二段后半部分。

学生［读文本］：

高级教士有权利解释律法，传达神的答复，但那只是在被统帅、最高议会或者类似的人问到的时候，而不是（像摩西那样）在任何他想要的时候——

施特劳斯：这就意味着，如果一位将军提出反对，说"我可以在没有得到神的答复下这样做"，那么凭借这一事实，高级教士就会被剥夺权力。继续。

学生［读文本］：

另一方面，军队的最高统帅和议会可以在他们想要的时候求教于神，但是只能从最高教士那里接收神的答复。因此，神的口谕在教士的嘴里不像在摩西的嘴里那样是法令，而仅仅是答复。只有在被约书亚和议会接受时，它们才拥有作为一项命令和法令的强力。

另外，这位从神那里接收神的答复的高级教士，自己并不拥有军队，也没有凭借律法而能下命令。另一方面，那些有权利占有土地的人，也没有权利制定法律。高级教士其实是由摩西选择的，这一点对于亚伦及其儿子以利亚撒而言都是事实。但是，摩西死后，谁也没有权利选择教士。正如律法规定的那样，儿子要继任父亲。

军队的统帅也是由摩西选任，而且他获得统帅一职，不是源于高级教士的权利，而是来自摩西的权利。因此，约书亚死后，教士没有选择任何人来继任他的位子，各支族领袖们也没有求教神选出一位新的统帅，而是每位领袖保留了约书亚的权利来管辖自己支族的军队，集体拥有管辖全部军队的权利。（《神学—政治论》，XVII.50–52）

施特劳斯：停一下。所以是发生了这样的事：摩西死后，主权者的情况就不再清楚分明了，而是混进了一丝无政府状态的因素。斯宾诺莎接着提出了另一个要点：摩西统治时的单一国家逐渐变成了某种联邦制，诸支族多多少少获得了独立性，唯独在宗教方面仍然是单一的国家。所有十二支族凭借同一宗教而团结到一起，[202]政治上则是相对独立。

斯宾诺莎深入了这些历史细节，但不是出于好古癖。政治上独立的诸邦形成了宗教上单一的国家，从而诸邦各自的主权受到了削弱，因为它们都成了单一宗教国家的一部分；哪里还有与此类似的情况呢？"基督教共和国"（Respublica Christiana），基督教国家，它也有各式各样的主权国家，但这些国家构成了单一的宗教国家。"基督教共和国"其实削弱了其成员各自的主权。换言之，斯宾诺莎看到了中世纪和早期现代的基督教国家的缺陷，而他通过描述旧约里摩西死后的国家——尤其约书亚死后的国家——间接描述了他看到的缺陷。

学生：基于这里对君主制的讨论，有没有可能说斯宾诺莎似乎认为君主制也能实现我们所谓的次于理性的最高善？是否可能有这样一种解释，即摩西那里的君主制……其实已经实现了次于理性的最高善？

施特劳斯：他前面讲的内容当然没有排除这种可能性。另一方面，至于他讲的内容是否能证实他认为君主制也可能是一种可欲的政体……但我们会在读《政治论》的时候继续讨论这个问题，在那部著作里，圣经主题导致的困难就不存在了。但如果我们把这里的立场当作明确的共和派立场——甚至可谓是民主派的偏见——我们也不得不说：斯宾诺莎认为，共和政体比君主政体更容易实现次于理性的善。稍后我们会读几段话。

我们继续。再说一遍，摩西死后存在着某种无政府状态，而这要归咎于摩西没有任命一位继任者；至于摩西为什么没有这样做，这问题没什么意义。后面似乎有一个理由，即摩西的行事有所偏袒，他想给自己支族（利未人）一个更加优越的地位，而这就造成了难题。但我们还要看看。

在这段泛泛的介绍之后，斯宾诺莎试图描述这个政体的诸德性。他在两个名目下完成了这件事：第一，这个政体能提供什么样的保护来抵御僭政；第二，这个政体能提供什么样的保护来抵御无政府状态。首先是抵御僭政，他指出了——我们可以读一下，226页最后一段。

学生［读文本］：

> 那些管理国家或者掌握统治的人，总是试图掩盖自己在合法性的外表下犯的一切罪过，并且说服人民相信他们行事正直。当法律的所有解释仅仅取决于他们的时候，他们很容易就能做到这一点。因为毫无疑问，这样一来他们就获得了莫大的自由来做自己想要的任何事情，以及自己的欲望所驱使的任何事情。另一方面，如果别人有权利解释法律，他们就会丧失这种极大的自由。如果法律的真解释在每个人看来都清楚到谁也无法怀疑的程度，同样的情况也会发生。
>
> 这就清楚表明，赋予利未人解释律法的全部权利（见《申命记》21：5），使得希伯来领袖大大减少了犯罪的机会。利未人既不管理国家，也不像其他支族那样分有一份土地。他们全

部的幸福和荣誉，取决于他们真实地解释律法。

　　另外，人民作为整体每七年都要被命令聚到一处地方，教士在那里教导他们律法。不止如此，每个人都被命令要诵读和反复诵读律法书，持续不断，而且要以最高的专注去读（见《申命记》31：9-13 与 6：7）。（《神学—政治论》，XVII.63–64）

施特劳斯：[203]对。那就是说，如果你有一套公众熟知的法典，如果你有一套独立的司法，那就非常好、非常值得推荐。但这里也有一定的困难。我是说，司法独立很重要，显然重要，但公众熟知的法典又如何呢？那会约束政府。如果有一套不可变动的法典摆在那儿，那在危难之际如何才能改变法律呢？

　　斯宾诺莎提出了第二个要点：在希伯来人的国家里，所有公民都有武装，这是抵御僭政的一大保护措施，也是他之前马基雅维利的一大主题。

　　下一点，预言的制度也有助于抵御僭政。但稍后他又澄清，他觉得这根本就不是一个好的制度。这是核心主题。

　　第四点，贵族制不论出身，只问年龄和德性。我觉得斯宾诺莎也认为这是个好办法。

　　最后，由于政府的大众性，和平会更加受到重视。当然，这种论证在任何时候都发挥了很大的作用。你们知道，民主制和平，君主制好战。这是潘恩（Thomas Paine）的一大主题，也是康德的主题。但《联邦党人文集》开篇也批判了这种观点，汉密尔顿（Hamilton）列举了一大堆好战的民主制，由此表明了情况的复杂性。但斯宾诺莎本人似乎赞同后来潘恩和康德表达的那种观念，即民主制更加和平，理由很简单：如果人民必须在战争或和平的问题上作出实际决断，如果是由那些不必战斗的人——人民的内阁——来作决断，战争就会更少。这当然不那么合乎实情，因为也有可能是一群好战的民众；想想一些印第安部落就知道了，我们不可能说他们在真正打仗之前必然会投票反对打仗。

　　现在，我们转到抵御无政府状态那个问题。这首先源于一个事实：爱国主义与虔敬完全一致，而这当然是一股约束性的力量。这就意味着要憎恨所有别的国家，因为正是神的敌人使他们紧密团结到一起。这又意味着：顾名思义，社会团结度的增强也是一种抵抗君主制的保护措施。我们翻到229页底部。

学生［读文本］：

理性尽可能清晰地教导了，所有这些事情——摆脱属人统治而获得的自由、对自己国家的献身精神、一种在与所有其他人的关系当中的绝对权利、一种不仅被容许甚至是虔敬的憎恨、将一切人视为敌人的态度、各种习俗和仪式的独特性——我要强调的是，理性教导了，而经验也见证了，上述所有这些事情对于希伯来人的心有着多么巨大的强化作用：他们为了自己国家，甘愿以特殊的坚韧和德性来承担起一切事情。当那座城仍然坚立的时候，他们绝对无法忍受一股外邦力量的统治。这也是为什么他们经常称耶路撒冷为"反叛之城"（见《以斯拉记》4：12, 4：15）。

尽管在教士夺取统治权利之后，第二个国家几乎连第一个国家的影子都不算，但罗马人也很难摧毁它。对此，塔西佗在《历史》(II.4)里给出了见证——

施特劳斯：［204］就是塔西佗本人。意思就是，就连一个罗马人也见证了这一点。

学生［读文本］：

"维斯帕先已经不再支持对犹太人的战争，除了围攻耶路撒冷之外。但这项任务更加艰难、更加麻烦，原因主要是这个民族的心智以及他们持久的迷信，而非被围困的人们还有足够力量来克服他们不得不经受的困难。"（《神学—政治论》，XVII.82–83）

施特劳斯：对。你们看，斯宾诺莎藉塔西佗之口暗示了他自己的批判：塔西佗称为"迷信"的东西，斯宾诺莎却称为"宗教"。这就是他对难题的暗示，也是另一处关于古希伯来国家的难题的暗示。接着读。

学生〔读文本〕：

但是，除了这些仅仅依靠意见来评价的因素以外，这个国家还有另一种非常刚硬的东西，而它必定是一直避免其公民产生背叛或遗弃自己国家的想法的最重要因素：这就是利益的原理，利益是一切人类行动的支柱和生命。这股力量在这个国家里尤其强大。任何地方的公民都没有这国家的臣民那样大的权利来占有财产，这国家的臣民与其领袖都是平等地分有土地和田野。每个人都是自己那一份财产的永久领主。如果贫穷迫使任何人变卖自己的产业或田野，它们到了五十年〔译按：即"禧年"〕节又会完整回到这人手上。他们还建立了其他类似的习俗，这样谁也无法放弃自己真实的财产。(《神学—政治论》，XVII.84–85)

施特劳斯：嗯，至于斯宾诺莎是否真的相信这种绝对的私有财产权利——就连破产也不可能会失去的绝对财产权——我怀疑他是否真的认为这是一种优势，但曾经确实是这样。换言之，这就是古希伯来国家的社会政策。还有一个要点，231页从下倒数第三行。

学生〔读文本〕：

同样，这个民族对于律法的崇敬也丝毫不低，而律法也被最为小心地保存在神殿最深处。因此，完全没必要恐惧这民族当中的抱怨和各种偏见。谁也不敢对属神之事作出判断。在一切被命令去做的事情上，他们必须服从，连商议的理由都不能有，其依据的权威就是神殿里收到的神的答复，或者神所设立的某一条律法。(《神学—政治论》，XVII.92)

施特劳斯：停一下。这件事暗示了什么？这中间有一段插入语透露了一切："谁也不敢对属神之事作出判断。"古犹太国家团结稳定的最大奥秘之一，就是完全禁止搞哲学的自由。由此，我们可以看到：斯宾诺莎并不认为这是解决办法。但他承认的内容非常重要，换句话说，并非不可能建立一个毫无言论自由、毫无搞哲学的自由的社会。这是有可能做到的。这样就不可能说也有一种言论自由的自然权利了，而这正是他在第二十章讲的东西。[205] 没这么简单。可以有一个这样的社会：没有言论自由，但也能非常稳定，而且具备很多社会德性。但在斯宾诺莎看来，这不是一个好的解决办法，我们必须看看他都有什么样的理由。

我们可以说，像古希伯来人的国家这样类型的共和国满足了每个人的所有需要，除了哲人以外。因此，既然哲人是斯宾诺莎的一个重要考量，那它就不是一个好的国家。接下来，斯宾诺莎提出了一个问题：为什么这样一个完美的榜样没有持久延续？我们来读读他的批判的开头部分，第232页。

学生［读文本］：

由此，我想我已经解释清楚了这个国家的指导原则，虽然简略。现在，我们必须追问：为什么希伯来人经常没能服从律法，为什么他们总是遭到征服，还有，为什么最终他们的国家能够被彻底毁灭——

施特劳斯：这当然是一种礼貌的说法：希伯来国家也不像我描述的那样完美。如果人人都满意，为什么还会发生持续的混乱呢？继续。

学生［读文本］：

也许有人会说，这是因为这民族的顽固。但这么说是幼稚的，为什么这个民族就比别的民族更顽固呢？这是出于它的本性吗？无疑，自然创造了诸多个人，而非诸多民族，而个人被划归不同民族仅仅是由于语言、法律和公认习俗的不同。唯有最后两个因素，也就是法律和习俗，可以引导一民族拥有自己独特的心智，独特的品性，以及独特的偏见——

施特劳斯：停一下。这里斯宾诺莎驳斥了一种看法，即希伯来国家的崩溃可以归咎于人们对意志自由的某种滥用——这是对于顽固的更加一般化的表述。这上面是怎么译Contumacia的呢？心里刚硬（hardness of heart）[译按：即上面引文中"顽固"一词所对应的词]？[①]

斯宾诺莎寻求一种自然解释，一种不能根据某一国家的国族性来提供的解释，因为国家不是自然的。国家是由其法律或习俗建立起来的，也就是说，国家是由各种习传事物建立起来的，所以没有什么国族性。国族性只是国家所基于的习传事物的结果，因此，如果一个国家行事错误，这就不能归咎于其自然本性，而应归咎于它赖以生长的习俗和法律，所以肯定是立法有什么缺陷。接着读。

学生［读文本］：

因此，如果我们不得不承认希伯来人比别的有死者更加顽固，那我们必须将这一点要么归结为法律的某种恶，要么归结为公认习俗的某种恶。（《神学—政治论》，XVII.93–94）

施特劳斯：这里，斯宾诺莎暗中驳斥了一种根据气候或领土性质之类东西所作的国族性的解释。国家衰亡必须归咎于法律的缺陷，绝非自然。因此，他又引了几段来自耶利米和以西结的经文，证明摩西律法也有缺陷。且无论这些先知的经文究竟是什么意思，在斯宾诺莎看来它们都带有非常政治性的含义。犹太国家——古希伯来国家——究竟有什么根本缺陷呢？[206]独立的教士职分，也就是属灵权力与世俗权力的分离。斯宾诺莎认为这种分离源自摩西偏袒

---

① 施特劳斯也许是在质疑课本的译法。

他自己的支族（利未人）。

我再讲一个后面的要点，那里谈到了王权的兴起，以色列人当中属人王权的兴起，这意味着必须恢复世俗的国家统一。摩西死后，诸支族一度拥有主权，仅仅靠某种宗教上的统一而得以团结，就像基督教的欧洲那样。但当外部敌人变得太过强大以后，以色列就必须有一位人王（human king），整个国家必须有某种世俗统一体。

这一点比较重要，因为斯宾诺莎也是论述过联邦制问题的早期作家之一，而这可以通过如下事实部分地得到解释：斯宾诺莎是一个联邦国家的公民，也就是低地国家（Low Countries），而且他还会在《政治论》里谈论这个问题。但也因此，《神学—政治论》里少数提到联邦问题的地方就很重要了：就政治而论，他是否真的相信联邦制比单一国家更优越？

他讲的最后一点是关于那个古老国家的一大缺陷：预言的制度。找到这段话了吧，236页。

学生［读文本］：

> 万事作好准备的众先知等待着一个适当的时机：一位继任者的统治（只要他对前任的记忆仍然强烈，那他就会始终小心）。这样，众先知很容易就能用自己的属神权威来引诱某个与君主为敌的人，令其享有德性的声望，以此捍卫属神的权利，并且合法控制这个国家或国家的一部分。

> 但是，众先知这样做也不能取得任何进展。哪怕除掉了他们当中的一个僭主，导致僭主的原因也仍然存在。因此，他们完成的全部事情，不过以大量公民的血为代价买来了一位新的僭主。纷争和内战没有终结。实际上，侵犯属神权利的原因总是一样的。除掉它们的唯一方式，只有同时从他们当中除掉整个国家。（《神学—政治论》，XVII.110–111）

施特劳斯：换言之，归根结底始终是同一件事：分裂的主权，分裂的权力，沿着属灵—世俗界线的分裂。这是原罪。

学生：不只是那种分裂吧，利未人比其余人更优越不也是一个因素吗？

施特劳斯：对，这属于分裂的一部分，因为利未人有什么理由更优越呢？属神的服事（divine service）。从斯宾诺莎的视角来看，真正的解决办法应该是古典的解决办法：公民教士（citizen priest）。换言之，最受人尊敬的年老公民出任教士。那些不再领导军队或出谋划策的人们负责圣所的事务，这适合他。如果有一个专门的教士阶层，无论是像旧约圣经里那样凭借出身，还是像基督教里那样凭借按手礼之类［译按：即教士］，由于神圣者享有更高的尊荣，教士也就享有最高的"威望"，而这总是使其能够威慑政府。为什么？民众，老百姓，对这种力量最为印象深刻。

亚里士多德在《政治学》里讨论过这个问题，但无论如何当然没法臣服于圣经。亚里士多德说，当他列举政府的功能时——列举了一二三四五——［207］他说："第五也是第一个"，就是教士职分。① 为什么是第五？排第五是依据一种政治视角的排序：它的基础性弱于司法、审议和行政。为什么又是第一？排第一是依据它在民众意见中的地位。某种意义上，城邦就是一个献给诸神敬拜的教会，切勿忘记。或许你们读过库朗热（Fustel de Coulanges）的《古代城邦》，那里明确提出和发展了这个论点。② 但亚里士多德不承认这个视角，因为他不信城邦的诸神，但他也承认这是次等的必需品。首要的必需品仍然是政治事物。我想，斯宾诺莎根本上也会赞同。

斯宾诺莎在他的论证中当然受限于如下事实：他不可能拥有一种严格的国家宗教。严格意义上的国家宗教，就会成为一种仅限于

① 亚里士多德，《政治学》第七卷，1328b2以下。

② 库朗热（1830—1889）是法国历史学家，其经典著作《古代城邦》（1864）描绘了宗教在古希腊罗马的作用，因而备受施特劳斯推崇。例如，参见施特劳斯，《城邦与人》（*City and Man*, Chicago: University of Chicago Press, 1978），页240-241。库朗热这本书在1877年出了英文版，题名为《古代城邦：古希腊罗马宗教、法律和制度的研究》。

特定国家的宗教。下面几章会提出这一点。在宗教是舶来品——亦即宗教的权威和尊荣不是归因于世俗政府——的地方，他必须满足于这样一种解决宗教难题的办法。正如斯宾诺莎所言，法律上可能是这种情况：你所负有的归属某一宗教的义务，可能要归因于世俗政府的某条法律。但是，事实上每个人都知道宗教的那种权威——例如基督教的权威——并非源于任何一位国内君主及其说的话。而且，异教的解决办法也没有暗示一种享有属己权威的宗教。

在尝试建立一个主权世俗国家的时候，斯宾诺莎遭遇了圣经的一个内在诉求：圣经并不将自己的尊荣归于任何政治统治的任何举措。他能应付这种状况的唯一方式，就是重新解释圣经。重新解释圣经意味着，圣经只想要一件事：博爱。但博爱是什么意思？他会花一些篇幅提出，博爱的第一条命令就是服从政府。霍布斯也是这样讲。服从政府，问题就解决了。政府的说法与圣经的说法也许有些矛盾，但这一矛盾必须始终对博爱的首要义务——也就是服从政府——作出让步。这是简单的解决办法，因为如果你摧毁了政府，造成无政府状态，那你就不可能对你的同胞博爱。你给穷人面包牛奶来帮助他们，这很好，但如果你由于不服从政府而引起了总体的不稳定，那你对穷人的伤害就无限大于你不给他们面包牛奶。当然，斯宾诺莎知道情况并非如此，但他觉得这是唯一能要求某种政治秩序的办法。

学生：对平等的欲望——这里有一种对希伯来国家的憎恨。难道上等阶层就是国家倾覆的根源吗?

施特劳斯：嗯，但这不是全部。这类事情到处都有。对斯宾诺莎而言，困难是在这里：之所以他基于圣经就能得到自己想要的，仅仅因为他论证了圣经平等赋予每个人判断的权利。可是，如果每个人都有权利判断属灵之事，他当然也就有权利判断世俗之事。可以这样讲，世俗民主是教会民主的一个不可避免的后果。[208]但是，有一个问题出来了：作为政治思想家，斯宾诺莎深知承认这种判断的平等（equality of judgment）不明智，因为人们的理性程度存在着差异，如果人人都有平等的权利去作判断，那就行不通了。另外，斯宾诺莎必须多少调和一下他的圣经解释所强加给他的民主后果——单凭这种解释就能真正摧毁一种教会等级秩序——但他同时也在试图营造一种世俗的等级秩序。懂了吧？这就是困难所在，因为他知道这是个必须解决的问题。

　　在霍布斯那里，问题就简单很多，因为霍布斯完全愿意确立绝对君主制，像亨利八世（Henry Ⅷ）或尼禄那样风格的绝对君主制，因为尼禄是绝对无害的，除了对他那个环境中少数人有害之外——你们知道，就是廷臣。各行省的同胞们根本没有注意到尼禄的任何事情，只有傻子才会想去做重权在握的廷臣，所以这不会对任何通情达理的人造成什么伤害。但斯宾诺莎不想要这样。斯宾诺莎想要自由，当然解决办法就会是一种贵族制，一种智识的等级秩序或者依据教育和财富的等级秩序。如我们所见，它们汇聚到一起，如果控制好了这些人，那就是最好的解决办法，可是，斯宾诺莎由于一种理论性的论证而被迫引入了民主的前提，他又如何才能调和这种贵族制与这种民主前提呢？

第十二讲 《神学—政治论》第十八到十九章

（日期不详）

施特劳斯：[210]你的报告比第一次更好了。意思不是我赞同你每一个观点，但这篇论文非常全面、深思熟虑，而且基于出色的分析。首先，我不太明白你的一个说法：你直率而又清楚地断言，从斯宾诺莎的视角来看，迷信也有某种永恒的必然性。我想问问理由。为什么斯宾诺莎会认为这是对的？我相信，在你论文接近结尾处的说法那里，这个看法变得清晰了。

注意这个限定条件：《神学—政治论》，这本书的整体论证都依赖于博爱。这本书里陈述的观点其实基于圣经，或者说，自称是基于圣经。自然理性并不支持它。正义则是另一回事。因此，我想我们必须区分正义与博爱。但你可以说，正义具有一种实质性的含义，因为你也知道，斯宾诺莎所谓的正义仅仅是服从实定法，而这当然不是什么有趣的事。这无论如何都不是对主权者的某种限制。到这里你都是对的，但只讲博爱就太简单了。这条人类生活的原则、人类社会的原则，就是《神学—政治论》的教导的根基，而在斯宾诺莎看来，它就是基于圣经，亦即基于某种没有内在权威的东西。至此你都是对的。

因此，我们必须看看《政治论》是否会给我们一种社会的根基，无需宗教作为社会的基础。那本书里当然也有斯宾诺莎关于国家的纯哲学学说的各种痕迹，今天我们或许会找到一些段落，但我们仍然可以说——我已经超过十年没有重读《政治论》了，所以下面这句话只是凭借记忆：如果我没记错，斯宾诺莎在《政治论》里的教导是说，共和国（无论贵族制还是民主制）需要某种国教，但君主国就不需要国教了。换言之，如果你已经有了这样一种中央集权，就像绝对君主国里的世俗权力那样，你就不需要任何别的社会纽带了。届时，强力就会做到这一点。但如果你只有一种较弱的政府形式，一种不那么集权的政府形式——贵族制或民主制——你就需要宗教充当某种社会纽带。既然这种宗教不可能理论上为真，它或许就会被称为迷信。但这样称呼在斯宾诺莎看来还是有一些不公正，因为你们知道，他并非总是称之为迷信。但我再说一遍，我很满意你的论文。还有一点没有讲得足够清楚，我们会在讨论的时候提到。

第二十章有一种持续不断的摇摆，在限制意见自由与抛开任何这类限制之间摇摆。斯宾诺莎倾向于如下立场：可以惩罚的唯有行动，而非任何言论。记得吗？那里还有一些相反的段落，但他倾向于这种自由主义观念，而这种观念在世界上如此强大——尤其在西方国家——以至于只有行动可以受到惩罚，任何类型的言论都不能。但是，也有一些相反的段落。上一堂课最后，你说你没有弄懂第十七章，所以我在等你要么在论文里、要么在论文的附录里陈述一下看法，讲讲你在第十七章看到了什么困难。

学生：我看到的困难是君主制问题，君主在什么位置上是安全的。

施特劳斯：摩西本人的君主制？

学生：[211] 对。

施特劳斯：好的，你在论文里谈到了这个主题。那么换句话说，可以有这样一种绝对君主制：首先，由于它是君主制，所以它不民主；其次，由于它不容许任何思想自由和言论自由，所以它也不自由。但这样的君主制自身也能运作好些个世纪，那为什么不要它呢？这就是你的问题吧。

学生：对。

施特劳斯：你现在会如何回答？

学生：我在论文暗示了答案：如果这是人类整体存在的某种限

制，那它就不会是国家的正确功能。即使国家有绝对权利去做这样的行动，这也会阻止一个人……[听不清]……他的理性。

施特劳斯：嗯，但这太简单了。我是说，你选取斯宾诺莎的一段话来佐证自己的观点，但你忘了还有别的一些。不要忘了那段令 XX 同学印象深刻的话，如果我没记错，斯宾诺莎在那里说一个人可以在任何社会都是自由的人，亦即真正合乎理性的人；换言之，他甚至在土耳其也可以是自由的。你们知道，序言里举了土耳其为例，那里禁止一切思想自由，而且持续了好些个世纪。斯宾诺莎也知道，土耳其帝国里有一些高级官员是哲人，他们也不相信苏丹及其教会顾问们说的东西。所以说，这似乎还是行得通。

学生：但即便如此，哪怕一个哲人……[听不清]

施特劳斯：为什么？有什么根据？这样就不是为了他自己。

学生：就是为了他自己

施特劳斯：为什么？为什么他需要这个？

学生：我们假设，在一个君主国里，哲人仍然能够生活得自由。如果他破坏了一条法律，他就会理解为什么自己必须受罚，因为他能够服从君主国的法律，他就会理解自己必须服从什么。可是，君主国在这个意义上仍然是一个坏的国家。

施特劳斯：为什么？从哲人的视角来看？

学生：嗯，从哲人的视角来看，因为哲人仍然明白，君主制不是在尽其所能地教育和培养人民的理性。

施特劳斯：[212]对，但如果这种理性并不是像我们相信的那样具有可发展性（要是可以这样说的话）——换言之，如果少数人与多数人的鸿沟是永恒的，正如斯宾诺莎不止一次暗示的那样，哲人又能有什么样的理由呢？

学生：这就是我觉得这段关于民众启蒙的话的困难所在。这些被启蒙了的人就是唯一令国家觉得最难控制的对象，但显然……

施特劳斯：贤人，这些人就是贤人。

学生：但这些被启蒙了的人……

施特劳斯：他们是贤人（gentlemen）。很好，如果我们应用亚里士多德或柏拉图的三分法——哲人、贤人和多数人——这些真正受苦的人就是贤人。那么，问题就会变成：为什么哲人会对贤人、对一个不同的阶层感兴趣？但我们现在至少澄清了问题，而我们必须在最后三章努力找到答案。

翻到第十八章开篇。斯宾诺莎说，希伯来共和国——摩西的国家——本来可以永远延续下去，自然地延续下去，因为它是一个绝对禁止哲学的神权政体。没有任何从内部发生毁灭的可能性。但是，它仍然有一个缺陷。翻到237页第二段，今天你来领读吧？

学生［读文本］：

> 不止如此，这种国家形式也许仅仅对这些人是有用的：他们愿意单凭自己生活，无需一切对外商贸——

施特劳斯：只适用于那些无需一切对外——你可以译成——"联系"的人［译按：课本作"联系"］，但commercium这个词意思也指"商贸"。我相信这并非不重要，这里的潜台词。

学生［读文本］：

> 关在自己藩篱内，将自己与世界其余部分区隔开来。对于那些必须与别人打交道的人而言，这种国家形式一点用处也没有——

施特劳斯：还是commercium，也有"商贸"的意思。

学生［读文本］：

> 因此，它只对极少数人才是有用的。（《神学—政治论》，XVIII.2）

施特劳斯：停。这是一个非常重要的论点。这里我们非常清楚地看到了斯宾诺莎与古典作家的差异。例如，你们还记得《法义》

第三卷的教导吗？或者《政治学》第七卷？

　　学生：基本上是说，与其他国家的商贸或联系应该缩减至最少，只能容许极少数人出去旅行。

　　施特劳斯：［213］换言之，城邦必须尽可能达到最高程度的自足。城邦永远不可能百分之百自足，但这不排斥一个事实，也就是最高程度的"自足"（autarcheia）——这是古希腊语——如今在二十世纪文献里已经众所周知了。

　　所以，这就是一个关键差异，商贸在这里尤其扮演了非常重要的角色。斯宾诺莎这里没有公开讨论，说"自足"（autarcheia）就是一种缺陷，但这是他的本意。我们后面会看到这有一定的重要性，而我们很容易就能从中得出那条原则：就我们迄今所见，国家的目的就是次于理性的善，就是舒适的自我保存。这也就意味着商业国家，因为舒适的自我保存需要进口，任何国家都不可能备足所有东西。你们不能设想像如今美国这样的超级国家；只要看看随便哪个小一点的国家，你们就会发现不可能找齐舒适的自我保存所必需的一切东西。就连美国也需要进口，只是不像小一些的国家那样明显罢了。这是一个很重要的思考。

　　接着，斯宾诺莎谈到了一个事实：希伯来国家是一个典范，因为它的司法体系完全独立于教士阶层，换言之，教士没有惩罚和开除教籍之类的权力，这些事情完全取决于世俗司法。接着是在238页第二或第三段，他谈到了宗派——翻到了吗？他第一个论点是说，他们的宗教里没有各种宗派。

　　学生［读文本］：

　　　　直到第二个国家的高级教士有了制定法令和操持国事的权威以前，他们的宗教都没有各种宗派。为了让这种权威永远延续，高级教士攫取了统治权，最终他们想要称王。（《神学—政治论》，XVIII.6）

　　施特劳斯：嗯，我现在只谈这个要点：宗派很糟糕。即便它与完全的意见自由没有张力，宗派也很糟糕，相反，要是真有完全的意见自由，一大堆宗派倒是自然而然的事情。或许，斯宾诺莎是指希伯来国家的神权政体，那里当然不可能有宗派。又或者他是指，在一个自由的国家里，只要宗派要求对世俗权威有任何影响，宗派就很糟糕。这里还看不清楚。翻到238页第三段六行，读吧。

学生［读文本］：

> 但是，在这些高级教士占取了管理国事的权力，并且将统治的权利与教士的权利相融合之后，每个人就开始在宗教事务和其他事务上寻求自己名声的荣耀，凭借教士权威来决定一切事情，在仪式法、信仰以及其他一切事情上每日制定新的法令，而且他们想要这些法令具有不逊于摩西律法的神圣和权威。（《神学—政治论》，XVIII.8）

施特劳斯：嗯。换句话说，一种独立的教士职分负有解释公众熟知的法律的严格义务，没有任何更多的权力；它只能提供回答，[214]但严格说来绝不能判断。这样就好。但我们来看看更加重要的论点，239页第八行。

学生［读文本］：

> 不过，高级教士们当然绝不可能做得如此谨慎，以至于智慧者注意不到这一点。因此，他们逐渐有胆量宣称，自己除了成文律法之外不受任何律法的约束。另外，对于法利赛派误称作祖辈传统的法令加以遵守，完全不是一项义务。正如约瑟夫斯在《古史》（*Antiquities*）中所言，法利赛派的拥护者主要来自常人。（《神学—政治论》，XVIII.11）

施特劳斯：对，这就澄清了斯宾诺莎的全部立场。你们还记得撒都该派与法利赛派之间的那个问题：斯宾诺莎之前讲过，这两个宗派是第二圣殿时代的两个犹太宗派，撒都该派是上层，法利赛派是下层，撒都该派否认死者复活，法利赛派则相信死者复活。这里更重要的是，撒都该派只承认人人都能查阅的成文法是律法，所以不存在什么教士之流垄断律法知识这样的事。但在法利赛派看来，还有一种口传律法，某种相当于衡平法和普通法的东西，而你必须成为法学专家才能懂那种律法。

在这里，斯宾诺莎清楚地将撒都该派归于上等阶层——我想这在前面也出现过——对立面则是平民阶层的法利赛派。有很多段落令我们不得不思考，斯宾诺莎对民主的支持没那么简单，而这就是其中一处段落。读读下一段，239页第二段开头。

学生［读文本］：

> 无论情况怎样，我们绝不能怀疑：教士们的奉承、宗教和律法的败坏以及律法数量难以置信的增多，为那些无法解决的论辩和争议营造了相当大、相当频繁的机会。原因在于，只要人们开始以迷信的凶狠心肠展开论争，而执政者帮助其中一方，那他们就永远无法冷静下来，而是必定分裂成各宗派。(《神学—政治论》，XVIII.12)

施特劳斯：对。你们瞧，这又是宗教自由的问题。如果你援引大法官霍尔姆斯（Holmes）或其他人讲的关于论辩自由的学说，他们会说：各种意见的交锋，就是这样。①但这不是斯宾诺莎对局势的看法。请讲？

学生：斯宾诺莎是不是很接近《联邦党人文集》的一个立场，即在强烈批判党派的同时坚持言论自由之类的必要性？

施特劳斯：对，但斯宾诺莎那里的党派问题毋宁说是指宗教派

---

① 小奥利弗·霍尔姆斯是1902至1932年美国最高法院大法官。他得到世人纪念，尤其是因为他在言论自由管制问题上采取的著名判准："清楚且即刻的危险"（clear and present danger）。这个表述出自1919年他对申克诉美利坚合众国案的判决书。

系，这是另一回事。当然，所有人都认为：党派是政治体的癌症。你们知道，如何把党派（factions）解放成为政党（parites），这是最有趣的问题之一。这个问题有着漫长的进程，我想第一个伟大的政党理论家应该是伯克（Burke），有一些著名的文段。

［215］现在，这里的问题是：斯宾诺莎的意思要么是我们必须限制宗教自由，以免滋生宗派、党派和争执——要么，他还可能是什么意思？另一种办法就是教会与国家严格分离，以至于人们无论有什么宗教思想都不可能影响到政治行动，这样它就无害了。这就像桥牌打法不同的两派，桥牌与惠斯特牌：它们可以激动地彼此反对，但政治上绝对无关紧要。这也许是另一种办法，我们在这个基础上还不能作出决定。翻到240页第三段往下。

学生［读文本］：

同样值得注意的是，只有在民众拥有主权的时候，他们才仅仅发生过一次内战，而且就连那次内战也完全平定了。胜者对败者怀有如此怜悯，以至于他们小心地恢复了败者先前的地位和力量。但是，自从无法习惯君主的民众将第一种国家形式变成了一种君主制形式之后，内战就几乎没有停息，而且他们投身战斗如此凶狠，以至于名气超过了其他所有人。

在一次几乎超出信仰之外的战斗中，犹大国的人杀了五十万以色列国的人。在另一场战斗中，以色列国的人屠杀了犹大国许多人（圣经没说有多少人），抓住了君主，几乎摧毁了耶路撒冷城墙，并且（为了证明他们的愤怒无边无际）彻底洗劫了神殿。在卸下了从他们兄弟那里夺来的大量战利品之后，他们满足了嗜血欲，带走了人质，把君主留在一个毁灭殆尽的王国，卸下了他们的武装；以色列国的人民获得保全不是凭借犹大国的人民的好信仰，而是由于其软弱。

几年后，犹太国的人们重建力量，又来打仗。但以色列国的人又一次成为胜者，屠杀了十二万犹大国的人，掠走了二十万他们的妇孺，并且又一次夺取大量战利品。犹太人被史

书中偶尔提到的这样或那样的战争所耗尽，结果最终成了他们
敌人的牺牲品。(《神学—政治论》，XVIII.15-17)

施特劳斯：嗯。你们瞧，这就是一种反对君主制的实质性论证，
而且在此程度内支持了民主制。民众政府比王权更可取，乃是因为
它在无论内战还是对外战争上都具有和平的品性。我上次讲过，这
个论证发挥了很大作用，而且你会在《联邦党人文集》最初的一篇
文章里看到这种讨论。[216]

学生〔读文本〕：

把纯属思辨之事当成一件属神权利的事务，并且为人们常
常争论或可能争论的相关意见定立法律，这是多么危险啊。因
此，对坚持意见——这是每个人无法交出的一项权利——加以
定罪的政府，就是最暴虐的政府。事实上，一旦发生这种事，
平民的愤怒就容易成为主导。

施特劳斯："平民的愤怒"，Plebisira〔译按：课本作"激情"〕。
继续吧。

学生〔读文本〕：

因此，彼拉多屈服于法利赛派的愤怒——

施特劳斯：还是"愤怒"，ira。

学生〔读文本〕：

下令将基督钉死在十字架上，虽然他知道基督无罪。至于
法利赛派，为了动摇富人的地位，他们开始提出关于宗教的问
题，并且谴责撒都该派不虔敬。以法利赛派为榜样，最坏的伪

---

① 见《联邦党人文集》，第六篇。

善者受到同一种疯狂所触动（他们称其为对属神权利的狂热），到处迫害因正直而杰出，因德性而闻名，因此也引起暴民忌妒的人。他们公开谴责这些人的意见，并且煽起野蛮民众的愤怒来反对他们。（《神学—政治论》，XVIII.23–24）

施特劳斯：读这些就够了。要反对愤怒，反对野蛮的愤怒。现在，这里你看到了一个说法有些不同的论证：要么意见自由，要么就是民众狂热的统治。当然，这本身是一个反对民主制的极好论证，但斯宾诺莎多多少少不得不接受它。施行统治的人必须是合乎理性的人，也就是前面提到那一类更聪明的人、更明智的人；这里你又发现，他提到了更富裕的人。现在从政治上讲，更明智的那一类人就是更富裕的人。

你们有些人会觉得，这种想法——呃，你们还太年轻，但你们也许从历史中知道了这一点：19世纪晚期欧洲国家出现了一个说法，"财富和教育（或者文化）的圈子"。这些东西多少如影随形。他们理应是统治的人。这当然是一个古老的观念，而斯宾诺莎仍然承认它，他只是试图将这种观念与民主制多少结合起来。施行统治的人必须是理性的人，而理性人会最好地照看民众的次于理性的目的。这就是斯宾诺莎的希望，希望这行得通。

至于更加富裕的人，如果你们记得，这一章开篇就提到了商贸——我会说，斯宾诺莎想的其实是一种商业贵族统治，而不是古代政治思想家意愿的某种乡村地主统治。商业社会，因而也是一个向启蒙、旅行和扩大视野开放的社会，这就是斯宾诺莎想的东西。当然，它在民主制与旧政体（ancien regimes）之间扮演了非常重要的角色：这是一种受到控制的商业贵族统治，控制的技术也很简单：投票需要财产资格。你们知道，还有各式各样的办法可以搞定这一点。[217]你可以通过一种投票的阶层体系来赋予有钱人更大的投票权力，重划选区也是一种更加符合形式民主的方式。斯宾诺莎肯定想过这类事情。

重复一遍，意见自由——呃，论证是什么呢？如果没有意见自由，民众的头脑就会被最能激发他们狂热的东西所占据。这就是人民，这些人绝对无法成为被启蒙了的人。他们会成为有某种教士心态的人。因此，要么你得接受由教士或者教士心态的人来掌管社会，要么你得甚至让普通人习惯于接受一种完全的意见自由，那样你就会有一个还算自由的社会。接下来241页从最底下一行开始，还有一处评论我们必须读读。

学生［读文本］：

这种无耻的放任不容易受到约束，因为宗教的欺骗性表象掩盖了它。当诸至高权力引进某种宗派，而且它们在其中并不具有权威地位的时候，这一点尤其真确——

施特劳斯：瞧，这就是要点：一种并非由至高权力作首领的宗派。如果诸主权权威，如果统治阶层自身就是首领，甚至是宗教的创始者，那就好了。但如果宗教没有自身的权威，那就会有危险，一种在异教条件下不会有的危险，因为在异教那里，宗教就是城邦的宗教。这种危险只产生于宗教外来的时候，而这当然是所有基督教共同体的情形。继续。

学生［读文本］：

因此，它们并不被视为属神权利的解释者，而是某一宗派的支持者，换言之，就像那种承认该宗派中有学识者是属神权利的解释者的人。这就是为什么管理这些事务的人的权威通常比不上平民，相反，有学识者的权威很大，而他们认为就连君主也必须臣服于他们的解释——

施特劳斯：对。很明显，如果有一种宗教权威不依赖于政治权威，那么，宗教的解释者就会拥有某种高于政治主权者的权威。如果这是一种基本恶，那就必须纠正这种恶。怎么纠正？斯宾诺莎接着就讲了。

学生［读文本］：

　　因此，为了避免这些恶，共和国最安全的事情莫过于将宗教的虔敬和实践仅仅立于事功，也就是立于博爱和正义的实践，至于其他则任由每个人自由判断。（《神学—政治论》，XVIII.25–26）

施特劳斯：讲得很清楚了。斯宾诺莎为基督教导致的难题量身打造了一种解决办法：宗教有某种独立的权威，任何人都不得废除，而唯一办法就是对基督教、对圣经作出新的解释，新解释仅仅在于博爱和正义——其他任何意见都不具有权威——接着再证明正义或博爱的首要命令就是服从世俗权力。这就是在这些条件下的完美解决办法。这完全就是霍布斯。

学生：［218］斯宾诺莎是否在《伦理学》或别的地方考虑过，凭借这种手段来创造一个伪善者的社会有着什么样的危险？

施特劳斯：噢，他在第二十章大量谈到这个问题。我们不必翻到《伦理学》。他吁求完全的言论自由，除了行动之外绝不干涉意见或言论，原因之一就是：如若不然便只有伪善。这在某种粗鄙的意义上显然为真，但在某种更严格意义上则不是真的。我还要提醒你们，加利福尼亚州那些"垮掉的一代"抱怨说，如果他们不能表达自己的情感，那他们还能做什么呢？

接下来这个例子也许是我的虚构，但它完全恰当：有人似乎觉得把别人剁成八十四块是绝妙的事，而他们的真诚要求他们表达出来。接着来了一个愚蠢的法官，说这很可恶。然后，他们就从纽约搬来某个人对陪审团或法官说：你不懂艺术，这是艺术。换句话说，一定程度的伪善不可避免。人性就是不把自己想的所有事情全盘讲出。如果我们全都总是清楚、坦率地互相告诉自己怎么看待对方，怎么看待我们的行动，那就无法忍受了。我们必须理解自己的用意。我们心里一旦闪过某些念头，就应该压制下去。因此，问题仅仅在于如何划定界线。诚然，伪善与不伪善之间存在着区别，但问题在于必须智慧地理解这种区别。

学生：当你说斯宾诺莎的意见经过了裁剪，以便适合基督教时，你只是指修辞性的论证吗？

施特劳斯：如果把《神学—政治论》视为整体，它的基础就是如下前提：圣经的神言。在此基础上，斯宾诺莎试图证明什么才是社会的正确秩序。我们知道，为了削弱这个前提，他采取了否定对于奇迹——奇迹之可能性——的信仰等等做法。因此，我们也必须找到一种非神学的，或者说纯哲学的论证的脉络或轮廓。

学生：我的意思是，别的东西，也就是另一种真正的论证，同样受到了基督教的影响。

施特劳斯：如果我对斯宾诺莎的论证理解正确，一切情况下都会有某种对于政治宗教（civil religion）的需求，问题仅仅在于什么类型的政治宗教。理论上，异教的解决办法也许更可取，但实践上这种办法就很荒谬，因为世界已经是这个现状了。因此，唯一可行的办法就是承认圣经是大众教育的文献，并且将圣经解释得与合乎理性的政治相一致。当然，那些真诚信仰圣经的人已经准备好了基础，尤其是首先将教义缩减到最低限度，同时也将仪式性活动和圣事缩减到最低限度的众多宗派。事情就是如此，他们说，没有什么名副其实的圣事，而教义只是你认为讲得很明确的东西：肯定有一位神照看人类，惩罚不义者，诸如此类，都是最简单的观念。

斯宾诺莎提升了一点点。但我澄清过，霍布斯也有同样的难题，但他主张一种新约特有的教诲，而斯宾诺莎却想要一种对新旧约差异保持完全中立的教诲。因此，霍布斯说唯一的教义是"耶稣即弥赛亚"。耶稣即弥赛亚——但接着的实践性要点当然不在于耶稣是弥赛亚，[219]而在于如何理解"恺撒的归恺撒"，尤其是如何理解一个人必须服从神更甚于服从人。这是关键，当霍布斯遇到这个问题时，他说：人当然必须服从神更甚于服从人——正如斯宾诺莎所言——但我们怎么知道神的用意呢？答案就是，我们只有通过政治主权者之口才能获知神的用意。霍布斯不会说任何有损于政治主权者的话，就是这样。

再说一遍，但是还有一个严肃的问题：无论斯宾诺莎那个时代的实践方案如何，他的理论性意见是不是更侧重于说"唯有在圣经的正式权威之下才可能有解决办法"，而非"某种异教的政治宗教在理论上更好"？卢梭《社会契约论》最后论政治宗教的一章，也就是倒数第二章极端重要，那里讨论了同样的问题。当然，卢梭也用了一些遁词，这都一样。而且，卢梭反对旧的解决办法，反对异教的解决办法，是因其固有的野蛮性。如果你有一种严格意义上的国家宗教，那么外邦人同时也就是宗教上的敌人了，所以……［听不清］……。但接着，卢梭讨论了基督教的解决办法，同样暗示了这里存在的巨大难题，而他的提议与斯宾诺莎非常接近：政治宗教真的只有一条教义，那就是禁止不宽容。没有其他任何教义，这对宗教来说显得太薄了些，但这就是斯宾诺莎所谓"博爱"的意思，正如我们前面所见。

难题依旧一样，只有在法国大革命之后才发生了变化，当时政治难题出现在一种完全不同的背景里，而这一类难题从讨论中消失了。至于它是否以别的伪装或外表继续存在，那是另一回事。如今人们使用的术语完全不同，他们谈论意识形态。这就是社会必须拥有的东西，意识形态。你们必定听过这个说法。唯一问题是，它究竟是什么意思？为什么需要它，它又是什么意思？如今，这种东西替代了政治宗教难题的昔日含义。

我们再来看几段话。正如他接下来所言，解决办法就是政治权力的主权。这是唯一办法，但还不够。如果政治权力既是民主的、也是正统的，那又如何呢？你就得不到自由了。对于哲人而言，尤其是对于那种更加明智的、经过启蒙了的商业贵族而言，这就很悲惨。他们会为此受苦，因为如果政治权力是严格意义上正统—民主的联姻，那就会有反对奢侈的法律——反对奢侈，这是个古老的故事。收取利息可能遭到禁止，高利贷也是。这在商业贵族看来肯定不好，那就会有各式各样的限制了。然而，如果政治权力是君主—正统的联姻，那每个人都会很悲惨，平民也是如此。他们会满足于自己的狂热，但就他们关于安全和某些合理的舒适方面的客观利益而言，他们会被这样一位全能的君主所欺骗，而君主全能就是因为他同时得到了世俗权力和宗教信仰的支持。斯宾诺莎肯定想过这一类事情。

接着，斯宾诺莎讨论了一个实践问题：你能有一种……［听不清］……大众政府比君主制更可取，但这并不意味着大众政府在任何地方都是可能的——你们知道这个古老的道理：最好的东西不是任何地方都可行的。对于一个习惯了王权的民族来说，大众政府就不合适。在斯宾诺莎看来，英格兰就是证据。英格兰习惯了斯图亚特王朝的王权，［220］后来他们尝试建立一个共和国，结果呢？先是克伦威尔，接着是查理二世。[1] 所以，大众政府不适合英国人。到那时为止，大众政府还没有扎根。到那时为止，他们还没有证明大众政府可行。只有光荣革命之后，大众政府才真正来临，这也是它被称为"光荣"的原因——我的意思是，因为它所包含的前途。[2]

那么，罗马又如何呢？这很有趣，读243页底下。

学生［读文本］：

> 也许有人反对道，罗马人的榜样表明：民众很容易就能从他们当中废除一位僭主。然而，我自己认为这个榜样恰恰证实了我们的意见。虽然罗马民众相当容易能够从他们当中废除僭主，改变国家的形式，而他们自己曾经拥有选任君主及其继任者的权利，并且曾经不习惯于服从君主（那些被污名化的反叛

---

[1] 1649年查理一世被处死，接着迎来了"长期国会"，在此期间克伦威尔担任英格兰、苏格兰和爱尔兰的护国公，直到1660年王权复辟，查理一世之子查理二世成为君主。

[2] 光荣革命实际发生在斯宾诺莎逝世（1677年）之后，也就是1688年，荷兰总督威廉及其夫人玛丽推翻了詹姆士二世，取而代之。但是，斯宾诺莎确实经历了英国内战和克伦威尔的统治时期。斯宾诺莎的一位拉比——玛纳塞·本·伊斯雷尔（Menassah ben Israel）——在克伦威尔统治时去过英格兰，请愿准许犹太人回到1290年以来一直禁止他们进入的英国，获得了成功。正是在伊斯雷尔滞留英格兰的时候，斯宾诺莎被阿姆斯特丹犹太社区开除了教籍。

者先前弑杀了六位君主中的三位），但是，他们的全部成就不过是选任若干僭主来取代了一位，而僭主们总是让他们受到对外战争和内战的痛苦折磨，直到国家最终再度让位于一种君主制，仅仅名义有所改变，就像英格兰那样。（《神学—政治论》，XVIII.35）

施特劳斯：对。换句话说，恺撒。你们瞧，斯宾诺莎不可能否认：罗马从公元前510年到恺撒为止一直是共和国，至少持续了五百年。但他又说，不，这不是大众政府，这是某种寡头式的僭政。我不打算深究斯宾诺莎的主张中有多少历史真相，仅仅这一点就很有趣了：斯宾诺莎拒绝将罗马视为榜样。这是他与马基雅维利非常突出的一个不同之处，而这又将斯宾诺莎与霍布斯联系了起来。

这并非不重要，因为有许多迹象表明经典古代的古典品质不再得到承认，而这就是迹象之一。你们知道，现代科学当然是决定性的东西：所有古老科学的权威都变得无足轻重，但政治制度也是如此。你们绝不能忘记，在斯宾诺莎之前罗马长期以来都是榜样；你们不必只想到法国大革命——罗马作为榜样在那时非常明显——这个国家也有不少例子。《联邦党人文集》那些文章是怎么署名的？普布利乌斯（Publius）。所以，尽管有斯宾诺莎这些评论，罗马仍然象征着真正的共和国，但有趣的是斯宾诺莎背弃了这一点。荷兰人当然适合大众政府，幸好如此，因为斯宾诺莎就是在荷兰政府的统治下写作。

现在我们翻到第十九章。第十九章的主题是说，宗教完全受制于主权者的权力。他在第一段就证明了这一点，［221］那段话不难理解，尽管它造成了一个难题。外在敬拜完全服从于主权者，但这并不必然意味着主权者会对公共敬拜进行细致入微的规定，而是说，主权者决定哪些外在敬拜可以容许，哪些不容许。斯宾诺莎说，内在敬拜，你心里想的东西——正义、博爱以及对神的服从——这些东西不会且不能臣服于主权者。

我们来看看那句话："我这里理解的神之国是什么意思，我想从第十四章来看就足够清楚了，因为那里我们已经证明：谁凭借神的命令而培育了正义和博爱，谁就成全了神法。"找到了吗？第246页，从那里开始接着读吧。

学生［读文本］：

> 假如我现在说明，正义和博爱唯独从国家的权利那里才能取得法和命令的强力（vim juris &mandati）——

施特劳斯："权利和命令的"。[①]他没有这样讲过——之前没有用过这种说法。

学生［读文本］：

> 那么，由于国家的权利唯独属于至高权力，我便很容易得出结论：宗教唯独从那些拥有统治权利的人的法令（decretum）那里才能获得法律的强力，而且神除了凭借拥有主权的人之外，对于人再也没有别的特殊王国。（《神学—政治论》，XIX.6）

施特劳斯：嗯。翻到247页第二段。

学生［读文本］：

> 因此，正义以及真正理性的全部教导，无一例外（因而也包括对邻人的博爱）都是唯独凭借国家的权利，也就是（根据我们在同一章所言）唯独凭借那些拥有统治权利的人的法令，从而获得法律和命令的强力。（《神学—政治论》，XIX.9）

施特劳斯："命令"，"权利和命令的力量"。

---

① ［译按］课本译作"权利和法律的强力"，施特劳斯只修改了后面一处，但这里的juris似指"法律"。

停一下，你们看到了他的说法。对神的内在敬拜——亦即严格意义上的宗教——就在于博爱，在于服从神的命令。这是第一种讲法。但第二种讲法是说，这种博爱的要求唯有凭借政治权力——政治统治者——的法令，才能获得某种命令的强力。换言之，除非是政治主权者下达了这样一种命令，否则就没有什么博爱的法律，没有什么博爱的命令。基于圣经的东西，在法律上充其量只是某种建议。唯有凭借政治主权者的法令，它才能具备某种命令、某种诫命的性质。我们翻到248页第一段最后一句话。

学生［读文本］：

> 因此，我们无条件地猜测，无论宗教是由自然之光还是先知之光而被启示出来，它都是仅仅凭借那些拥有统治权利的人的法令而获得了某种命令的力量，而且——

施特劳斯：［222］牢牢记住，明白重点了吗？除非是凭借政治权威的法令，否则就没有什么博爱的诫命。圣经自身没有任何法律权威。继续吧。

学生［读文本］：

> 神除了通过拥有主权的人以外，对于人再也没有什么特殊王国。
>
> 这也可以从我们第四章所说的内容推出，而且理解得更加清晰。在那里，我们说明了，神的一切法令都包含着永恒真理和必然性，而且神不能被构想为像一位君主或立法者那样，将法律给予人们。

施特劳斯：换言之，甚至还有某种形而上学的理由，因为神不可能是一位立法者。所以，严格意义上不可能有什么神的诫命。

学生［读文本］：

因此，属神的教导——无论是由自然之光还是先知之光所启示出来的——都不是直接从神那里，而是必须从有权利统治和制订法令的人那里，获得某种命令的强力。唯有通过他们的中介，我们才能构想神是在按照正义和公平来统治人，引导人事。

这也得到了经验本身的证实。除了在正义者统治的地方，我们找不到任何属神正义的踪迹。(《神学—政治论》，XIX.17–20)

施特劳斯：他表达得再强烈不过了，不是吗？除非是通过义人统治的属人中介，否则就没有任何神意的踪迹。

学生［读文本］：

否则——

施特劳斯：我们之前读过这段话了。当然，拒斥神意是斯宾诺莎全部教诲的基础，与马基雅维利一样。

但接着我们应该读一段非常重要的话，249页第三段。不妨回想一下，博爱这条诫命是全部论证的基础，但它本身严格说来不是一项属神的诫命。唯有通过确立圣经宗教的政治权威，它才成为一项诫命。它没有内在权威。我们在下面找到了一处非常有趣的应用，249页第三段。［223］

学生［读文本］：

诚然，一个人对自己祖国的虔敬（pietas ergapatriam），就是他能履行的最高虔敬。如果国家灭亡，那就无法留下任何美好的事物，一切都会陷入危险。唯有愤怒和不虔敬在统治，并且每个人都生活在最大可能的恐惧当中。由此推出，你对邻人做的任何事情，只要对共和国整体有所伤害，那就绝不可能是虔敬的，而是会变成不虔敬的。反之，你对任何人做的任何事情，只要是为了保存共和国，都不可能不虔敬，而是应该被归于虔敬——

施特劳斯：换句话说，博爱与服从政府相一致，所以殊途同归。博爱之所以是一项命令，只是由于政治权力。但无论你对博爱这条命令有什么想法，哪怕它应该基于独立的权威，它也意味着在实践中要服从政治权力。政治权力占据优势。继续吧。

学生［读文本］：

所以，如果有人和我争吵，想要拿走我的大衣，那我把大衣给他就是一桩虔敬之举——

施特劳斯："虔敬"。[①]

学生［读文本］：

但是，如果我断定这么做有害于共和国的保存，那么相反，我使他受到审判才是虔敬之举，哪怕他将被治死罪——

施特劳斯：换句话说，登山宝训的所有诫命都要服从于政治主权者的解释。甚至在那之上，它们还要服从如下原则：如果它们与任何政治权威可能下达的命令存在着任何可能冲突，政治权威都是对的。但我们继续往下读。

学生［读文本］：

这就是为什么曼利乌斯·托夸图斯（Manlius Torquatus）受到尊崇，因为他更加珍视民众的幸福而非自己儿子的虔敬——

---

① ［译按］这一整段话应译作"虔敬"的地方，课本全译成了"义务"。施特劳斯在学生朗读上一段话时没有指谬，想必是忘了，但这里他及时纠正了译文。

施特劳斯："他的儿子"［译按：课本作"孩子"］。

学生［读文本］：

　　既然这样，由此推出民众的幸福就是最高法律。一切法律，无论属人的还是属神的，都必须顺应于此。

　　不过，既然唯独最高权力有义务决定什么对于全体民众的幸福和国家的安全而言必不可少，并且就它判断有必要的事情下命令，由此就可推出：唯独最高权力有义务决定每个人必须以什么方式献身于邻人，亦即每个人必须以什么方式来服从神，才是符合虔敬之举。(《神学—政治论》, XIX.22–24)

施特劳斯：对。我们可以换一个非常简单的说法：神命令要博爱，但这意味着如果我们深入具体的事情，神也禁止我们转过另一边脸来让人打。这个暗示还不清楚吗？[224] 所以说，正因为圣经可谓是遭到了某种阉割，圣经与斯宾诺莎才没有任何冲突。要么圣经与理性相悖，这样圣经就会因此遭到拒斥；要么圣经与理性一致，但那样圣经也会消失。还有几段重要的话，250 页第二段。我看看，马上。

学生［读文本］：

　　另外，为了希伯来人能够保持他们已经获得的自由，能够绝对控制他们占取的领土，那他们就有必要（正如我们在第十七章所言）让宗教唯独顺应自己的国家——

施特劳斯："唯独"。唯独政府。

学生［读文本］：

　　并且将他们自己与其他民族区隔开来。因此，这句话讲给了他们听："爱你的邻人，恨你的敌人。"(《马太福音》5：43) (《神学—政治论》, XIX.29)

施特劳斯：没错，他引用了《马太福音》里的登山宝训。我想，这里的意思是说：需要有一种逻辑严密的国家宗教。恨你的敌人，当然不是说恨你的私敌，而是恨外邦人；这种说法更符合政治社会，绝不是登山宝训的道德。接下来，他谈到了新约导致的难题。254页第三段。

学生［读文本］：

现在，剩下的内容是要证明：为什么基督教国家里总是有围绕这一权利的争议——

施特劳斯：为什么他不把semper译成"总是"［译按：课本作"频繁"］？但凡学过一周拉丁语的人，都知道semper的意思是"总是"（always），而非"频繁"（frequently）。说实话，这就是笨。

学生：在哪里？

施特劳斯："剩下的是要证明，为什么在基督教政府（基督教帝国）里这种权利总是争议的对象。"继续吧？

学生［读文本］：

虽然就我所知，希伯来人从未争吵过这一点——

施特劳斯：你们看这个尖锐的对立。"总是"，"从未"。斯宾诺莎当然夸张了，这就是为什么他说"就我所知"；这是在暗示还有某种他暂时不愿意知道的东西。继续。［225］

学生［读文本］：

诚然，这些事情看起来很不自然：在如此明显而必然的事情上总是有问题，至高权力也从未毫无争议地拥有这种权利，其实也就是从未免于叛乱和伤害宗教的危险。无疑，如果我们不能归结于任何具体原因的话，我也许就容易被说服而认为，我在这一章里证明过的一切都仅仅是理论性的，或者说，仅仅是那种从来无用的思辨之一例。

> 但是，谁要是想想基督宗教的起源，就会完全清楚地发现这里的原因。最初教导基督宗教的不是君主，而是一些私人：这些私人反对那些拥有主权之人的意志，同时也是他们的臣民。这些私人长久以来习惯在私人教会里参加聚会，设立并管理圣职，亲自打理每件事情，并且在毫不考虑主权者的情况下发布命令。（《神学—政治论》，XIX.50-52）

施特劳斯：停一下。基督教刚兴起的时候没有得到政府的培育，甚至不被政府宽容。因此，反政府属于基督教的本质。后面一点，在255页第二段，他说："但这处境与希伯来人完全不同，因为希伯来人的教会与国家是同时创始的。"希伯来人那里没有先于国家的教会，所以也没有独立于国家的教会权威——这当然只是就他所知，但就旧约而言这也是夸大其词。不过，斯宾诺莎现在只想澄清，全部问题遭到污染乃是因为基督教的兴起，或者更一般地说，因为圣经宗教，因为旧约的众先知也是大麻烦。

学生［读文本］：

> 但是，我在上面说到，君主们不像摩西那样有权利选任高级教士、直接求告于神、谴责那些在他们活着时向他们作预言的众先知。我这么说，只是因为众先知有权威选任一位新君主，赦免弑君之罪，而不是因为他们被容许召君主来受审，或者在君主胆敢行事违犯律法时，有一种以行动反抗君主的合法权利——

施特劳斯：换言之，他试图缓和旧约中世俗权力与属灵权力的二元论。但赦免凶手当然是一项非常重要的政治行为，尤其这里说的是弑君凶手。这可是巨大的权力。

学生［读文本］：

因此，如果不曾有凭借某种特殊启示而能赦免弑君罪的先知，君主们就会绝对地拥有一种对于所有事务的完整权利，无论是属神事务还是政治事务——

施特劳斯：这是一种非常礼貌的说法：众先知坐拥了太多的权力。

学生［读文本］：

如今的至高权力没有众先知，也没有法律强迫它们必须接受任何先知（因为他们不是服从希伯来人的法律）——

施特劳斯：［226］但他忘了加上一句：他们也是服从新约的基督徒。这不是让事情变得更好，而是更糟。

学生［读文本］：

所以他们也就绝对拥有了这项权利，就算他们不是独身者。而且，他们将始终保有这项权利，只要他们不容许宗教的种种教义增加得太多，或者不容许宗教与诸科学相混淆。（《神学—政治论》，XIX.60–62）

施特劳斯：我们或许可以说，在这问题上，政治主权者的唯一限制就是他们既不应该增加教义的数量，也不应该将宗教与诸科学混淆起来［译按：课本将"诸科学"错译为"哲学"］。我相信，君主们也不太想做这类事情。斯宾诺莎没有说他们受到正义和博爱的限制，因为——我夸张地讲——监管宗教就是最高形式的博爱。从他的视角来看，不就是这么一回事吗？

我们不可能完成第二十章的讨论了，留到空闲时候吧，因为某种意义上第二十章是全书最重要的一章。斯宾诺莎尝试为言论自由作辩护，而我们在这里已经看到了各式各样的难题，它们必须在第二十章得到令人满意的解决。我们必须看看究竟是否如此。你们还有什么问题急着要讲吗？

学生：你能讲讲……［听不清］

施特劳斯：读下第二十章的标题，它要证明：在一个自由的国家里，每个人都有自由去意愿什么就想什么、想什么就说什么。这个表述来自塔西佗，而且还有更多引文来自塔西佗和库尔提乌斯。你可以在马基雅维利那里发现很大的相似性，马基雅维利没有利用过柏拉图和亚里士多德，也没有利用过西塞罗，但他大量利用了罗马史家。可以这样讲，异教政治——异教的政治家才干——比柏拉图和亚里士多德的权威活得更久。这种情况已有一段时间了。

我的意思是，十七到十八世纪的所有人都用极尽称赞的口吻谈论罗马的荣耀——其实是"伟大归于罗马，荣耀归于希腊"——他们心中所想的更多是古代城邦的政治自由，而非哲人们。这当然是一个复杂的故事。十七到十八世纪经常有人引用普鲁塔克（Plutarch），但更多是在引用写作《希腊罗马名人对比列传》及其古希腊罗马政治英雄的那位普鲁塔克，而不是作为哲人的普鲁塔克；你们知道，普鲁塔克毕竟还是一位柏拉图主义者。

你们瞧，十七世纪的这些人确信他们已经完成了一次超越所有古老思想的进步，但他们对古代反苏格拉底、反柏拉图和反亚里士多德的思想报以更大同情。德谟克利特，原子论，这是好东西。直到今日，你们还能在由此发源的实证主义传统中读到：古希腊一切都是好的，真正独立的思想兴起了。人们甚至已经猜测，当时是否已经发明出了哥白尼假说。至于原子论，那可是真科学。接着，几个来自雅典的该死的反动派——苏格拉底、柏拉图和亚里士多德——将一切东西败坏了数世纪之久，而亚里士多德又成了托马斯主义的基础。对他们而言，基督教会的教导就是不可避免的结局。要是谁有像亚里士多德那样的糟糕学说——目的论学说——谁就为教士的统治提供了自然基础。这就是他们脑子里形成的东西。

但即便德谟克利特之类的人还活着，［227］那也比不上他们的成就。对大众的心智而言，事情只是因为牛顿就一锤定音了。以现代科学为基础的现代人，似乎已经为所有运动——无论天体运动还是地上运动——成功作出了完美解释，某种意义上这是从未实现过的目标。问题都解决了，而你们同时也知道，牛顿本人虽然已成为历史，但有一些基本信念还在：这些老家伙有一定功绩，值得我们慷慨承认。如今，我想这些人甚至还会说柏拉图对科学史也很重要，但十七世纪他们明明完全忘了柏拉图。毕竟，数学—物理的传统比柏拉图主义强大得多，也比德谟克利特主义强大得多。

我想，这才是如今普遍公认的事情，但根本上也是像斯宾诺莎和霍布斯之类的人，创造了如今你们在杜威和罗素之类作家那里读到的观念。霍布斯《利维坦》有一章讨论哲学，大概第四十六章吧，全书快结束的地方；这一章就是如今你能找到的古典哲学史解释的一个缩影。很多谬论，尤其是关于亚里士多德，当然也有关于柏拉图的谬论；我这样说是很严肃的。

学生：……民众对待圣经很严肃，即便从斯宾诺莎眼中圣经最重要的内容来看，因此，民众也希望以博爱的方式行事，哪怕这样做可能与政府产生冲突，那么，为什么我们还要服从政府？为什么民众应该服从政府？

施特劳斯：他会说，因为如果你抵抗政府，不服从政府，你就会造成无政府状态。不服从政府就是你所能做的最不博爱的事情，因为你会造成一个国家里连白天都没人能过马路；现在你还只是晚上不敢过而已。你知道，这样是最不博爱的。

学生：但民众难道不会争辩说情况不会如此吗？他们会仅仅遵循圣经。

施特劳斯：有一些人可能——举个例子，如果他们看到一个家伙被处死刑，他就会成为他们的怜悯对象。如果一个可怜的家伙误入歧途，家庭破碎（我不用给你们讲完整个故事），那样他就只是一个值得怜悯的人，绝对不能被处死刑。或许他应该进疗养院。有一些民众会这样说，事实上，有些人一直就是这样想的。

但斯宾诺莎会说：那你会得到什么呢？你会得到这样一种处境，人人都觉得生活不安全。博爱必须是合乎理性的博爱，而不能仅仅是非理性的、女人气的敏感——这是从前的说法。但这必须合情合理。当然，博爱与惩罚完全一致。

学生：但只有哲人能意识到这一点，对吗？

施特劳斯：呃，你不必成为哲人，就能明白惩罚（有时是严厉惩罚）的必然性。但斯宾诺莎的想法是，例如，向民众宣讲的传教士可以非常清楚地告诉他们第一义务就是服从政府，不挑动他们反叛政府。这可以理解，这种论证不难。我的意思是，至于这样做能否真正解决问题，这还得存疑。而你刚才的笑——你什么时候笑的？

[228] 公平而论，我们必须说：对于"什么时候必须抵抗政府"这样的问题，不可能有什么清楚的、数学式的解决办法。这很难回答。我的意思是说，有两种理论：一种是说只要自己的良知或者所谓的良知命令这样去做，每个人就能抵抗；另一种是说，任何情况下都不可能主张抵抗。界线就在中间的某个地方，但如何划定这条界线，泛泛而言是不可能的，除非在定义中也用上泛称。如果政府要求的罪行难以置信、不可忍受或非常不人道，我们可以用事例列举出来，但也无法提供一套体系性的学说作为清楚分明的界线——政府的行动在一些政府形式下也许证明了造反有理，但同样的行动在另一种政府形式下也可能无法证明。

这些都是复杂的问题。但斯宾诺莎——以及霍布斯——都试图给出普遍有效的真理，就此而论，他自然失败了。"任何情况下抵抗政府都不正当"，这种命题是荒谬的主张。我是说，只要看看周围就知道了。我们在历史中找到一些例子，我们每个人也许在不同地方找到例子，例如有人找到一个抵抗的事例，情不自禁地说：这是一个正派人奋起反抗纯粹恶棍的事例。这类例子确实有，但我觉得如果你加上"任何情况下"，你说的话就不讲道理了。当然，不仅斯宾诺莎和霍布斯这样说，还有很多正统的神学家也这样说。自然而然，所有信奉君权神授的传教士都会说：任何情况下你都不能抵抗邪恶的君主，君主只对神负责，因为大卫说过"我只对祂歌唱"之类的话，而君主藉此奠定了公共法律的最高原则，君主不可能对他的子民犯罪。这些东西行不通。

我们今天没有这样一种理论了。我的意思是，我很确定一切抵抗政府的行动在法律上都构成了刑事犯罪，但至于这是不是违犯道德，那就是另一回事了。你们知道，还有极少数人时不时尝试这样做，通常他们还不是最坏的人；他们也许是在个别事情上受到了误导。但在服从权力的问题上，那种非常狡猾地操心自己世俗利益的人就没有这样大的困难；同样，非常正派的人也没有困难。这是一个非常复杂的问题。

第十三讲 《神学—政治论》第二十章

（日期不详）

施特劳斯：［230］某种意义上，第二十章是最重要的一章，至少从实践的视角来看。这一章据说证明了思想自由和言论自由都是不可限制的自由。第二十章的开篇部分是某种总结，翻到257页。

学生［读文本］：

> 如果命令人的思想就像命令人的口舌一样容易，每个统治者就会统治得很安全，也没有暴虐的统治了。每个人都会按照统治者的心意来生活；民众唯独根据统治者的法令来判断何谓真假、善恶、对错。但是，如我们在第十七章开头所见，心智不可能绝对臣服于别人的控制。事实上，谁也不能将自己关于自由推理、关于在任何事情上作判断的自然权利或能力，转让给别人。同样，谁也不能被迫这样做——

施特劳斯：停一下，应该是"在任何事情上作判断"，这里没翻译完整［译按：课本作"判断"］。你们记得先前那些关于思辨之事的说法吧，它们基于圣经的论证。记得吗？现在，这一点被普遍化地扩展到了所有事情。任何事情。

学生［读文本］：

> 这就是为什么对心智的统治被视为暴虐；这也是为什么，

只要至高王权试图规定每个人必须将什么拥护为真,将什么拒斥为假,进而规定每个人的心智在对神的献身当中应该受到什么意见所推动,它似乎就对自己的臣民犯了错,篡夺了他们的权利。这些事情都臣服于每一个体的控制。谁也无法交出,哪怕他想要如此。(《神学—政治论》,XX.1-3)

施特劳斯:这似乎是一个完全清楚的说法。有一种思想自由的自然权利,它是自动执行的权利。这当然会是所有权利中最强的权利,一种绝无可能干涉的权利。困难是什么呢?这样就太简单了,如果人的心智完全超出了任何政府行为的可及范围,心智自由就得到了保全。心智的自然权利是自动执行的。困难是什么呢?

学生:论土耳其人的那一章。

施特劳斯:更确切地说,如何能使这种自然权利完全失效?

学生:政治宣传。

施特劳斯:对,我们就用这个简单的词。换言之,这种权利原则上约等于零。但还有什么出路呢?不妨假设,如果它真的约等于零,那为什么还要提出如此极端的心智自由之自然权利的说法呢?为什么要这样讲?所以说,必定还出现了一些中间立场。我们接着读。[231]

学生[读文本]:

我承认,一个人可以在许多方面预先控制别人的判断,其中一些判断几乎不可信。因此,尽管人没有对别人的判断直接下命令,别人的判断却也可能完全取决于他,以至于我们可以正确地说它就是处在他的权威之下。但是,无论在这件事上能做得多么精妙,那也从未达到使人无法从经验中学到如下事实的程度:每个人充分具有自己的判断能力,而且人们彼此心智的差别之大有如他们上颚之间的区别——

施特劳斯:翻译太差,应该是"从未达到使人不曾经验到如下事实的程度：每个人充满了自己的意见，充满了自己的判断"〔译按：课本作"从未达到使下述说法无效的程度，即每个人都有自己的理解"〕。简单地说，意思就是每个人都很自负，每个人都足够自负，以至于不会绝对听从别人。继续。

学生〔读文本〕：

> 尽管摩西已经最大程度地预先控制了他的子民们的判断，不是凭借欺骗，而是凭借一种属神的德性，以至于摩西本人也被相信是属神的，也被相信是凭借神圣默示来说话和行事的；但是，摩西也无法摆脱抱怨和歪曲解释，其他君主更是无法做到这一点。如果有可能构想出任何摆脱的办法，那就会是在君主国里，而不是在民主国里；在民主国里，全体或绝大多数民众就像一个身体那样进行统治。我想，个中理由对所有人而言都是很明显的。（《神学—政治论》，XX.4–5）

施特劳斯：这里的潜台词是什么？我们先是有一个明显的矛盾：思想自由是一种自动执行的自然权利，但接着这权利又约等于零。现在，这里我们看到有一种区别或许能解决上述矛盾，解决办法是什么呢？

学生：问题是什么？

施特劳斯：有一对矛盾：先是说思想自由享有自动执行的自然权利——自动执行就是说不可剥夺——接着又说它可以被剥夺，因为能使它完全失效。解决办法是什么？

学生：民主。

施特劳斯：很好，这就是要点。只有君主制才能使它完全失效，但这在民主制里不可能，因为从定义上说，民主制就是赋予每个成员与其他所有成员一样的权利。我们来看看这是否充分。

在接着读之前，就目前这个层次而言，我们能想到任何困难吗？这种自然权利本应到处都是自动执行的，却在民主制里没有自动执行？

学生：僭政式的多数人。

施特劳斯：当然，例如煽动家，所以这还不够。我们继续吧。

[232]

学生［读文本］：

> 因此，无论我们多么相信最高权力拥有一种对所有事物的权利，无论我们多么相信最高权力就是权利和虔敬的解释者，他们仍然无法禁止人们按照自己的心意来对一切事情作出自己的判断，无法禁止人们拥有这种或那种情感。诚然，凭借权利，他们能将任何在所有事情上思考与他们绝对不合的人，判为敌人。但是，我们现在讨论的并非什么是他们的权利，而是什么有用。（《神学—政治论》，XX.6）

施特劳斯：最后一句应是"但我们现在不是在争论他们的权利是什么，而是什么有用"［译按：课本作"而是它正确的行动方式"］。换言之，不是在讲权利，而是运用这种权利的智慧。每一个政府，无论君主制还是民主制，都有一种随心所欲作出任何决定的不受限制的权利，因而也能在限制思想自由方面作出任何决定。但问题在于，运用这种权利是否智慧。

学生［读文本］：

> 我承认，凭借权利，他们能以最高的暴力来进行统治，为了最轻微的理由就把公民治死罪。但是，他们每个人都会否认，自己做这些事情不可能对健全理性的判断造成损害。事实上，由于他们做这些事不可能不对整个国家造成极大损害，所以我们也能否认他们有绝对力量做这些事。因此，我们也能否认他们可以凭借绝对权利来这样做。因为我们已经说明，最高权力的权利是由其力量所决定的。（《神学—政治论》，XX.7）

施特劳斯："由其力量决定"［译按：课本作"由其力量限

定"]。他说了什么？主权者乍一看确实是有绝对权利，但既然权利不能脱离运用权利的智慧，所以政府也没有一种绝对的权利。这种结论是怎么出来的？

学生：保持意见自由符合它自身的利益。如果不这样做，它就会造成某种对立，导致自身倾覆。

施特劳斯：对，但也许我们应该努力达到更大的理论精确度。一般说来，我们都会在权利与强力之间作出区分，要是不作这种区分，我们就会迷失方向。但另一方面，我们通常说：真正的争论点在于权利，而非强力——例如，任何匪徒都有射杀人们的强力，他们只是无权这样做而已。从这种视角来看，法律是更高的考虑，但从另一种视角来看，法律也是较低的考虑，也就是说，一个人也许拥有某种权利，但运用这种权利可能就不够智慧了。这是政治问题，而前一个是法律问题。因此，纯粹法律的考虑或许很糟糕，因为作为一种法律的考虑，它没有考虑到运用这种权利是否智慧的问题。

在这方面，斯宾诺莎与马基雅维利一样反对守法主义者（legalist），而且他有一种理论讲法能使他避免成为纯粹的守法主义者，这就是权利即强力。这个公式的实践意义就在于此。"政府有一种绝对权利"，无论是什么样的权利，只要政府没有强力做到这一点，这种说法就毫无意义。因此，即便政府有权利对判断实行彻底控制，我们也必须探究它究竟能否控制判断，能否"事实上"控制判断。但答案如何呢？政府能做到吗？

学生：[233] 土耳其人做到过。

施特劳斯：没错，但不止土耳其人，还有一群歇斯底里的民众。什么？在一种民主制里。所以，我们还是原地踏步。换言之，这个问题仍然保持绝对开放，最终答案尚未给出。继续吧。

学生［读文本］：

因此，如果谁也不能放弃随自己愿意而进行判断和思考的自由，而是所有人凭借最高的自然权利就是自己思想的主人——

施特劳斯：更字面的翻译不是"无法废弃的自然权利"，而是"最高的自然权利"。

学生［读文本］：

由此推出：如果最高权力在一个共和国里试图使人仅仅说他们规定的东西，而不管这些东西与人自己的意见多么不同和相悖，那么，他们只会得到最不幸的结果。就连最有经验的人也不知道如何保守缄默，更不用说常人了。人有一种共通的罪恶，那就是将他们的判断吐露给别人，哪怕需要保密。因此，一政府若是否认每个人都有言说和教导其所思所想的自由，那就是最暴虐的政府。但是，如果一政府承认每个人拥有这种自由，那它的统治将是宽柔的（moderatum）。

施特劳斯："每个人"［译按：课本漏译］。这一点很重要。

学生［读文本］：

可是，我们仍然不能否认言辞与行事一样能损害权威。因此，如果说从臣民那里完全夺走这种自由乃是不可能的，那么，完全承认臣民有这种自由也是最为有害的（perniciosissimum）——

施特劳斯：等等，这个整句的结果分句是怎么译的？"虽然不可能从臣民那里完全夺走这种自由，相反，最为有害的做法是……"他怎么译的？

学生：课本说，"虽然不可能拒绝让臣民拥有我们讨论的这种自由，但无限制的让步也最为有害。"

施特劳斯："最为有害"，没错。

学生［读文本］：

因此，我们这里的任务就是探究：在多大程度上能够且必须容许每个人拥有这种自由，同时与共和国的和平以及最高权力的权利相一致。正如我在第十六章开头所言，继续这项探究就是我在最后这几章里的主要意图。(《神学—政治论》，XX.8–10)

施特劳斯：对，所以现在真是到了关键章节。在我们刚才读的这段话里，他做了什么呢？你们记得问题是什么：起初似乎有一种自动执行的自然权利，使得每个人都能随心所欲地思想，[234] 但接着他又说，可以通过一些潜意识的影响来使这种权利失效。换句话说，我们就没有不可失效的自然权利了。接下来，他从法律角度开始论证：对于政府如何影响其臣民们的思想，不可能存在着法律限制，但存在着一些事实限制。不过，凭借强制的潜意识影响，这些事实限制也可以变得失效。这就是我们面临的问题。

我们现在步入了论证的一个新部分，注意到了吗？斯宾诺莎从思想自由过渡到了言论自由。换句话说，某种意义上当然有一种不可能臣服于法律制裁的思想自由，因为只要你不说出所思所想，思想本身并不向任何人开放。当然，有一种拷问的方法诱使胆小的人——我想大多数人都胆小——说出他们的所思所想，尽管也不能用这种方法迫使所有人。但言论是完全不同的另一回事，言论可以受到监管，人为自己说过的话负责，诸如此类。

但关键在于，斯宾诺莎将思想自由的自然权利扩展到了言论自由的自然权利。可是，既然言论的自然权利与思想的自然权利如此不同，为什么现在就保证每个人都有言论的自然权利呢？为什么？如果我们还没有深入这个难题，再说一遍，情况似乎成了：每个人出于自然拥有了思想自由，没人能看透你的想法；言论自由可能受到公共审查，所以也可能遭遇法律制裁，进而遭受法律禁止。按照这里的论证，为什么言论自由必须得到保证呢？你讲。

学生：思想自由可以……[听不清]……

施特劳斯：对此他不着一词，他怎么说的？"就连最有经验的人(peritissimi)也不知道如何保持缄默，更不用说常人了。"这就是人们的庸常之恶：他们将自己的思想和计划袒露给别人，即便在需要保密的时候。换句话说，这是一种失败，一种非常强大的属人之恶——这很奇怪，要知道，如果权利的基础不是德性，而是恶，那就很不寻常了。斯宾诺莎这样讲并不是白费力气。我们在第十六章读过这段话，那里说过：自由人——完全理性的人——可以生活在任何一种社会里，无论该社会陷入了何等程度的僭政。真正理性的人不需要言论自由。为什么不需要？因为这种恶不会使他受苦，他能管好嘴巴。这很奇怪。

　　到此为止，这个论证完全是临时性的，某种意义上还很含糊。这只是陈述了难题，没别的了。言论自由无法受到压制，尽管斯宾诺莎未曾证明这一点，但他还说过：最有害的做法是容许毫无限制的言论自由。问题来了，言论自由究竟能被容许到什么程度？斯宾诺莎无论如何都未曾证明他的前提，但如果我们从实践的视角切入，这就是对难题的一种合情合理的陈述。在座诸位都会同意，完全压制言论自由是一种不可忍受的境况。认为言论自由必须得到容许，这是一种健全的意见，但在更早的时代，无论如何还有一种普遍意见，那就是言论自由也有某些限制。即便今天，诽谤、淫秽之类也是被禁止的。

　　我们要看看，斯宾诺莎究竟将界限划在了哪里？尤其还有，他是否为这个基本主张——必定有一种最高程度的言论自由存在——提供了任何证明？这是本质性的东西，迄今我们还没找到。继续吧。
[235]
　　学生［读文本］：

　　　　根据上面解释的共和国的基础，最清楚地推出：共和国的最终目的不是凭借恐惧来主宰和约束人们，令他们臣服于别人的控制，而是令每个人得到免于恐惧的自由，以使每个人能尽可能生活得安全。换言之，每个人能最多保有生存和活动的自然权利，同时不会伤害自己或其他任何人。
　　　　我要说，共和国的目的不是把人从理性存在者变成野兽或自动机械，而是使他们的心智和身体能够安全地发挥其作用，使他们能够自由地使用自己的理性，而不是在憎恨、愤怒或欺骗中彼此交战，也不是不公正地对待彼此。所以，共和国的目的其实就是自由。(《神学—政治论》，XX.11–12)

施特劳斯：停一下。那么，这就是全部论证的所谓基础：政治社会的目的是自由，而这种自由必然包括言论自由。依据我们本性来行动的自由，要求言论自由——这就是国家的目的。那么，关于国家的目的，我们先前学到过什么呢？人的目的是什么？

学生：发展他的理性。

施特劳斯：不对，有一个精确的表述：对神的理智之爱。但我们也看到，某种意义上这一点与斯宾诺莎的政治学说无关，还有另一种目的。

学生：自我保存。

施特劳斯：嗯，虽然这是洛克的讲法，不是斯宾诺莎的讲法，但意思差不多：舒适的自我保存。斯宾诺莎在这里暗示了一种居间的东西：这里表述的自由高于舒适的自我保存，却又低于对神的理智之爱。

瞧，这是个很有趣的问题。我曾经在一次讲授康德的讨论课上研究过这个问题，当时我们似乎看到，现代自由主义学说试图为平等适用于所有人的政治原则找到一种讲法，目的是为最高类型的人与最低类型的人提供平等的机会。例如，这就是康德定义的自由：自由意味着做任何事的权利，只要这样做与其他所有人享有的同样自由不冲突。这似乎是一条绝对理性的原则，因为它的普遍性。举个例子，你主张自己有权利射杀你不喜欢的人，只是因为你不喜欢他们的脸，这行不通，因为这也赋予别人同样的权利来射杀你，而作为一个有常识的人，你不会想要这个结果。

但有一些自由，如果你不主张其他所有人拥有，你就无法主张自己拥有。这些就是合乎理性的自由。这是现代思想向其更具反思性的形式推进的道路，而像康德和斯宾诺莎之类的人关心这条道路，尽管也有反对他们的人存在。问题在于，如此普遍的讲法是否可能？这是个大难题。

在康德那里，我们也许可以这样回答：从康德的视角来看，道德行动的权利——严格合乎道德的行动的权利——是每个人都能运用的一种权利，[236]而这种权利也会成为合情合理的政治原则。但是，这当然绝对无法导向他想要的自由主义国家，因为自由主义国家同样包含着作出非道德行动的巨大权利，正如康德所言，自由的权利——当然包含言论自由的权利——就是讲真话或者撒谎的权利。很明显，讲真话的权利是一项道德权利，而撒谎的权利不是道德权利。

那么，"你必须容许撒谎的权利"这种思想背后的论证过程是什么？这不可能从道德本身推出，因为道德只给了你讲真话的权利。从政治上讲，也就是从实践上讲，言说的权利被限制为讲真话的权利，这显然就意味着严格的审查制度。我的意思是，每个人都能受到法律制裁，只要他撒谎；这不只是在做买卖撒谎的情况下（这是范围很窄的情况），而是在一切情况下。这行不通，所以换句话说，如果你想有合理的回旋余地，而非总是受到审查制度或警察之类的束缚，你就必须被容许有相当大的余地来不道德地运用你的权力。实际上人们总是这样做的。禁止卖淫，但也容忍卖淫，诸如此类的事情：要知道，立法者到处都对人类的缺陷作出让步，至少在强制执行的时候作出了让步。

但像斯宾诺莎和康德这样的人，这些现代思想家，他们努力要为这种特殊的仁慈之举找到一条普遍有效的原则，而这种仁慈是任何通情达理的立法者都有的。记住，一条普遍有效的原则。你们懂我的意思，因为在实践中，这些仁慈之举在不同国家、不同时代自然都是各不相同。但还有什么原则支撑着它呢？这是个问题。

有一个相关的讲法：我们必须找到一条清楚的界线来区分道德领域与法律领域。这种形式的尝试从未成功过。我的意思是，确实有一条界线区分了实定法能够强制与不能强制的领域，但界线很模糊，因为这取决于判断。某些处境你可能严格得多，换个处境你就不能那么严格了。没有什么简单的讲法。十七到十八世纪的这些人试图找到一种普遍有效的讲法，以便获得最大程度的自由。这就是背后隐藏的观念。对于那些没有很强的道德原则的人来说，困难当然小一些：你可以得到舒适的自我保存，而一切不干涉舒适的自我保存的事情都必须得到宽容，因此，只要有人愿意，卖淫有何不可呢？但对于那些既有很强的道德原则、同时又是自由放任主义者（libertarian）的人来说，困难就来了，而且只在这里才会发现困难。因此，康德尤其重要，某种意义上斯宾诺莎也是如此。

学生：在这里，自由权（liberty）的观念是否等同于自由（freedom）？它们可以互换吗？

施特劳斯：可以互换。就像拉丁语或日耳曼语的用法那样——没有什么区别。

学生：因为这是我第一次注意到这本书里的这个词。

施特劳斯：没有区别。拉丁文都是Libertas。

学生：还有，这种合乎理性的说法正好也是约翰·斯图亚特·密尔（John Stuart Mill）的同样说法……

施特劳斯：[237]当然。密尔是这一传统的继承人。但"合乎理性的自由"究竟是什么意思？如果你问一个老派的人，他会说，合乎理性的自由就是作出有德性的行动的自由。

学生：我猜，密尔的说法是，合乎理性的自由就是可以做任何事，只要不干涉到别人同样拥有的自由。

施特劳斯：嗯，这是一个道德理由。

学生：但在实践中，这受到了很多种不同的限制。

施特劳斯：什么？

学生：这种自由原则。

施特劳斯：嗯，但在经典自由主义者的时代，这些人相信：有且只有一种办法能实现这种自由原则，所以它确实是好的原则。"自由"（freedom）当然与"自由权"（liberty）是同一个词，这不过是一个虚假的语义学问题，真正的问题是这样：所有通情达理的人都一贯支持自由，但另一方面自由也必须受到某些限制，所以他们全体一致地认为，"自由"可以，"放任"不行。这微不足道，问题在于如何区分自由与放任，不是在这个或那个特殊含义上作区分，而是原则上作出区分。

在更古老的观念看来——也就是前现代的观念——这种限制由上而来。我们不妨称为垂直式的限制：要么来自神的意志，要么来自理性，这不影响从一种更高视角来看的原则。讲法很简单：自由就是作出好的行动的自由。僭政政府就是一种避免德性行动的政府。一个避免邪恶行动的政府并非僭政，因为它是在帮助每个人达至完满，但这也可能是某种极端，而从我们那热爱快乐的自我来看，它可能也是一个很烦人的政府，某种意义上甚至是在把成人当小孩一般。家父长作风（Paternalistic）。

现在，现代观念说自由必须有一种限制，但必须是水平式的限制：个人相互限制。同时还要普遍化：所有人相互限制。他们说，这不仅更加自由，也更加具有实践性，因为放任受到由上而来的限制，意味着要由神来限制，既然这种限制没有以看得见的方式发生（灵魂不朽并非显而易见），那就意味着要由理性来限制。但是，理性大多数时候又没有实效。洛克在《人类理解论》第一章说：当你看到一个城镇被洗劫时，良知在哪里呢？[①]这些人据说都应该有良知，但完全无效。但是，人只要被别人的行为伤害到了，就会行动。放任受到的这种水平式限制具有自动执行的性质。垂直式限制不是自动执行的，这意味着它只是劝导。你宣讲：要做好人。但滑稽的是，另一个人出来说：这没用。你们知道人们如何谈论这个国家里那些无明显特征的候选人：他热爱德性。这在政治上毫无意义。与他人共同行动才是正事。

[238] 在洛克的《政府论》下篇里，关于相互限制的这种思想得到了更加清晰地发展——只要你读得足够仔细——这种水平式的限制，不同于那种只能指示和劝告却没有獠牙的理性的限制。我们也许可以说：现代人反对理性就是因为理性没有獠牙，而你伤害的其他家伙却有獠牙和肌肉。难题就在于此。重复一遍，谈论一般意

---

① 洛克，《人类理解论》，第一章第九节。

义上的自由没什么帮助。我是说，有极少数人厌恶自由，或者他们敢说自己厌恶自由，而他们不是严肃的人。这就是具体的难题，这确实是一个难题。

问题在于，现代人是否成功找到了一种普遍讲法？要知道，这也是我先前讲过的同样难题，如何在道德与法律之间划出清楚、普遍的分界线。法律是那种水平式的限制——我不是指实定法的细节，而是指关于实定法的合理目标的原则。按这种原则的本性来看，别人无论多么不道德都会对这种原则产生某种兴趣，而且基于这种兴趣，别人也会关心这种原则。因此，对于古老思想而言，关键讲法是义务；对于现代人而言，关键讲法是权利，至于各种义务或人们是否履行了自己义务则没什么实际意义。有些人有时会履行义务，不能假定每个人会一直履行自己的义务。但那些与每个人最强有力的兴趣相一致的权利，就是人们可以赖以奋斗的东西。这就是背后隐含的思想。至于它是否完全基于某些深度的幻觉，那就是另一回事了，但它在历史上非常强大。

学生：斯宾诺莎似乎结合了这两种限制，垂直的和水平的。

施特劳斯：嗯，他作了尝试。那些过分单纯的思想家——恕我直言，但像霍布斯和洛克那样的人，他们讲了很多粗鄙的东西，把自我保存扩展成了舒适的自我保存。他们当中更富有智识的人——斯宾诺莎、孟德斯鸠、卢梭和康德——他们却说：不，不能这样，人内在还有某种东西不满足于舒适的自我保存，并且与某种更高的原则相关联。他们都试图找到一种多多少少既能考虑到自己也能考虑到他人的讲法，所以要找到一套真正普遍的讲法。理论上讲，尝试找到这样一套讲法是非常有趣的：这套讲法既要将充分的自由赋予最高的人，也要将充分的自由赋予大多数人。

我们举一个实际例子：贪婪。传统上，贪婪被视为一种恶，尤其还是一种丑陋的恶。想想但丁（Dante）：贪婪的人比热爱身体愉悦的人——热爱肉欲的人——处在地狱里低得多的地方。我们可以理解这一点，但很多人（尤其是非常有权力的一类人）都很关心像利息和聚敛钱财之类的事情。从传统的视角来看，你必须合理地对待他们，他们对共同体有所贡献，但也必须警惕他们。现代学说想做一件大事——基于相同的原则——那就是给热爱德性的人和热爱金钱的人一样的权利。你必须承认，这是一个非常具有实践性的提案，但它也有很大的理论困难，因为对于一个思想着的人来说，金钱并不具有与德性相当的地位。你们可以说，相关结果在很多方面都是有益的，[239]然后说：我们还是忘了那些复杂的、理论方面的史前史吧，只享受这些有益的结果就好啦。这是一个可以辩护的实践方案，但必须有人想一想其中涉及的理论难题。就这样，我回答了你的问题吗？

学生：我不太确定。你说过，你会深入考察那一类讲法，需要用它来同时支持水平和垂直这两种限制。

施特劳斯：我想，最清楚的讲法当属于康德，某种意义上他就是这段发展进程——这段英雄式进程——的终结。密尔已经是法国大革命以来那些伟大人物的追随者了，因为人们开始重新思考全部事情，而密尔深受法国社会主义者的影响。我说的是约翰·斯图亚特·密尔，他的父亲还是一位老派的功效主义者，但他本人已经受到圣西门（Saint-Simon）和德意志哲学的影响，虽然只是间接影响。①这非常复杂。但现代思想的经典英雄式进程是在法国大革命之前，那时出现了一个接一个伟大的理论努力，目的是展现政治体的某种全新可能性，而这种政治体被认为在所有方面都比古代思想——古典和中世纪的思想——更加优越。正是在这种关联中，斯宾诺莎扮演了一个很重要的角色。

斯宾诺莎之所以令人感兴趣，原因在于他或许第一个尝试在新的基础上——马基雅维利和霍布斯的基础——引进这种同时为智慧

---

① 约翰·斯图亚特·密尔（1806—1873）是英国重要的自由主义思想家。如施特劳斯所言，其父詹姆士·密尔（1773—1836）是一位杰出的政治经济学家和功效主义思想家，而约翰·密尔早期也深受功效主义的影响。在他青年一次旅居巴黎的时候，他见到了圣西门（1760—1825），一位早期卓有影响的社会主义思想家。

者和俗众准备的更高原则。但在马基雅维利和霍布斯那里，这不是政治问题的主题。在这方面，斯宾诺莎回归了更古老的思想，但他将其移植到新的基础上，由此产生了所有困难。"自由就是合乎理性"是一个谜样的讲法，某种意义上斯宾诺莎是指它的字面含义：个体的真正自由就是他所理解的一种完全合乎理性的生活。但民众没有能力过上这种生活，而国家主要又是民众，那么，这里的合理性（rationality）究竟是什么意思？我不会说斯宾诺莎没有给出答案，但这是一个更加复杂的问题。

学生：这里的自由是什么意思？同一回事？那就是说，只要他们有能力过上这种生活，他们就是自由的，而只要他们合乎理性，他们就有能力过上这种生活？

施特劳斯：对，但他们还是无法划清楚这条界线。即便你将自由给了非理性的人——某种自由，无论是什么样的。

学生：想什么就说什么的自由？

施特劳斯：嗯，我们就仅限于讨论这个具体的例子，然后说它也许同样适用于其他自由吧。不用说，斯宾诺莎关于言论所讲的内容一样适用于财产或者随便什么东西。但他自己仅限于探讨言论。很好，我们来看看是否能够得出一种讲法，首先是在言论自由的层次上，然后是在普遍的层次上，也就是说，有一种普遍的讲法平等适用于所有人：言论自由。[240] 如果有可能合情合理地说言论自由是每个人的权利，同时这种自由不受道理或德性的任何限制，那我们就有所得了。我们来看看斯宾诺莎是如何推进的。

目前我们在哪里？也许我们可以从中断的地方继续，我们不需要直接结局。斯宾诺莎澄清了某种本质性的东西，但也是琐碎的东西。当然，谁也不像他认为的那样拥有这种行动的权利。就算你觉得某条法律很愚蠢，你也没有权利僭越这条法律，因为如果人们保留着每个人依照其所思所想来行动的权利，社会就完全不可能了。但是，言论的权利不必遭到抛弃。言论的权利有某种限制——例如，如果有人证明现有的某项法律违背了健全的理性。找到那一句了吗？259页。

学生［读文本］：

例如，如果有人证明某一条法律有悖于健全理性，因而认为应该加以修订；如果他又将自己的意见呈交给最高权力来判断（唯独它有制定和修订法律的权利），同时没有做任何有悖于法律规定的事，那他就真正配得上共和国，堪称它的最佳公民之一。但是，如果他这样做是为了控告执政官员不公正，并且令他遭到常人的憎恨；或者，如果他想以叛乱的方式废除这条法律，违逆执政官员的意志，那他就只是一个惹事精和叛乱者。（《神学—政治论》，XX.15）

施特劳斯：嗯。他必须服从法律，这是头等之事。但他可以批判法律，合乎理性地进行批判。换句话说，他没有权利用煽动的方式说话，或者我们几乎可以说，他没有权利用政治宣传的方式反对法律。如果他怀疑立法者的动机，说它受了大财阀或者工会的指使，这样说就已经成问题了。所以，必须是"正派"的批判，人有权利对任何法律提出正派的批判。正派，以及一种并非完全无趣的区分。

那么，某种程度上我们已经回答了这个问题：言论自由究竟扩展到多远？答案就是：它可以扩展到对法律进行正派的批判。实践中很难划清楚界限，因为总有各种规避的方法，正如你们从安东尼（Anthony）那里知道的那样：你可以一直说，没错，他们全都是可敬的人，[①]然后这就不是一桩罪过了。好了，我们继续翻到260页第三段。

学生［读文本］：

但确实，一臣民只要行事符合最高权力的法令，那他所做的任何事都不可能有悖于他自身理性的法令和指示。正是在理

---

① 莎士比亚，《裘力斯·恺撒》，第三场第二幕。

性本身的驱动下，他决定将按照自己判断来生活的权利，毫无保留地转让给最高权力。(《神学—政治论》，XX.18)

施特劳斯：对。这是之前提出的一个要点，我们再重新思考一下。对于理性人而言，对于圣人而言，理性生活是可能的。但是，如果这一点应用到社会，应用到大部分无法理性生活的人身上——正如斯宾诺莎强调的那样——这又意味着什么呢？有一种最低的讲法：只要服从无论什么法律，你就是在合乎理性地行动。某种意义上这也有道理，因为无政府状态就是最大的恶，所以任何法律——无论多么邪恶和愚蠢——都好过没有法律。但很明显，我们不会称这样的人过着理性生活，[241]他们只是在服从法律而不管法律可能有多么愚蠢。所以这远远不够。我们再读一点第四段的内容。

学生[读文本]：

根据共和国的基础，我们已经看到：每个人如何能够使用他的判断自由，而不会损害最高权力的权利。同样是根据这些基础，我们一样很容易就能确定，在一个共和国里有哪些是煽动性的意见：即是说，一旦承认这些意见，就会破坏每个人通过放弃按自己决定来行事的权利而实现的一致同意。

例如，如果有人认为最高权力不是在它自己的权利之下，或者认为任何人都不应该信守诺言，或者认为每个人理应按照自己的决定来生活，或者认为其他这类有悖于上述的一致同意的事情，那他就是叛乱者。个中原因，与其说是判断和意见，毋宁说是这些判断所牵涉的行动。恰恰是由于他想着这种事情，所以他取消了自己对最高权力所作的担保，无论这担保是明示的还是默许的。

别的意见，只要不涉及类似于破坏契约、复仇、发泄愤怒等等，那就不是叛乱性的；除非是一个业已败坏的共和国，在那里，迷信而有野心的人们容不下那种以一种配得上自由人的方式来思考的人，而且这些人获得了一种巨大的名声，以至于常人珍视他们的权威更甚于最高权力的权威。

　　但我们并不否认，有一些意见表面上只关乎真假，却是以一种不正义的精神来表述和传播的。我们已在第十五章为这些意见设下限制，以使理性仍保持自由。（《神学—政治论》，XX.20–22）

　　施特劳斯：停一下。现在你们看到，斯宾诺莎这里试图讲清楚言论自由的界限。有一些意见遭到了禁止，我想可以将它们首先还原为同一种简单的事情：无政府主义。绝不能宽容无政府主义，因为在斯宾诺莎看来，这是一些包含着行动的意见。这很危险，一旦你承认有一些包含着行动的意见存在，各式各样的事情就都有可能了。

　　这是个难题。但他这里援引了第十五章，从而又设下另一种限制。记得那里是什么意思吗？我怀疑不对，这里肯定是把"第十四章"印错了，没有问题，应该是第十四章，那里他界定了自己的意见。[①] 你们记得是什么吗？

　　学生：那些倾向于憎恨和冲突的意见。

　　施特劳斯：不对，他说得更具体。那是一个神学论证，从中推出了信仰神意，主要是信仰神实际存在。他给了每个人解释这些教义的权利。例如，他可以假定始因是物质。我们读过，他用火当作例子；如果火可以，那一般的物质也行了。但斯宾诺莎必须将它称为神。记得那里吧？换句话说，这种做法很常见，在洛克那里也是如此。

　　无神论不是一种能得到宽容的意见，斯宾诺莎那里暗示了这一点。斯宾诺莎仍然承认，有一些意见无论如何都不能得到宽容，[242] 但我们可以详细展开它们。例如，如果有人为谋杀或其他反

---

　　① 格布哈特编辑的权威版《斯宾诺莎全集》写作"第十五章"，所以施特劳斯这里所谓的错误似乎是指斯宾诺莎本人，而非译者。Martin Yaffe 在其译本中说，这里的引用是"15.1.58及其上下文"（等于格布哈特，187）。

社会行为写了一份辩护词，那么问题来了：这是不是一种无罪的意见？你们瞧，他说我们不否认有这样一些意见，它们看似纯属理论，但提议和传播它们的时候又是带有一种极其邪恶的精神。这些意见在第十四章得到了界定——这里涉及的是第十四章。

所以，到现在我们有了完全的意见自由，除了那种致使一切社会都不可能的意见之外。社会绝不能容忍反社会的学说。这仍然还有普遍性的价值，他正在寻找某种普遍的原则。一切没有明显反社会的意见都必须得到宽容。继续吧。

学生［读文本］：

> 最后，每个人对共和国的忠诚就像其对神的忠诚一样，只能从他的行为中得知，从他对邻人的博爱中得知；如果我们注意到这一事实，我们就决不会怀疑，最好的共和国容许每个人一样拥有搞哲学的自由，就像我们已证明的信仰所做的那样。（《神学—政治论》，XX.23）

施特劳斯："我们不能怀疑，最好的国家会容许每个人拥有同样的搞哲学的自由，就像我们已证明的，信仰也容许每个人如此。"［译按：课本作"最好的政府会容许搞哲学的自由，丝毫不亚于宗教信仰的自由"］这是不寻常的一步。你会想起来，这种论证是神学的或圣经的，但由于圣经在思辨之事上没有清楚教导任何东西，它便在这种思辨之事上任凭自由判断了。因此，信仰和圣经给了每个人在思辨之事上进行思考的权利，以及想什么就说什么的权利。

现在，斯宾诺莎说：不只是基于圣经每个人都拥有搞哲学的权利，这也包含了出版或者公开讲授自己哲学的成果。翻到261页第一段第二行——抱歉这很复杂——那里他给了另一种理由说明为什么每个人必须拥有搞哲学的权利，从"这样做并不会引起任何不便"开始。

学生：你刚才念的不是261页新起一段的开头。

施特劳斯：不，我是说这段话——

不止如此，正如我即将说明的那样，这样做并不会引起执政长官的权威所无法避免的任何不便，更不用说，这种自由对于诸技艺和科学的发展而言尤其必需。唯有那些具备一种自由的、最少受到妨碍或偏见的判断的人，才能成功培育这些科学和技艺。(《神学—政治论》，XX.26；引文为施特劳斯自译)

换句话说，这里还有一个论证，与前面的论证不完全一致。每个有理性的人都想培育各种技艺和科学，但除非有从事技艺和科学的自由，否则它们便无法繁荣。很显然，这种自由并不是每个人都去培育各种技艺和科学的自由，因为有些人根本不适合做这类事情。

学生：但谁能决定这一点呢？

施特劳斯：[243] 对，但这是一个很长的明智式论证 (prudential argument)。你们瞧，十七到十八世纪的这些人试图找到一种普遍的理性，而非一种明智的理性。已经有很多通常理解的支持自由的明智式论证了，但他们还是想要一种证明式论证 (demonstrative argument)。

对于如今的我们而言，这恰恰是一个修辞学问题。为什么？他们使用的那种数理式论证陷入了麻烦，我们后面会看看如何解决。但是，一种普遍的、数理式的论证究竟有什么巨大优势呢？如果正确，它就是真正普遍的。按其本性，明智式论证最多局限于大多数情况。一种明智式论证总有可能与某些处境相冲突，在这些处境下，相反的东西才是明智的。如果有一种数理式论证，明智式论证就没用了。

以一个关于言论自由的常见讨论为例，有一些反对审查制度的论据缘于审查者常见的愚蠢，这些论证在实践中有说服力，但它们并非在所有情况下都令人信服。因审查者愚蠢而来的缺点，在某种处境下或许还没有因审查者缺席而来的缺点那样大。如今大量讨论的那些安全问题，例如，某些时候最好不要发表某些科学论文，有些人尚未发展出他的科学思想，但他只要有此计划便能做到……所以，考虑这种做法对社会的损害就是一种明智式论证。

如果说出或发表你的科研成果是一种无条件的权利，任何关于公共政策的思考就不能限定这种做法。如果这只是一种源于"多数时候审查者都很蠢"这个事实的经验性准则——这是个很好的实践前提（但也只是"实践中"一个好的前提而已）——那就不是普遍有效。任何这一类恶都可能被更大的相反恶所压倒，这取决于不同情况……［录音中断］……想想伊丽莎白统治时期的英格兰。莎士比亚有完全的自由吗？肯定没有。

学生：另一方面，这不可能发生在土耳其……真正的科学……

施特劳斯：另一方面，你也能发现很多自由国家同样没有任何科学。早期的瑞士各州都是共和国，直到这个世纪它们可曾有过科学？

学生：如果完全抹除了自由……

施特劳斯：但问题还在，什么类型的科学？如果没有非常昂贵的实验室设施等等，我们的现代科学是无法想象的，而只有公共权威能为那些东西提供经费。数据交流必须完全自由，但这不可能。必须自由，但俄罗斯也有科学。

有这样一种比例关系：随着科学在政治上获得了重要性，科学变得自由了，但它没有任何与此关联的自由。无论他们在生物学上偶尔做些什么，无论他们在这个相邻领域做什么，物理学家在俄罗斯都是被当成生鸡蛋一样对待——这是德国的一个谚语。

学生：但在斯宾诺莎那个时代不是这样，对吧？

施特劳斯：［244］但你讲这个问题必须带有更多的普遍性。斯宾诺莎坚称，民主制在原则上比君主制更加支持自由。我们必须看看这在《政治论》里是如何继续的。但你现在谈到了如今出现的问题，有必要思考一下，因为斯宾诺莎可能确实没有预料到如今的情况。但是，既然他作了一种普遍的区分，那就必须按照我们现在发现的情况来衡量它。

论证如下：在二十世纪，技术获得了核心的重要性，科学自由（freedom of science）成了不可或缺之物，但仅仅是指自然科学。难道不是吗？在俄罗斯，你当然不可能走到赫鲁晓夫面前质疑他。社会科学的情况完全不同，绝不能忘记这一点。自然，赫鲁晓夫要实现他的邪恶意图也需要资料，但奇怪的是他没有选择让科学家来给他重要至极的东西。我不会从中得出任何推论，问题复杂得多。

作为有智能的存在者，如果我们想要有一个自由社会，我们就必须让自己从一种简单的自由主义神话中解放出来，而这种自由主义神话的意思是说：政治自由——包括每个人基于私有财产或其他资金来画画、唱歌或想什么就说什么的自由——就是人类思想达到最高发展程度的条件。我相信，可以通过论证来反驳这个论点：我们理解的科学如今确实很繁荣，但别的事情、别的人又如何呢？他们肯定不是生活在一个更加繁荣的国家，但他们生活在一些权力繁荣的时代。想想德意志或者法国，或者英国的经典时代，那时情况可不是现在这样。如果你读《纽约时报》，你可能得到的印象是这上面讲的东西全都一样，但这就是把今天的名流当成了明天的名流，甚至于这个世纪的名流。你必须形成自己的判断，所以不要自欺。政治自由是一种非常大的善，但它不是至善，不是一切事物都依赖的那个最高善。这是错的，这只是个神话。

斯宾诺莎有一种特殊版本的哲学，它原则上包含了发展成熟的自然科学。但是，在这三个世纪中，同样的现代科学发生了什么呢？对斯宾诺莎来说，现代科学等于哲学，所以它享有哲学的尊严，但如今的情况呢？技术精通已经变得无边无际，但它再也不可能提出这样的诉求了。你只需要找来那些单纯信仰科学的人（他们是逻辑实证主义者），读读他们如何谈论科学，谈论科学是一种什么样的真理。你不必从事哲学研究，就能对他们的说法有一种总体把握。

英语世界有一部属人文献，亨利·亚当斯（Henry Adams）写的《亨利·亚当斯的教育》。[①]他描述了1859年科学如何给他留下了深刻印象，当时刚刚出版了达尔文的伟大著作。三十年后，当他回来搞科学时，景象已经完全变了：科学已经成了绝对的专家行当，科学

---

① 亨利·亚当斯（1838—1918）是亚当斯政治世家的后裔，他是一位历史学家和作家，最著名的作品是其自传《亨利·亚当斯的教育》（1907年）。

的属人意涵几乎已经消失殆尽。我不否认，后来的发展阶段在许多方面也是更加关键的阶段，但与此同时，恰恰由于这个事实，它也创造了一种此前从未有过的属人难题。

当时还有一部通俗易懂的文献，就是马克斯·韦伯的《科学作为天职》。①［245］在那篇演讲里，他以不那么严格的方式对比了科学的几种原初含义：通向天国之路，通向完满之路，通向德性之路，等等。接着，韦伯说：这完全错了。如今的科学与这些最深刻的关怀完全无关。你可以既是第一流的理论物理学家，同时做人蠢到极致。然而，科学的原初观念是理性，是人的完满，而这种观念有着巨大的影响。

再说一次，或许理性能做到的事情没有现代科学那么多。我不想深入这个问题，但假设有一个技术社会——如果科学突然消失我们都会感到无助——而它却只是某种手段，理性便肯定有了至关重要的实践意义。这曾经是十七世纪的一种观念。当我们把十七世纪当作英雄时代来谈论的时候（我想很多人都会这样讲，无论他们接下来会怎么想），我们的意思是说：这是一个有着巨大的希望和灵感的时代，或许到头来一切只是错觉，但我们也能说它宏伟壮丽。这种宏伟壮丽已经消逝了。人们的智识努力已经深入到像相对论或万有引力之类的东西——对此我没资格评判——这种智识努力也许就像牛顿提出那些法则的时代一样伟大，我对此一无所知。但是，牛顿学说的意义直接影响了每一位思想着的存在者。牛顿完全没兴趣把"物理学"当成众多科学中的一门特殊科学，而如今所谓的"价值问题"（value problem）就源于此。所有重要的决断都在科学之外，也就是价值决断。这就是你如今在学校里学到的东西，至少大多数学校如此。

接着读吧。我们从中断的地方开始读下一段："但让我们假设。"261页。

---

① 这是1917年韦伯在慕尼黑发表的一场演讲，名为"科学作为天职"（Wissenschaft als Beruf）。

学生［读文本］：

　　但是，让我们假设这种自由可以被压制，可以将人监管得什么话都不敢小声说，除了说最高权力规定的事情之外。情况肯定不会变成他们甚至什么都不思考，除了最高权力想让他们去思考的事情之外——

施特劳斯：你们知道，这种做法不可能普遍成真，正如斯宾诺莎也承认的：还有潜意识呢，对吧。继续。

学生［读文本］：

　　因此，必然结果就将是人们每天想一套，说另一套。结果呢？共和国所必需的好信仰就会遭到败坏，可恶的逢迎和背叛将受到鼓励，还有欺骗以及一切美好技艺的败坏。（《神学—政治论》，**XX.27**）

施特劳斯：这是另一个经常重复的要点：如果没有言论自由，结果就是伪善以及诚信无存。不过，我们还是必须问这个问题——我们要考察人类历史，看看这是不是普遍为真。继续。［246］

学生［读文本］：

　　但是，绝不可能让每个人的言说都在被规定好了的限制之内。相反，权威们越是想剥夺这种言论自由，人们的抵抗就越是顽固。当然，抵抗的不是贪婪之人，不是逢迎之人，也不是其余心智软弱之人，这些人的最高幸福就是沉思他们钱袋里的金钱，让肚子饱足。相反，抵抗将来自那些因一种良好教育、品性正直和德性而变得更加自由的人。

　　大多数人是这样构成的：他们最不耐烦的莫过于自己信以为真的意见被定为有罪，驱使自己对神和人保持虔敬的事物被定为邪恶。结果，他们胆敢谴责法律，尽其所能地做反抗执政

长官之事。他们认为，发动叛乱以及为此目的尝试任何犯罪，都不是羞耻，而是光荣。（《神学—政治论》，XX.28-29）

施特劳斯：换言之，他这里是说：恰恰是有高贵品性的人，骄傲的、有自尊的人，才会要求言论自由，而这就表明，言论自由与品性高贵有着某种亲缘关系。借用亚里士多德在智慧者、贤人和俗众之间所作的区分，贤人无法忍受失去言论自由。斯宾诺莎后面继续发展出了如下思想：举个例子，如果法律禁止批判某些意见，那么法律就是将这些意见神化了。这种用法律来神化意见的做法，导致后世再也不可能更改以这些意见为基础的法律。但法律终究会变，无论什么样的法律。接下来还有一些热情洋溢的段落，但只是原则上重复了已经讲过的内容：经验，日常经验，它表明这些品性高贵的人总是因自己的意见而冒着生命危险。

但是，问题来了，这问题可以称为政治罪（political crimes）。斯宾诺莎接下来引入了一个区分，即政治罪与普通罪的区分，连带着一种认为"革命者具有高贵人格"的观念。我们不得不基于二十世纪的经验来重新思考这个问题，暂时抛开其他所有思考不顾。我们知道，斯宾诺莎在笔记里画过一幅自画像，装扮成马萨尼耶罗的样子；这是他那个时代那不勒斯的一位革命者。因此，斯宾诺莎对他同时代的革命运动抱有一定同情。他对此相当严肃，但这当然没有解决理论问题。

我们再往后读一点，263页，那里谈到了民主政府，从最后一句开始。

学生［读文本］：

我们已经证明，在一个民主国家里（它最接近于自然状态），每个人立约要按照共同决定来行事，但不是按照共同决定来判断和推理。由于不是所有人都能平等地思考同样的事情，他们便一致同意：获得多数投票的措施具有法令的强力，而与此同时，他们也保留了废除这些法令的权威，只要他们看到有更好的法令。我们越少容许人拥有这种判断的自由，我们就越多背离了最自然的状态，政府统治也就越加暴虐。

接下来还要确定，这种自由没有什么弊端是最高权力的权威所无法避免的，而约束人不要彼此伤害（哪怕他们公开持有相反意见）的唯一简易方法，就是借助于这种权威。

可以给出各种事例，我都不必费力搜罗它们。想想阿姆斯特丹这座城市，从它巨大的发展和所有民族对它的赞美，就能凭经验知道这种自由的果实。在这个最繁荣的共和国里，在这座最杰出的城市里，所有人都生活得最和谐，不论他们属于什么民族或宗派。当他们将自己的诸善信托给别人时，他们唯一关心的只有这人是富是穷——

施特劳斯：[246] 富人是一项重要的考虑因素。
学生 [读文本]：

这人行事通常是否忠信。他们根本不关心这人的宗教或宗派是什么，因为这与在法官面前争讼没什么关系。只要他们不伤害人，给各人应得之物，并且生活得诚实，任何宗派就绝对不会受到如此大的憎恨，以至于执政官员及其公共力量的权威不会保护该宗派的信徒。（《神学—政治论》，XX.38-40）

施特劳斯：我觉得可以停在这里。换言之，斯宾诺莎这里提供了一种经验性的、试验性的证明，证明这种完满自由的可能性，例子就是阿姆斯特丹这座城市：按斯宾诺莎的说法，其中不存在任何宗教歧视。这有点夸张，但无论如何，这是荷兰——低地国家——的一场试验，而它对于自由在西方国家中的命运有着核心重要性。威廉·配第爵士（Sir William Petty）某种意义上是经济学之父，他以荷兰为例向英国人说明：某种比英格兰一直以来容许的自由多得多的自由也是有可能的。①

但斯宾诺莎这里也在暗示：民主是最自然的政体，因而也是优越的政体。自然状态的自由得到了最高程度的保留。在自然状态下，你有权利决定用什么手段来实现舒适的自我保存，这就是自然状态。在民主制下你参与决议，但在一种非民主制下就不是每个人都能参与，由此看来，民主更加自然。这是卢梭后来采用的核心论证：他寻求一种社会秩序，其中每个人都能保持从前的样子，也就是他曾经在自然状态中的那个样子。这就是理念。

全书只剩下一个要点了，在这一章临近结尾处，265页，从那一长段最后一句话开始。

学生［读文本］：

> 所以如前文所述（第十八章），我们的结论认为，对共和国最安全的莫过于如下事物：虔敬和宗教应该仅仅包含博爱和公正的践行，最高权力在圣俗事务方面的权利也应该仅仅涉及行动——

施特劳斯："仅仅"。
学生［读文本］：

> 至于别的，所有人都应该被容许拥有欲求什么就想什么、想什么就说什么的权利——

施特劳斯：［248］这就是斯宾诺莎的目标：完全的言论自由，唯有行动能遭到禁止。不过，我们也看过了一些限定条件，例如无政府主义。但毫无疑问，斯宾诺莎倾向于那种完全的自由，正如"行动"这个词所暗示的那样。读结尾吧。

---

① 威廉·配第（1623—1687）是英国经济学家、科学家和哲学家，也是一位议员。通常认为，他最早提出了"自由放任主义"的理念。

学生［读文本］：

由此，我已完成了这部论著里我决定要讨论的问题。最后只要注意一点：我在书里明示写下的，丝毫没有我不愿交付给我祖国的最高权力来审查和判断的东西。如果他们判断我所说的有任何不符合祖国的法律或公共福祉的东西，我就希望从未说过。我深知我只是一个人，也可能犯错。但我尽力不犯错，尤其不要写下任何不符合我国法律，不符合虔敬和道德的东西。（《神学—政治论》，XX.46–47）

施特劳斯：无论真理是什么——完全的言论自由抑或相反——斯宾诺莎说得很清楚，此时荷兰并不存在这样的自由。你能想象在二十世纪的这个国家里还有哪位作家以这样的宣言来结束全书，例如说听从最高法庭的权威？毫无疑问，前面那句话清楚说明了，斯宾诺莎在《神学—政治论》里试图为每个人确立无条件的自由，尤其也就是为哲人确立无条件的自由。这没问题，问题仅仅在于他的推理过程。

现在的难题是这样：与如今所有讨论相比，斯宾诺莎思想的独特之处就在于，他在智慧者和不智者之间作了根本性的区分，智慧者是极少数人，不智者是绝大多数。因此，在这个意义上他当然不是民主派，而这也给他的论证造成了某种困难。严格说来，斯宾诺莎可以说，德性的生活就是自由的生活，这是古老的讲法。但这样讲的巨大缺点在于，这样理解的自由几乎在任何政体下都不可能了。斯宾诺莎说了要在任何政体下，所以他必须将普遍自由的权利建立在除了德性或者理性自由之外的基础上。我们从他思想中辨析出了这样一种原则，也就是我们所谓次于理性的善或舒适的自我保存。这在一定程度上行得通，但斯宾诺莎不能仅止于此。

斯宾诺莎试图找到一种讲法——简单而言，这就是最高的善，"至善"（summum bonum）。至善本身不需要政治自由，在这里，政治自由仅仅是一种便利而已。因此，我们为所有人准备了次于理性的善，也就是舒适的自我保存，而这要求民主。同样，我们不妨假设：如果民主还算合乎理性，那就是某种自由民主制，意味着更多通情达理的人也享有言论自由。斯宾诺莎试图找到某种统一的讲法，它既不会将论证完全钉死在至善，也不会将论证完全钉死在这种次于理性的善，而是寄希望于某种平等适用于此两者的东西，以便得到一种真正普遍的学说。

为什么他要这样做？首先，这种对于普遍学说的兴趣完全源于理论观念，我们会看到它在《政治论》开篇便已经呼之欲出了。至善并不必然要求政治自由，次于理性的善也并非与思想自由有着某种本质性联系——次于理性的善或许可以将它与其他许多事物一并包含在内，但它们两者没有本质性联系。这无法令人满意，因此，斯宾诺莎试图找到一种原则，[249] 平等适用于人类最高的可能性和最低的可能性；后者是可辩护的次于理性之善，舒适的自我保存。

我说过，康德做过一种尝试——他的《法权哲学》①比他别的著作呈现得清楚很多——那就是将政治原则界定为自由，而自由又意味着某种所有人都能平等运用的东西。在一种严肃的意义上，不可能所有人都能运用搞哲学的自由。可以说，所有人都能运用舒适的自我保存的自由，但那些热衷于至善的人对此不感兴趣。一种平等适用于所有人、不考虑本质性差异的学说，构成了一个巨大难题。

当我们转向《政治论》的时候，这个难题会更加清楚地呈现出来：在那里，我们会看到斯宾诺莎试图找到一种关于人作为政治存在者的普遍学说，这种学说不仅具有规范性，用当今的话来说还要具有行为性——这种学说应用于所有人的行为，应用于所有人的实际行为。在《政治论》里，他让自己的一项尝试比在《神学—政治论》里更加清楚可见：他尝试将一种讲给所有人听的规范性政治教导，奠基于一种据称是表达了平等适用于所有人的根本真理的行为性教导之上。斯宾诺莎学说的这一面相，在《神学—政治论》中展现得没有《政治论》那样清楚，不是因为斯宾诺莎改变了想法，而

---

① 施特劳斯大概是指康德的《法权学说》（*Rechtslehre*）。

是因为《神学—政治论》的意图比《政治论》具有更加直接的实践性。在这里，核心问题是绝对的言论自由，而非一般的政治理论。

学生：你描述康德原则的方式，没有考虑到——我会说，康德的原则预设了道德领域与法律领域的区分。

施特劳斯：对，但他建立了这种区分。我这样讲，它只有这个预设：某个地方——至少在智识更加精细的社会里——作出了法律与道德之间的某种区分。

学生：斯宾诺莎也是如此吗？

施特劳斯：不，不是这个形式。斯宾诺莎不像康德用了那么多法律术语来思考。在斯宾诺莎那里，这个难题并没有以如此形式扮演那样一种角色。但是，如果你深入这个带着官僚主义味道的难题（请允许我这样形容）——亦即区分道德领域与法律领域——并且考察激发这种区分的动机，动机其实就是对自由的某种关切。原因在于，如果承认了道德的至高无上，那就隐含着一种家父长式的道德专制的危险。

学生：只有道德被包含在法律当中的时候才会如此。但是，如果道德是一种外在于法律的原则……

施特劳斯：对，但更早时期的思想家们并没有作出这种区分。

学生：但康德作了这种区分。

施特劳斯：[250]康德，没错，因为他有一种兴趣是要避免家长式的专制，无论道德的还是非道德的专制。你可以理解这一点。如今，当你读通俗文献的时候——例如论述柏拉图的文献——他们会怎么说？他们的说法就是：我不关心柏拉图一直在讲德性，实际上这导致了独裁。至于独裁究竟是在德性还是某种邪恶原则的名义下被引进来的，这其实没有任何重要性，因为搞独裁的家伙十有八九不是最好的人——这是一个非常合理的政治论证。所以，我们还是忘了德性吧。让我们退出有德者的绝对统治与邪恶者的绝对统治之间的区别，但我们要尝试找到这样一种领域：它不受任何政府的影响，无论是有德的还是邪恶的政府，而且正因如此，它甚至迫使政府变得还算正派，以此作为某种限制。

明白了吗？这是以另一种方式描述了我先前尝试做的同一件事：找到一个政府无论如何都无法干涉的领域，无论这政府是打着德性的名义，还是采取任何邪恶原则的形式。这种自由并非依据道德的方式来界定，但它是最重要的政治考量，其重要性远远超过德性。

学生：但在康德那里，你也可以区分出两条垂直线，政治自由与道德自由。我的意思是，两条水平线。

施特劳斯：不对，你最开始的说法更好。某种意义上，在康德那里，自由显得像是某种由上而来的道德命令。但在另一种意义上，更加复杂的意义上，你或许说得对，但我不知道你是不是那个意思。

学生：因为道德自由确实独立于政治自由，一个人只要行事符合某种普遍法则，就能获得道德上的自由。但这种普遍法则适用于所有人，它不是由上而来，而是由内而来。

施特劳斯：但它确实由上而来，你知道，它是从高于经验之人的地方而来。

学生：它来自高于经验之人的地方，但这只是确保了道德之人独立于他的经验性自我，或者说独立于他的政治性自我。康德或许有一个地方与斯宾诺莎不同：人仅仅凭借服从理性赋予他的法则——普遍准则——就可以自由，可以在任何社会获得道德上的自由。但他不必成为一位哲人就能获得自由。

施特劳斯：这是真的，千真万确。这很关键。没错，每个人都能如此。

学生：因此，正因为它适用于每个人，那就有一种所有人都能获得道德自由的水平式层次，而这种道德自由独立于现有的任何政治自由。

施特劳斯：没错，康德肯定有这种倾向。但如果这就是故事的全部，那他的政治哲学某种意义上就不可理解了。我这样讲：对康德而言，道德究竟是什么意思？服从理性法则。普遍的准则，理性法则。没问题，但对于他理解的道德的具体、首要的含义，康德用了什么有所夸大而又耐人寻味的表述呢？我想我能回答这个问题：尊重每个人的尊严。并不是说这就涵盖了一切，理解正确的话，如果你把自己的尊严也算在里面，那才是涵盖了一切，[251]但这里的重点首要是指你对他人的亏欠。若是如此，你作为一个道德之人就必须操心建立起一个能让所有人的尊严都得到尊重的社会。在我看来，康德的道德主义就是主张：唯一具有终极重要性的东西是道德，而非哲学。这就使他的政治性远远超过斯宾诺莎。斯宾诺莎最终可能会说：最高的善是哲学，搞哲学在一切政体下都是可能的，所以我不必太操心政治。康德却不会如此。

康德找到了一个解决办法，不是很令人满意的办法，那就是严格禁止革命。首先，康德教导说你有一种道德义务去操心如何建立正派社会，让每个人的尊严都得到尊重的社会。另一方面，他教导说革命应当被"严格禁止"（streng verboten），因为每一场革命都意味着说谎和阴谋。阴谋意味着说谎，而在康德看来说谎是绝对非道德的，所以一个道德之人不可能去搞革命。因此，实践中你必须服从你的政府。如果政府命令你做什么非道德的事，你当然不会去做；你有这种权利，但你没有权利搞革命。

我刚才讲的有一点很关键。对康德而言，绝对有必要让道德教诲产生政治结果；尽管这无法生效，除非有一个改变法律的道德君主。我们只能等待。那么，这一点多大程度上影响你的水平—垂直线呢？

学生：那我会问，斯宾诺莎特有的道德教诲在哪里呢？这里显然没有，这完全是一种政治教诲。

施特劳斯：看情况。他关于至善的教诲包含着一种道德教诲。请讲？

学生：确实，《伦理学》可能发展了这种道德教诲。但在这里，在一部政治论著里，严格说来没有任何道德教诲。换言之，这里可能根本没有高于政治或法律领域的道德领域。

施特劳斯：不对，记住这个问题，直到我们进入《政治论》，因为在《神学—政治论》中，道德教诲是由圣经的教诲来准备的：博爱。斯宾诺莎在最后结论中没有承认博爱，但博爱对他这里的意图来说已经足够了。这是一种与任何哲学教诲都不同的道德教诲。

学生：但这严格说来从属于政治教诲。相反，正如你已经证明或展示的那样，道德教诲隐含着一种对于政治教诲、政治国家的关怀，目的是将其提升到道德的层次。

施特劳斯：在斯宾诺莎那里，我相信这可能不过是某种建议，而非义务。换言之，如果证明了现有的社会秩序比其他东西更有益于人，一个人只要不是邪恶之徒，至少就会想要这种社会秩序，可能的话还会为了建立这种社会出力。但这没有像康德那样的道德力量。

言归正传，我们必须记住这个问题。我相信，这其实就是尝试为这样的政治社会找到一种讲法：这种政治社会一方面低于严格理解的道德，因为那种道德会导致自由受到限制，另一方面又高于单纯的愉悦或舒适的自我保存。[252] 我想，这就是斯宾诺莎尝试去做的事情，康德亦然，只是手段完全不同。我们必须记住这一点。

第十四讲 《政治论》第一到三章

（日期不详）

施特劳斯：［254］……我相信，在讨论《政治论》的时候，更简单的做法是从第一章开始，而不是像你的论文那样从第二章开始，因为他在第一章里讲的内容并没有暗示这种复杂的准神学。可以说第一章直接易懂，尤其放到如今来看。第二章——这种准神学——如今却不那么易懂，但这只是个小问题。你看到的要点还不少，它们并非显而易见，例如斯宾诺莎的思考有一个要素，那就是某种反抗自然的努力。你最后提到了《理智改进论》，①这么做很有道理，但你在《政治论》前三章有没有看到任何证据，能够佐证这种关于反抗自然的斗争的观点呢？

学生：我思考的根据是，当他提到自我保存的时候，人与人相互斗争。只有在你认为这种斗争同时也是反抗自然的时候，这种观点才有意义。

施特劳斯：但他是否讲过这一点呢？

学生：他没有明确提到。

施特劳斯：他当然提到了，但不那么明显，所以我只是想再核查一下。你的说法正确，自我保存并非绝对需要国家。对吧？这是

---

① 《理智改进论》是斯宾诺莎早年的理论著作，通常认为写于1662年前后，尽管它出版于斯宾诺莎死后的1677年。通常认为，《伦理学》接替了这部著作，成为斯宾诺莎观点的最终展示。

你说过的话，只有舒适的自我保存才会如此。

学生：对。

施特劳斯：这样说也是以一种公开的说法为基础。你很有力地指出，斯宾诺莎笔下的国家有着非道德或者机械的性质。讲明这一点绝对有必要，虽然这不是关于斯宾诺莎的最终定论。换言之，这是后来康德讲得非常清楚的观点。通常认为，只有在天使的国度里才可能有最佳社会。但康德说，即便在魔鬼的国度里，只要这些魔鬼有理智，最佳社会也有可能；换言之，只要这些魔鬼都是好的计算者。明智的魔鬼也能拥有最佳社会，要使社会变得完美，根本不需要什么道德上的转变。这一点你在斯宾诺莎那里也察觉到了，这是对的。

现在，土耳其人令你觉得棘手。土耳其人肯定是呈现难题的一个绝佳例子，因为土耳其帝国延续了很久，而且如你所言，每个人都过得幸福或看起来幸福。可是，斯宾诺莎会用怎样的论证来反驳这种论点呢？我刚才是在重复你的说法。

学生：某种意义上，人的完满。

施特劳斯：[255] 但我们并非总是——我们一步步来，不要总是盯着最高处，因为人的完满在斯宾诺莎那里也是一个非常复杂的问题。幸福是什么意思？借助一些潜意识的影响，你可以使人对于他们其实并不喜欢的东西感到满意。可以改变一个人，使他对自己起初觉得悲惨的状态感到幸福。所以，我们必须多少超出这种主观意义上单纯满足的幸福。

学生：如果他有能力相信自己是幸福的，为什么他必须超出这种幸福呢？

施特劳斯：为什么他……

学生：如果他受骗而觉得自己幸福……

施特劳斯：但他是受骗了，这没问题。

学生：那么，为什么他还需要超出于此的东西？

施特劳斯：当然，这是个问题。换句话说，如果可以说服人们相信他们生活中一切苦难都无关紧要，相比之下服从苏丹才能获得永远的幸福，这当然行得通。苏丹已经证明了这一点。

　　但这会面临什么反对意见呢？"这是假的"是一个很好的理论性反驳，但未必是一个实践性反驳，因为实践难题当然是让社会行得通，而这确实多少也行得通。甚至从一种军事的视角来看，你们也知道土耳其人好几个世纪都拥有可怕的军事力量。请讲？

　　学生：我只是试图想清楚斯宾诺莎的答案，而我发现他的答案有着某种内在冲突。但建议似乎是说：理性要求自由而非服从，在国家只教导服从的地方，服从就是唯一的事实，那里既没有自由权也没有自由，而这根本上不符合理性。

　　施特劳斯：对，但我们先考虑斯宾诺莎的强硬一面。民众不可能过上理性生活。从这个视角来看，你讲的没什么用。不，我想舒适的自我保存就是客观的判断标准，它不同于纯粹主观意义上的幸福，也就是满足。如果是一位苏丹来统治民众，尤其如果他把来生当作一种简易的逃避办法，那他就不会妥当照顾民众大量的、实实在在的世俗利益了，而这就是舒适的自我保存，亦即我所谓次于理性的善，一般而言每个人都有能力获得的善。怎么说呢，如果一位哲人帮助苏丹的统治，不帮助贫困的普罗大众得到他们有能力得到的更好东西，那就只能是这位哲人毫无人性了。

　　所以，舒适的自我保存是政府的目标，但这与自由没关系。十八世纪末有过一场巨大的争论。如果一位家长式的专制者将臣民们当作自己的孩子，那他也能实现舒适的自我保存。例如，康德明确地提出——他也不是唯一这样讲的人——某种意义上自我保存是最危险的原则，因为福利国家（用我们今天的说法）使人民忘记了某种高得多的善，而这种更高的善就是自由。自由与家长式专制绝对无法相容，而自由当然是斯宾诺莎致力的目标。[256]问题在于，这种自由究竟是什么意思？它的基础是什么？我们必须看看。我们上次已经多少讨论过了，必须再继续下去。

　　关于你的课堂报告，我最后想说一点。《理智改进论》是斯宾诺莎写得相当早的一本书。没记错的话，它的确切写作日期已不可考，但相当早，我们不能认为它充分表达了斯宾诺莎成熟时期的思想。

思考过这类事情的人都知道，这本书的写作尤其受到了培根的影响，而其中关于技术进步（technological progress）的培根式观念当然很强，比斯宾诺莎的其他著作更强。因此，我们在把这些论点归结为斯宾诺莎最终思想的时候必须谨慎，但它们也能说明斯宾诺莎至少有一段时期受过培根的影响，虽然他一般不像培根那样大量谈论现代思想家。请讲？

学生：我觉得我必须看看别的，斯宾诺莎留下了很多未经证实的东西。

施特劳斯：嗯，但另一方面——我赞赏你一直思考这个关键问题——我们也可以说，分配给你来讲的《政治论》前三章尚未出现民主制的问题。

学生：这个问题必须出现。

施特劳斯：你这样想很聪明，没错。现在，他在《政治论》里同时提到了《神学—政治论》和《伦理学》，所以，如果你想找到《政治论》中找不到的增补部分，你自然就得去查阅《伦理学》。不过，我们最好始终记住斯宾诺莎思想中的这个技术性阶段。

你提到了《政治论》的标题，我敢肯定现有这个标题不是出自斯宾诺莎之手。这是一本未完成的书，出版于斯宾诺莎死后，而它的编辑者还出版了一封斯宾诺莎与熟人的通信，其中提到了这本书。在这封信里，这本书被称为《政治论》，所以这显然是斯宾诺莎的标题。但是，编辑者根据他们找到的残篇创作了一个很长的副标题，而且这部残篇只包含了斯宾诺莎讨论民主制的开头部分，而非全部，所以副标题是关于民主。斯宾诺莎还没写完这本书就死了，这就是故事的全部。

我们回到《政治论》，首先是第一章。这次我们会读得更容易些，因为这本书划分成众多小节，所以不必引用页码了。顺带一提，这些章节的小标题不是斯宾诺莎所写，它们出自后来的编辑者，而非最初的编辑者。

斯宾诺莎开篇就对哲人们展开了一顿比较猛烈的批判，不是针对某些哲人，而是哲人本身。哲人有什么错？哲人搞道德说教（moralize）。他们预设了某种乌托邦的标准，"乌托邦"一词之所以恰当，是因为斯宾诺莎说他们思考的是一种根本不存在的自然，一种根本不存在的人性自然，而乌托邦的意思就是无处存在，乌有之乡。他们不是按照人的实际样子来看人。任何哲学式政治（philosophic politics）都没有实际存在，它们没有任何用处——这是迄今为止每年都会有某本书或小册子不断重复的说法。[257] 你们知道那种所谓科学式政治科学（scientific political science），它们一直都这样讲。哲人准备好了哲学式政治，但我们尚未拥有它。马基雅维利《君主论》第十五章用一种更加暴烈的语言重复了这种说法，但是，马基雅维利本人曾经实际存在。斯宾诺莎对此有什么回答呢？

学生：马基雅维利是一位政治家。

施特劳斯：而且他不是哲人。没错，这是关键。政治家——这里我们尤其得想到马基雅维利——比哲人更受到偏爱，他们认为恶与人始终共存。他们不相信可能会有德性统治的情况出现，但他们也认为恶是某种必须得到一定控制的东西。他们遵循经验，途径便是试错法（trial and error）：什么方法能有效地控制住恶，什么方法不能。他们看到，治理国家不能按照私人虔敬的规则。

马基雅维利援引过柯西莫·德·美第奇（Cosimo de Medici）的一句话："治理国家不能靠手里拿着主祷文。"① 作为私人，你可以按照主祷文生活，但作为政治家就不行。政治家当然不仅仅是指现实中的政治家。"政治家"（politici）的意思也包括政治作家，而这里最自然能想到的人就是马基雅维利。我们读读第三段。

学生［读文本］：

> 我完全相信：凡是可能设想到的能使人们和谐生活的一切
> 种类的国家（omnia civitatum genera），以及应该用来引导民众
> 或把民众限制在一定界限内的手段，均已被经验所揭示。因此，

---

① 马基雅维利，《佛罗伦萨史》，7.6。

我不认为反思这个课题还能提出什么与经验或实践完全没有分歧，但经验却尚未学过和检验过的东西。人就是这样：没有某种共同法律，他们就不能生活。不过，那些最为敏锐的人已经讨论和建立了共同法律和公共事务，无论他们是机智还是狡猾。因此，很难相信我们还能构想出任何对社会整体潜在有用的东西，既没有因条件或机运而被提出过，也从未被致力于公共事务和关心自身安全的人们所发现。（《政治论》，I.3）

施特劳斯：你们瞧，斯宾诺莎说：关于政治方略的经验已经完备了，我们不可能想到任何经验尚未创造的东西了。但他没有提到未来的经验，也就是你们可能称为"进步"之类的东西。经验是完备的，这一点我们要严肃对待。

亚里士多德《政治学》有一处说法批判了柏拉图，读起来与上文很像，但亚里士多德对于未来的改善抱有比斯宾诺莎开放得多的心态。亚里士多德充其量是说，有一些制度已经被发明了，例如各种类型的私有财产权。这些基本形式都被发明出来了，但它们并非总是被正确地整合到一起。因此，理论还留有空间，为的就是以一种更加智慧的方式来将现存种种发明整合起来。

斯宾诺莎没有提出这种限定条件，这一点很不寻常。我们这样讲：基于这种主张——我们要看看后面是否不得不对此加以限定——只要理念是某种建构，某种并非必然要实现的观念，那就没有什么可谓是"政治理念"的东西了。在这一点上，斯宾诺莎与霍布斯形成了最大的对立，因为你们知道，虽然霍布斯也算是一个硬汉，[258]但他将《利维坦》自比于柏拉图的《理想国》，说它就像柏拉图的《理想国》那样与实践相距甚远。我忘了这是在《利维坦》哪一章，是在某一章最后，大概第三十一章。①你们很容易就能找到。

换言之，霍布斯与卢梭一样——当然还有洛克——理所当然地相信，政治科学或政治哲学的首要任务就是描述正确的秩序。正确

---

① 霍布斯，《利维坦》，第三十一章四十节。

的秩序，至于这种正确秩序实际存在与否，那是次要的事情。为什么？如果你没有预先知道正确秩序是什么，那你就不可能断定任何现存的政治秩序是否正确。你不可能仅仅从任何现存秩序中抽象出正确的秩序。斯宾诺莎非常激进地偏离了这一点，至少在这种讲法上，而我们必须看看这意味着什么。但在所有这些要点上——正如你刚才的课堂报告看到的那样——斯宾诺莎是行为式社会科学（behavioral social science）的先驱，如你所知，这种科学也是从经验上关心如何理解实际事物，不要花招。当然，它们也非常不融贯，因为它们其实不是真正的硬派——它们始终还是在谈论价值。

学生：究竟有没有哪个实际存在的国家，像斯宾诺莎心目中的自由民主制那样？

施特劳斯：这个问题很棘手。斯宾诺莎必定相信，某种程度上曾经也有过自由主义国家，否则他的说法就没意义了。唔，他可能会说阿姆斯特丹就有过——你们记得我们上次读过的那段话——但这当然有不少夸大成分。我想我们会进入这个问题，但这是个非常必要的问题。我们接着读下一段，288页。

学生［读文本］：

所以，当我将心智用于政治的时候，我并非意图提出任何新的或前所未闻的东西，而是凭借确实的、无可置疑的理由来证明——

施特劳斯："凭借确实的、无可置疑的理由"。为什么他不译成"理由"（reason）？［译按：课本作"论证"］

学生［读文本］：

并且根据人之本性的条件（humanae naturae conditione）来推论出最符合实践（praxi）的东西。而且，为了把人们研究数学时常常使用的那种心智自由（animi libertate）应用于这方面的研究工作，我极力避免对人们的行为报以嘲笑、哀怜或诅咒，而是仅仅理解它们。所以，我对人类情感的沉思——如爱、恨、愤怒、忌妒、爱名声、同情以及其他情感——并不将其视为人性的恶，而是视为诸属性；它们属于人性，犹如热、冷、风暴、雷鸣等等属于空气的本性。这些事物虽然不便，却也是必然，并且有具体的原因，藉这些原因我们可以努力理解它们的本性。而且，心智在真正沉思它们时感到的愉悦，一如心智在认识那些悦人感官的事物时感到的愉悦。(《政治论》，I.4)

施特劳斯：[259] 对，这是一个令人惊异的论证。重复一遍，斯宾诺莎厌恶哲人，尊敬政治家，也就是马基雅维利。但他又不是这种意义上的政治家，他是哲人。那么，哲人何为？答案就是，哲人会从人类本性的条件中论证或演绎出政治家们凭借试错法而已经发现的东西。这种真理，这种理解，这种从已知事物到普遍法则的演绎，就是哲学的任务或科学的任务。

这种方法的特点在于——我认为这是一个非常原创性的主张——不作判断，不作道德判断。要理解，不要嘲笑、厌恶或惋惜。为什么？因为诸激情（当然也就意味着各种恶）都是必然的，所以它们最终就像雷暴一样没什么可指责的。我们不愿意被闪电击中，但谁会说闪电是邪恶的呢？到头来，人类并不邪恶。人行动的方式，就是他们必然如此行动的方式。

既然诸激情和诸恶是一种理论研究的对象，就像研究数学对象那样，它们同时也就是沉思式愉悦 (contemplative pleasure) 的对象。如果你已达最高境界，你观察一个富有激情的、邪恶的人，就会像你观察圆柱体或任何数学事物那样超然。你们瞧，政治家的行事则不同，政治家试图控制这些东西。这就是潜台词：政治家控制事物，但哲人完全超然地观察事物。哲人观察邪恶的人，观察政治家，再观察政治家与邪恶之人的相互作用；哲人理解这两者，但哲人不会选边站。

这是一个令人惊异的说法。我相信，你们到后来找不到任何这一类说法了。但在现代，这种说法变得大行其道。有几本现代小说

（只谈最高水平的现代小说）没有暗示过，沉思人类的恶也会产生愉悦？我不是在谈最低的东西，而是说，例如你们可以看到巴尔扎克的《贝姨》有一段对于某位邪恶之人的大师级分析：你们知道，老处女据说特别讨人嫌，而那部小说就是以斯宾诺莎的这种方式，以最极端的方式，完全可信地证明了这一点。这根本不是幻想故事，我们会情不自禁地跟着巴尔扎克去赞美在这种嫌恶之情中发挥作用的自然力量。我相信，斯宾诺莎的这段论述已经暗含了这种理论，虽然我不会说巴尔扎克有意为之；这样讲当然不对。

究竟在什么程度上，这种主张支撑起了更早时候有关恶和激情的诗学表达，这是一个漫长的问题，但肯定从来没有哲人这样讲过。因此，我们注意到，这里有某种理论兴趣与某种实践兴趣共存，因为斯宾诺莎也与实干家一样怀有这种要控制恶的兴趣。

学生：你能再讲讲，它如何不同于廊下派的心态之类……

施特劳斯：廊下派只是开药方而已。我的意思是，例如你去读读塞涅卡关于愤怒的长篇大论，那不仅仅是在展示一个愤怒的人，而是要向你证明：愤怒是如此不光彩、如此愚蠢的东西，而且他为此提供了论据。

如果你读读斯宾诺莎《伦理学》第四和第五部分，尤其第四部分，他也提供了一种关于如何控制诸激情的方程式。斯宾诺莎也给你开了药方，但他的药方与传统的道德主义疗法有着某种微妙的区别，比如90%的药方一样，但剩下的10%完全不同。在斯宾诺莎看来，从诸激情中得到真正的解放，并非在于你变得意识到这些激情的耻辱性。没有更高的上诉渠道——诉诸更高者只是次要性的。真正的解放来自对这些激情展开分析，也就是你自己要搞清楚为什么现在你很愤怒。有些精神分析学家说过——这样说并非完全不公正——[260]斯宾诺莎的思想已经为精神分析做好了准备。他们没有完全说错。

就我所见，这是斯宾诺莎《伦理学》，至少是其实际应用中无法回溯到任何所谓的文献来源的唯一要素。这个问题我现在无法展开了，我已经忘了很多细节。但有一点很清楚：对廊下派或亚里士多德而言，对于所有古代道德主义者而言，诸激情出于其本性就需要受到控制。如果仅仅将激情视为某种现象，而没有超越其本身的指向，那就会成为一种不切实际的理解。举个例子，如果你观察愤怒、忌妒或厌恶，你在观察的时候就不能不看它对人类造成了什么影响。因此，这种描述天然就有价值判断。因此，理论与实践在这里没有区别。但在斯宾诺莎看来，这种区别实际存在。请讲？

学生：在考察人性自然的时候，他指的是不是民众？还是说政治家？哲人？

施特劳斯：我们还没有听到任何这方面的说法。迄今为止，我们只听说了什么是正确的程序，或者说哲学的意义是什么。智慧者与俗众的区别还没有出现。再说一遍，这位政治哲人提供了终极理由，说明为什么像马基雅维利那样的实干家开出的药方有效。这是一回事。与此同时，对于政治家控制或试图控制的那些激情，他又不能不展开观察，但观察这些激情在某种意义上也成了某种目的本身，因为诸激情是自然现象，研究它们也就成了一种沉思式愉悦的目标。

斯宾诺莎接着描述了我们可能称作的"反社会激情"，描述了它们的力量，并且澄清了宗教教诲的无效性，例如你应该爱邻如己，或者像斯宾诺莎这里列举的，人应该捍卫他人的权利一如捍卫自己的权利。然而，不仅宗教的教诲无效，理性的教诲同样无效。理性教导的是如何能控制诸激情的方法，例如西塞罗或塞涅卡的教导，但这也无效。政治不能建立在哲学或神学关于控制激情的教诲之上。斯宾诺莎说，当一个人临近死亡（那时他要忏悔自己的全部罪过）或者置身于不能做生意的神殿或教堂的时候，这些教诲才是好的，但它们在市场或法庭上最无必要。

既然理性或宗教的教诲都没有什么影响，那应该怎么做呢？这是个古老的故事：要靠各种暴力机构。这是唯一帮得上忙的东西。重要的不是人们做自己分内之事时怀有的精神，而是正确的管理这一事实本身。无论人们做分内之事是出于算计、害怕绞刑架还是公共精神，那完全无关紧要。唯一重要的事情，就是有这些机构强迫人们去做这些必要的事。正如第六节澄清的那样，政府的德性根本上不同于私人的德性。我们或许会说，政府的德性就是非智慧者能够用来统治非智慧者的那种德性。哲人绝不会统治，所以我们还是现实点吧。

这就是斯宾诺莎的意思：政治必须建立在所有人共通的东西上。理性的教诲其实只适用于合乎理性的人，极少数人。我们看到其中的潜台词：传统意义上的自然法——也就是道德法——毫无希望，因为人们不会遵守它。理性没有这种力量。我们必须找到一种自然法，但必须是一种新类型的、人们无法违背的自然法则。传统意义上的自然法，当然是一种人们有可能违犯的法。［261］想想禁止谋杀的法律：每天都有人违犯这条法律，如果你没直接见过，读读报纸就知道了。但斯宾诺莎是在寻找一种现实主义的自然法则，一种任何人都无法违背的自然法则。①

换言之，政治学必须成为一门普遍科学，平等适用于所有人。政治寻求的普遍法则不是"应当"的普遍法则，而是关于行为（用今天的流行说法）的普遍法则。如果知道所有人如何出于自然被迫行动，我们就能知道如何加以引导，使其有可能达至首先是一般而言的社会，其次是好的社会。现在，我们还不知道什么是好的社会，我们甚至还没有提出这个问题，但一般意义上的问题已经清楚了。请讲？

学生：这就意味着，其实是哲人成为政治家，而非政治家成为哲人？

施特劳斯：对，你可以这样讲，但这样你就忘了一件事：沉思式愉悦。绝不能忘记，斯宾诺莎非常关心这一点。这始终将他与纯粹的实干家区别开来，无论是多么聪明的实干家。

现在我们翻到第二章。这一章与《神学—政治论》第十六章相似，在那里，斯宾诺莎从"神的理智与意志相等同"这条等式中推出了他对自然权利的全部看法。我会在讲到那里的时候展开讨论。

---

① ［译按］注意所有"法"和"法则"的译名，原文均为law。

有趣的是，斯宾诺莎在《政治论》中没有提到这条等式，他只提到了神的力量。万事万物的存在（being）都归因于神的力量。每个人都承认这一点，至少当时没人敢公开质疑这一点。因此，斯宾诺莎基于这个前提展开论证，试图证明：如果万物的存在都归因于神的力量，一切事物光凭这个事实就是神圣的了。用神学的语言来说，正是神创造了它。

另外，这一点当然不仅适用于优秀的事物，也适用于卑下的事物。因此，诸恶与诸激情与德性一样，因神而被奉为神圣。直白地说，这就意味着：根本没有什么自然法是有着神圣起源的道德法。自然权利其实是一种无法违背的法，正如他在第四节所言："我把自然权利理解为据以产生万物的自然法则或自然规律，也就是自然的力量本身。"接着读吧。

学生［读文本］：

> 所谓自然权利，我理解为据以产生万物的自然法则或规律，也就是自然的力量本身。因此，自然整全的自然权利，进而每一个体的自然权利，都与其力量所及范围一样大。所以，无论一个人按自己本性的法则做了什么，他都是按照至高的自然权利这样做。他对自然拥有的权利，与他拥有的力量一样大。（《政治论》，II.4）

施特劳斯：更字面的译法——英语里怎么说，如果你们说"对一座房子的权利"，你们是说"对……的权利"（right to）吗？

学生：没错。

施特劳斯：［262］好吧，拉丁原文是 ius in，斯宾诺莎这里是说，每个人都"对自然"（in naturam）有那么大的权利［译按：课本作 right over］。这个短语后面还会重复出现。这就证明了你刚才那篇课堂报告的主题：斯宾诺莎以某种方式构想了人对自然的姿态，人不仅是自然的一部分，像他一直讲的那样，人也是自然的征服者。人对自然拥有一种权利，面对自然、对抗自然、压倒自然。

正如斯宾诺莎在下文澄清的那样，这一点已经暗示了：由于每个人对于他内在任何必然的东西都拥有某种权利，所以诸激情也就拥有和理性一样大的自然权利。有了既定前提，这就不需要任何进一步证明了。换句话说，如果你表现得最不合理性，那你就是被你的本性和环境迫使如此，没有什么区别。你们知道，因为家庭破碎，所以无法从任何视角来展开批判。请讲？

学生：正因如此，他怎么能说我们对自然拥有一种权利呢？斯宾诺莎可以说，我们能做到任何我们有可能做到的事情——我们的本性能做到它可能做到的任何事情——但他引入了其实并不适当的权利概念，而且由此出发，他才能推出那些其实无法推出的东西。

施特劳斯：你是说，斯宾诺莎将权利等同于强力，乃是基于一种非常可疑的论证吗？对你而言，说"我们每个人对于自然都拥有某种强力"是不是更有意义？

学生：没错。

施特劳斯：好，既然强力即权利……

学生：嗯，但我不懂他从哪里得出了这一整个权利概念。

施特劳斯：斯宾诺莎讲他的学说原本可以不披着这种神学外衣，原本可以只说一句（他也确实说过）：对错都是人的发明。这样如何？所以，就我们从心理学上探讨人之为人而言，谈论权利没有任何意义。他原本可以这样讲。但为了让这种偏离传统观念的过渡更容易一些，他说有一种自然权利存在，但自然权利等同于自然强力。

学生：可是，它最后汇聚成了这样一种立场：国家有权利去做它没有强力做到的事情。但他能正当说明的全部内容，只是国家有强力去做它有强力做到的事情，而这又是一种冗余的、无意义的陈述。

施特劳斯：不完全如此。原因在于，斯宾诺莎的意图是引导人们慢慢地偏离传统的神学观念，转向他自己的观念，但除了这种教育意图之外，还有更重要的理由：任何时候，当你用政治的方式谈论政治现象时，你会情不自禁地谈起对错。每一场政治讨论都会立刻出现这种情况。因此，如果断言国家的力量是完备的，那么"国家全能"或者"国家在法律上全能"在实践中就讲得通了。任何法律救济都无法抗衡一项国家行动。

简而言之，任何法律救济都不能抗衡国家行动。明智地讲，你不能希望有法律救济能抗衡它，因为一旦如此就不得不出现一种超国家的、[263] 超越于国家首脑的上诉对象。在斯宾诺莎的前提下，这是一个政治上必然得出的结论。斯宾诺莎这里讲了，就是这样：从某一点开始，法学论证就终止了。如果你对一块土地的划分持有争议，很简单，去跟法庭说；但涉及层面能有多高呢？就像密歇根州的那个农民，他的养鸡场还是什么事情，没有得到任何法律救济。他能做的全部事情，只能是移民澳大利亚。对吧？

学生：嗯。

施特劳斯：斯宾诺莎接着就说：瞧，这就好了，国家的这种法律全能和管辖全能（legal omnipotence and omnicompetence）只是故事的一部分，因为国家也必须拥有力量来使其稳固，所以我把我的神秘讲法说给你们，谜一样的讲法：权利即强力。姑且这样说，在一切低于政治的事情上，权利都不同于强力，例如个人间的关系和非政治团体之类。但在政治的事情上，权利与强力一致，无论国内事务还是国际事务。这不是一句毫无意义的陈述。

学生：完全不是。我只是觉得，他从一开始就排除了某种形式的批判或者分析：当我们谈论政治事务时，我们一上来就想到对错，既然我们无法从自然中推出权利——因为如你所言自然仅仅是一个事关强力的问题——那我们就必须到别的什么地方去寻找权利。

施特劳斯：啊，那没什么难的。你一开始——假设从一开始就没有对错，但人们有各种类型的激情，出于自然也有某种理性。但他们必须生活在社会中，这在实践上不可避免。如果没有像法律那样的东西，没有对法律的习惯性服从，社会就无法存在。如果法律只是写在法典上，它就没有任何意义，对吧？这是一些琐碎而基本的事实。

只要你有一种法律，你就有两种选择：要么服从法律，要么不服从。服从被称为正义，不服从被称为不义。就是如此，但这还不够。撇开所有教育性的手段不论，斯宾诺莎想要提出的核心论点只有一个，而且这个论点并非不重要：法律思考最终导致超出法律的思考，所以权利与强力的区分并不适用，纵然这种区分是全部法律领域的特征。这就是他想提出的论点。

在非常复杂的现代宪政式自由民主中，这个论点并不那么显而易见，因为一切事情多少都受到法律的管制——国会、选举等等——但终有一刻，它也会在宪法序言的开篇言辞中展现出来，哪怕只是理论上如此。毕竟。在这个国家里存在的所有权利最终取决于宪法。那么，宪法又取决于什么？要么取决于自然权利，但这不是社会科学青睐的意见。要么，取决于什么？宪法说："我们人民。"人民主权。就是这个古老的思想：最终必定有一位主权者是所有法律的创造者，它不能受到法律的限制。

现代人已经找到了这个狡猾的工具，用来区分基本法与非基本法。这种做法相当早，就在十七到十八世纪。在更早的宪政学说里，主权者能够更改一切非基本法，但不能更改基本法。例如，在绝对君主制里，主权者不能影响血统，[264]长子继承权就是基本法。再或者，主权者不能转让王室财产。诸如此类。

但这还不够，举个例子，你们知道英格兰就有很多次干预王室继承的事件。这在理论上并不令人满意，原因在于，基本法的本质又是什么？你可以让它仅仅停留在一种实定的历史说法的层面，但这最终无法令人满意。因此，首先是博丹、①接着是霍布斯发展了如下观念：每一个社会必定有一切法律的创造者，它本身不能臣服于任何法律。

在任何非君主制下，法律的创造者必定也有创造法律的程序；君主制则没必要有这种程序，君主只需要说出法律就行——虽然他们也必须区分君主喝醉了还是清醒时说的话。你们知道，如果君主醉醺醺地从寝宫出来，那也要王室印章才能使其成为法律，而不仅仅是口头宣布。人们觉得这也行不通，然后说：不，他还必须是清醒的，必须头脑清醒地在他的印章旁边再签上名字。在一种非君主制下，由于总是有不止一个人存在，那就必须有程序性的规则了。例如，最高议会的多数人必须决断，或者一月由第一个人来决断、

---

① 参见第二讲对博丹的讨论。

二月由第二个人来决断——这些都是法律。但是，这些事关制定法律的程序性规则根本上不同于实体法。

接下来第六节，斯宾诺莎道出了前提或结果：根本不存在意志自由。因此，如果我们接受圣经的故事，亚当堕落就不在于原本应该避免的不服从，而是必然的。至于魔鬼，斯宾诺莎说：作为一种有智能的存在者，魔鬼原本不可能这样做，不可能蠢到反叛神。

我试着把斯宾诺莎的想法简要陈述如下：斯宾诺莎说，一切诫命、一切道德法——例如勿要杀人——都隐含着一条命令：保持理智。以"勿要杀人"为例：究竟是什么区分了谋杀与无罪的杀戮？愚人会说，当他被匪徒攻击的时候，他不能自卫，因为"勿要杀人"。因此，一切诫命（哪怕是这条看似非常简单的诫命）都隐含着"保持理智"的诫命。这就是这种批判的实践含义。自由不能是传统意义上的意志自由：自由是德性、完满、合乎理性和自我决定。这个主张在第七节得到了发展。

但是，这一类自由不仅带有强制性，带有严格的必然性，而且要求德性、完满、合乎理性和自我决定。如果理智的人行事理智，他必然就会行事理智。他的理智不容许他以非理智的方式行事。如果愚人行事愚蠢，他这样做并非因为他选择成为愚人，而是因为他不得不做一个愚人。换句话说，斯宾诺莎试图将这种自由与通常意义上的自由区别开来，后者就是意志自由、"中立的自由"（libertas indifferentiae）——你可以选择好的，你可以选择坏的，无论你选择哪一边，这只是你自己的责任或错误。

斯宾诺莎说，既然这种自由并不存在，而"自由"一词确有某种含义，那它唯一的含义就是合乎理性、完满、德性和自我决定。自我决定与愚人的他者决定一样具有必然性。里斯曼（Riesman）①怎么称呼这种人？"他者导向"（other-directed）。他者导向的人必然

---

① 大卫·里斯曼（1909—2002）是一位社会学家，与纳坦·格拉泽（Nathan Glazer）和鲁埃尔·登尼（Reuel Denney）合著了最出名的作品《孤独的人群》（*The Lonely Crowd*, 1950）。

受他者导向，正如自我导向的人必然受自我导向。必然性是一样的。
[265]但是，唯有受到自我导向的人才拥有某种独立性，某种自由，
另一种人却没有。然而——这也是第八节的关键点——关于这种真
正的自由，这些自由人却不能提供某种普遍准则，某种适用于所有
人的准则。翻到第八节第二句话，找到了吗？

学生［读文本］：

> 由这些思考推出，自然的权利和成规（ius et institutum）——
> 这是人们与生俱来并且大多数时候生活其下的东西——除了无人
> 欲求也无人能做的事情之外，什么都不禁止；它并不禁止争斗、
> 憎恨、愤怒和欺骗，绝对不反对因欲望（appetitus）而生的任何
> 事物。（《政治论》，II.8）

施特劳斯：停一下。换句话说，这里也有这个有趣的论点。所
有人生来就是非理性的存在者，就是实际没有理性的存在者。多数
人从未成为真正有理性的人类。这就是困难所在：人类分裂成了两
个团体，理性的与非理性的，那如何才能找到普遍适用的准则？如
果找到了一条适用于愚人的准则，那它就不适用于智慧者，反之亦
然。又或者，我们是否可能找到一种所有人共通的阶层呢？斯宾诺
莎说过，某些方面确实有这样一种阶层，但至于我们是否发现它始
终有意义，那才是问题所在。

重复一遍，问题在于：有没有什么行为准则平等适用于智慧者
和非智慧者，对这两者的差异保持中立？这就是斯宾诺莎寻找的东
西。理性的法则根本上不同于非理性的欲望法则，但理性的法则不
适用于多数人。因此，斯宾诺莎要想成功，就必须抽离这种根本性
的区分。一般而言，他是这样做的：他更倾向于多数人做的事情。
多数人不合理性，所以斯宾诺莎就搞了一种现实主义的政治。政治
总是与多数人相关。君主自然也属于多数人，尽管这一点不再普遍
为真。

对此，我脑海中最简单的例证就是霍布斯。霍布斯也想提出一

种普遍有效的数理式学说。霍布斯相信，他在每个人对暴死的恐惧中找到了根基，而这就意味着：每个人对暴死的恐惧就是绝对底线。所有人总是恐惧暴死更甚于其他一切，这是一个经验上很反常的断言。若是换成如下说法，那它还有一定的真理成分：如果你依据"任何人都会恐惧暴死，视其为最大的恶"这一原则来行动，那你大多数时候都会是正确的，而且你也是理智的。

这是一条经验准则，但如果你把它变成了一条普遍有效的准则，那就错了，而且很容易就能提出关于"它听起来像是一条经验准则"的证明。人们通常把什么样的惩罚视为最大惩罚？死刑。立法者凭借他们粗糙的实践智慧得知，通常情况下，把人送进毒气室比送进监狱更令人恐惧。这样做在某些时候行不通，但通常而言，法律必须与这些常态打交道。可是，那些追求精确的科学家们却尝试获得普遍有效的准则，而这就是巨大的困难。这位同学，你想说什么吗？

学生：我希望你能把第七节的论证再讲清楚一些，他在那里建立了"德性即自由"这个论点。

施特劳斯：[266]就我的记忆而言，我相信我已经讲得再充分不过了。"自由"这类东西总归存在，但肯定不是传统——尤其神学传统——说的那种自由，也就是选择的自由、中立的自由。那么，自由是什么？"自由人"首先被用来与奴隶形成鲜明对比，但接着又被升华了，意思是一种应得自由的人，与另一种应受奴役的人相区别。

那么，自由的人是什么样呢？答案就是，比如说一个能控制自己激情的人，在他当中有理性负责统治。这是一个合乎理性的人。斯宾诺莎没有否认合乎理性的人是有可能的，所以他说，自由的唯一严肃含义就是合乎理性，在这个意义上，极少数人是自由的，但传统观点认为每个人都是自由的——原罪教义使这种传统观点变得更加复杂，但根本上每个人都是自由的。请讲？

学生：你的意思是原初基督教的观点？

施特劳斯：以托马斯·阿奎那为例，他会说，这种自由实际上因原罪而遭到了损害和限制，但并没有被完全摧毁。即便是像加尔文或路德那样严苛的教义——自由已经被原罪彻底摧毁了——那也暗示了自由最初存在过，只是遗失了，所以我们只是继承了自由最初遭到的某种滥用。要是没有自由，原罪教义就没意义了。若非如此，那就不会是原罪，而仅仅是一种强制。

学生：能不能说，亚里士多德和柏拉图也主张只有少数人能够达到这个意义上的自由？

施特劳斯：柏拉图和亚里士多德比表面上更倾向于"决定论"，但他们不会采取这种简单的看法。说得实用一些（它有很好的用处），人的本质就在于拥有一定范围的自主权，而其他存在者没有。显而易见，人可以发明这种自主权。现在，这种自主权与道德责任之间存在着某种联系，这种联系暗含在一切道德判断或法律判断当中。你们说，你原本可以用不同的方式行动……[录音中断]……

而决定论，如果是像斯宾诺莎和霍布斯那样复杂精细的决定论，就会为这一点留有余地。我不会予以否认。它们必定会为此留有余地，然后以一种复杂的方式来证明：它其实不像柏拉图和亚里士多德更合乎常识的态度那样令人信服。

学生：当他把理性与人的自我保存等同于德性时，难道他没有设立某种标准吗？

施特劳斯：当然，但到现在我们还不知道。到现在为止，他只是提出了一个假定，它有一定的常识可信度，但并没有真正确证：确实有一种像德性、合理性和自我决定那样的东西存在。我们都多多少少认为，做一个有理性的人比做一个非理性的人更好，但斯宾诺莎这里没有作任何尝试去加以证明。

学生：他是在断言。

施特劳斯：[267]没错。我们都在下断言，正当地下很多断言，而我们并非始终证明了它们，尽管斯宾诺莎可能会说（这么说也有几分正确），他已经在《伦理学》里证明过了。按照他的说法，《伦理学》已经证明过了，所以非常宽泛地讲，这些都不难理解。以一个欲求生活得快乐的人为例：古老的伊壁鸠鲁学派会论证说，要想过上快乐的生活，更好的做法就是保持理智，而不是一直像个傻瓜那样行事。这没那么复杂。但我们得推迟一点再讨论了，因为必须接着读，否则就读不完了。

在第十四节，斯宾诺莎断言：人们出于自然便相互为敌。所有人出于自然便是所有人的敌人，这是霍布斯的老故事了。但在第十五节最后，斯宾诺莎却说人是一种社会动物，正如经院学者所言。这不是明显矛盾吗？不是，因为他更改了经院哲学的说法，或者说亚里士多德主义的说法。亚里士多德主义是说，人出于自然就是社会的，而斯宾诺莎否认说：人出于自然就是反社会的，人出于自然就是其他所有人的敌人，但人为此陷入了麻烦，所以人建立社会。既然建立社会对人而言是如此必需的事情，我们就可以说：人是一种社会动物。

顺带一提，第十五节有一个拉丁语很清楚，"几乎不"（vix）。①对社会的需要并不是普遍的。现在，社会中每一种权利（见第十六节）都是某种社会权利，每个人的自然权利都被社会完全吸收了。这就包含着某种对霍布斯的偏离：霍布斯坚称，自我保存的根本权利无法被社会吸收。对斯宾诺莎而言，不可能有什么传统意义上的自然法、道德法，因为它根本就没有听众，大多数人根本不可能服从它。因此，自然法只能是一种无法违背的法则。

第二十节还有一段话反对传统的自然法观念：理性不是服从。如果你设想道德就是服从自然法亦即道德法，你就暗示了理性即服从。斯宾诺莎说，理性是自由，也就是说，理性不是服从；这就是理性的含义。

对于理解这本书的整体论证而言，第二十一节尤其重要。这些非理性的人需要社会，否则出于所有实践理由，他们都无法生存。民众必须被统一起来，而且只有靠建立一个主权者才能统一起来。斯宾诺莎这里说，民众只能在合乎理性的东西中——毋宁说在合乎

---

① "此外，如果没有相互帮助，人们便几乎不能维持他们的生活，也几乎不能培育他们的心灵。"（《政治论》，II.15）

理性地正确的东西中——得以统一。这似乎是我们所有难题的答案：理性与社会达成一种完满的和谐，尽管还有合乎理性的少数人与不合理性的多数人之间不可逾越的鸿沟存在。无论多数人可能有多么不合理性，他们也必须生活在社会中，而社会只有在合乎理性的事物当中才是可能的。但是，斯宾诺莎这里作了一个限定：民众的这种统一，只有在政府的最佳形式下才是合乎理性地正确。我们必须瞧瞧，等到他进入讨论最佳政府的那一章时，他如何来证明这一点。

换句话说，这就是刚才那位先生提过的问题：标准是什么？斯宾诺莎在下一段说道，除非健全理性教导的东西对所有人都有用，否则民众便不可能被统一起来。他这样讲可能是什么意思？民众要受到理性的强制，而这种理性必须是连最愚蠢的人也懂的理性。他们要被强制生活在社会中，所以他们也对这种社会的存续怀有某种兴趣。但是，如果不用一定程度的理性来管理社会事务，这样的社会便不可能延续。[268]因此，这就是理性起作用的地方。但还是那个土耳其人的问题：土耳其没有这种理性，照样延续了很久。

现在，简单讲讲第三章。斯宾诺莎说：在政治社会里，每个人的自然权利都持续存在。在斯宾诺莎那里，自然权利的意思就是对一切事物的权利，包括对一切愚蠢、荒谬和罪恶事物的权利，但必须引导它符合一种对于国家意志或社会意志的无条件服从。服从国家意志是最合乎理性的做法，哪怕国家意志不合理性。我们已经在《神学—政治论》里见过这一点了。这是一个明白易懂的说法：如果无政府状态是所有恶中最大的恶，服从最愚蠢政府的最愚蠢命令就是一桩较小的恶，在此意义上这是合乎理性的。但是，这种说法几乎不能满足我们对理性的要求。

斯宾诺莎在第七节和第八节给了两个不同的理由，以便说明国家与理性之间某种必需的契合。最强有力的国家就是最合乎理性的国家。每个国家在做最强者这一点上都有自己的利益，如果国家只能靠合乎理性才能变强，如果理性有这样一种极大的优先性，所有国家都会赶紧变得合乎理性了。我觉得这说法美得太不真实了些，因为人性本身设下了国家力量的本质限度。还是那个古老的故事：

国家不可能强迫一个孩子恨他的父亲，也不可能强迫一个人恨他的恩人，但我们知道，这种情况都不是普遍有效的。这种潜意识的事情，它们只是通常有效而已。我们完全可以追问：它甚至总是有效吗？只要有一定条件，它甚至也可能不是真实的。我们应该读读第十节。

学生［读文本］：

有人或许会反驳：政治国家（status civilis）以及我们业已证明臣民们在政治国家中必须做到的服从，难道不是摧毁了那约束我们必须敬拜神的宗教吗？非也。如果我们正确思考这件事，我们就会发现没有任何地方能造成任何不便。原因在于，只要心智是在运用理性，它就是在自己的权利之下，而没有臣服于至高权力的控制之下（见第二章第十一节）。不止如此，对神的真知识与爱不可能臣服于任何人的命令，这丝毫不亚于对邻人的博爱（见第三章第八节）。更有甚者，如果我们认为博爱的至高践行就是为了保卫和平与营造和谐，我们就会毫不怀疑：如果一个人在国家法律——亦即和谐与稳定——所容许的范围内对每个人尽量给予援助，他就是真正履行了自己的义务。

至于外在的敬拜形式，它们肯定无济于事，既无助于也无损于对神的真知识及其必然产生的爱。所以，我们不应该把它们太当回事，以至于为了它们而破坏公共的和平与稳定——

施特劳斯：这个论证也是老故事了，我们在《神学—政治论》里看过。政治主权者必须同时成为宗教事务上的绝对主权者——这种看似残忍的要求一点也不残忍，因为宗教的实质在于对神的内在认识，这是国家无法触及的东西。政治纷争显然是一个人所能做的最不博爱的事情，但外在敬拜还没有重要到能诱使任何有理智的人去挑起政治纷争的程度。［269］你们记得这一点，这只能证明斯宾诺莎不太关心宗教。继续吧。

学生［读文本］：

此外，我当然不是凭借自然权利亦即神的法令（见第二章第三节）而成为宗教的保卫者——

施特劳斯：换言之，只有主教才行。你们记得那个故事。①
学生［读文本］：

因为我没有那种曾经属于基督门徒的驱魔和行奇迹的能力。为了在禁止宗教的地区传播宗教，这种力量显然十分必要，否则不仅会像俗话所说的那样白费力气，而且会造成不幸的许多根源。每个时代都见证过这种至为悲惨的事例。（《政治论》，III.10）

施特劳斯：这也有另一层潜台词，因为真宗教是对神的理智之爱。换言之，真智慧、真哲学在任何地方都是可能的。我们在《神学—政治论》里读过这一点。因此，从至善的视角来看，这里对自由的要求有着什么样的必然性呢？这是个大问题。
还有最后一个要点，在这一章最后，第十八节。
学生［读文本］：

为了今后不会因为频繁讨论类似诘难而中断我的论证，我想提醒读者：我已经根据人性的必然性（naturae humanae necessitate）——无论如何思考这里的人性——证明了所有这些结论。换言之，我已经根据所有人用来保存自己的普遍努力（universali conatu）证明了它们；这是一种所有人内在皆有的努力，无论他是智慧还是无知。因此，无论我们认为人们是受某种情感的引导，还是受理性的引导，结论都一样。因为我们说过，这种证明就是普遍的。（《政治论》，III.18）

施特劳斯：这非常重要：一种普遍的学说。如果人们在关键方

---

① 参见第十一讲。

面都是平等的，普遍学说也就不是什么难事了。例如，如果你说善良意志是必需之物——即康德讲的道德——而且从定义上讲所有人都能够拥有善良意志，那你就有了一种普遍准则。但是，如果沉思生活是必需之物，而沉思生活本质上仅限于极少数人，你又如何才能找到一种普遍准则呢？

或者我们简化一下，找找有什么最小公分母具有政治相关性，例如自我保存，单纯的自我保存。按照霍布斯的看法，这是所有人共通的，所以他能获得某些普遍性的准则，至少乍一看如此；但看得更仔细些，就能证实它们其实并不是普遍的。但在斯宾诺莎这里，这种做法陷入了危机，因为他对愚人和智慧者作了根本性的区分。因此，斯宾诺莎说：我们回到所有人共通的一种普遍努力吧，那就是自我保存的努力。斯宾诺莎的想法是这样：所有人都想保存生命，最简单意义上的生命，但这是否足够清楚、具体到了能为政治提供某种有意义的讲法的地步呢？这就是问题所在。

我要向你们展示的只有一段话，[270] 暂时翻回到第八节，后半段他说："我这里明确谈到那些人性大多会畏缩不为的事情。"

学生 [读文本]：

> 在这范畴下，我们可以纳入那些深受人性厌恶，以至于被人性认为比任何恶都要更坏的事情，例如一个人作证反对自己、折磨自己、杀害自己的父母、不努力避免死亡，诸如此类；任何人都不可能在奖赏或威胁的驱使下去做这些事情。但是，如果我们仍然想说国家有权利或有权力命令人们做这类事情，这么说的唯一意义就好比说人有权利变疯狂。提出一种不能约束任何人的法律，这不是疯狂又是什么呢？

> 这里，我明确谈到了那些不属于国家权利，而且通常会使人性深感惊骇的事情。只因为愚人或疯子不可能在任何奖赏或威胁的驱使下执行什么命令，或者说，只因为极少数献身于某个宗教的人判断国家的法律比任何恶都要更坏——尽管如此，

国家的法律却不会空洞、失效，因为大多数公民受到国家法律的约束。(《政治论》,III.8)

施特劳斯：大多数。哈！大多数？他想要普遍。最简单的例外当然是疯子。斯宾诺莎或霍布斯建立的规则不适用于疯子。作为讲求实际的人，我们会说：谁关心疯子，关起来就行了。但我们也是理论家，我们会遇到一种对于真正普遍性的诉求，那么，这条分界线能否明确区分疯子和清醒的人？这条分界线明确吗？有没有模棱两可的例子？

我的意思是，要么我们得到一种数学式的科学——斯宾诺莎许诺我们有一种数学式科学而我们也想要它——要么如果他们无法给我们这种科学，他们就应该实话实说。换言之，他们应该给我们经验性规则，这样我们就会听取了。但你瞧，这是我上次讨论过的难题。他主张要有真正的普遍性，却没有达到。

学生：［听不清］

施特劳斯：我能再说一点吗？这种区分——不要以为这是琐碎无用的要点——疯子与非疯子的这种区分，暗示有一种正常（norm ），正常的人。没有它，你就无法得到任何行为上的规矩。你的意思是什么？

学生：在第八节最后部分，斯宾诺莎谈到有些人不怕做国家的敌人，而我认为这些不惧怕的人就是能够自由的人，亦即完全合乎理性的人。

施特劳斯：那肯定是廊下派的教导。我暂时想不起来斯宾诺莎是否走得这么远，以至于说智慧的人只是拥有免于恐惧的自由。但你也许说得对。

学生：他似乎是在关于服从的看法中提出了这一点，也就是说……

施特劳斯：哦对，我想起来了。《神学—政治论》的那段话。

学生：［271］即便这里，在他谈论理性的地方——遵循理性不是服从，而是自由。

施特劳斯：你说得对。换句话说，他提出了一种对于非哲人有效的政治教诲，对吧？

学生：对于非哲人，但对那些被归入这个范畴的人而言，情况似乎又与他的说法不一致。

施特劳斯：你指的是哲人？

学生：没错。

施特劳斯：哲人不需要。哲人在任何社会都能生活，记得吗？

学生：但这里他谈的是敌人。

施特劳斯：很好，我们先不钻那么深，也许后面有机会再讨论。但我们能不能说，一个人要是内心深处不受国家约束、不服从国家，由此来看他就是国家的敌人？根据霍布斯和斯宾诺莎的原则，这种结论基于如下理由：如果人们出于自然彼此为敌，然后他们组建社会，成为公民同胞和朋友，那么，社会之外的每个人始终就是敌人——这是霍布斯和斯宾诺莎的明确教诲。现在，这些人就其最高部分而言不是臣民，而是敌人。对吗？我想我得记一下这个问题。

学生：但他否认哲人是国家的敌人。

施特劳斯：难道他们就不能像亚里士多德会说的那样，多多少少带点伪装吗？当然，哲人实际上几乎总是遵纪守法的人。但另一方面，他们也不像大多数公民那样服从：他们有批判性，而批判就是不服从的开端。我们不要在这一点上自欺。

学生：这就意味着，现实中的国家不应该容许哲学，或者说不容许国家内有哲人存在。

施特劳斯：这是一个很好的结论，但它因如下思考而失效了。要想澄清这一点，我们总得回到柏拉图那里。柏拉图将城邦比作一个洞穴。洞穴是某种居所或半居所的地方，封闭严实，但也有一个出口。没有这种出口的城邦就是坏的城邦，可以这样讲，那会是一种不舒服的共存状态。舒服的共存状态作为解决办法又太过简单，它实际上意味着一种对哲学的完全遵从，换言之，哲学也就变成了意识形态。仅仅将哲学赶尽杀绝的做法又会极大伤害城邦，因为这会将城邦变成某种野蛮的部落。

现在，如果你采用一种多少更加宽广、更加聪明的视角，出于常识性的考虑，问题就不只是狭义的哲人，而是同样包括诗人了。这些人引导精神生活，他们既是也不是城邦的一分子。这一点不会改变。每一种简单的解决办法都会导致严重的错误：要让这些有思想的人臣服于城邦，［272］那就会摧毁精神生活，使他们沦为单纯的意识形态者和不光彩的马屁精。另一方面，如果说城邦必须拥有思想自由，这就意味着不可能有国家间的界限，因为思想不可能承认国家间的界限。因此，这对于政治社会具有毁灭性，因为你永远无法得到一种普遍国家，除非是付出毁灭性的代价。我想，我们必须忍受一个事实：最重要的人类难题不容许这类普遍化的解决办法，我们的朋友斯宾诺莎追求这样的解决办法，而且不止他如此。我们必须牢记于心。

我想，这是最重要的难题，仔细想想的话，它对我们也最有启发。这是一种要在最高和最低之间找到某种中立基础的尝试。我这样讲：我先用康德的形式来讲，因为我想这问题在康德与斯宾诺莎那里完全一样。康德区分了行动的两种原则，他将一者称为义务（duty），另一者称为幸福（happiness）。他所谓的幸福是一种非常宽泛的现代观念：幸福是绝对主观的，每个人都以自己的方式理解幸福。另一方面，义务则是毫不含糊、合乎理性的。

康德说，无论是义务或道德，还是非道德（不是反道德）的幸福，它们都一样要求外在自由。证明就是，如果你想追求自己理解的幸福，你就必须拥有免于政府干涉的自由，不然你如果被监禁了怎么办？因此，无论人的非道德动机还是道德动机都需要自由。

自由是普遍必需的，所以不能仅仅以道德的方式来定义自由，因为非道德的幸福也需要自由。如果自由只有道德作为根基，自由就会受到严苛限制——显而易见，审查制度之类的东西。但是，如果自由也与不同于义务的非道德幸福有关联，由此就可知：这种普遍有效的自由原则只容许自由本身所需的那种限制，也就是说，只需要那种能使所有人都得到自由的限制。这是一个优雅的解决办法。自由有着异质性的起源，一者是道德，另一者是幸福；但问题在于，自由的这种异质性起源是不是这种解决办法所固有的某种缺陷？

斯宾诺莎对问题的讲法实质上与康德非常不同，但形式上一样。斯宾诺莎区分了智慧者与俗众，而非义务与幸福。智慧者想要对神的理智之爱，俗众则想要舒适的自我保存。舒适的自我保存——这是一个可疑的前提——需要自由，对神的理智之爱也需要自由。两者都要求自由，这种要求是普遍有效的。同样，由于两者的理由具有异质性，所以这种要求也是模棱两可的。

这就是自由概念的大难题。我们必须全程牢记，尝试弄清楚它。就我所知，如今关于自由的所有讨论都完全忽视了这个复杂的起源。它们只是盲目地追随传统，而这传统一直要求某种自我确证的东西。之所以它在实践中是自我确证的，乃是因为它如今提供的其他选项都荒谬得可耻，比如法西斯主义。或许，法西斯的政策是最好的解决办法，但这当然不能证明法西斯主义本身有道理，因为它已经展现了当时尚不明显的某些潜在可能性。

[273] 就实践而论，我们很容易看到自由民主的优越性，并且选择它，但这并不意味着自由民主的理论基础就是优越的。很明显，这也影响了自由民主制的具体政策。换言之，支持如今自由民主制的理由，仍然是有限政府和法治之类的旧理由。这些旧的理由并没有证明现存的自由民主制的一切特色。想想具体问题吧，例如，关于教育是什么的观念。有人可能会说，教育是严格属于教师和教授的事务，但斯普尼克（苏联人造卫星）却教导了一般公众：教育是一项政治事务。民众太过愚蠢，以至于他们需要这次教训。有些民主观念一直以来损害了多少教育学说，我想这是显而易见的，而且这种情况目前正在全世界发生，别的事情也是。请讲？

学生：据说，有些东德难民对西德盛行的物质主义精神深感厌恶，所以他们又回去了。

施特劳斯：我没听说过。真的吗？我只知道有些人是准共产主义者，或者曾经是共产主义者。就我所知，他们回东德的大学教书。没过多久，他们就被扫进了垃圾桶，因为他们以为那里还有一些自由能讲讲超出于上头期望的言论。

学生：总体上看，学生很少。

施特劳斯：我没听说过。我必须说，东德的头号人物似乎是一个特别讨厌的家伙。①但我不知道，也没听说过。我们也不必亲自去德国，只要打开电视就知道那里有什么不对劲，这一点毫无疑问。

人们需要范·多伦（Van Doren）的丑事，光这一点本身就是耻辱。②那些可敬的商业公司胆敢拥有这种影响力，不仅影响人们挑选那些所谓的世俗东西，还容许为自己的东西打出这种绝对丢脸的广告！如果在一个公正的国家里，一个小贩要讲这种话来宣传他的货物，那我们还可以说这是个穷人，他必须讨生活，但通用汽车公司可不是这么惨的境况。诚实地讲，这就是耻辱，

有一种主张认为，在目前的处境下，这种肆无忌惮、绝对耻辱地打广告的自由，或许也是那些最有价值的自由所难免带来的结果，所以我们也必须吞下这些耻辱的东西。我不会反对这种主张，只要证明这两者的联系，这就是一个坚实的政治论证。但是，这当然也不会抹杀另一个事实，即我们吞下的这些东西绝对很糟糕。更糟糕的是，年轻一代从小就可能变得对这些可耻的事情见惯不怪，习焉不察了。

---

① 当时，瓦尔特·乌尔布莱希特（Walter Ulbricht）是领导东德的"中央委员会"第一书记。

② 查尔斯·范·多伦（1926年出生）是一个美国知识分子，五十年代末卷入了一起电视竞猜秀的丑闻。

第十五讲 《政治论》第四到七章

（日期不详）

施特劳斯：［275］我想简单讨论你论文里的几个要点。公共福祉，谁来决定公共福祉是什么？

学生：主权者。

施特劳斯：很好。我们就此打住，因为我在想如今的一些讨论。现在关于公共福祉有什么主流看法，或者至少是强有力的看法？

学生：人民的各种需求。

施特劳斯：确实。没有什么公共福祉。所谓的公共福祉，其实是源于各式各样因素的某种结果。现在，斯宾诺莎并未持有这种意见。聪明的政治家能够知道，"公共福祉是什么"无关乎"人民有哪些需求"；他只关心法律问题。对于公共福祉由什么构成这一问题，智慧者的意见并不具有法律约束力。

学生：但是，难道他不知道公共福祉是什么吗？难道这种知识不是取决于某种对于人性自然的确切认识吗？

施特劳斯：我们不用太精确。有一种粗糙、机敏的判断，足以判断出什么东西对社会是好的，为此你不必成为哲人。要想健全地判断你能否信任克鲁晓夫，你也不必成为哲人，类似的实践之事也是如此。

但关键在于，斯宾诺莎并不是如今流行的那种相对主义者，如今公共福祉只是一句空话，各团体的利益才是实实在在的东西。由于各团体相互冲突的利益，公共利益也就沦为空话；严格说来，我想人们可以证明这一点。既然不可能有某种公共利益，那也就不可能谈得上有什么团体利益了，因为一个团体也是由众多个体构成的。这是一种衰败的马克思主义。在马克思主义里，公共利益之所以还有意义，乃是因为你还能看到两种相互对立的阶级，无产阶级和资产阶级，各自有其界定清楚的利益。但是，如果你像本特利（Bentley）及其后继者那样运用它，公共利益就毫无意义了。①

重复一遍，对斯宾诺莎而言，这只是一个法律问题。每个社会必定有一个人或一群人来决断"什么是公共福祉"这个始终有争议的问题。如果把这个问题留给每个人，任由他们按自己的意见行事，那就会变成无政府状态。这是一个可以辩护的立场，但它的基础是一个清楚的问题，而你无法确定在这个问题上智慧者能否主掌大局。这里不存在什么本质上的必然性。

关于自由民众（free multitude）的起源这个问题困扰了你，究竟是哪里困难？

学生：[276] 斯宾诺莎似乎不相信，一群人也存在着某种进步。

施特劳斯：这个问题更粗糙了。假设有一个政治社会，这群人可能已经在一场战争中被征服了，这样他们就不是自由的民众，它被强加了政治臣服。接着，或许有一群人已经自由地臣服于政治权威，后者就是自由的民众。当然，如果是曾经独立的众多个体为了自我保存而联合起来，自由的民众就会随着这个联合体一道出现。

学生：但这些曾经独立的个体，难道不就是自然中的人吗？

施特劳斯：在一种自然状态中，没错。这是一个大难题，但这些思想家多少有一个预设：至少出于理论上的原因，你必须假定人们最初是相互独立的，这就是自然状态。接着，有某些强有力的理由诱使他们联合起来，而且这个联合体是自愿的，因为他们知道加入社会符合他们的最佳利益。这就是自由的民众。你具体是在哪里碰到了困难？

———————

① 亚瑟·本特利（1870—1957）是美国的政治科学家。他关于行为方法论的著作，影响了尝试作价值中立的政治分析的芝加哥学派。

学生：在第六章，我相信他是说：政治社会从未完全……

施特劳斯：没错。换言之，你在想的问题并不是某种自然状态的开端，某种完全幻想式的开端。这是一个非常正当的问题，我现在没法讲。

霍布斯的自然状态开端具有一种严格的形式。接着是卢梭，自然状态的危机，自然状态出现了内在的不可能性，而卢梭没有从中得出结论。自卢梭以后，自然状态就从政治理论中消失了，宛如它未曾存在过一样。但斯宾诺莎在这方面非常节制，可以说，他只把自然状态用来作法律建构，但自然状态并不属于他真正的政治教诲。

自然状态学说有着巨大的历史重要性，它们构成了那些将个体自然权利摆在首位的政治学说的基础。人们加入社会，只是为了保卫他们先已存在的权利，他们的自然权利。更古老的学说却隐含着义务的优先性，而非权利的优先性；光凭这一事实，它们便否认了自然状态的可能性。一般情况就是如此。

还有一点你肯定弄错了。你说对了经济因素在斯宾诺莎那里的重要性，而且你提到了洛克的关联性。我想这完全正确，但这里没有经济平等的问题。

学生：在绝对君主制下，经济平等的问题会更大一些。

施特劳斯：他甚至没有这种断言。在这方面，斯宾诺莎近似洛克，或者近似麦迪逊。有穷人也有富人，富人配得上特殊待遇，更好的待遇。如洛克所称，富人是合乎理性的、勤勉的人。有这样一个推定——你们知道，比起支持失败者，他们更愿意珍视如下假定：通常说来，得到金钱且保有金钱的人（不是指花花公子）需要有某种德性。

再说一遍，生而富有并不表明你有任何长处，那只是偶然，但维持富有就需要某种德性了。这或许也归因于机运，但那从来都不算数，因为任何人都有可能凭借机运得到所有东西。

[277] 言归正传，我们先读读第四章第一句话。

学生 [读文本]：

我们已经在第三章说明了，至高权力的权利取决于它们的力量。我们也已经看到，这种权利主要在于国家的心智，全体臣民都应该受到它的引导。（《政治论》，IV.1）

施特劳斯："心智"（mens），但这种心智是什么？主权就是政府的心智，国家的心智。这种心智是什么？对于如何理解一个社会的心智，历史上有两种著名的选项。不是浪漫主义——而是老派的、讲求实际的人民，这是一个关键选项。

学生：我想，他先前是把这种心智等同于人民的私利。

施特劳斯：你可以说，私利是心智活动的对象，但它不是心智本身。

学生：理性。

施特劳斯：但是，理性也会发现它自身。问题恰恰在于：它究竟是理性还是意志？对于这种决断，心智保持中立。古老的观点认为是理性，有各式各样的东西来修正过的理性——你可以说是经过调和的理性，但它仍然是理性。典型的现代思想家却认为是意志，"公意"（volonté générale）。公意是卢梭的讲法，但尤其是霍布斯已经预见到了。霍布斯《论公民》对此有一段简要的讨论，第六章第十九节。

现在不细讲，但我会说，在斯宾诺莎那里，理性还是意志这个问题肯定模棱两可，理由也显而易见。他想让心智完全合乎理性，但他也知道，"主权者是否合乎理性"始终是个难题。现在，这一章的问题是这样：主权是全能的，但这是一个法律上的断言，而非纯粹的事实。如他所示，国家——我们从头读一下第四节吧。

学生［读文本］：

但人们通常会问：至高权力是否受法律约束？进而追问，至高权力是否可能犯错？然而，既然"法律"和"犯错"这些语词通常不仅用于国家的法律，而且还用于自然万物的共通法则，尤其是理性的共通规则，因此，我们就不能不加限定地说国家不受法律约束，以及国家不可能犯错。原因在于，如果一个国家没有任何法律或规则来约束——没有它们国家就不成其为国家了——我们就不得不认为这种国家不是自然物，而是幻象。

所以，如果国家做了或者容许那种能导致其毁灭的事情发生，这个国家就是犯错了。这时，我们说国家犯错，其意义等同于哲人或医生说自然犯错。在这个意义上，如果国家做了什么违背理性的指示的事情，我们就可以说国家犯错了。(《政治论》，IV.4)

施特劳斯：[278]停一下。国家是一个自然物，所以它必然服从法则。任何自然物都不是毫无限制，不能随心所欲行事，自然物臣服于不可违背的法则。

斯宾诺莎的术语与霍布斯形成了鲜明对比，尽管这两人有很多共通处，因为霍布斯全部论点的基础就是自然物与人造物的区分，在人造物中，国家高踞其余一切之上。对斯宾诺莎而言，国家只是一个自然物，但霍布斯不这样看。正如斯宾诺莎在信里所说，他简单评论了自己与霍布斯的差异，我们之前读过，他要维持自然权利完好无损，言下之意，霍布斯没有做到这一点。[①]霍布斯容许自然与道德或政治有一种二元论的区分，但斯宾诺莎不承认。他俩的差异实际上没有那么大，但理论上这种差异非常重要。

学生：《利维坦》第二十九章谈到国家的解体时，霍布斯运用的类比就是解体，犹如身体里的某种疾病。

施特劳斯：你是说把那些社团比作蠕虫？

学生：整个政治体都被比作了身体。

施特劳斯：但那里其实只是一个类比，你必定还看到，有些地方甚至还是玩笑式的类比。斯宾诺莎确信，政治科学就是某种物理学，但霍布斯不这样想。我上次提到，霍布斯承认《利维坦》与柏

---

① 斯宾诺莎致耶勒斯的信，第五十封信。

拉图的《理想国》具有某种形式结构上的相似性。斯宾诺莎从未这样讲过。绝不能小看这种差异。

　　我完全同意，斯宾诺莎与霍布斯的关系比他们俩任何一位与柏拉图的关系都要近得多，但他们理解政治科学的方式相当不同。对霍布斯而言，政治科学的首要功能是自由地、合乎理性地建构一个国家，无论这国家曾经或将来是否会存在。对斯宾诺莎而言，政治科学的首要功能毋宁说（如我们在第一章所见）是尝试理解现实的合理性。绝不能小看这种差异。

　　整个当代都能找到这两种不同的倾向，但我们绝不能因此就忽视一个事实：尽管有各种分歧，这些现代思想家仍然有某种共通处，这从根本上将他们与古典区别开来。我刚才讲的绝不能遮蔽这一点。请讲？

　　学生：我还有一个问题。你提到了那封信，我们还读过一处补注，那里他说理性是和平的动因，接着他又说霍布斯不这样想。①

　　施特劳斯：那是在第十六章吧？我找找，否则我们就得推迟讨论了。没错。"人无论生活在什么国家，都能得到自由。因为只要受到理性的引导，人就是自由的。但是（与霍布斯看法相反），理性在一切情况下都敦促和平。"

　　这是关键段落，我们可以这样解释：按照霍布斯的正式教导，理性建议和平只是发生于社会建立之后，但斯宾诺莎说，理性仅仅是命令和平——但这也不合事实，因为斯宾诺莎也说了，如果你在自然状态里还是和平地行事，那你就是一个大傻瓜。[279]在这方面，他走得甚至比霍布斯还深。霍布斯提了一个大问题：你必须遵守你被枪口指着时许下的诺言吗？霍布斯回答：是的，这优先于政治社会，与公共法律无关，因为国家就依赖于此。国家诞生于恐惧。如果源于恐惧的诺言都没有效力，国家就会缺乏道德根基。但斯宾诺莎说不，因为你在纯粹恐惧的影响下做了你不想做的事情。从理论上讲，相比于霍布斯，斯宾诺莎容许自然状态里有更大的自由。

――――――――――

① 《神学—政治论》第33号补注。

我写了句评语:"这个补注可能是指霍布斯对自由的看法。"兴许斯宾诺莎这里的补注插入的地方有误,我是说这句话里的括号部分。①两者差异很显眼。在霍布斯看来,自由意味着你没有受到身体上的阻碍,但斯宾诺莎说:不,这低级得根本算不上是一种自由的观念了,自由与理性是一个意思。我目前不知道,在斯宾诺莎经手的版本里,这个补注究竟是在什么地方,我想它们是斯宾诺莎死后编辑者们插入的。它们出自斯宾诺莎之手,我想它们是写在斯宾诺莎自己拥有的抄本里,死后才出版。②格布哈特的编辑本里很容易找到它们,但我几乎确信它们不在斯宾诺莎自己拥有的版本里,而且你们知道,当你随手在页边写下一个注释时,你写的东西并不就是最终形式。

如果他这里是说"只要受到理性的引导,人就是自由的,但霍布斯的看法相反",这样搭配就完美了,因为霍布斯确实有一种狭隘的自由观念:只要你没被绑着,你就是自由的,只要你能四处走动,你就是自由的。斯宾诺莎却说,不,这只是一种低级的自由。这些我们之前讨论过了。

言归正传,国家是一个自然物,所以必然服从它无法违背的法则。例如,国家不能说我们明天就会跑到月球的背面。或者像人们谈论英国议会时的那种说法,英国议会什么都能做到,除了将男人变成女人之外。但现在,斯宾诺莎将这一点等同于如下命题:国家若是行事违背理性的指示,便会摧毁自己。这就意味着,国家必须合乎理性,但这当然是一个幻想式的命题。想想众多国家和各式各样的政治体吧,如果说一个国家要是行事违背理性就会摧毁自己,

---

① "因为只要受到理性的引导,人就是自由的。但是(与霍布斯看法相反),理性在一切情况下都敦促和平。"施特劳斯认为,括号里的话应该附在第一句话后面。

② 施特劳斯说得没错。在《神学—政治论》首次出版后,斯宾诺莎将这些补注写在了《神学—政治论》手稿的页边,后来被编辑者收进了他死后面世的版本中。

这种说法就是一个不幸的错误，因为其他国家同样行事违背理性，所以它们相互抵消了——或许可以说，它们的愚蠢相互抵消了。斯宾诺莎还略带谨慎地说：国家若是行事违背理性的指示，便会削弱自己。这一点更站得住脚，但如我所说，这也不致命。斯宾诺莎想暗示的是，理性的指示具有自动执行的性质。这种说法很美，但不真。

最强大的国家就是最合乎理性的国家。既然每个国家都想变强，每个国家就都想合乎理性。这很乐观。但很不幸，就连"所有国家都想变强"也是错误的说法，因为任何追求最大数量的、粗糙的私利的努力都存在着一种相反的惰性。认为人富有激情、生机勃勃地操心自己最低层次的私利，这种看法不真实。人这种生物太懒惰，正如经济学家发现的那样，他们研究了为什么苏格兰人与那不勒斯人如此不同，[280] 且不论两地相距甚远。你们知道这个著名的问题。斯宾诺莎也意识到了这个难题，我们来看看他如何一步一步解决它。

我们看下一段话。他提供了一些说得通的事例：有的统治者以某种绝对不可能的方式行事，从而毁掉了人们对他的所有尊敬。斯宾诺莎用了非常极端的例子：统治者赤身露体，酗酒狎妓，横行街市。但不幸的是，希特勒之类的人并没有这样做。我们知道，某国有个领袖经常喝酒，但他在公共场合没有喝醉过，这样做会公开侵犯他设立的法律。毕竟，他也没必要公开触犯法律。我还想到一个有趣的事情，有故事说，希特勒杀害了他的一个侄女。我不知道故事真假，但有一点显而易见：只要是在希特勒统治的时期，那就不可能查清真相。换言之，如果一个主权者公开侵犯法律，臣服于主权者的法庭也无法判其有罪。这显而易见，但我们也承认确实有一些限制。不过，真正聪明、危险的僭主会避免斯宾诺莎这里讲的这些显而易见的错误。我们读下一节吧。

学生［读文本］：

因此，我们看到，究竟在什么意义上我们可以说国家受到法律约束，以及国家可能犯错。但是，如果我们把"法律"理解为单靠政治权利本身就能捍卫的政治权利（ius civile），把"犯错"理解为政治权利禁止我们去做的事情，也就是说，如果我们只取这些语词的原义，那么，我们就绝不能说国家受法律约束或国家可能犯错。原因在于，国家为了自身而受约束要遵守的那些准则以及导致恐惧和尊重的种种原因，都与政治权利无关，而是属于自然权利（ius naturale）。根据上一节，维护它们不能靠政治权利，而是只能靠战争权利（iure belli）。国家受到它们约束的唯一理由，就是一个人在自然状态中受约束要小心不能害死自己的理由：为了能在自己的权利之下（sui iuris），而不是做自己的敌人，人必须小心不要害死自己。当然，这种小心不是服从，而是人性的自由。（《政治论》，IV.5）

施特劳斯：停一下。不是"臣服"（subjection），而是"服从"（obedience, *obsequium*）。国家不是臣服于严格意义上的法律。国家不臣服于实定法，这很明显，因为国家可以更改实定法，但国家也不臣服于自然法或神法，因为斯宾诺莎否认有这样的法律。国家不服从任何人，国家是自由的。按斯宾诺莎的理解，自由与服从不相符，这就出现了一个大问题：政治服从如何可能等同于自由？这是个大问题，等我们接近它时再作探究。

因此，第四章的主题是：主权没有任何法律限制，但有事实限制。法律领域之外还有一个领域，我们可以说那是名副其实的政治领域。但斯宾诺莎粗略、直截地称这是一个由战争权利（right of war）主导的领域。洛克的说法更委婉一些：诉诸上天（appeal to heaven）。记得吗？在不可能有政府、不可能有法律救济的地方，洛克就说：诉诸上天。但这句话的意思与斯宾诺莎完全一样：战争。当然，革命也是战争的一种形式。这是实际存在的。用语的差异本身很有趣，"诉诸上天"比"战争权利"听起来要好多了。

［281］我们翻到第五章。第五章探讨了政府的最佳状态。这里出现了我们一直操心的那个问题，关于标准的问题。读第一节。

学生［读文本］：

在第二章第七节中，我曾说明最受理性引导的人就是最在自己权力之下的人。因此（见第三章第七节），奠基于理性且受理性引导的国家（civitatem），就是最有力量、最在自己权力之下的国家。不止如此，为了尽可能保存自己，最好的生活方式就是按照理性的指示来生活。由此推出，只有最在自己的权力之下的时候，一个人或一个国家才是以最好的方式行事。当我们说某人凭借权力做了某事的时候，我们并不是说他做这事的方式最好。凭借权力耕种一块田是一回事，以最好的方式耕种又是另一回事。（《政治论》，V.1）

施特劳斯：换言之，这是权力与合理使用权力之间的大问题。最大的问题——尽管不是唯一的问题——当然是如何智慧地使用权力，而不仅仅是权力，即给某人多少权力的问题。这里用了一个非常宽泛的词来定义"好"这个标准：合理性（rationality）。最好的国家就是最合乎理性的国家，但这没什么帮助。下一节作出了解释。

学生［读文本］：

根据政治状态的目的，我们很容易就能知道每一种统治（imperii）的最佳状态，它不过就是生活的和平与安全——

施特劳斯：漏译了"最佳"两字［译按：课本作"不难发现国家的品质"］。开头曾经有一个印刷错误，编辑者更正了："从政治状态的目的中，我们很容易就能发现任何统治（government）的最佳状态。"这是个古老的故事，在常识看来也显而易见。

学生［读文本］：

因此，凡是人们生活和谐、统治的权利（iura）不被侵犯的统治，就是最好的统治——

施特劳斯：不对。全部翻译应该是："从政治组织的目的中，我们不难发现任何统治的最佳状态，其目的不外乎生活的和平与安全。因此，凡是人们生活和谐、统治的权利不被侵犯的统治，就是最好的。"①继续。

学生［读文本］：

> 其实，叛乱、战争以及厌弃或侵犯法律的原因，与其归咎于臣民邪恶，不如归咎于统治状态腐败（pravo imperii statui）。人们不是生而为公民，而是被造就为公民。
>
> 而且，人们的自然激情到处都一样。如果一国比另一国更多邪恶、更多犯罪，那一定是由于这个国家未曾充分地增进和谐，未曾足够智慧地设立其法律，因而未曾获得国家的绝对权利（ius civitatis absolutum）。（《政治论》，V.2）

施特劳斯：［282］总而言之，社会的目的就是生活的和平与安全，而且这种和平与服从法律密不可分，甚至相等同。

到现在为止，这是十足的霍布斯思想，或者某种意义上是粗糙的常识。就粗糙的常识而言，这当然没错，但接着他在下一节作了一个关键补充：如此理解的和平要求德性，哪怕霍布斯承认的那种非常低层次的和平也是如此。例如，如果有人经常喝醉后袭击别人，他就不是一个和平的公民。所以你必须有一定程度的德性，才能成为和平的人。但更确切的说法在第四节。

学生：哪里谈到了这种德性？

施特劳斯：第三节。"正如臣民的邪恶、放任和顽固必须归咎于国家，同样，公民的德性及其对法律的持久服从，也必须在最高程

---

① ［译按］第五章第一节的核心词是civitas，第二节则是imperium。柯利译本分别译作commonwealth和state，在汉语里主要意思都是"国家"，区分不明显。施特劳斯分别用state和government来译，中文也可以用"国家"和"统治"来对译和区分这两者。

度上归因于国家的德性与国家的绝对权利。"请讲?

学生：他在这些德性中作了区分。

施特劳斯：哪些德性?

学生：国家的德性与公民的德性。

施特劳斯：嗯，但那是在一种不同的意义上。德性可以拥有一种几近于非道德意义上的效用或实效。这不太重要。第四节很重要，我们读读。

学生［读文本］：

> 一个其臣民由于恐惧而不敢拿起武器的国家，只能说是没有战争，但不能说是享有和平。和平不是没有战争，而是一种源于灵魂强韧（animi fortitudine）的德性——

施特劳斯：译错了，"源于心智的强韧"更好，或者译为"心智力量"［译按：课本作"品性的力量"］。

学生［读文本］：

> 如第二章第十九节所述，服从就是一种依照国家的共同法令行事的恒常意愿（constans voluntas）。如果一个国家的和平依赖于臣民的怠惰，以至于他们宛如羊群一般，只知道怎么做奴隶，这与其说是国家，不如称为荒漠更加恰当。(《政治论》，V.4)
>
> 因此，当我说最佳统治就是使人们生活和谐的统治时，我的意思是一种人的生活，界定它的不只是血液循环和所有动物共有的其他东西，而主要是理性、心智的真德性和真生活。(《政治论》，V.5)

施特劳斯：停一下。这里，斯宾诺莎与霍布斯明显分道扬镳。他没提到霍布斯，但这里意指了霍布斯。和平是一种源于心智力量的德性，而不像霍布斯所言，[283] 是一种低级的对暴死的恐惧。

和平源于心智的力量。然而，这种德性（亦即自由）又等同于服从。常识很容易理解这一点，但我们看到这里的第四章以及《神学—政治论》一些段落都提到，自由人不服从。

这构成了一个巨大难题。例如，第二章第二十节说，理性生活不是服从，说得很明确。但这里，他似乎又说理性生活就是服从。不同的说法：服从不可能是理性，因为民众没有能力过上理性生活。绝不能忘记这一点。无论统治者还是被统治者都没有能力过上名副其实的理性生活，正如第一章解释过的那样。

因此，这里有一个隐含前提，我们之前也频繁看到：我们称之为次于理性的善，不是名副其实的理性生活——对神的理智之爱——而是有理智的自我保存，加上舒适的自我保存。这是民众可以把握的目的，它也能对民众起作用。斯宾诺莎想说的是，舒适的自我保存与对神的理智之爱有着相符一致的必要条件。这两种目标具有异质性，但它们的必要条件是一样的。因此，哲人追求哲学的必需条件，与世俗之人追求舒适的自我保存的必需条件完全一致。因此，俗人（只要是有理智的家伙）与哲人共同归属于同一个社会，没有任何困难和龃龉。我上次讲过这两种异质性动因的典型困难，这两种动因在康德那里支撑起了现代的自由概念。

我们不能全部读完。我只想说，斯宾诺莎在下一节澄清了霍布斯已经强调过的一点：无论后来所谓的专制主义与非专制社会之间有多么巨大的差异，在这两者当中，主权者的法律权利都是一样的。无论何处，主权者都是全能的。无论何处。我读读第六节的最后一句话：

> 自由民众创造的国家与凭借战争权利占取的国家，虽然就一般的权利而言没有本质性差异，但这两种国家的目的以及它们赖以保存的手段却非常不同。（《政治论》，V.6）

但从法律上看，两者没有差异。这是关键。下一节是论述马基雅维利的著名段落，课前那位同学的论文讲过了。我们不再深入，时间不够。

第六章和第七章探讨君主制，第八、九和十章探讨贵族制，第十一章往下本打算探讨民主制，但斯宾诺莎没写完就去世了。第六章和第七章的关系很简单：第六章提出最佳的君主制体制，第七章依据人的本性说明这些体制的理由。

在第一节里，斯宾诺莎提出，所有人出于自然便欲求政治生活。这里不能以目的论的方式理解为，人们被自然引导向政治生活。但是，人有各种激情——结合着某些算计——驱使着他。可以说，人不是受到政治生活的吸引，而是被他的各种激情驱使而走向政治生活。下一节，斯宾诺莎谈到了社会的形式，那里他奇怪地用了一个古老的说法："面容"（face）。读第二节。

学生［读文本］：

> 因此，国家内部经常发生的异议和叛乱，绝不会导致公民们解散国家（虽然这种情况经常发生在其他类型的社团中）。如果他们无法在解决异议的同时保存国家的面容（civitatis facie），他们就会把这种国家形式变成另一种。（《政治论》，VI.2）

施特劳斯：［284］课本译成了"特征"。字面地翻译，应该是"面容"。斯宾诺莎似乎回到了"形式"一词相当早期的含义。你们知道，古希腊语"形相"（eidos）最早指外形，可见的外形——在一个可见的形体上，尤其是人体上，最显眼的部分莫过于面容。但这只是术语。① 下一节必须读读。

学生［读文本］：

---

① 斯宾诺莎别处也用过"面容"这个词，例如"宇宙总体的面容"（facies totius Universi）描述了神的直接无限样态（见斯宾诺莎致舒勒的信，书信64）。在课上朗读的这段话里，斯宾诺莎用的也是拉丁文facie，但不是施特劳斯略微暗示的希腊文eidos。

如果人性被构造得人们将最有用的东西当作最欲求的对象，那就不需要任何技艺来增进和谐与忠信了。但很明显，人性完全不是这样。因此，统治必须建设得使所有人——无论统治者还是被统治者——都是为了公共福祉行事，无论他们是否愿意。换句话说，统治必须建设得使所有人被迫按照理性的指示来生活，无论出于自愿、强力还是必然性。

如果将统治安排得任何涉及公共福祉的事情都不会绝对委诸任何个人的忠信，这种情况就会发生。没有人能警觉到不会偶尔分心，也没有人拥有如此有力、无损的心智，以至于不会偶尔碎裂和失败，尤其是在需要最强大的品性的时候。

愚蠢的做法是要求别人做到他自己无法要求自己做到的事情，例如关心他人胜过关心自己，切勿贪婪、忌妒和野心等等，尤其是当所有情感每天都会受到最强劲刺激的时候。(《政治论》，VI.3)

施特劳斯：这是斯宾诺莎精神的典型特征，而且不只他如此。我记不清《联邦党人文集》有多少段落怀着同样的精神讨论过这个问题：不能信任人。制度必须让他们无法滥用自己的权力。必须用非理性的手段——激情——来营造理性，营造合乎理性的行为。这里有一个你提到过的论点：谁也不能要求自己应该关心别人（换个意思就是关心国家）胜过关心自己。这暗示了博爱不可能，虽然它没有清楚讲明这一点。每个人最爱自己。

换句话说，斯宾诺莎这里是在谈论君主制，谈论如何构建一个最有益于双重意义上的属人之善（既有真正善也有次于理性的善）的君主制，但侧重点是次于理性的善，因为这是多数人能够理解和欲求的东西。

斯宾诺莎在下一节得出的第一个结论，就是反对绝对君主制。如果社会的目的是免于叛乱的自由，绝对君主制可能是好东西，但我们知道，社会真正的目的是舒适的自我保存，或者说追求每个人自己理解的幸福，[285]而这需要自由。绝对君主制出局了。这显然也是反霍布斯的主张。我们看看第六节。

学生［读文本］：

> 此外，国家因公民而遭受的危险，总是大于因外敌而遭受的危险，因为好人其实很稀少。由此推出，被授予全部统治权利的人，总是畏惧其公民（cives）更甚于畏惧外敌。因此，他要小心提防，不是照看其臣民（subditis）的利益，而是暗算他们，特别是那些因智慧而有名望、因财富而有力量的人。（《政治论》，VI.6）

施特劳斯：懂了吗？绝对君主制要迫害的人，就是那些因智慧而显眼、因财富而更强有力的人。财富也必须考虑在内，斯宾诺莎不只关心智慧者，也关心富人。

我跳过一些地方。这种君主制不是古代政体的老式君主制，至少不见于欧洲。这种君主制的关键不在于世袭的贵族阶层，唯一的贵族阶层只有王室家族。显然，如果你想要一种名副其实的君主制，也就是世袭君主制，那么，王室血统就必须享有特殊地位，享有某种特殊的法律保护。请讲？

学生：我能问一个普遍问题吗？在什么意义上这些思想家受到如下观察的指引，即这世界上的和平与秩序都必须归因于某些根本激情的不可见的作用？换句话说，有什么证据能证明是某些激情导向了合乎理性的政治行动？

施特劳斯：很简单。例如，假设有一种智慧的法律，它也必须被强制实行。如果不是强制，人们就不会服从。

学生：如果政治社会中每个人都是受自私激情的驱动，我们乍一看就会想到无政府状态。

施特劳斯：对，但另一方面，事情很复杂。人有一些反社会的激情，它们本身最强有力。但除了极少数例外，人也意识到一个事实：必须要有社会。如果没有人生产东西，匪徒到哪才能夺取战利品呢？匪徒要靠不是匪徒的人才能过日子。如果人不合乎理性地保卫自己的劳动果实，那就没有人会劳作了。

因此，还有一种追求和平的共同生活的动因存在，但如果这种追求和平的共同生活的欲望没有得到组织和武装，这种动因就无法强大到能抑制住那些反社会的激情。所以要有主权者，有法律，有警察。这样才能起作用，而它背后的动因完全可能仅限于和平、舒适地生活。这是一种激情。人也许是财富的奴隶，理性的反面，但这种低劣的非理性激情也在朝着和平的方向起作用。[286]反社会的行为与和平的行为天然有一场拉锯战，只有将和平力量武装起来，这场拉锯战才会决出胜负。这就是政府。

学生：和平的激情。

施特劳斯：对，激情。

学生：我们拥有什么秩序都是归因于这些和平的激情。

施特劳斯：没错。也有理智的人，他们这样做是出于理性。这是霍布斯的论点。在国家这个恐怖的装置背后，只剩下对于暴死的恐惧这一激情。

第二十六节还有一个有趣的论点：斯宾诺莎反对把酷刑当作一种法庭审讯的手段。第二十七节也有好玩的东西，读一下。

学生［读文本］：

> 那些法官应当人数众多，而且是奇数，例如61人或者至少51人。从每个氏族中只限选任一名法官，并且不是终身任职。这个委员会每年应有一定数额的法官退职，然后选任同样数量的法官，他们不仅必须来自其他氏族，而且必须至少年满四十岁。（《政治论》，VI.27）

施特劳斯：五十一等等。注意到什么了吗？当然这只是一些例子，但它们有共通之处。六十一，五十一，不只是奇数而已。为什么他不说三十一或者三十七？难道这些数字还在什么司法体系里扮演着某种角色？这倒提醒我了，犹太公会（Sanhedrin）有七十一名法官。但这里也不是七十一。开个小玩笑，翻到第三十二节。

学生［读文本］：

　　如果外邦人娶某公民的女儿为妻，他的孩子应被算作公民，登记在母方氏族的名册中。如果父母双方均为外邦人，本人则是在这个国家内出生长大，应容许其以一定价格向氏族长购买公民权，登记在该氏族的名册内。

　　即使氏族长出于私利，以低于规定价格的金额接纳外邦人为公民，这对国家也没什么害处。相反，应该想出使公民人数更容易增长的办法，以此集合一大群人。至于那些没有载入公民名册的人，至少在战争时期应当让他们以劳动或缴税的形式服军役，以此交换自由，这样才公平（aequum）。（《政治论》，VI.32）

　　施特劳斯：顺便一提，译文里的"公平"（fair）就是拉丁语的"公平"（equitable）。这是斯宾诺莎谈到公平的许多段落之一，虽然这里没有实定法的问题。按照他的正式教导，公平取决于实定法，但事物的本性迫使他去谈论没有实定法作为先决条件时的公平。这属于如下论证的一部分：我们不能抛弃自然权利，有些事物自身就是公平或不公平的，［287］无论立法者可能怎么说。相反，根据立法者是否遵循这种公平，可以评判他是不是一位好的立法者。

　　但这还不是我认为这段话值得一读的理由，这里的原则是：一种自由主义的归化政策。你们对它的前史有所了解吗？

　　学生：罗马？

　　施特劳斯：更理论地讲，这一直是政治理论的一个主题。请讲？

　　学生：柏拉图指出，不应该鼓励外邦人。

　　施特劳斯：没错，古典希腊都有相当限制，但曾经有位大思想家非常强调一种自由主义的归化政策：马基雅维利。在《论李维》中，第二卷的某处，大概是第二章附近吧。①他说，罗马变得伟大，乃是凭借一种自由主义的归化政策。

_____

① 应该是《论李维》第二卷第三章。

接着，一位英国的马基雅维利主义者接受了这个论点，他就是培根，在《培根文集》的某一篇，我忘了序号。[1]在我们看来，这种手段似乎非常自由主义、非常博爱，与实力政治（power politics）没什么关系，后者是要增强平民的身体力量，拥有更多士兵。所以你们瞧，同样的手段在不同语境里可能有非常不同的含义。

还有一个小点，读第三十八节。

学生［读文本］：

> 君主逝世后若无男性子嗣，应当以血缘最近的男性作为王室继承人，除非后者恰巧娶外邦人为妻，又不肯与她离婚。（《政治论》，VI.38）

施特劳斯：狠吧？如果你们问他"你是不是别对那位可怜的君主太狠了"，斯宾诺莎会怎么说呢？你们知道，温莎公爵的情况还不太一样。[2]在这种特殊情况下对人狠一点，对社会整体就是非常人道了；就是这种感觉。君主不能娶外邦人为妻，因为这样做会搞出一大堆家庭麻烦，嗣子问题和王位继承问题，都是战争的温床。

最后一节最重要。

学生［读文本］：

> 至于宗教，不得用城市的公款兴建任何教堂，也不得针对各种意见制订法律，除非是煽动叛乱和破坏国家根基的意见——

施特劳斯：要记住，这一点始终不变：并非百分百的意见自由。

---

① 大概是第二十九篇文章"论王国和产业真正的伟大"（Of the True Greatness of Kindoms and Estates）。

② 温莎公爵曾经是英王爱德华八世，1936年逊位，为了娶一个离异的美国女人瓦里斯·辛普森（Wallis Simpson）。

煽动叛乱的意见得不到容忍。当前形势下，[288]这当然意味着禁止传播共产主义。换言之，这种事情仅仅出于权宜，而不是内在的不可能。继续。

学生［读文本］：

> 所以，如果获准公开践行宗教的人想修建敬拜的场所，他们可以自己出资。但是，君主应当在宫廷里有私人的敬拜场所，以便践行他自己皈依的宗教。（《政治论》，VI.40）

施特劳斯：对，非常有趣。君主制下没有公共宗教。再者，前史——这确实有助于我们理解这里的情况。马基雅维利在《论李维》第一卷第十一章讨论过这一点。马基雅维利的教诲是说，要想有一个自由社会或者说共和国，那就必须有一种宗教，因为唯有宗教能使人民共同生活得好。马基雅维利并不关心哪种宗教，异教也完全能做到，但必须是宗教。

但在君主制下，权力高度集中，社会纽带就是君主的权力，包括军队在内。自然，宗教就没有必要了。历史上一个巨大的例证，就是十八世纪所谓的开明君主专制（enlightened despotism）。

［录音缺漏］……斯宾诺莎分享了这种观念。当我们读到贵族制时——他没写完民主制，但我敢肯定他也会讨论同样的问题：公共宗教。

学生：难道即便在一个君主政制里，他也不想要德性，所以不想要宗教吗？

施特劳斯："德性"这个词模棱两可，既可以指因信仰启示而被激发的德性，也可以指斯宾诺莎所认为的真德性，以及其他不少东西。这不是单靠"德性"这个词来决定的。但是，后来孟德斯鸠有一个说法：德性就是民主制的原则——换言之，其他政府形式都不像民主制那样多地需要德性作为公共原则。这当然是换个方式来讲了马基雅维利和斯宾诺莎的意思。

我把这段思想进程大略勾勒如下。在君主制里，哪怕在贵族制里，你都不需要广泛传播公共精神。在民主制里，理论上每个人都要为社会中发生的事情负责，所以必须广泛传播公共精神。怎样才能广泛传播公共精神呢？有一个办法，或许也是最重要的办法，就是告诉你要爱邻人如己，因为往大了说全社会都是你的邻人。社会，宗教。

有趣的是如今政治科学的事态发展，他们正在为民主寻找新的理论。有些理论你们可能在达尔（Dahl）先生的《民主理论导论》（*Preface to a Democratic Theory*）以及贝雷森（Berelson）的《选举研究》里见过，诸如此类。①政治科学如今有一个巨大发现：现代民主最大的德性就是选举冷漠（electoral apathy），这是公共精神完全缺失的最清晰的标志。我这段评论不完全愚蠢，因为很多时候更好的做法是人民……［录音缺漏］……别去选举。［289］人民不关心政治，因为即便他们受到了政治上的唤醒，他们也只会看重那些疯狂的事业。这就是这背后隐藏的思想。但尽管如此，它还是表明了一个可怕的问题。当我们听到这类事情的时候，我们已经距离孟德斯鸠等人太过遥远了。如果多少可以宣布这是政治智慧的盖棺定论，我们的政治理论和政治实践就都出了大错，

但关键在于——再说一遍，当你需要公共精神的时候，你实际上就是需要宗教。这是他们的意思，也是斯宾诺莎的意思。如果根本上就是一种君主政体，那就不需要公共精神，因而也不需要公共宗教了。由于这个不可否认的事实，如我们所见，当我们读到第八章以下时，贵族制——也就是共和国——就有公共宗教。君主制下没有公共宗教，这是一个必须解释的事实。你想说什么吗？

学生：在什么意义上，君主制不需要公共宗教？

施特劳斯：这不是他的意思。如果公共权力很集中也很强大，

---

① 罗伯特·达尔（1915—2014）是当代重要的美国政治科学家。伯纳德·贝雷森（1912—1979）是一位美国行为主义科学家，关注公共意见和民主制，施特劳斯这里似指其著作《选举：关于一场总统竞选中意见形成的研究》（1954）。

别的社会纽带就不必那么强了。但如果权力更加分散，就像任何共和制政府那样，社会纽带就必须更强。不过，宗教或许是最强的一种社会纽带。这是他的想法。

学生：他可能会赞同像亨利八世那样的事，毕竟亨利八世本人也是一个先前存在过的教会的首脑。

施特劳斯：但他不喜欢那样，因为在那种情况下——为什么斯宾诺莎会默默地反对这种事情呢？因为亨利八世创立了一个教会，而且是那个国教的领袖，但斯宾诺莎却希望不要在君主制里创立这样的教会。为什么？

在他看来，君主制有一些很大的缺陷，但它有一个好处：比起共和制，君主制能提供一种更大的意见自由。他这里讲的不只是君主制，而是最佳君主制。在他看来，最佳君主制有一个长处，就是没有任何国教，因而拥有一种远比国教所能容许的大得多的自由。我想这是关键，但至少这已有马基雅维利作为先兆了。请讲？

学生：在他描述的君主制里，似乎还有相当多的共和主义。我不明白为什么宗教不是其中一部分。

施特劳斯：这问题很好。换言之，你是指议事会的重要性。这没错，但你想必看到了，议事会只有一种纯属顾问性质的作用。

学生：他还提到一个事实，议事会具有行政性质，它负责执行法律。

施特劳斯：但所有权力都是源于君主。议事会没有任何名副其实的统治性权力，除了一些特殊情况，例如王室血统中断、子嗣教育出了问题之类。

[290] 第四十节还有一个地方更令人瞩目……①

学生：我在想，议事会执行君主下达的命令，它只是受委托执行这些命令。除了下达命令外，君主就与议事会没什么更多交道了。

施特劳斯：对。这无论如何都不是绝对君主制，而是一种有限

① 由于下面学生的评论，施特劳斯没有考察第四十节这段重要的话，第四十节内容见前述。

君主制。但是，议事会——议会——仍然不进行决议，他们都属于君主。

学生：后面他又说，如果君主通过了一项法律，行政官员的职责就是不要服从。[①]

施特劳斯：如果议事会只有少数人支持一项法律，那君主就无法通过它；斯宾诺莎说的是这类事情，我明白。但我想说，更值得注意的是，虽然斯宾诺莎的君主制远远不是绝对君主制，但由于它是一种君主制，所以它没有公共宗教。相反，贵族制或者至少是共和制都需要大众宗教，如你们读到的那样。

我们来看最后一章。可以说，斯宾诺莎提出了一种我们如今所谓的"宪政君主制"，一种有公共自由的君主制。宪政君主制的一个典型特征，就是区分君主的公共人格与私人人格——你们知道，这是十七世纪英格兰公法作出的一种区分。这是某种法学家式的区分，它不太适合君主们的绝对主义倾向。我们来读读第二节。

学生〔读文本〕：

其次要注意，在确定这些基石的时候，我们必须最为小心地注意人的情感。仅仅说明应该怎么做还不够，尤其必须说明如何才能做到：无论是受理性还是情感的引导，人们始终还有一些有效、坚实的权利和法律。如果国家提供的诸权利或公共自由仅仅依赖于法律的软弱支持，那么，不仅公民得不到维持其自由的保障（如我们在第六章第三节所示），甚至这种支持还会遭到摧毁。因为可以肯定，当一个国家开始摇摇欲坠的时候，国家的任何条件都比最佳国家的条件更为不幸，除非它是突然垮台和陷于奴役。因此，对臣民们来说，更好的做法是将他们的权利无条件转让给某人，而不是商量一些关于自由的不确实、空洞或无效的条件，结果为将来子孙们陷入最残忍的奴役铺平道路。

---

① 应指《政治论》，VII.1。

　　然而，如果我证明前一章所述君主统治的诸基石都很牢固，那么，除非激起大多数武装民众的义愤，否则便不可能被削弱，而且从这些基石还能为君主和民众带来和平与安定；如果这些东西都是我从人们的共通本性中演绎而来，那么，谁都不能怀疑它们就是最好且真实的。（《政治论》，VII.2）

　　施特劳斯：[291] 关键在于，法律本身是软弱的。政治体制具有决定性，而关键的政治体制就是武装民众（armed multitude）。亚里士多德早已知晓，而且正如后世经验一再证明的那样，这种东西当然非常成问题。这相当取决于军备状况。

　　当时，步枪或者说"火枪"是最重要的武器，①民主制得到了纯属军事性考虑的支持——伟大的平等利器（equalizer），我想这个国家有时就是这样称呼枪的。但是，例如在中世纪时代，当骑士明显凌驾于任何赤脚步兵之上的时候，民主就没用了。随着近代超级武器的兴起，一个人单凭机关枪就能对许多人造成巨大伤亡，但现在如果能往一座城市或村庄丢炸弹，情况又会有巨大的不同。不是每个人都能拥有最厉害的炸弹，所以这就造成了一些很大的难题。公允而论，我们必须说：亚里士多德在《政治学》里已经非常清楚地看到和讨论了这个问题，相反，现代却忽视了这个问题。我们翻到第四节。

　　学生 [读文本]：

　　但是，人被构造得每个人都是在其情感的最强影响下去寻求个人利益，凡是对他保存和增进自己利益必不可少的法律就判断其最公平，并且只在他认为有助于使其地位更稳定时才会捍卫别人的利益。由此推出，被选任顾问官的人，必须是将个人的地位和利益依赖于和平与每个人的共同福祉。为此目的，如果一些人是从公民的各个种类或阶层中选出来的，那就会符

---

　　① 加特林机枪最早在美国内战期间投入使用。

合多数臣民的利益，因为他们就会在这个议事会中拥有最大数量的票数。

因为这个议事会由数量众多的公民组成，其中必然会加入许多心智未经教化的人。尽管如此，仍可以肯定，经过长期热情从事各项事务之后，他们每个人就会变得足够机智和聪明。因此，如果所有被选任的顾问官直到五十岁前一直忙于自己的事务，并且没有任何耻辱，那他们就有足够能力在涉及自己事务的方面提供建议，尤其是在有充足时间来反思重要事情的时候。

不止如此，那种认为这类人不会占据只有少数成员的议事会的说法完全不对。恰恰相反，因为在那种情况下每个人都尽量挑选对自己言听计从的呆板同事，议事会的多数反倒会变成这一类人。这种事却不会发生在大型的议事会中。（《政治论》，VII.4）

施特劳斯：这里他再次预设了一点，我们可称为"博爱的自然不可能性"。每个人都想着，我优先。因此，我们需要这种顾问官，他们的利益与最狭义的公共善密不可分。这就是《联邦党人文集》的原则，你们或许还记得。议事会的多数群体，就会操心公民中多数人的利益。

即便不考虑少数人的问题，完全不考虑它，这里也会出现一些困难。首先，那些代表们可能有一种阶层利益。[292] 这个问题容易使所有人支持直接民主，或者用另一种方式来说就是索雷尔（Sorel）的批判。①斯宾诺莎说，只要经常进行选举，杜绝重新选举的可能性，尤其要扩大议事会，这个难题很容易就能解决。

第二个困难是缺乏判断。多数人也许……[录音缺漏]……但多数人也许没有恰当的判断。对此，斯宾诺莎答复：这些事情只需

---

① 乔治·索雷尔（1847—1922）是一位法国工团主义者，他同时影响了工团社会主义者和法西斯主义者。

要一种粗糙的判断。你不必成为哲人就能明白，对穷人而言，累进制所得税比食物税更加可取。对此你不需要深刻的形而上学研究，这很容易理解。

在下一节以及所有地方，斯宾诺莎充分利用了一点：民主制热爱和平。我们已经从《神学—政治论》那里知道了这个论点。在此关联中，第七节有个地方特别令人感兴趣。

学生［读文本］：

> 毋庸置疑，这种议事会的多数人绝不会有支持战争的意愿。他们会始终对和平抱有一种极度的狂热和爱。他们不仅会经常担心丧失自己的财产与自由，而且战争也要求征收新税，这是他们不得不支付的。此外，他们那忙于私事的子女和亲戚们也会被迫将自己的狂热用于武装，投身军役。他们除了毫无用处的伤疤之外，没有任何东西能带回家里。（《政治论》，VII.7）

施特劳斯：换言之，多数人是要和平的，他们操心自己的家事。这里有一个意象，对于后来卢梭所作的某种区分具有一定重要性，你们很快就能看到。

当然，这样说不完全对。我们看到有很多民主派都不是和平的，尤其在古典时代。你们知道，事情没这么简单。但这样说在另一些社会里又是对的，在那些社会里，人们只关心自己的幸福，毫不关心荣耀。这就导向了卢梭的区分，布尔乔亚与公民的区分。布尔乔亚是这种家伙：他们是私人市民，首要关心自己的私利，仅仅间接地，亦即出于他的私利，才会关心公共利益，相反，"公民"（citoyen）首要关心的是国家。在他看来，这就是现代人与古代共和国公民之间的区别。

卢梭提出的布尔乔亚这个概念，后来经过黑格尔，发展成了马克思的布尔乔亚概念。这就是布尔乔亚的起源。布尔乔亚是有限的、纯属私人的人，将社会视为增进一己私利的手段；这就是起源。黑格尔在这个概念的发展中扮演了非常重要的角色，他为此提供了经典的理论阐述。黑格尔说，对暴死的恐惧使布尔乔亚获得了生命。历史背景是"旧政体"（ancien regime）——雇佣兵。英格兰就是很好的一例，但大陆国家的情况也一样，国民不当兵。在古代共和国里，公民皆兵。卢梭学说的潜台词当然就是公民士兵。你们瞧，斯宾诺莎也毫不犹豫地承认这一点。读第八节。[293]

学生［读文本］：

　　另一个有利于和平与和谐的重要因素，就是任何公民都不得拥有不动产（见第六章第十二节）。这样一来，来自战争的危险就对每个人几乎一样了。雅典人曾经通过了一条法律，规定不准向本邦居民以外的人放贷。如果这样的法律得以通过，那么每个人要想谋生就不得不从事商业，或者向本国人放贷。于是，他们不得不从事的营生，要么就是相互密切关联，要么就是需要同样的成功手段。因此，这种议事会的大多数人，在其共同事务以及和平的技艺上就会形成同样的想法。正如第四节所述，每个人只有在他认为能使自己地位更稳固的情况下，才会去捍卫别人的事业。（《政治论》，VII.8）

施特劳斯：停一下。换句话说，商业和银行业必须取代地产，成为财富的实质部分。这是斯宾诺莎政治教导的一个非常重要的部分，它有助于和平。

自十七世纪以来，现代关于美好社会的观念从一开始就与经济密不可分。自然，经济考虑在古典学说中也总是扮演着某种角色，但侧重点不同。古典学说的侧重点是农业。后来，推翻封建社会的斗争——封建社会明显也是农业社会——导致了商业社会的出现，商业社会成了美好社会。这是斯宾诺莎与更古老学说之间的一个显著差异。

读第十六节，很遗憾我们得搞快一点了。

学生［读文本］：
　　毋庸置疑，城市越大，防御工事越巩固，那里的公民就更有力量，从而更多地在自己的权利之下。因为公民们居住的地方越是安全，他们就越能捍卫自己的自由，或者说，他们就越少恐惧国内或国外的敌人。当然，人们财富越多，自然也就更加考虑自己的安全。(《政治论》，VII.16)

施特劳斯：换言之，对于美好社会而言，富人及其私利是一股比其他东西更有效的力量。这些说法全都具有一样的精神。我们再看看二十六节，开头部分。

学生 [读文本]：

> 另外，谁也不能将自己的宗教权利或敬拜神的权利（religionis sive Deum colendi ius）转让给别人。但我们已经在《神学—政治论》最后两章用大量篇幅谈过这个问题，再重复就是多余了。(《政治论》，VII.26)

施特劳斯：只需要读这些。你们瞧，他这里只提到了最后两章，没有提到十三、十四和十五章，而他在那几章里提出了所谓的大公宗教，也就是政治宗教。它与这里讨论的君主制没有关系，因为君主制没有国教。第二十七节，我们只读读开头。

学生 [读文本]：

> 有些人以为，一切有死者共有的恶只是平民才有，他们还以为，"常人没有节制，除非用恐惧来震慑他们，否则他们便令人可怖"；"平民要么卑贱为奴，要么像主人那样傲慢地统治"；"平民既没有真理也没有判断力"；诸如此类。但其实所有人都有一种共通的本性。(《政治论》，VII.27)

施特劳斯：[294] 停一下。这一节部分是以马基雅维利《论李维》第一章第五十八节为基础。这是一个新奇的、令人惊异的主题，在这两个文本里，它似乎都是在拥护民主，捍卫民众以抵抗反民主的传统。斯宾诺莎想说的是，如果所有人都是坏的，君主和贵族也就是坏的，所以没有理由只对民众设限制。正如他将提出的看法那样，个体的坏在民主制里的力量要小很多。与他之前的几乎所有哲人相比，斯宾诺莎非常拥护民主。但我们绝不能忘记这些对大多数人的严厉指责，只有圣贤例外，而圣贤在他的教诲中扮演着一个重要角色。

第二十九节代表了他总体立场的典型特征。这是一个非常有话题性的问题：安全。像如今的自由主义者那样，斯宾诺莎甚至说：最有害于公共自由者，莫过于秘密议事会。斯宾诺莎承认，非民主制政府可能有更加秘密的计划来反对外敌，但他愿意接受这种做法。现在读第三十节开头。

学生［读文本］：

> 最后，据我所知，从未有一个国家具备我们列举的上述全部规定。尽管如此，我们也能凭借经验证明：这种形式的君主制就是最好的，只要我们愿意思考任何并非野蛮的统治的保存或倾覆的种种原因。（《政治论》，VII.30）

施特劳斯：这非常重要。你们还记得，他在第一章似乎说道：他只会提出已经存在并且生效了的制度。但这里，在讨论君主制临近结尾处，他又说他设计的君主制没有先例，至少他不知道有任何先例。唯独我们关于诸激情的经验能够说明，这种制度一旦成立便能生效，但我们又没有关于它实际生效的任何经验。

另外，你们还看到这里有一个重要的限定：一种并非野蛮的统治。现在这样讲之所以讲得通，乃是因为他在这一章里确立了某种标准，某种介于至善（对神的理智之爱）与我所谓次于理性的善之间的标准。你想说什么吗？

学生：如果这是死后出版的著作，如此自相矛盾又有什么用意呢？

施特劳斯：这不是刻意而为的矛盾。我想说，这只是他在夸大反乌托邦主义，但没有矛盾。我敢肯定，这里没有隐藏任何重要的东西。他可能产生的影响，甚至于出版者自身的安全，当然都取决于最终出版了什么。这不明显吗？如果某些学说遭到了禁止，不仅作者要担罪责，就连他死了很久以后的出版者也要负罪。但更重要的是，在某种程度上，斯宾诺莎死后对人们的影响力取决于他的教导尚能被容忍。想想马基雅维利：马基雅维利两部巨著都是死后出版，[295] 但如果他在其中说了自己的一切所思所想，它们甚至可能都无法出版。这毫无疑问。

我认为，斯宾诺莎在这一节里有一处针对他那个时代的暗示，在他讨论斐迪南与伊莎贝拉共治的阿拉贡和卡斯蒂利亚联合王国的时候——他说，阿拉贡的自由遭到了彻底毁灭，而它曾经更自由。我想，这让斯宾诺莎想起了他那个时代的问题，奥伦治的威廉（William of Orange）与斯图亚特家族的联姻，也就是后来的玛丽王后。① 当时，斯图亚特王朝的英格兰不是一个自由国家，而是接近绝对君主制，正如詹姆士二世清楚展示的那样。那些支持荷兰人的自由的人极为怀疑，荷兰统治者与英格兰统治者之间的私人联姻会不会摧毁荷兰人的自由。我想，这才是这段关于西班牙局势的看似好古式讨论的真正含义。这不大重要。

因此，就我所见，这里某种程度上已经回答了《政治论》的主要问题：一边是构成真正理性生活的至善，一边是导向所谓舒适的自我保存的平庸善，这两者有某种共通之处。这两者的联合，使斯宾诺莎有可能达到智慧者与俗众之间某种行得通的共识。但是，这种完全异质性的激发因素——最高意义上的德性与舒适的自我保存——仍然存在着困难。

我觉得不能再按这堂课的方式来继续探讨这个主题了，离题太远。我觉得你们得想想这个问题。

---

①　施特劳斯也许弄错了斯宾诺莎的生平：斯宾诺莎死于1677年2月，但直到1677年11月，奥伦治的威廉才娶了未来的玛丽王后。诚然，斯宾诺莎写作《政治论》是在其临终之际，而这桩婚事当时或许已有预兆。詹姆士二世直到1685年才当上英格兰国王。

第十六讲 《政治论》第八到十一章

（日期不详）

施特劳斯：[297] ……《政治论》的荷兰文版本依据一个稍有不同的斯宾诺莎手稿，修正了后来编辑本的文本。我给你们念一下这段译文：

> 贵族政体出于其优越性，必须由数量众多的贵族组成；贵族政体比君主政体更接近绝对，所以贵族政体对于维持自由而言更可取。

因此，这个标题表达了：在斯宾诺莎看来，无论贵族制可能是什么意思，它都比君主制更可取。问题在于，斯宾诺莎理解的贵族制是什么？他理解的贵族制是否像柏拉图和亚里士多德以及传统理解的一样，抑或是某种全新的观念？我们接下来会看到，某种程度上他理解的贵族制意思一样。

贵族制的拉丁文是"最佳者的统治"，"最佳者"（optimates）派生于"最佳"（optimus），而这也涉及道德上的优越性。但这不完全是斯宾诺莎的意思，你们读第一节就会看到。读吧。

学生［读文本］：

> 迄今我们讨论了君主统治。现在我们将说明，贵族统治应该如何组织才能存续。我们说过，所谓贵族统治

（aristocraticum imperium），即不是仅由一人，而是由民众中选任的一群人来统治，我们后面也会将这群人称为贵族（patricios）。我特别提到"选出的一群人进行统治"，因为这就是贵族统治与民主统治的主要区别：在贵族统治中，治理的权利（gubernandi ius）仅仅取决于选任，但在民主统治中，这主要是要么取决于某种与生俱来的权利，要么（我们会在适当地方加以说明）取决于某种凭机运而获取的权利。因此，哪怕一种统治下的全体民众统统被纳为贵族，只要这权利既不是世袭，也不是凭借某种共通法律而传给别人，这种统治就仍然是完完全全的贵族统治，因为只有经过特别选任的人才被纳为贵族。但是，如果只选任了两名贵族，这两人都会努力比对方更有强力，而由于他们两人都有太多的权力，统治很容易就会分裂成两派——如果贵族是三人、四人或五人，就会分裂成三派、四派或五派。不过，越是将统治授予更多的人，各派系（partes）的力量就越弱。由此推出，为了贵族统治的稳固，我们必须考虑到统治的范围大小，以此确定贵族的最低人数。（《政治论》，VIII.1）

施特劳斯：他这里第一次谈到他理解的贵族制与民主制的差异。那么，亚里士多德如何理解贵族制与民主制的差异呢？

学生：本质上，一边是多数人和穷人的统治，另一边是最佳者和少数人的统治。

施特劳斯：在民主制里，每个生而自由的人形式上都是完全的公民，但既然多数人是穷人，而选票也在多数人手里，民主制也就成了穷人主导的政体。当然，穷人不是指靠救济度日的人，而是指这些人必须谋生。

［298］贵族制，说得更具体些，是一种由古老家族统治的政体，这些古老家族从地产获得收入。这就是贵族制更确切的含义，背后前提是：这些古老家族及其拥有财富、管理财富的方式，比起其他方式更有益于正派（decency）。这是关键。

斯宾诺莎那里完全没有这些。他是从某种与数量本身无关的东西中看到了两者差异。问题在于：你如何成为主权者的一员，也就是成为一个完全主动的公民？答案是：要么靠吸纳（co-option），你作为个体被已有的公民团体吸纳进去，这样就是贵族制；要么基于所谓的世袭权或某种共通法律，你自动获得完整的公民权。例如，如果法律规定凡是年收入超过两千美元的人就成为公民，那就是一种普遍的法律，而你也不是以个体的身份被选任的。这就是斯宾诺莎的意思。

因此，与传统观念相比，这是一种有点奇怪的贵族制概念。我们必须牢记这一点。这一章以及下面几章，一定程度上都是基于斯宾诺莎时代低地国家的状况，但我不知道这些特色之处多大程度上基于荷兰的先例。这会是一个有趣的问题。

在讲完为什么必须有数量众多的贵族之后，斯宾诺莎接下来发展了他的答案。我们仅限于看看他的基本思考，不深入进去作技术性的考虑。第三节应该读读，那里提出了为什么贵族制优于君主制。再说一遍，贵族制就是少数人的实际统治。主权者是由一城市的居民中少数人组成。但少数不是一丁点儿——我想他说的比例是1:12——所以它是具体的少数，但不是一个派系，不是小派系。据他说，这种贵族制优于君主制。我们来读读第三节。

学生：如果你基于金钱而成为公民，那又如何呢？

施特劳斯：在他的定义里，那样就是民主制。

学生：即便数量不变？

施特劳斯：嗯，因为这样就会有一条普遍的法律，例如，凡是拥有一百万美元以上的人就是完全的公民。这样的人就不是作为个体而被选任的。我们根据身边经验就会知道，这样的人可以靠自己的勤业赚到一百万美元，然后做上公民。他不可能被那些掌权者排斥在外，这是一个法律要点。

但我们读到论民主制那一章时会发现，斯宾诺莎支持一种完全吸纳式的民主（all-inclusive democracy）。我还记得佩尔金（Perkin）女士回忆罗斯福的著作里有一段话写得很漂亮，谈到了罗斯福的

"风格"。①她为罗斯福写了一段要在广播上宣读的声明，而罗斯福只作了一处改动。她写道："我们想要一个完全吸纳式的社会。"罗斯福改成了："我们想要一个谁都不会被遗漏的社会。"你们看这里的格调：这是人人都懂的清楚表述。[299]因此，斯宾诺莎想要一种不会遗漏任何人的民主社会，正如我们稍后将看到的那样。但这里他只讲了贵族制。第三节。

学生［读文本］：

> 贵族通常是作为全部统治之首都的那个城市的公民，所以国家或共和国的名称也取自那个城市，如古代的罗马共和国，当今的威尼斯共和国、热那亚共和国等等。但是，荷兰人的共和国（Hollandorum respublica）取自一整个省（provincia）的名称，因此，该统治的臣民享有更大的自由。在我们得以确定贵族统治必须依赖的诸基石之前，我们必须注意：转让给一人的统治与转让给一个足够大的议事会的统治，这两者有什么区别。区别确实很大。
>
> 首先，如第六章第五节所述，一个人的力量毕竟担不起保存整个国家的重任。但没有人能说，这种情况也适用于一个足够大的议事会，这么说显然荒谬。谁要是承认议事会足够大，谁也就同时否定了它担不起保存国家的重任。因此，君主绝对需要很多顾问官，但这种议事会根本不需要任何这类东西。
>
> 其次，君主皆有死，但议事会永续长存。所以，一旦统治权力被转让给一个足够大的议事会，它就绝不会复归民众。但如第七章第二十五节所述，君主统治却不是这样。
>
> 第三，君主统治经常不稳固，原因包括君主年少、患病、衰老或其他这类原因。相反，议事会的力量（potentia）始终

---

① 弗朗西斯·佩尔金（1880—1965）曾任富兰克林·罗斯福的劳工部长，也是第一位担任内阁职位的女性。她的作品《我所认识的罗斯福》是当时一部充满同情的回忆录。

如一。

　　第四，一个人的意志总是多变无定。为此缘故（如我们在第七章第一节所言），在君主统治下，一切法律都是由君主的意志而得以明示，但并非君主意愿的一切事情都应当成为法律。但同样的说法不适用于一个足够大的议事会，因为我们刚才说过，议事会本身不需要顾问官，它所宣告的一切意志都应当成为法律。

　　据此，我们得出结论：被转让给一个足够大的议事会的统治，就是绝对统治，或者最接近绝对统治。原因在于，如果真的有任何绝对统治，那它也存在于全体民众统治的时候。（《政治论》，VIII.3）

施特劳斯：……［录音缺漏］……事实是，在君主制下，统治者是所谓的自然人格（natural person），而非名副其实的法理人格（juridical person）。民众才是一种法理人格。因此，君主可以用人类能用来表达意志的任何方式来表达他的意志，可以是手势，也可以是喝醉之后随便抛出来的话。因此，我们必须引入这类法律区分，区分君主的私人角色与公共角色，例如规定只有君主在其议事会上说的并且加盖了王室印玺的言辞，才是君主的意志。

议事会则不然。议事会没有任何个别成员是主权者，只有当他们按时集会，以恰当方式在集会中达成某项决议的时候，这才是主权者的统治。这里，公共意志与私人意志之间有一种清楚分明的区别，但在君主制下，这种区别则不那么明朗。还有一些更具实践性的要点：自然而言，议事会本身不可能喝醉，不可能被女主人影响，也不可能遭受所有个体（包括君主在内）都可能有的各种衰弱状态。［300］因此，毫无疑问斯宾诺莎是一位共和主义者，这很明显。我们来读第六节。

学生：斯宾诺莎列举的第四个区别，霍布斯恰恰用于相反的论证。难道这些议事会不是更加摇摆不定、反复无常吗？

施特劳斯：就君主制而言，霍布斯与斯宾诺莎的看法相反，这毫无疑问。但霍布斯也在序言里说——我想是《论公民》的序言——在他这部政治著作里讲的一切内容中，唯一没有证明的就是君主制的优越性。如霍布斯所言，这只是一种或然性论证。但霍布斯肯定偏爱君主制，斯宾诺莎偏爱共和制，这毫无疑问。

但这就提出了一个普遍问题，关系到我们正在从事的这类研究：这种区别有多么重要？显然，这种区别在实践中有着巨大的重要性，但理论区别或许没那么大。例如，霍布斯和斯宾诺莎的时代有很多人要么是共和派，要么是君主派。但就理论基础而言，霍布斯与斯宾诺莎的一致性可能还要大于霍布斯与其他君主派的一致性，大于斯宾诺莎与其他共和派的一致性。我们必须牢记于心。现在读读第六节。

学生［读文本］：

> 如果将统治权绝对授予议事会，平民就不必担心遭受任何野蛮奴役的危险了，因为一个足够大的议事会的意志必定取决于理性，而非不节制的欲望。其实，恶的情感会将人们拉向不同的方向。唯有人们欲求可敬的或者至少表面上可敬的东西，人们才能犹如受到同一种心智的引导。（《政治论》，VIII.6）

施特劳斯：哈！没看到吗？最后这句话抵消了这一节其余的内容。任何事情都能被足够聪明的恶棍披上一层正直的外衣。

在斯宾诺莎之前讨论民主制时，我们已经看过了这个古老的故事：民主制本质上合乎理性，因为除了合乎理性的事物之外，其他任何事物都不可能使民众统一起来。《神学—政治论》也有不少段落，而这当然不真实。但是，这只表明了斯宾诺莎渴望证明贵族制具有更高的合理性。这里的论证不是有效论证。

学生：我不确定它是否无效，因为如果它是无效的，那我看不出还有什么别的理由能支撑这种解决民主难题的办法了。

施特劳斯：例如，瞧瞧这里，还有一些论点具有一定重要性：在一个共和国里，议事和决断必然是以守法形式（legal form）作出的，因为这是法理人格能够展开行动的唯一方式。明白了吗？主权议事会所作的决断，不可能不是以守法的形式发生。君主制倒不是必须这样做。

学生：这种守法形式难道不是民主的合理性吗？

施特劳斯：[301]也可能是合法地批准了最糟糕的法律啊。

学生：但要想批准它，他们也必须达成一致同意。

施特劳斯：但是，人们会在什么样的糟糕事情上达成一致同意呢？我们要讲清楚一点：传统自始至终都有一种非常强大的思想，即守法形式本身就是一种极大的益处，因为它对彻底的恣意具有一定限制。但这不是故事的全部。

例如，如果你们读一些关于纳粹政体的研究，令人惊异的事情就是：他们竟然干了那么多违背纳粹法律的可怕事情，而守法形式本应成为某种限制。我现在忘了不少细节。哦想起来一个，我在课堂上讨论过，那是哈佛法学院的富勒（Lon Fuller）与牛津的一位法学家讨论时举的例子。富勒提供了一些样本，说明在那些情况下，相比于纳粹对犹太人的恣意妄为，纳粹法律甚至本应成为对犹太人的保护。[①]无论是多么荒谬和不可能的法律，法律始终是一种限制。

因此，如果主权者本身是议事会而非个人，主权者必然就具有守法形式，由此观之，共和制比君主制更加守法。相反，君主们提出了这样的反对意见：法律是一种限制，由于各种繁文缛节的守法形式，法律阻碍了那些本来很容易就能作出的迅速决断。这是君主制对法治观念提出的最大反对意见。

你们到处都能看到，例如，在思想自由、表达自己意见的问题上，人们受到了保护从而免遭恣意专断。只要程序合法，那就有一种保护：必须给出证据，首先要证明他是这样说的，接着还要证明

---

① 朗·富勒（1902—1978）是一位重要的法律哲学家，著书论述法律与道德的关系。另一位牛津教授很可能是哈特（H. L. A. Hart, 1907—1992），他经常与富勒在实定法与自然法之争的问题上对话。哈特与富勒关于道德与法律的论辩，发表于1958年的《哈佛法律评论》。

他是这样想的。但是，如果法律被怀疑或恐怖所取代，也就是被无法状态（lawlessness）所取代，那任何人都没有希望了。我向你们保证，单靠法律是不够的，因为某条法律的内容可能很糟糕，但法律本身也不是无足轻重的。

因此，你们在柏拉图甚至亚里士多德那里看到，正义的第一个定义就是守法，就是守法形式：正义＝法律（dikaion=nomimon）。[①]还有，亚里士多德凭借其智慧，立刻补充了"某种意义上"（somehow），因为正义当然不只是守法，而是要守某种正义的法律。这是一个更大的问题，但即便法律本身赐予的这种最低限度，也是一个益处。请讲？

学生：我不明白你刚才对"至少表面上可敬"这句话的解释。

施特劳斯：只要人足够聪明，无论多么不值得尊敬的事情，都能被他披上一种可敬的表象。你们每天都能看到这种事情。只要读读匈牙利那个家伙的一篇演讲，看看他如何介绍那里的死刑处决。

学生：［302］我以为他或许是指，一位君主若是独自当了主权者，那他可能事实上也就当了他自己的议事会。但在一个议事会里，你必须为你的所作所为提供公共理由。

施特劳斯：不是，但斯宾诺莎的意思很简单。十七世纪大陆法学家也讨论过这个绝妙问题。如果君主喝醉后出门遇见一个人，对侍卫说"射杀那个家伙"，那就必须服从君主的命令。但在共和国里，类似情况不可能发生，至少很难让议事会多数人同时产生做这种蠢事的智商。

另外，只要不是在集会上决定的事情，那就永远不会成为一项决议，这也意味着通常必须有一个地方专为议事会作决议而备，大臣们也可以按时进入。当然，君主制也有这些。英格兰有一种对于君主的私人人格与公共人格的区分，但君主本人不喜欢这样，这是议会强加给君主的约束。这有一定的道理。

---

① 柏拉图，《理想国》358e-362c；亚里士多德，《尼各马可伦理学》1129a，《政治学》1287a。

学生：还有，贵族制更关心表象，即便他们也愿意明白那样的道理。

施特劳斯：贵族比君主更需要赢得民众的拥护。我想这个论证还没有走得那么深，但它并非无足轻重。

还得想想少数派的问题，或者君主丧失能力的情况。那样会发生什么？宪政共和制甚至也会出现这种问题——你们知道艾森豪威尔（Eisenhower）总统生病时的情况。① 即便那里也有这种问题，但程度轻了很多，因为艾森豪威尔只是行政首脑，立法会议不依赖于他。

我们来看下一个要点，第十节，这一节更难懂。

学生［读文本］：

> 除了贵族以外，所有人都成了外邦人——

施特劳斯：也就是说，严格来讲他们不是公民。他们不是主权者的部分。

学生［读文本］：

> 这就产生了另一个结果：农田、房屋以及土地都不能归于公共所有，不能以年租金的形式租赁给居民，否则就会危害整体统治。因为，如果容许那些不参与统治的臣民携带自己的财产去他们想去的任何地方，遇到祸患的时日，他们就会迅速抛弃城市。所以，这种统治下的农田与土地不应租给臣民，而是应该卖给臣民，还要附加一个条件：臣民应缴纳年收入的一部分，就像荷兰的做法那样。（《政治论》，VIII.10）

---

① 艾森豪威尔总统有过三次丧失能力的情况：一次心脏病（1955年），一次肠梗阻（1956年），一次轻度中风（1957年）。在此期间，副总统尼克松代理部分职务，但他从未取得正式的总统权威。

施特劳斯：［303］你还记得——为什么他要写这段评论？贵族制里应该有一种不动产。

学生：这是君主制的反面。

施特劳斯：对，君主制里不应该有不动产。这里之所以不可或缺，乃是因为这是对众多被排除在公民权之外的人的唯一补偿。

第十二节。我觉得要想理解这一节，我们还得读读第十一节。

学生［读文本］：

> 思考过这些事情之后，我接着要论述至高议事会赖以支撑和巩固的诸基石。本章第二节已经说明，在一个中等大小的国家里，议事会的成员应该在五千人左右——

施特劳斯：你们瞧，这规模不小。

学生［读文本］：

> 因此，我们必须找出一种办法，不仅避免统治逐渐落入少数人之手，而且随着统治的扩大，统治的人数也会成比例扩大。其次，我们必须保证：贵族们相互间尽可能保持平等；议事会迅速处理事务；重视公共善；最后，贵族或议事会的力量比民众的力量大，但又不至于使民众受到伤害。（《政治论》，VIII.11）

上述第一点的最大障碍源于忌妒（invidia）。如我们所言，人们出于自然便相互为敌。无论他们多么受到法律的联合和约束，他们仍然保持其本性。我认为，这就是导致民主统治变成贵族制，而贵族制最终变成君主制的原因。我完全相信，大多数贵族统治最开始都是民主统治。

一群寻求新的地方生活的民众，一旦他们找到并开垦了新的居住地，全体民众就保留了一种平等的统治权利。谁也不愿将统治权交给别人。但是，虽然他们每个人都觉得，公平的做法是，自己对他人享有的权利与他人对自己享有的权利相同，但他们每个人都认为，不公平的做法是，在这个他们凭自己的劳动、以自己血汗为代价占取的统治里，加入他们的外邦人也享有与他们平等的权利。

对此，外邦人自己也不否认。移民到这里的人们不是为了统治，而是为了操心自己的私事。他们觉得，只要给予他们安全地操持自己事务的自由，这就足够了。但与此同时，随着外邦人的涌入，民众不断增多，而外邦人也逐渐接受了原住民的习俗，直到他们最终除了没有获取荣誉的权利（adipiscendorum honorum jure）之外再无任何区别。当外邦人日益增多的同时，公民的人数却由于许多原因不断减少。氏族经常绝嗣；有些人因犯罪而遭放逐；还有许多人因家事艰难而不问公共事务。与此同时，力量更强的人只欲求独自统治。这样，统治逐渐缩减到了少数人，最终由于派系众多，缩减到了一人。

除了上述原因，我们本来还能加上这种统治被毁的其他原因，但由于它们众所周知，我也就省略了。现在，我将以一种有序的方式证明：我们讨论的这种统治，应当凭借什么样的法律方能存续。（《政治论》，VIII.12）

施特劳斯：［304］你会如何复述这一节提出的一般论点？我觉得这一节非常有趣，因为它清楚说明了政治中最重要的要素之一，这种要素在我们这个国家当然也很强大。支撑着移民法律（甚至是如今的移民法律）的全部观念、支撑着像"美国革命女儿会"①之类概念的种种观念、天路客后代受到的特殊尊敬……所有这些东西，在这里都已有暗示了。

这种论点符合人类的通常实践，但很少有如此明晰的解释，很少有这种理论的清晰度。在我看来，斯宾诺莎讲清楚了马基雅维利

---

① 美国革命女儿会（The Daughters of the American Revolution，简称DAR）成立于1890年，是一个基于血统的志愿团体。根据DAR的网站，任何年满十八岁的妇女，"只要能证明自己是美国革命中一位爱国者的直系后代，就有资格加入该团体"。该团体的活动包括历史保护、教育以及各种爱国努力。

《论李维》第一章里暗示的东西，这一点在那里得到了暗示，但没有发展出来。他援引了一些意见：每个人都认为，自己对别人的权利与别人对自己的权利一样，这是公平；每个人还相信，外邦人与原住民享有一样的权利，这不公平。这些都是意见（doxai），但它们在政治上非常强大，以至于任何通情达理的政治学说都不可能忽视它们。

然而，斯宾诺莎最终是说：最初的政治秩序是民主制。一个部落的人们在领土上定居，而当时没有什么好的理由要建立起各种不平等，除了一种自然的、临时性的不平等。不用说，有人具备领袖才能，就会被选任为领袖，而他的儿子很可能是普通人，但这根本上仍然是一个民主社会。接着，斯宾诺莎又说明了：这样一种社会如何以某种完全无可指摘的方式产生了另一种限制性的社会，换言之，外邦人进来了，他们未曾与这个国家一起成长，未曾与凶残的野兽厮杀，将这里打造成宜居地。因此，外邦人自然应该享有的权利较少。按照斯宾诺莎的解释，因为原住民可能人数减少，新来者可能为数更多，这样就导致了各种难题。但从根本上讲，民主制就是最合乎自然的政体，正如斯宾诺莎不止一次讲过的那样，而且这里也暗示了这一点。读第二十四节吧。

学生［读文本］：

护法官（syndicis）——

施特劳斯：他们是政府里的某类官员。这里不深入这些技术性的细节了。

学生［读文本］：

以及其他官员，不应领取任何薪金。但他们应该领取一份报酬，确保他们不能以腐败的方式治理政事，否则自己就会遭到巨大损失——

施特劳斯：[305]总是这个论点：不要信任人的诚实。需要有这些体制来强制确保最低限度的正派。

学生［读文本］：

因为毫无疑问，对于这种统治的官员的工作给予报酬是公平的。平民构成了这种统治的更大部分，贵族要照看平民的安全，但平民不关心公共事务，只操心私利。另一方面，如第七章第四节所述，既然任何人只有在认为能使自己地位更加稳固的情况下，才会捍卫别人的事业，那么事情就必须这样安排，以便公仆们只有在最关心公共善的时候才能为自己谋得最大利益。（《政治论》，VIII.24）

施特劳斯：谁也不会保护别人的好处，除非他相信只要这样做就能改善自己的事务。我们可以说，博爱不可能，至少事实上不可能。因此，我们必须始终确保在官员的私利中也有好的行为。这是贯穿斯宾诺莎全部思想的一个想法。

我们再读几段。第三十一节再次论述了贵族制的优越性。

学生［读文本］：

元老们的报酬，应当安排得他们从和平得到的利益大于从战争得到的利益。因此，应将进出口商品价值的百分之一或百分之二分配给他们。这样一来，毫无疑问他们会尽可能维护和平，绝不会渴望延长战争。如果某些元老自己也是商人，他们就不应该享受关税豁免，因为无法保证这种豁免不会对贸易造成极大损失。我相信，每个人都知道这一点。

其次，必须有法律规定，元老或曾经当过元老的人均不得担任军职。而且，其父亲或祖父是元老的人，或者前两年内当过元老的人，也不得被选任为将军或其他高官（如第九节所述，只有在战争的时候才会设置这些官职）。毋庸置疑，元老院之外的贵族们会竭力维护这些法律。因此，元老们总能指望从和平而非战争中获得更多报酬。除非有了统治所要求的最为急迫的必然性，否则他们绝不会主张战争。

有人可能反驳道：如果护法官和元老领取如此优厚的报酬，那么贵族统治对臣民们的税负就不会小于任何君主统治。但首先注意：王室需要的开销更大，这些开销也不是用来保卫和平的，再说了，无论花多大代价来买到和平也不过分。不止如此，在君主统治下授予一人或少数人的东西，在贵族政体下却授予许多人。君主及其大臣们没有与臣民一道承担统治的税负，但贵族统治的情况是这样：由于贵族总是从富裕的公民中选任，他们便为公共部分作了最大部分的贡献。最后，君主统治的税负与其说来自王室的开销，毋宁说来自它的机密（arcanis）——

施特劳斯：［306］他这里是指古老的权力政治，宫廷政治，它们导致了战争。你们知道这类事情。

学生［读文本］：

如果统治的税负是为了保卫和平和自由而被强加，即便很沉重，那也尚可忍耐，因为和平带来的好处。自古以来，难道有哪个民族像荷兰人这样，不得不缴纳这么多、这么沉重的赋税吗？但是，不仅这个民族未曾枯竭，他们的财富反倒使他们强大得所有人都忌妒他们的好运——

施特劳斯：顺带一提，这里表达了十七至十八世纪一个相对常见的看法，而且这个论据在孟德斯鸠那里扮演了非常重要的角色：共和国可以比君主国向公民课征更高的赋税，因为共和国具有这种统治者与臣民之间的利益一致性，君主制则没有。

学生［读文本］：

所以，如果君主统治的税负是为了和平而被强加，它们就不会沉重得压垮公民。但如我所说，那类统治的机密才是使臣民们受不了税负的原因，因为君主的德性在战争中比在和平中更有价值，还因为那些想要独夫统治的人必定极尽努力使臣民们贫困。

现在，我暂且不谈一位非常智慧的荷兰人 V. H.① 的几个论点，因为它们不是我的意图，我的意图只是描述每一类统治的最佳条件。(《政治论》，VIII.31)

施特劳斯：你们瞧，所以斯宾诺莎毫无疑问主张共和主义。这里，如下论证也发挥了作用：君主国好战，共和国热爱和平。这种论证的背景在于，君主国最初都是封建君主国，也就是好战的君主国。战士阶层——亦即骑士阶层——非常关键，但共和国主要是基于各种商贸和产业的阶层。这就导向了如下观念：只要废除封建主义且产业主义成为主流，战争就会消失。

自从十八世纪以来人们就在表达这种期望，直到斯宾塞（Spencer）提出了工业社会与军事社会相互对立的著名观点。② 你们知道，这在第一次世界大战的意识形态中也扮演了非常重要的角色：西欧热爱和平的共和国 vs 中欧崇尚军事的君主国，而沙皇专制的俄国仅仅被视为西欧那些热爱和平的共和国的某种附属品。我不会说这纯属胡扯，但情况当然复杂得多，而且《联邦党人文集》第一篇文章早就强有力地指出了这些复杂性。你们知道，汉密尔顿非常强有力地指出：历史证据，至少到那时为止的历史证据并不能说明共和国更热爱和平。想想古代或许是规模最大的战争，罗马与迦太基

---

① V. H. 指范·登·霍夫（Pieter Van den Hove），更为人所知的名字是 Pieter de la Court，他是与斯宾诺莎大致同时代的一位荷兰政治理论家。他是一位热心的共和派，倡导自由贸易。

② 赫伯特·斯宾塞（1820—1903）是维多利亚时期的政治理论家和哲学家，"适者生存"或许是其创造的最著名的观点。他有时被视为社会达尔文主义的先驱。

之战，就是两个共和国之间的战争，更别提还有其他例子。但斯宾诺莎肯定没有看到这种说法有任何困难。请讲？

学生：[307] 我只是注意到他的计划，描述最佳国家。

施特劳斯：没错，这一点很重要。

学生：上次也提到，他关于自己意图的最初说法与后来说法似乎有矛盾。他的用意是不是说，这些贵族制和君主制的榜样从未在现实中存在？还是说，它们要想达到完满，就应该遵循他讲的内容？

施特劳斯：你提的问题不止一个。首先，斯宾诺莎必须确立某种标准，藉此他才能说什么是最佳的君主制、最佳的贵族制等等。我们至少某种程度上已经澄清了这个标准，就是所谓"舒适的自我保存"。

第二，我想斯宾诺莎会说，至少在贵族制这里，他讲的内容最接近荷兰共和国。这就意味着，如果再作一些改善，荷兰共和国就会成为这样的国家，正如我们接下来将看到的那样。换句话说，与最初的表象不同，斯宾诺莎最后的如下看法与亚里士多德无异：最佳君主制、最佳贵族制和最佳民主制的所有要素都实际存在，并且被实践证明为有效，但尚未充分完成的是将所有这些好的、可行的要素整合到一起。在这个意义上，理论与实践仍有一定差异。我想，这就是对他用意的一个简单解答。他在第一章有些言过其实。

学生：但你可以忽略这些要素。当然，一切事物的要素都是实际存在的。

施特劳斯：不对，我的意思是具体制度。例如，这样或那样的财产权，这样或那样的司法制度。真正重要的要素当然是这些，而不是人的存在，不是统治者和被统治者的存在。那事实上微不足道。

学生：不，我的意思是说，有些制度散见于全世界。

施特劳斯：如果情况等于这样，那我们可以公正地指责斯宾诺莎犯了一个大错。

学生：你是否认为，荷兰共和国的范例……

施特劳斯：呃，我没有作过相关研究，那只是一种经验性研究。另外，我们不必采取如今历史学家的说法，他们有一种完全不同的视角，但我们必须采取当时荷兰人的说法，尤其是斯宾诺莎所属党派的那些人——主张共和的贵族派——以及他这里引用的这个家伙，V. H.，这是一位共和派的主张。我们必须查阅范·霍登（van Hooten）的著作。[1]

这里，斯宾诺莎提出了一个更有趣的问题。他说，他会在每一个例子里——君主制、贵族制和民主制——呈现出最佳形式。但他做的事情当然多得多，他比较了它们各自的最佳形式，而且至少在最佳形式的君主制和贵族制方面，他认为赢家是最佳形式的贵族制，而非最佳形式的君主制。请讲？

学生：［308］他说，贵族总是从富人中选出来的。

施特劳斯：他说的不是元老吗？嗯，贵族，你说得对。

学生：为什么他要这样讲？

施特劳斯：这是一个比较常见的观念，基于一种纯属常识的考虑。没有什么更深的东西，非常实际。

学生：所以，别人都不能被选上了？

施特劳斯：法律上这有可能，但现实中为什么不可能呢？举出一个非常简单的理由？

学生：他们没有时间。

施特劳斯：没错，非常简单。

学生：我的意思是，如果有人像——我懂了，这不是一种法律上的考虑。

施特劳斯：不是。如果一个人必须整日工作才能维持他的身体和灵魂，那他就没有时间参加频繁的集会了。在现代，这种状况由于代表、众议员之类（随便你怎么称呼）的存在而发生了变化。如果不给这种津贴，穷人就绝无可能为国会奔忙。因此，薪酬代表（remuneration for the representative）就是民主化的一个主要手段。没有了它，民主化绝无可能。

_____

① ［译按］应是施特劳斯口误，相关人物介绍参考前注。

还有另一种可能的办法：人们可以凑钱派发给他们的代表，例如发给两万人。这当然也可能，但发放薪酬是更简单的做法。请讲？

学生：你提到过，斯宾诺莎讨论了少数团体，讨论了来自其他国家的人的利益。

施特劳斯：你知道还有什么人讨论过这一点吗？我不知道。我想这总是理所当然，例如在柏拉图和亚里士多德那里，不用说总会有外邦居民。我们现在所谓的"归化"（naturalization）总是一件非常复杂的事情，而且你能找到很多痕迹——

例如，《理想国》里的人物：克法洛斯及其儿子珀勒马科斯，还有吕西阿斯，他们都是外邦居民。顺带一提，后来在三十僭主统治的时期，他们陷入了很大麻烦，而且受到的法律保护远远少于通常的法律保护。[①]这个家族实际上遭到了灭绝，只有演说家吕西阿斯活下来了。在一个像雅典那样的大型商贸市镇，人们在日常生活中对此习焉不察，正如你从《理想国》的场景里可以看到的那样。但很明显，这些外邦居民没有资格担任公职，而成为完全的公民当然是一种值得珍视的善。

[309] 亚里士多德在《政治学》的各处不同段落都讨论过这一点，讨论过城邦的做法。正常规则是这样：只有一个身为公民的父亲与一个身为公民的母亲所生的儿子，才能成为公民。但有时候，由于战争后许多公民丧生，数量锐减，城邦就会扩充公民人数，宣布只要父母有一人是公民，就可以成为公民。但接下来，一旦公民团体重新恢复活力，城邦就会撤销这项规定。换言之，对外邦人的限制，以及让外邦人极难获得公民权，乃是古代的常见做法。这样做完全不影响慷慨地容许外邦居民前来生活和做生意之类，那是另一回事。但是，公民权就完全不同了。

当然，美国明显是一个移民国家，或者至少从某个时刻开始成

---

① 三十僭主是斯巴达扶植的寡头集团，伯罗奔半岛战争之后短暂地掌控了雅典的大权。

为移民国家。上述规则不适用于美国的情况。我想说，之所以这里没有讨论移民，没有讨论这种程序的正义问题，乃是因为人们普遍视其为理所当然了。在古代，移民问题部分涉及库朗热有力指出的一个事实：城邦某种意义上是一个宗教共同体，每个城邦都有自己世代相传的祖宗敬拜。这可不像加入某个商会之类的那样。

柏格森（Bergson）提出的"开放社会"和"封闭社会"，及其后来遭到的各式各样的滥用——我想，具体问题仅仅在于：公民权的准入条件，究竟是无足轻重还是意义重大。[①]我想，这才是开放社会与封闭社会的真正区别所在，而那些相信能够消除全部困难的人，要么必须主张有一种所有人光凭自己是人就能成为公民的世界国家存在，要么只能说在一个国家住上一两年（光凭居住这一事实）就能获得公民权；但谁也不曾这样想过。

学生：我应该想到，斯宾诺莎这里有一层隐含意思是弱化公民身份的自豪感。

施特劳斯：凡是像空气一样唾手可得的东西，就会被我们这些愚蠢的人类所轻视，尽管我们理应高度赞扬空气，因为没了空气就活不下去。诚然，我们索求的这种东西没有那么昂贵。这是现代民主的难题之一：如果你是主权者的成千上万个成员之一，那你一文不值。但如果主权者只有五十个人，而你身居其列，那就有价值了。选民冷漠（electoral apathy）就源于此：我的选票意味着什么？你们知道吗？如果小看这些严重的难题，那就纯属愚蠢了。

没错，关键在于和平。热爱和平的共和国 vs 好战的君主国，这一点扮演了重要角色，而你们瞧，斯宾诺莎没有从中发现任何困难。

---

① 亨利-路易·柏格森（1859—1941）是二十世纪前半叶非常有影响力的法国哲学家。他反对严格的理性主义，倡导一种"生命冲动"（élan vital）。"开放社会"一语来自他的著作《道德与宗教的两个来源》（*The Two Sources of Morality and Religion*, 1932）。施特劳斯关于其思想被滥用的评论，无疑是指卡尔·波普尔（Karl Popper）及其著作《开放社会及其诸敌》（*The Open Society and its Enemies*, 1945）。施特劳斯极为反对波普尔对柏拉图的解读。

还有几个要点。第四十六节。[310]

学生 [读文本]：

> 在《神学—政治论》里，我们已经充分说明了我们对宗教
> 的思考。但当时我们省略了一些东西，那里不是讨论它们的地
> 方。那就是，所有贵族应当归属同一种宗教，一种非常简单、
> 最为大公的宗教，就像我们在那部论著里描述的那样——

施特劳斯：最"大公的"（catholic），这样更贴合字义 [译按：
课本作 general]。

学生 [读文本]：

> 因为非常必要的是确保贵族们不要分裂成不同宗派，导致
> 有人偏袒这一派，有人偏袒那一派。而且，贵族们不能陷入迷
> 信，以至于试图剥夺其臣民想什么就说什么的自由。
> 其次，虽然应该容许每个人都有想什么就说什么的自由，
> 但必须禁止大型集会。因此，虽然必须容许其他宗教的信徒任
> 其心意修建众多敬拜场所，但它们应当很小，规模有限，而且
> 相互间保持一定距离。但非常重要的是，献给国教的神殿必须
> 巨大辉煌，而且只容许贵族和元老在那里主持最重要的仪式。
> 因此，只容许贵族主持施洗、婚礼和按手礼，并且无条件地被
> 承认为教士，成为国教的护卫者和解释者。
> 另一方面，为了传教、管理教会财务及其日常工作，元老
> 院也应当选任一些平民，他们是元老院的代表，因此有义务向
> 元老院汇报他们所做的一切事务。（《政治论》，VIII.46）

施特劳斯：你们瞧，这就是一种严格意义上的国家宗教。统治
者是共同体的宗教领袖，而宗教就是《神学—政治论》里界定的那
样——你们还记得七条教义吧？那七条教义任凭每个人自行解释，
所以它们被掏空了内容，只剩下空架子。

但是，贵族制必须有一种公共宗教，而且我还会补充一条——虽然没有证据——民主制也必须有公共宗教。君主制不应该设立任何国教，但贵族制必须有。再者，贵族制与民主制的关系比它与君主制的关系紧密得多，因为前两者都是共和国，后者不是。

言论享有完全的自由，同时也伴有《神学—政治论》所暗示的一些自然禁区，例如，谁也不可以说"神不存在"，但他可以将物质称为神。因此，还是有一些限制存在。

另外，其他宗教一定具有较低的地位，正如这里清楚指出的那样。他们不能拥有美丽的神殿，唯独国家宗教才能拥有。

还有几个要点与这一节的主题有关，读第四十八节。

学生［读文本］：

> 对于那些受到法律强制而宣誓的人们来说，如果命令他们凭祖国的幸福和自由的名义宣誓，以及凭祖国的至高议事会的名义宣誓，他们就会远远比凭神的名义宣誓更加小心避免发伪誓。凭神的名义宣誓的人，乃是以一种他判断有价值的私人之善作担保，但凭祖国的自由和幸福的名义宣誓的人，则是以他无法决定其价值的全体之共同善作担保。如果他发了伪誓，那他就宣告了自己是祖国的敌人。（《政治论》，VIII.48）

施特劳斯：［311］换言之，你们看到了斯宾诺莎式的国家有多么世俗化。如果它是君主制，那就没有国教；如果它是共和国，虽然有一种国教，但也是这种极端综合性的国教。除此之外，还有一点具有实践上的重要意义，那就是誓言：没有宗教誓言。

我们来读读最后一节。

学生［读文本］：

> 以国家经费资助的学术（Academiae），建立它们与其说是为了培育自然禀赋，毋宁说是为了约束它们——

施特劳斯：这里的"学术"就是指大学。这是一句狠话。

学生［读文本］：

> 但在一个自由的共和国里，如果容许任何人公开教学，资金和名声都归他自己负责，诸技艺和学问就会培育得最好。但我把这些以反类似的事情留到别处讨论，因为这里我决定只讨论那些属于贵族统治的事情。(《政治论》，VIII.49)

施特劳斯：斯宾诺莎似乎是想在他没写完的那部分里讨论这个问题，也就是论述民主制的部分，但这就是他对教育（无论是智识教育还是道德教育）留下的唯一评论。这与柏拉图和亚里士多德有着非常显著的不同。对柏拉图和亚里士多德而言，他们的政治著作大部分就是致力于教育问题。《理想国》尤其明显，只要你拿讲教育（智识教育和道德教育）的篇幅与讲制度的篇幅作一番比较。亚里士多德也是这样，至少实质上如此。我们在斯宾诺莎这里只找到这一丁点内容，为什么？在斯宾诺莎这里，究竟是什么取代了教育？

学生：制度。

施特劳斯：没错，制度。机械取代了教育这种不可靠的东西：制度是经过审慎研究而来，自动实现各种善，教育却时灵时不灵，谁也无法预料结果如何。

学生：他这句评论是什么意思？学术限制了人的自然……

施特劳斯：他是说事实，而不是说应该这样。你也可以说，这是一种对私立大学的呼求，我们芝加哥大学的人会很高兴看到这部分陈述。但恐怕斯宾诺莎也包括了那种多少依赖于大学创办人或董事们的私立大学。他的想法是说，谁要是觉得自己必须教些什么东西，就应该在《芝加哥论坛报》或《太阳报》上登广告，宣布"我要教书，风险自负"，就这样了。

教书的人不能臣服于任何权威、国家或董事会。［312］自然，这在实践中纯属幻想。但我们也必须承认，这种对大学的批判并非完全没有根据。如果是像中欧那样严格意义上的国立大学，它们肯定必须服从某种路线，例如在君主制里几乎不可能批判君主制的制度。但你可以说，这类限制到处都在所难免。海德堡大学曾经为斯宾诺莎提供过一份教职，这事很奇怪，因为他毕竟不是基督徒，而那里又是信奉加尔文宗的帕拉丁选帝侯治下的一种体制。但斯宾诺莎拒绝了。这封通信保存了下来，并不是一封无趣的信：斯宾诺莎知道，如果他去了那所大学，他立马就会陷入麻烦，所以他拒绝了。

学生：这是在写《神学—政治论》之前的事情吗？

施特劳斯：我想是在写《神学—政治论》之后。只要翻翻那些通信就知道了，但我不知道确切年代……①

学生［读文本］：

> 这些就是涉及这种统治之基石的事情。至于这种贵族统治优于那种名称只取自一个城市的贵族统治的结论，我是从如下事实推知：既然人常有欲望，每个城市的贵族就会急切保持自己在这座城市及其元老院中的权利，而且只要可能，还会扩大他们的权利。因此，他们会努力尽其所能地招揽民众，从而令其统治更多受到利益而非恐惧的驱使，并且增进贵族自己的人数。诚然，他们人数越多，他们就能从自己的议事会中选任更多的元老（见本章第六节），从而他们在这种统治中拥有的权利也就更多（见本章第六节）。

> 由于每个城市考虑自己的利益，忌妒其他城市，他们就会经常发生争执，将时间浪费在争论上；但这也构不成反驳。有人会提醒我们一句谚语："罗马人还在商议，萨贡托已遭毁

---

① 录音有中断。这次邀请发生于1673年，《神学—政治论》写成的三年后。按照纳德勒（Nadler）的传记，这位选帝侯很可能不知道这本书（它是匿名出版的），邀请斯宾诺莎也是因为他关于笛卡尔的早期论著。参见纳德勒，《斯宾诺莎：一段生平》（*Spinoza: A Life*, Cambridge: Cambridge University of Press, 2001），页311–314。

灭。"①但是，如果少数人单凭其情感来决断一切事情，自由与共同善也会毁灭，因为人的才智太过迟钝，以至于无法立刻洞察一切。但是，通过寻求建议、倾听和争论，他们也会变得敏锐。只要人们尝试一切手段，最终他们就会找出每个人都批准，并且事前谁也未曾想到的办法（我们在荷兰见过许多这类事例了）。

但如果有人反驳说，荷兰人的这种统治，由于没有一位伯爵或伯爵的代表，所以未能延续长久。若是如此，那我会这样回答：荷兰人认为，为了维持他们的自由，只要放弃他们的伯爵，从这种统治的躯体上砍掉头颅就足够了。他们没有想过重新塑造这种统治，而是让它的其余部分保持原状。于是，荷兰仍然是一个没有伯爵的伯爵领地，或者没有头颅的躯体，而这种统治本身也没有名称。

所以，大多数臣民不知道谁掌握统治的至高权力，也就不足为奇。即使情况不是如此，实际掌握这种权威的人也是稀少得无法治理民众和战胜强大的反对派。结果，反对派经常能策划阴谋而免遭惩罚，最终颠覆了他们。这个共和国的突然颠覆，不是由于它将时间浪费在无用的商议上，而是由于统治的缺陷和执政人数太少。（《政治论》，IX.14）

由几个城市共同统治的贵族国家更好，还有一个理由：它的至高议事会不必防备因一场突袭而遭颠覆（就像第八章里的情况那样），因为（见第九章第九节）集会没有固定的时间与地点。

此外，在这种统治里，有权势的公民不那么值得恐惧，因为是几个城市共享自由，所以企图占取一个城市的人也不足以保卫他对其余城市的控制。

最后，在这种统治里，更多的人共享自由，因为在只有一

---

① ［译按］典出李维《自建城以来史》，第二十一卷第七章，指第一次布匿战争中汉尼拔从罗马人手中夺走萨贡托城的故事。

个城市执政的贵族统治里，其他城市的善只有在服务于执政城市的利益时才会得到考虑。(《政治论》，IX.15)

施特劳斯：[313] 这里与联邦党人的论证方向一致，但细节远远没那么丰富。还有一点很有趣：这里没有从防卫的角度提到联邦主义的优势，即诸多城市结盟比单个城市拥有更大、更有力的军事力量——所有这类事情，在孟德斯鸠那里都有提到。

下一章重要得多，我们必须谈不少东西，因为斯宾诺莎在第十章论述了他之所以为贵族制提出那些建议的原因，尤其是第八章里的建议。我们只读读第十章的开头。

学生 [读文本]：

既然我们已经阐述和证明了两类贵族统治的基石，剩下的问题就是：它们是否可能由于某种内在缺陷而解体或改变形式？这类统治崩溃的主要原因，在那位最敏锐的佛罗伦萨人所著《李维史论》第三卷第一章中已有论述，他说统治就像人体一样，"每天都有一些东西积攒起来，最终需要治疗。"所以他说，有时必须发生一些事情，以使统治恢复到它曾经赖以建立的原则。如果不在必要的时候发生这种恢复，弊病就会越积越多，直到唯有将统治本身一道清除，才能清除掉它们。他还说，发生这种恢复既可能缘于机运，也可能出于要么来自法律，要么来自某个杰出人物的判断和智慧。

毫无疑问，这是最为重要的事情。如果不预备好解决这种难题，统治的延续就不能靠它自身的德性，而是只能靠机运。相反，如果用适当的办法疗治这种恶，统治就不会由于自身的缺陷而崩溃，只可能是由于某种无法避免的命运而崩溃。我们接着就会澄清这一点。

人们想到的第一个疗治这种恶的办法，就是每隔几年任命一位最高独裁官，任期几个月，期间他拥有对元老和官吏的行为展开调查、审判和决定惩罚的权威，从而将统治恢复到它的奠基原则。但是，那些急着消除统治之弊的人，应当采取与统治的本性相一致并且能从其基石推出的疗治方法。否则，他们就会在努力逃离卡律布狄的同时，又落入斯库拉之手。

确实，无论统治者还是被统治者，每个人必须由于恐惧惩罚或损失而约束自己，这样他们才不会犯罪之后不受惩罚，甚至还获得利益。但同样确实的是，如果这种恐惧对无论好人还是坏人都是共通的，统治就会陷于最大的危险。原因在于，既然独裁官的权力是绝对的，它就只能令每个人感到恐惧，尤其当独裁者按要求是被定期任命的时候。这样一来，每个渴求受尊敬的人都会最为狂热地谋取这个荣誉。由于在和平时候人们确实更看重德性而非财富，所以越是豪奢的人越容易获得这种荣誉。

或许，这就是为什么罗马人通常不是定期任命独裁官，只有出于某种机运的需要而被迫如此。即便如此，用西塞罗的话来说："关于独裁官的流言令好人反感。"诚然，由于独裁官的这种权力是绝对王权（regia absolute），统治不可能暂时不变为某种君主制，从而对共和国带来极大威胁，无论时间多么短暂。不止如此，既然独裁官的任命没有固定时间，那就没有理由考虑这个独裁官与下一个独裁官间隔的时间。但我们说过，应当最为小心地保持一定间隔时间。

由于这件事也相当不清楚，所以很容易就会忽视它。因此，除非独裁官的权力长久且稳固（这时就不可能将这种权力委任一人而不致改变统治形式），否则这种权力本身，连带着共和国的幸福和保存，都会非常不确定。（《政治论》，X.1）

施特劳斯：[314]他当然是指罗马的独裁官制度，这是共和国的一个官职，不是如今所谓的独裁者。斯宾诺莎拒绝独裁官制度，主张将紧急状态的权力授予日常权威。我以为这也是马基雅维利本人的观点，但马基雅维利没有详尽阐述它，出于一个与他著作的手法相关的特殊理由：马基雅维利只用一种非常低调的语言来呈现他对罗马制度的批评，但如果你研究他讨论独裁官的那一章，很明显他并不相信这是一个明智的制度。

如果你对这个问题感兴趣，我那本论马基雅维利的著作第319页有一个相关注释。[①]言归正传，读第四节。

学生［读文本］：

> 然而，护法官议事会的权威只能保证国家政体的维系，从而阻止任何人践踏法律和靠犯罪渔利。但是，对于法律不能禁绝的各种歪风邪气的蔓延滋长，它却完全无力阻止。例如，由于沉溺安逸而产生的种种邪恶，后者导致国家灭亡的例子也是屡见不鲜。实际上，在和平时期人们不再担惊受怕，逐渐从不开化的野蛮习气转变为文明和人道，进而演变成懦弱和懒散。于是，人们不再从德性方面，而是从奢侈豪华方面力求胜过他人。结果，人们开始蔑视传统的生活方式，追求外邦的时尚，也就是说，开始在外邦的奴役下生活。（《政治论》，X.4）

施特劳斯：［315］换言之，这是制度的巨大难题。制度无法保证自己能被恰当的精神激发活力。必须有某种超出法律的东西，这就是为什么古人主张要用教育——道德教育——来孕育德性。这里讲明了问题，斯宾诺莎的解决办法又是什么呢？

学生［读文本］：

> 为了避免这些恶，许多人曾经尝试制订禁止奢侈的法律，但徒劳无功。原因在于，一切法律，如果被违犯了却无损于别人，则必然遭到嘲讽。这种法律非但远远不能抑制人们的欲望和渴求，反倒会使其更强劲。"我们总是渴求被禁止之物，欲望被否定之物"[②]——

---

① 参见施特劳斯，《思索马基雅维利》，第三章第71个注释。
② 这句话引自奥维德，《爱诗》（*Amores*），III.4.17。

施特劳斯：所以我们总是渴求。

学生［读文本］：

此外，懒散的人们足够聪明，足以规避那些为了不可能绝对禁止的事情而制定的法律——

施特劳斯：也可以译作"绝对不可能禁止"。

学生［读文本］：

例如宴饮、赌博和装饰以及其他这类事物，它们只在过度的时候才是坏的。至于是否过度，则必须根据每个人的财富来判断，所以不能凭借任何普遍法律来决定。(《政治论》, X.5)

施特劳斯：这一点很重要。我们说法律不够，还得有道德教育，但怎么搞道德教育呢？这也包括法律在内，但不妨说是那种旨在增强德性、削弱邪恶的法律。过去，这类尤其重要的法律之一就是禁止奢侈的法律。斯宾诺莎说它们不好，你们自然首先会想到禁酒法案（Prohibition），它是朝这种方向发展的最后一次试验。[1]禁止赌博法当然也属于同类。

斯宾诺莎这里确立了一条至关重要的原则，我本人很高兴读读，因为它非常清楚地证实了我一直在讲的东西。一切法律，只要在被违犯的同时不致伤害他人，那就纯属笑柄。这就是我所谓水平式或垂直式的限制的问题。我这样讲：假设这是人的现实行为，而人们应该生活的方式是德性。这就是垂直式限制，有一些特定的禁止和命令。

斯宾诺莎说这类事情完全没有实效，真正有实效的是你伤害了同胞这类情况。禁止谋杀、盗窃或欺骗，天然就比禁止奢侈有效得多，因为奢侈不会伤害任何人。但如果你欺骗别人，你就伤害了其

---

① 1920至1933年于美国生效。

他同胞，他们也会作出暴烈反应。这种暴烈反应的表达就是法律，一种武装到牙齿的有实效的法律。斯宾诺莎的观念就是如此。[316]但斯宾诺莎当然不只是说这类自上而下的限制——以禁止奢侈法为例——不可能，他还说这不可欲，因为他最后说：坏只在于过度，而不在于事物本身。

我想，上述论证并不是事实，因为也有很多社会拥有自上而下且卓有实效的禁令：想想沙特阿拉伯禁止抽烟喝酒的禁令，那就完全有效。他讲的不是事实。换言之，它不是与生俱来的不可能性，这种不可能性源于一种先有的信念，即相信它不可欲。当然，实践中这种事情更复杂一些。例如在我们这个国家，你会发现一种情况：人口中有一部分——例如清教徒出身的人——确实觉得赌博邪恶，来自中欧的人却不觉得。我想，这就是为什么这个国家不可能对这些事情作出强制规定，因为一半人不是清教徒，另一半人又是清教徒。出于某种奇怪的偶然，身为清教徒的那一部分人曾经能够在饮酒方面暂时地强制推行自己的意志，而在赌博方面永久地强制推行自己的意志。这是非常特殊的事例。但是，对于"不可能强制规定这类法律"这一原则，我觉得它就是错的。某些情况下它们不可能强制规定，但不是绝对如此，不是普遍如此。

换句话说，斯宾诺莎讲明了问题：通常意义上的法律还不够，还需要德性。但接着他又说，别以为通过立法就能获得什么德性。这种观点在十七到十八世纪发挥了巨大作用，但这里还是有一种细微的谬误。下面是一种形式更加严格的论证：德性出于自愿，如果你行事合乎德性乃是被迫，那你就不是合乎德性地行事，某种意义上这是事实。但不幸的是，没有人天生就有德性，德性乃是习惯养成的。所以情况很可能是，为了后来养成合乎德性的德性实践，需要有某种养成强制性习惯的方法。

如果这种简单的论证是对的，就像弥尔顿讲的那样——你们知道，弥尔顿为一种自由至上主义的观念作了准备：人们应该接触到所有的恶，这样他才能自由地选择善，所以如果政府阻止人们碰到

恶，这样做就会摧毁人的自由。^①可是，如果这种论证是对的，我们
就应该把年满三岁的小女孩统统送进妓院，这样她们才能从自己体
验到的恶当中学习自由，进而获得自由；这显然荒唐。

若真是这样，原则上就不会有人反对这样一种立法了：这种立
法努力创造正派的外在行为，而且人们可以指望这种行为在更好的
时候终将导向真正的正派。这就是柏拉图和亚里士多德的用意。他
们深知，纯属外在的正派只不过是德性的影子，但它也能成为德性
的预备，所以不能弃之如敝屣。你们会在下一节里看到，斯宾诺莎
如何找到了一种漂亮的解决办法。

学生［读文本］：

> 因此，我得出结论：对于我们这里讨论的和平时期那些常
> 有的恶，应该间接而非直接地加以禁止，方式就是奠立这样的
> 统治基石，其结果不是要使多数人努力生活得智慧（这不可
> 能），而是使他们受到那些最有利于共和国的激情的引导——

施特劳斯：［317］翻译得有点弱。"藉此产生这样的结果：许多
人或多数人不是努力过上智慧的生活——因为这不可能——而是让
那些能使国家获得更大功效的激情来引导他们。"继续。

学生［读文本］：

> 因此，最值得欲求的做法，就是让富人保持贪婪（avari），
> 如果他们不肯节约的话。毫无疑问，如果这种普遍、恒常的贪
> 婪情感受到一种渴求被尊敬的情感所培育，多数人就会极尽狂
> 热地以不带耻辱的方式——如获得荣誉和避免声名狼藉——来
> 增加自己财富。（《政治论》，X.6）

如果我们仔细注意前两章阐述的两类贵族统治的基石，我
们就会看到它们正是产生了这种结果。在这两类贵族统治里，

---

① 　约翰·弥尔顿，《论出版自由》（*Areopagitica*, 1644）

执政人数都很多，以至于大多数富人都有机会进行统治，获取统治的荣誉——

施特劳斯：那么，解决这种法律限制的难题的办法是什么呢？解决问题的关键是什么？没有禁止奢侈的法律，没有传统意义上确立正派行为的尝试，而是有什么呢？贪婪。

学生：鼓励贪婪？

施特劳斯：他用了"贪婪"（avarice）这个词。就我所知，我相信这是对于这种有趣原则的最强劲表达。贪婪是一种普遍而恒常的激情，换言之，它是有实效的、可以信任的，也是道德教育的替代品。这是一个有趣的想法，在现代也有非常强大的政治意义。

学生：它有什么经济意义吗？

施特劳斯：唔，经济是指什么？

学生：增加国家的财富。

施特劳斯：起初没有这个意思。起初，经济是指管理家政，也就是管理一个人自己的产业。你增加你自己的财富。

政治经济学（political economy）是如下观念的产物：个体的贪婪是最大的政治工具之一。就在斯宾诺莎死后的一代人里，曼德维尔写了一本书，《私人的恶，公共的利益》，而他的论点就是如此。诸如奢侈、贪婪之类的恶都是私人的恶，但它们也是公共的利益。因此，法律不应该禁止或阻碍它们，而是要鼓励。

在《理想国》第八卷讨论寡头政体的时候，柏拉图凭借他的智慧也承认这种观点有一定的真理要素：寡头政体下没有任何限制，每个人的生活都像他列举的清单那样。但斯宾诺莎的意思是，如果增加个人财富还能得到额外嘉奖，这种激情当然就会增强。嘉奖也很简单，只要一条简单的法律就能做到，甚至还不需要法律——如我们所见，参与议事会的成员资格本身就要求你有大量时间，所以实际上只有富人才能参与。但除此之外，你还可以设立一条法律，规定唯有那些拥有什么、价值多少、岁入几何的人才能成为正式成员。[318]因此，比起任何旨在直接提升道德的法律，这种手段要好得多，也简单得多，更有助于共同体的福祉。

有趣的是，斯宾诺莎这里称贪婪是一种普遍的情感，在《伦理学》里却清楚地说它是一种恶，而真正好的人会免受它的奴役。[①]这是一种形式上的自相矛盾，因为他称之为一种普遍情感：普遍情感似乎就是一种适用于所有个例的东西。我想，这是一个强得令人吃惊的说法。我不记得更早时候还有什么说法像斯宾诺莎这样强。

因此，解决办法就是：通常意义上的法律存在着一些本质性的限度。他总是这样讲。因此，别人说要靠德性教育，斯宾诺莎却说不行，不能靠德性教育，那是乌托邦。相反，要鼓励那些对公共有利的恶，无论它们的道德品质如何。这是一种现实主义的解决办法——现实主义，也就是说，从粗糙的常识视角来看，但遗忘了更深的问题。我们继续读下一节。

学生［读文本］：

> 如果额外规定（如我们在第八章第四十七节所述），凡是无力偿还借贷的贵族都应被逐出贵族圈子，但因不幸而丧失财产者应给予全部补偿，那么，他们一定会尽最大努力保存各自的财产。不止如此，如果法律规定贵族以及谋求官职者有专门的服饰以示区别，他们就不会欲求外邦的着装，鄙视祖国的着装（见第八章第二十五节及第四十七节）。除这些以外，在每种统治下，我们还能想想其他有什么东西符合民众的地域和心智的本性，尤其注意让臣民们履行义务乃是出于自愿，而非由于法律的强制。（《政治论》，X.7）
>
> 如果一种统治只提供恐惧作为人们行动的动因，这种统治就不是拥有德性，而只是少有缺陷。必须这样来引导人们：要使他们觉得自己似乎没有受到引导，而是按照他们自己的心意

------

① 相关讨论在《伦理学》里有很多，包括第三部分命题56附释、诸情感之定义第47条以及第四部分命题44附释（"贪婪、野心和情欲实乃各式各样的疯狂"）。

和自由决定来生活，因而约束他们的只有对自由的爱、对增加财产的欲求以及对获取荣誉的希望。肖像、凯旋以及其他激励德性的手段，都是奴役而非自由的标志。为德性颁发奖赏，只是针对奴隶而言，但不适用于自由人。

当然我承认，这些激励手段有着超过其他任何东西的激励人的作用。但刚开始，它们都是被颁发给伟人；后来，随着忌妒的增长，它们也被授予那些因财产而膨胀的不高贵之人，这就挑起了所有好人的巨大义愤。不止如此，那些夸耀自己父辈的凯旋和肖像的人相信，自己若没有高人一等，那也是遭受了不义。最后，不谈别的，可以确定一点：如果抛弃了平等，共同的自由必然就会消亡，而且一旦公共法律对因德性而闻名之人奖赏特殊荣誉，那就没有任何办法能够维持平等了。（《政治论》，X.8）

施特劳斯：[319]一副有趣的图景。鼓励贪婪，不鼓励热爱荣誉。这很能揭示当时发生的事情。

在1748年写作《论法的精神》的时候，孟德斯鸠说：荣誉是君主制的原则，德性是民主制的原则。我无法深入孟德斯鸠这段论证的细节，但孟德斯鸠最后的结论与斯宾诺莎如出一辙，因为孟德斯鸠并不支持如此理解的民主制，他认为这是古代那些君主国的原则。他脑子里想的是新国家，也就是英国和荷兰的伟大榜样，现代的商业共和国。在那里，贪婪可谓是孕育了宽柔或人道的风尚——这与纯粹的风尚不同——而有关荣誉的考虑则被留给了其他政体。这是一个非常令人震惊的讲法。

我们再读下一节。

学生［读文本］：

既然确立了这些要点，现在我们来看看：这类统治是否会由于内部的缺陷而毁灭。诚然，任何国家若要永续长存，它就必须在正确建立法律之后，始终保持其法律不受侵犯，因为法律就是统治的灵魂（Anima enim imperii jura sunt）。所以，只要法律得以保存，统治本身必然就能得以保存。但是，除非法律同时得到来自理性和人们共通激情的双重捍卫，否则法律就无法坚固不移。如果只依赖于理性的支持，法律当然就是软弱的，容易被推翻。

既然我们已经阐明，两类贵族统治的基本法律都是既符合理性，也符合人们的共通情感，所以我们可以主张：任何永续长存的统治，必然就是这样的统治。或者说，这样的统治不可能因任何内在的缺陷而毁灭，其毁灭只能是由于某种无法逃避的命运。（《政治论》，X.9）

施特劳斯：意思就是由于强大得无法克服的偶然。我只提一点：斯宾诺莎这里描述的国家不是一种纯粹合乎理性的国家。理性太过软弱，就像他强调的那样。这种国家的决定性支撑来自各种激情，如我们所见，这里最突出强调的激情就是贪婪。这是一个现代的商业国家，人们相信，与更古老的国家相比，这种国家与德性的各种要求有着一种更深的和谐关系。斯宾诺莎不是一个贪婪的人，他脑子里自然是其他东西，但他觉得，与无论何种形式的传统国家相比，这种国家与真德性的要求有着一种更深的兼容性。

关于最后一章，也就是斯宾诺莎讨论民主制的开头部分，还有几句话得讲。你们瞧，他只写了四页半，显然还没写完就去世了。我们来读一下，某种意义上这是最重要的主题。

学生［读文本］：

最后，我将讨论第三类，也是完全绝对的统治（omnino abso-lutum imperium），我们称之为民主——

施特劳斯：它之所以绝对，纯粹是因为全部共同体的全部权力都统一于主权者当中，而在其他国家那里，要么是一人要么是少数人。［320］

学生［读文本］：

我们已经说过，这种统治与贵族统治的主要区别就是：在贵族统治里，一个人是否成为贵族，完全取决于最高议事会的意志和自由选择。因此，任何人都没有世袭的投票权和出任公职的权利，而且，任何人都不能凭借法律来为自己谋得这种权利。但在现在我们要讨论的统治里，情况刚好相反。在这里，凡父母是公民的人、在祖国出生的人、对共和国有贡献的人，或者出于其他法律规定的理由而享有公民权的人——所有这些人，我要说，都有权利要求在最高议事会上投票，并且出任公职。唯有因为某种犯罪或耻辱行径，他们才能被拒绝拥有这种权利。（《政治论》，XI.1）

施特劳斯：换言之，民主是这样一种政体：其中，全部或部分的人享有一种加入主权者的法定诉求。在贵族制里，谁也没有这种法定诉求，他只能被那些已经属于主权者成员的人吸纳进去。

学生［读文本］：

所以，如果法律规定，只有达到一定年龄的长者、达到一定年龄的头生子或者向共和国缴纳一定数额金钱的人，才有权利在最高议事会上投票，以及处理公共事务，这样一种法律可能导致最高议事会的公民人数比我们讨论过的那种贵族统治的最高议事会更少，但这类统治仍然应该称为民主——

施特劳斯：你们明白这种情况可能很容易发生吗？

学生［读文本］：

因为注定要治理共和国的公民，并非由最高议事会当作最佳者选任出来的，而是由法律注定享有这种地位。

在这类统治下，注定统治的人不是最佳者，而是凭机运成为富人或头生子的人；这类统治看起来似乎低于贵族统治。但是，如果我们考虑人们的实际生活或共通条件，结果都是一样。原因在于，贵族眼中的最佳者，总是富人或他们的近亲和朋友。诚然，如果贵族在选拔同事时能免于一切情感，只以热爱公共幸福为引导，那么任何统治都比不上贵族统治。但经验大量表明，事情并非如此，尤其在寡头统治下，贵族的意志完全不受法律约束，因为他们没有对手。在那里，贵族怀着一种党派精神，将最佳者排除在议事会之外，与对自己俯首听命的人结为同志。在这样一种统治下，事情远远没有那么幸运，因为贵族的选任取决于个别人的绝对自由意志，或者一种不受任何法律约束的意志。不过，让我们还是回到我刚开始的地方。(《政治论》，XI.2)

施特劳斯：这里提到了——短暂提到了——贵族制最初的含义：最佳者的统治。这也许是斯宾诺莎的推论过程：如果贵族制是最佳者的统治，[321]那么，对于谁能成为主权者成员的问题就不能由任何法律来安排，因为某人是不是最佳必须由在位者决定，所以，实践中必须由时任主权者之成员的最佳者来决定。

我想，可以这样简要重述斯宾诺莎反对贵族制的论证，尤其要考虑到他第一章讲的内容：不可能有名副其实的贵族制。很简单的说法，它不可能乃是因为"真正有德性的人应该有能力统治"这种观念只是乌托邦（你们记得他第一章讲过），所以忘了这回事吧。对公民权进行系统管理，才是更好的解决办法。但是，一旦承认这一点，那就没有理由主观任意地将公民权只限于头生子或富人之类的群体了。因此，从这种视角出发，结论就像《神学—政治论》已经暗示的那样：普遍的公民权。

我们接着读，这有点走远了，正如你们接着将看到的那样。

学生［读文本］：

按照上一节所述，很明显我们可以构想不同类型的民主统治。我不打算讨论每一类，但我只讨论其中一类：在这类民主统治下，所有人只受祖国法律的约束，而且在其他方面处于自己的权利之下，生活体面，也有权利在最高议事会上投票和出任公职——

施特劳斯：换言之，在他讨论最佳形式的民主制时，他想仅限于那种没有主观任意的限制的民主制。很清楚，这就是他的暗示。所有服从法律的人都应该是公民——限定条件当然是他们绝不能是罪犯，那会将他们排除在公民之外。但我们将看到，这还不完全精确。

学生［读文本］：

我明确说"只受祖国法律的约束"，这是为了排除外邦人，因为他们算是处在别的统治之下。我还加上"除了受到祖国法律的约束，在其他事情上完全处于自己的权利之下"，这是为了排除妇女和奴仆，因为他们处于丈夫和主人的权力之下。还有孩子和儿童，只要他们处于其父母和导师的权力之下。最后，我提到"生活体面"，这是为了排除因犯罪或某种可耻的生活方式而声名狼藉的人。（《政治论》，XI.3）

施特劳斯：举个最明显的例子，妓女就不能成为公民，更不用说她们还是妇女。但我们还要说，靠妓女资助度日的男人也会被排除在外；我不会把servus译为"奴隶"，而是译成"奴仆"。这是一个相对普遍的限制，直到十八世纪末你都还能发现，例如康德也区分了主动的公民与被动的公民。所有雇工——工厂里的工人、只是佃户而没有土地的农民之类——都是依附民（dependent），依附民无法成为主动的公民。我想，斯宾诺莎就是在暗示这样的事情：如果你因为职业的缘故而处于人身依附关系，例如像家仆或工厂里替人干活的劳工，那你就不能成为完全的公民。［322］顺带一提，卢梭也认为这种限制理所当然。尽管有这种限制，我还是会说：如我们所见，斯宾诺莎就是一个民主派，虽然更早时候也有上面提到的全部复杂情况存在。

当着在场各位女士的面，我们可以说，这部片段式著作的最后是一条令人遗憾的评论，因为他提出了这个问题：将妇女排除在外是公平的吗？很遗憾，他说是的。但我想不读这一节更好些，他有各式各样的陈腐观念，例如他认为，如果男人和女人都坐在议事会里，各种打情骂俏和其他无关举动就会扰乱严肃的会议——但我们从玛格丽特·史密斯（Margaret Smith）和其他女士的例子得知，这完全不是事实。[①]

时候有些晚了，我现在只能给你们留一个问题。我想，《政治论》全书澄清了一点：斯宾诺莎支持他所理解的民主制。这种民主制不属于那些要工作的人，而是属于那些自己作主的人。工作的人没有获得经济独立，这很明显。虽然有这种限制，但他支持民主制，正如这部并非受到任何护教或神学式的考虑影响的哲学著作所示。要想真正充分解释斯宾诺莎的教诲，那就要将这部著作与《神学—政治论》那些非常复杂的说法作一番完美调和。

我相信，如果有人作这样一种分析，他归根结底就会回到两种原则，正是它们造成了全部麻烦：第一，斯宾诺莎接受了古老的经典区分，即智慧者与俗众的区分，这确实将他引上了一条反民主或非民主的道路，还造成了某种漠然态度。自由——真正的自由——在任何政体下都是可能的，那么，为什么他还要偏爱民主制呢？

斯宾诺莎思想的另一大要素源于马基雅维利，与古典观念明显对立。在他那里，更高的考虑，也就是垂直式要素遭到了拒斥，这就造成了难题：每个人如何才能拥有最大程度的自由和安全呢？马基雅维利的回答当然也是要有一个共和国，尽管他对共和国的理解不同。某种意义上，罗马（繁盛时期的罗马）是榜样，它有一批好战的贵族和好战的平民——武装的平民与好战的贵族并肩作战，凭

---

① 玛格丽特·切嗣·史密斯，1940年被选为众议员，1948年被选为参议员，她是第一位荣获这两项职务的女性。

借一种更狠的对外政策来维持自己的良好形态，使自身保持健康。换言之，这些相互对立的阶层创造了一种利益联盟，无论现实利益还是潜在利益。这就是马基雅维利的大致建议。

但是，斯宾诺莎要人道得多，他的解决办法只是一种在马基雅维利那里非常次要的东西——商业，或者用斯宾诺莎毫不犹豫使用的一个词——"贪婪"。这种激情唤起了最大多数生机勃勃的人的活力，使他们对和平产生了巨大的兴趣。虽然增加个人财富在某种意义上是完全自私的行为，但从实效来看，这样做多少也促进了全体的福祉。理论难题在于，必须找到一种完全自私的情感，因为如果它不是自私的，那它就很软弱、无法信赖，所以必须是自私的情感——但即便自私，它也能偶然地产生有益于他人的实效。贪婪不会像别的东西那样通向"爱"这种精神本身，但贪婪会使别的东西发挥作用，不是因为人们真的爱人，[323]而是因为这有益于人们的私利。斯宾诺莎没有充分阐述这一方案，但他显然属于孕育了这一方案的五六位最伟大的心灵之列。

最终，政治经济学就是它的成熟果实。从一种纯粹文献学的角度来看，我相信政治经济学可以追溯到威廉·配第的《政治算术》（*Political Arithmetic*），大概写于1680年。政治算术，这种算术主要与贸易和进口打交道。顺带一提，配第爵士是霍布斯的私淑弟子。你们瞧，这些人总能回溯到同样的伟人那里。那么，配第爵士最重要的经验性基础是什么呢？低地国家，荷兰，也就是斯宾诺莎生活和写作所在的国家。正是在这里，新的政治观念第一次得到了检验。

即便在孟德斯鸠《论法的精神》里——这是论述该问题的至关重要的书——阿姆斯特丹的证券交易所也是一个伟大的政治发明，尽管它本身并不具有政治性。为什么？因为有一种力量已经被创造了出来，它本身完全非政治，却又是全欧洲的权势者赖以借款的地方。这似乎提供了一种人类生活去政治化（depolitization）的可能性，换言之，人类生活变得更加和平、更加人道。

如今的经济自由主义（economic liberalism）仍然试图延续这一梦想，它们的论证是，它们从来没机会得到公平的检验——这论证并非完全没道理。全球从未出现过一种彻底自由的贸易形势，所以你不能说：彻底的自由贸易不能成为疗治我们全部疾患的解药。因此，作为经验性论证，这种论证某种意义上是不可能的，所以这个问题仍然开放。

好了，我们就讲到这里。

图书在版编目（CIP）数据

斯宾诺莎的政治哲学：《神学—政治论》与《政治论》讲疏／（美）施特劳斯（Leo Strauss）讲疏；（美）沃伦伯格（David Wollenberg）整理；贺晴川译 . -- 北京：华夏出版社有限公司，2022.10

（西方传统：经典与解释）

书名原文：The Political Philosophy of Spinoza

ISBN 978 - 7 - 5222 - 0331 - 7

Ⅰ . ①斯⋯   Ⅱ . ①施⋯ ②沃⋯ ③贺⋯   Ⅲ . ①斯宾诺莎（Spinoza，Benoit de 1632 - 1677）- 政治哲学 - 研究   Ⅳ . ①B563.1 ②D0 - 02

中国版本图书馆 CIP 数据核字（2022）第 094758 号

The Political Philosophy of Spinoza by Leo Strauss
Copyright © Jenny Strauss Clay
Published by arrangement with Jenny Strauss Clay
Simplified Chinese Translation Copyright © 2022 by Huaxia Publishing House Company Co., Ltd.
All rights reserved

斯宾诺莎的政治哲学——《神学—政治论》与《政治论》讲疏

讲　　疏　［美］施特劳斯
整　　理　［美］沃伦伯格
译　　者　贺晴川
责任编辑　李安琴
责任印制　刘　洋
出版发行　华夏出版社有限公司
经　　销　新华书店
印　　装　北京汇林印务有限公司
版　　次　2022 年 10 月北京第 1 版
　　　　　2022 年 10 月北京第 1 次印刷
开　　本　710 ×1000 1/16
印　　张　31
字　　数　427 千字
定　　价　118.00 元

华夏出版社有限公司　　地址：北京市东直门外香河园北里 4 号　　　　邮编：100028
　　　　　　　　　　　　网址：www. hxph. com. cn　　　　　　电话：(010)64663331（转）
若发现本版图书有印装质量问题，请与我社营销中心联系调换。

施特劳斯讲学录

已出书目

论柏拉图的《会饮》（1959年）

修辞、政治与哲学：柏拉图《高尔吉亚》讲疏（1963年）

修辞术与城邦：亚里士多德《修辞术》讲疏（1964年）

古典政治哲学引论：亚里士多德《政治学》讲疏（1965年）

西塞罗的政治哲学（1959年）

斯宾诺莎的政治哲学：《神学—政治论》与《政治论》讲疏（1959年）

从德性到自由：孟德斯鸠《论法的精神》讲疏（1965/1966年）

女人、阉奴与政制：孟德斯鸠《波斯人信札》讲疏（1966年）

尼采如何克服历史主义：尼采《扎拉图斯特拉如是说》讲疏（1959年）

尼采的沉重之思（1967年）

哲人的自然与道德：尼采《善恶的彼岸》讲疏（1971/1972年）

即将出版

追求高贵的修辞术：柏拉图《高尔吉亚》讲疏（1957年）

平实的高贵：色诺芬讲疏（1963年）

维柯讲疏（1963年）

卢梭导读（1962年）

从形而上学到历史哲学：康德讲疏（1958年）

马克思的政治哲学（1960年）

政治哲学：回应实证主义和历史主义的挑战（1965年）

自然正当与历史（1962年）